Les droites en fusion

SciencesPo. Les Presses

SCIENCES PO
Sociétés en mouvement

Les droites en fusion

Transformations de l'UMP

Florence Haegel

SciencesPo.
Les Presses

Catalogage Électre-Bibliographie (avec le concours de la Bibliothèque de Sciences Po)
Les droites en fusion : transformations de l'UMP / Florence Haegel. - Paris : Presses de Sciences Po, 2012.
- ISBN 978-2-7246-1273-8 - ISBN numérique 978-2-7246-8564-0

RAMEAU :
- Droite (science politique) : France : 1990-...
- Union pour un mouvement populaire (France)

DEWEY :
- 324.213 : Partis de droite

SOMMAIRE

Introduction / LA DROITE PARTISANE UN OBJET DÉLAISSÉ, ÉNIGMATIQUE ET CHANGEANT

« Dimanche au Bourget, le grand parti de l'union des droites, l'Union pour un mouvement populaire (UMP) est né, placé sous la présidence d'Alain Juppé. Souhaitons longue vie à la nouvelle UMP : elle marque peut-être le premier acte de la refondation de la démocratie politique en France. [...]

L'UMP est d'abord une revanche de la volonté sur la fatalité, un démenti porté contre ceux qui condamnent la politique à commencer par la sociologie. [...]

La naissance de l'UMP marque peut-être aussi la fin de la domination de la vie politique par le monde de la communication. L'UMP est un concept d'organisation politique qui est exactement le symétrique de celui de "majorité plurielle" qui avait servi la gauche de 1997 et dont elle n'a pas su s'affranchir en 2002, concept directement issu des pratiques du marketing publicitaire. [...]

Mais c'est sans doute sur le terrain des idées que l'UMP innove le plus. Le choix même de son nom par l'UMP est important. "Union pour un mouvement populaire", voilà un intitulé parfaitement décevant. Il tranche eu égard à une génération où une formation politique n'imaginait pas ne pas avoir à porter son identité : communiste, socialiste, vert, radical, libéral, démocrate, républicain. De façon un peu surprenante, le titre UMP ne se revendique d'aucune couleur ; il semble parfaitement vide, en quelque sorte autoréféré. On peut y voir un signe d'impuissance si l'on ne prend garde que c'est volontaire : il s'agit de faire de la politique autrement. Le titre UMP indique que la nouvelle formation a choisi de ne pas être la synthèse des trois principales idéologies qui divisent la droite depuis cinquante ans : gaulliste, démocrate-chrétienne et libérale. L'UMP, selon les termes de sa charte, veut précisément s'affranchir des idéologies. Comment construire un parti politique avec une doctrine et pourtant sans idéologie ?

L'UMP se veut le parti d'une nouvelle génération ; elle refuse de s'enfermer dans ce qui serait "le" discours de la droite, et dont il

> faudrait retrouver la pureté. De ce point de vue, l'UMP ne répond pas à l'attente de ceux qui réclament que la droite fasse la politique de la droite. C'est plus subtil. L'UMP ne veut pas incarner une droite partisane, en quelque sorte fermée sur elle-même, mais voudrait proposer une vision, des valeurs et surtout des pratiques auxquelles les Français adhéreront en fonction de leur efficacité. »
>
> François Ewald, *Les Échos*, 19 novembre 2002.

L'article de François Ewald, devenu après cette publication président du conseil scientifique et d'évaluation de la Fondation de l'innovation politique (Fondapol), *think tank* proche de l'Union pour un mouvement populaire (UMP), soulève les principales questions auxquelles va tenter de répondre cet ouvrage. Le débat porte, en effet, sur l'interprétation des transformations de la droite française et sur la qualification de ce « parti d'une nouvelle génération » qu'est supposée incarner l'UMP. Il n'en demeure pas moins que mes analyses se trouvent en contradiction avec l'essentiel des jugements portés dans cet article.

Par exemple, pour François Ewald, l'UMP ne « veut pas incarner une droite partisane » ; je soutiens au contraire qu'elle en est une évidente manifestation. Autre illustration, pour lui, la forme partisane promue allie la fin de la domination du monde de la communication et du marketing publicitaire et la mise à distance de l'idéologie ; mon argumentation se déploie dans une direction opposée en montrant que la création de l'UMP a conduit, au contraire, à accroître la place des réseaux et techniques du marketing publicitaire en même temps qu'à promouvoir un discours à forte teneur idéologique. Plus encore, l'article prétend que « l'UMP ne répond pas à l'attente de ceux qui réclament que la droite fasse la politique de la droite » ; or, à l'inverse, l'UMP a engagé, depuis la campagne présidentielle de 2007, une forme de droitisation, dénoncée d'ailleurs par certains de ses dirigeants après les défaites présidentielle et législatives de 2012 comme une « dérive droitière ».

Enfin, pour François Ewald, la sociologie « condamn[e] » le politique alors que je m'appuie sur elle pour le comprendre. Cet ouvrage relève, en effet, du domaine de la sociologie politique dans la mesure où il revendique le fait qu'il est impossible de comprendre le politique, et singulièrement les phénomènes partisans, sans adopter une approche sociologique, autrement dit sans poser que le politique n'est pas un champ clos, fermé sur lui-même et parfaitement autonome, dont les dynamiques ne s'expliqueraient que de manière endogène. La sociologie politique reconnaît que les phénomènes politiques relèvent d'une arène spécialisée, qu'ils sont donc traversés – comme d'autres secteurs de la société – par des logiques propres, mais elle n'explique pas le politique uniquement par le politique dans la mesure où elle considère celui-ci comme une production sociale. Dans cette perspective, les partis s'avèrent d'ailleurs particulièrement intéressants à ausculter car ils sont des organisations « entre deux », hybrides, à la frontière des mobilisations sociales et électorales, au cœur des tensions que suscitent les phénomènes d'engagement et de professionnalisation politiques, à la jonction des dynamiques institutionnelles et sociales.

Un point d'accord émerge toutefois parmi ces divergences : 2002 marque bien une refondation de la droite française. Et cette refondation a procédé *par fusion*, autrement dit par dissolution des anciennes formations dans une nouvelle, cette fusion pouvant d'ailleurs être qualifiée d'asymétrique dans la mesure où la nouvelle organisation s'est pour beaucoup réaménagée autour du pôle du gaullisme partisan. L'on est en effet passé, successivement, d'une domination du parti gaulliste jusqu'au début des années 1970 à un système d'alliances relativement équilibré, avec la création de l'Union pour la démocratie française (UDF) en 1978, puis à une situation où le déséquilibre du rapport de forces s'installe en faveur du Rassemblement pour la République (RPR), pour arriver en 2002, avec l'UMP, à la mise en place d'une organisation visant à la suprématie partisane sur l'ensemble du camp de la droite française.

Cette fusion a accompagné l'instauration d'une forme de bipartisme imparfait[1]. Phénomène imparfait dans la mesure où les élections présidentielles viennent régulièrement chahuter la domination du Parti socialiste (PS) et de l'UMP tandis que le Front national (FN) s'est enraciné, mais phénomène installé puisque ces deux grands partis ont réussi à s'imposer dans leur camp et que la persistance d'organisations

1. *Gérard Grunberg et Florence Haegel,* La France vers le bipartisme ? La présidentialisation du PS et de l'UMP, *Paris, Presses de Sciences Po, 2007.*

affiliées, qu'elles soient écologistes ou centristes, doit beaucoup au soutien que ces partis dominants veulent bien leur accorder. Dans un système bipolarisé et institutionnellement hybride comme celui de la Cinquième République[2], la domination s'évalue à la fois par la « part de marché » électorale qu'occupe un parti par rapport à ses concurrents dans son camp mais aussi par sa prééminence au Parlement. En effet, la domination partisane, en France, se joue dans deux arènes, celle où se déroule la compétition présidentielle mais également celle, moins médiatisée, où se livre la bataille des sièges parlementaires. Et même si la modification du calendrier électoral engendrée par la réduction du mandat présidentiel a renforcé la dépendance des résultats législatifs par rapport à ceux de l'élection présidentielle, l'on aurait tort de négliger l'arène où se gagne l'hégémonie parlementaire et d'ailleurs aussi financière. Pour preuve, la défaite de l'UMP aux élections législatives de juin 2012 a amputé son budget de 40 % de ses recettes.

« Longue vie », souhaitait François Ewald à la nouvelle UMP de 2002. Dix ans ont passé et, pour cet anniversaire, la droite française apparaît *en fusion* au sens où elle semble échauffée, enflammée par la série de défaites électorales, locales, présidentielle puis législatives, et les tensions et débats qu'elles ont inévitablement générés. Des appels à la « rénovation idéologique[3] », à la « clarification des valeurs[4] » ou encore plus frontalement au « renouvellement[5] » sont lancés par les principaux leaders du parti tandis que les journalistes émettent de noirs pronostics, certains prévoyant l'éclatement de l'UMP sous la pression du FN ou des forces centripètes centristes. Cet ouvrage ausculte ces dix années écoulées, non pour en retracer la vie politique, mais pour comprendre ce que représente cette droite partisane que les recherches en science politique ont trop souvent négligée et quelles transformations sociales et

2. Ce système combine en effet deux principes généralement considérés comme antagonistes : l'élection au suffrage universel du chef de l'exécutif et le droit de renversement du gouvernement par le Parlement. Ce caractère hybride de la Cinquième République impose aux partis d'établir un double système de coopération, législatif et présidentiel, et laisse ouverte la question de la connexion ou de la hiérarchisation de ces deux logiques (voir chapitre 2).

3. Tribune d'Édouard Balladur, Le Figaro, *5 juin 2012.*

4. Interview d'Alain Juppé, Le Monde, *18 juin 2012.*

5. Interview de François Fillon, AFP, 17 juin 2012.

politiques l'ont affectée. Que s'est-il passé à droite en France si l'on compare cette évolution avec celle des autres partis de la droite européenne ? Que dit cette étude de cas de la mutation plus générale du phénomène partisan et de la place qu'il occupe désormais dans les formes de politisation des sociétés contemporaines ?

Construire la « droite partisane » comme objet problématique

L'on peut partir d'une affirmation simple : non seulement les partis politiques comptent mais les partis de droite, dont on constate qu'ils dominent souvent les systèmes politiques, comptent autant que les autres même s'ils ont été moins étudiés. Pour quelques-uns, une telle affirmation peut paraître triviale mais ce serait oublier les deux figures qui hantent l'étude des partis politiques et contribuent à dévaloriser l'analyse des partis de droite : la figure du déclin et celle de l'asymétrie.

La figure de leur déclin contribue, depuis longtemps, à amoindrir l'intérêt que l'on pourrait porter aux partis politiques. Les analyses des premiers observateurs de l'avènement des partis de masse à la fin du XIXe siècle témoignent du fait que les organisations partisanes n'ont jamais été considérées comme légitimes et qu'à peine nées, on a pronostiqué leur déclin[6]. Les partis politiques font partie de ces objets qui n'ont pas été pensés avant leur apparition et qui ont été accueillis avec beaucoup de froideur, cette réticence à leur égard n'ayant jamais complètement disparu. La disqualification des partis naissants était pour l'essentiel fondée sur le fait qu'ils entretenaient les divisions de l'esprit public[7], qu'ils privilégiaient les intérêts particuliers, ceux des groupes qu'ils représentaient ou des professionnels qui les utilisaient, et qu'ils entérinaient donc une forme de confiscation du pouvoir[8]. Structurellement, la manière dont ils sont encore jugés demeure indexée sur les deux principaux paramètres que sont l'acception des divisions et des conflits qu'ils peuvent générer et celle du principe de

6. *Moisei Ostrogorski,* La Démocratie et les Partis, *Paris, Fayard, 1971 (1re éd. 1902).*
7. *Giovani Sartori,* Parties and Party System, *Colchester, ECPR Press, coll. « Classics », 2005 (1re éd. 1976).*
8. *Roberto Michels,* Les Partis politiques, *Paris, Flammarion, 1971 (1re éd. 1911).*

délégation. Aujourd'hui, reprenant ce *leitmotiv*, on accuse les partis à la fois d'entretenir de fausses divisions qui affaiblissent l'intérêt national, de générer des phénomènes de collusion, de confisquer la démocratie et de déposséder les citoyens de leur souveraineté[9]. À ces critiques anciennes, vient s'ajouter une forme de dédain alimentée par le constat d'un déclin propre à la période contemporaine. Moins attractifs, dotés de moins d'adhérents mais également de moins d'électeurs, les partis seraient directement concurrencés par d'autres formes de mobilisation politique moins conventionnelles ; ils seraient également court-circuités par d'autres acteurs politiques (experts, groupes d'intérêts, agents administratifs) dans l'élaboration des politiques publiques. Si bien que certains vont même jusqu'à considérer que les partis sont, en réalité, des acteurs politiques tellement marginaux qu'il ne faudrait pas surinvestir dans leur étude[10].

La figure de l'asymétrie, quant à elle, conduit à réduire l'attention que l'on accorde non pas aux partis en général, mais à ceux de droite en particulier. L'étude des partis politiques – particulièrement en France – est classiquement celle des partis de gauche, tandis que toute une tradition historique suggère que pour comprendre la droite l'entrée par les partis serait finalement accessoire. Cette forte asymétrie dans l'étude des partis politiques a inévitablement des conséquences sur la manière de penser la forme partisane. Dans le cas français, le déséquilibre a été d'autant plus lourd que le parti communiste a eu tendance à monopoliser l'attention des chercheurs qui s'intéressaient aux partis politiques. Dès lors, les recherches sur les partis sont demeurées dépendantes d'une référence : la forme partisane communiste nourrie d'intégration sociale par la promotion scolaire[11] ou d'insertion dans une

9. Par exemple, Dominique de Villepin a repris cette thématique dans sa tentative, finalement avortée, de présenter sa candidature à l'élection présidentielle de 2012. Il déclare ainsi, fin 2011 : « Je vois se reconstituer la République des partis, celle-là même qui aujourd'hui nous met dans l'épreuve et dans la difficulté [...] Je ne veux pas que cette élection présidentielle soit kidnappée par les partis politiques », Europe 1, 25 décembre 2011.

10. Voir, sur ce point, Thomas Poguntke et Susan E. Scarrow (eds), « The Politics of Anti-Party Sentiment », numéro spécial, European Journal of Political Research, *29 (3), avril 1996.*

11. Bernard Pudal, Prendre parti. Pour une sociologie historique du PCF, *Paris, Presses de la FNSP, 1989.*

contre-culture[12]. On comprend alors pourquoi s'intéresser à la droite partisane suppose de justifier un choix qui ne va pas toujours de soi et de combler un angle mort.

Le poids de la droite partisane

En guise de justification, l'on doit d'abord rappeler une évidence : les partis de droite sont solidement installés au cœur des systèmes politiques et partisans français et européens. Sous la Cinquième République, en mettant de côté les quatre années de cohabitation de la droite avec François Mitterrand ainsi que les cinq années au cours desquelles Lionel Jospin a été le Premier ministre de Jacques Chirac, la droite a été au pouvoir quarante ans, la gauche quatorze ans. Si elle a progressivement perdu de son influence à l'échelle locale, la droite demeure donc centrale à l'échelle nationale. Cette position dominante reflète à la fois ses capacités de mobilisation et son rôle dans les processus de recrutement politique. Sur les 92 scrutins nationaux qui ont eu lieu de 1996 à 2008, les droites – sans compter les suffrages portés sur les droites « extrême » ou « populiste » – recueillent en moyenne 45,2 % des suffrages contre 41,3 % pour la gauche – extrême gauche exclue[13]. À l'échelle européenne, le même constat peut être établi puisque depuis la fin des années 1990, la droite domine la scène européenne aux élections législatives nationales et européennes[14].

Cette domination, au lieu de stimuler l'intérêt, semble avoir au contraire banalisé le phénomène. Alors que certains partis émergents offrent l'attrait de la nouveauté ou détiennent une force de perturbation qui aiguise la curiosité, les structures plus établies sont souvent négligées. Il n'en demeure pas moins vrai que ces partis bien installés sont aussi ceux qui attirent la plus grande masse des électeurs et qui mobilisent aussi – on l'oublie souvent – le plus grand nombre d'adhérents.

12. Annie Kriegel, Les Communistes français. Essai d'ethnographie politique, *Paris, Seuil, 1970.*
13. Dominique Reynié, « L'évolution des forces électorales : 1996-2008 », dans Dominique Reynié (dir.), L'Opinion européenne en 2009, *Paris, Ligne de repères, 2009, p. 215-226.*
14. Agnès Alexandre-Collier et Xavier Jardin, « La nouvelle carte électorale du conservatisme européen », Revue internationale de politique comparée, *16 (4), 2009, p. 583.*

La droite est la première force de mobilisation électorale à l'échelle européenne, elle l'est également en France, en particulier aux élections présidentielles. Sauf en 1974 et récemment en 2012, le parti dominant de droite a toujours réuni au premier tour plus d'électeurs que celui de gauche. À cet égard, la performance de Nicolas Sarkozy en 2007 se mesure au fait qu'il rassemble sur son nom, dès le premier tour, presque deux fois plus d'électeurs que Jacques Chirac en 1995 et 2002[15], cette force mobilisatrice ne s'étant d'ailleurs pas effondrée en 2012[16]. Une telle mobilisation électorale a été rendue possible grâce au travail partisan d'enrôlement d'abord de membres puis d'électeurs. De fait, le succès électoral de Nicolas Sarkozy en 2007 s'appuie sur deux années d'intense investissement dans l'UMP si bien que l'on ne peut plus considérer que la droite se mobilise en marge des partis. En 2012, sa remontée dans les sondages tout au long de la campagne s'explique pour partie par cette forme de mobilisation.

Et d'ailleurs, si l'on considère quelques cas européens, les partis de droite n'ont rien à envier à ceux de gauche en matière de mobilisation. En Espagne, on attribue au Parti populaire (PP) environ 700 000 adhérents : fort de ce chiffre qui résulte, certes, d'une conception lâche du lien d'adhésion, il campe solidement dans sa position de premier parti espagnol. Dans les années 1980, l'Union chrétienne-démocrate (CDU) occupait le rang de premier parti allemand ; en dépit d'un fort déclin aujourd'hui, elle n'est pas (avec environ 500 000 membres) distanciée par le Parti social-démocrate (SPD), les deux organisations se situant au même niveau. Le même cas de figure se retrouve en Grande-Bretagne : même si le Parti conservateur, lui aussi adepte d'un lien partisan relâché, a vu ses effectifs s'effondrer, il dépasse encore (avec environ 250 000 membres) le Parti travailliste à la veille de l'arrivée au pouvoir de David Cameron.

Quant à la France, même s'il est toujours périlleux d'établir un palmarès compte tenu de la faible fiabilité et de la variabilité des chiffres, force est d'admettre que la droite partisane peut rivaliser sans

15. Il réunit au premier tour près de 11,5 millions d'électeurs alors que Jacques Chirac dépassait tout juste les 6 millions en 1995 et ne franchissait pas cette barrière au premier tour de 2002.

16. Au premier tour de l'élection présidentielle de 2012, François Hollande rassemble 10 273 582 voix, Nicolas Sarkozy 9 753 844.

complexe avec la gauche. L'affaiblissement continu du Parti communiste français (PCF) – qui ne revendique plus que 138 000 adhérents en 2011 – a bouleversé l'ordre partisan, et le PS et l'UMP[17] oscillent tous les deux autour de 200 000 adhérents au gré de cycles de mobilisation et de démobilisation fortement indexés aux conjonctures électorales. Les élections présidentielles s'apparentent en effet à des moments de plus forte mobilisation partisane : ainsi l'UMP revendique 338 520 adhérents en janvier 2007 et 261 000 en janvier 2012. Certes, le profil de ces adhérents ne reproduit pas celui du militant engagé en continu et impliqué dans de nombreuses activités partisanes que l'on a coutume de postuler, mais il reste que la droite partisane n'apparaît pas moins bien dotée que la gauche du point de vue de l'engagement partisan qu'elle suscite.

Si l'on entre plus précisément dans les logiques de recrutement politique et dans les processus de sélection des dirigeants politiques, on peut reprendre le même argument. Pas plus à droite qu'à gauche, les carrières politiques ne se développent en marge des organisations partisanes. Loin de « l'illusion héroïque[18] » ou médiatique qui tend à faire de l'autorité politique une création autoréférée ou un avatar médiatique, on doit constater que le parti demeure le creuset au sein duquel se forgent les principales figures politiques. L'exemple du sarkozysme est, de ce point de vue, particulièrement éclairant. Avant de conquérir la présidence de la République, Nicolas Sarkozy a gravi l'ensemble des étapes d'une carrière partisane et occupé presque tout l'éventail des postes disponibles – de délégué de circonscription à président du parti en passant par toute une série de postes de responsabilité sectorielle –, illustrant parfaitement la trajectoire d'un leadership produit par un parti, d'un dirigeant formé et sélectionné dans et par un parti politique.

Il est vrai que quelques personnalités de la droite ont pu être promues à côté du parti, souvent dans les circuits de la haute administration (à l'instar de Dominique de Villepin) et plus rarement dans ceux de l'économie (à l'image de Christine Lagarde). Mais si l'on prend

17. En juin 2011, l'UMP revendique 171 000 adhérents.

18. Michel Dobry, Sociologie des crises politiques, *Paris, Presses de la FNSP, 1986, p. 79.*

comme référence les dix-sept ministres de plein exercice qui appartenaient au gouvernement de François Fillon à la suite du remaniement de juin 2011, seuls deux d'entre eux (Claude Guéant et Frédéric Mitterrand) n'avaient pas occupé de positions partisanes, sept étaient passés par le RPR puis l'UMP – et y avaient même souvent détenu des postes de direction –, deux par le Parti républicain (PR), trois par le Centre des démocrates sociaux (CDS). Il existe, à l'évidence, des circuits d'influence qui ne transitent pas par le parti et ce dernier peut se trouver, à l'occasion, contourné ou décentré. Néanmoins, le fait partisan ne paraît pas moins essentiel à droite qu'à gauche que cela soit en matière de mobilisation ou de recrutement politiques.

Un angle mort pour la recherche

Le constat est régulièrement établi : il n'existe que très peu de travaux universitaires sur la droite. Quelques-uns, plus synthétiques que problématiques, ont été consacrés à la droite européenne ou à l'une de ses composantes. En France, près de soixante ans après sa publication, le célèbre ouvrage de René Rémond[19] reste le point de référence. Cette absence de dynamiques de recherche contraste d'ailleurs avec le foisonnement d'essais et de livres d'actualité publiés sur le sujet, signe que la droite intéresse les journalistes et les essayistes. Pour preuve, la profusion de livres parus concernant la période récente du sarkozysme : au printemps 2010, le nombre de livres référés sur internet dont le titre affichait les mots « Sarkozy », « sarko », « sarkozysme » s'élevait à plus de 240. À titre de comparaison, le même exercice avec les mots « Chirac », « chiraquie », « chiraquisme » fournissait un résultat nettement moins élevé (aux alentours de 100) alors que la période prise en compte était évidemment plus longue.

Parmi ces livres, on trouve de nombreuses bandes dessinées et livres humoristiques (presque une cinquantaine), des essais de journalistes analysant la vie politique, des ouvrages portant sur des thèmes

19. *L'ouvrage de référence de René Rémond a d'abord été publié sous le titre* La Droite en France de 1815 à nos jours. Continuité et diversité d'une tradition politique, *Paris, Aubier, 1954. L'édition de 1982 a consacré l'usage pluriel,* Les Droites en France, *Paris, Aubier, 1982. Un dernier ouvrage fait le point sur les débats qu'a suscités la grille d'analyse cinquante après son élaboration :* Les Droites aujourd'hui, *Paris, Audibert, 2005.*

« vendeurs » (les femmes, l'argent...). D'autres se situent dans le domaine de la communication englobant à la fois la question des rapports de Nicolas Sarkozy aux médias et celle de sa manière de communiquer. Enfin, un certain nombre de publications réagit à ses prises de positions – plus d'une dizaine de livres sur l'Afrique à la suite du discours de Dakar[20], par exemple. Au bilan, diverses questions sont traitées, à l'exception du lien qu'entretient le président de la République élu en 2007 avec le parti dont il est issu. Ce faisant, cette lacune accrédite l'idée que Nicolas Sarkozy s'est fait tout seul et que l'on peut comprendre sa trajectoire et son action politiques en faisant abstraction de l'organisation qui les porte.

Dans cette foisonnante production éditoriale, peu des travaux universitaires, et cette absence n'est pas nouvelle et est même déplorée depuis fort longtemps. En comparaison, la production académique sur le Parti socialiste[21] ou plus généralement sur la social-démocratie européenne[22] s'avère beaucoup plus fournie, et celle qu'ont stimulée les partis communistes, en particulier français et italien, apparaît particulièrement robuste[23]. Plus récemment, les travaux portant sur la droite qualifiée d'extrême, de radicale ou de populiste se sont trouvés

20. *Allocution de Nicolas Sarkozy prononcée le 27 juillet 2007 à l'Université de Dakar, au cours de laquelle il déclare que « l'homme africain n'était pas encore entré dans l'histoire ». Ce discours a provoqué de vives réactions internationales et françaises.*

21. *Hugues Portelli,* Le Socialisme français tel qu'il est, *Paris, PUF, 1980 ; Marc Sadoun,* De la démocratie française. Essai sur le socialisme, *Paris, Gallimard, 1993 ; Alain Bergounioux et Gérard Grunberg,* Le Long Remords du pouvoir. Le Parti socialiste français 1905-1992, *Paris, Fayard, 1992 ; Henri Rey et Françoise Subileau,* Les Militants socialistes à l'épreuve du pouvoir, *Paris, Presses de la FNSP, 1991 ; Frédéric Sawicki,* Les Réseaux du Parti socialiste. Sociologie d'un milieu partisan, *Paris, Belin, 1997 ; Rémi Lefebvre et Frédéric Sawicki,* La Société des socialistes, *Bellecombe-en-Bauges, Éditions du Croquant, 2006 ; Rémi Lefebvre,* Les Primaires socialistes, la fin du parti militant, *Paris, Raisons d'agir, 2011.*

22. *Herbert Kitschelt,* The Transformation of European Social Democracy, *Cambridge, Cambridge University Press, 1994 ; Gérard Grunberg,* Vers un socialisme européen ?, *Paris, Hachette, 1997 ; Stefano Bartolini,* The Political Mobilization of the European Left, 1860-1890 : The Class Cleavage, *Cambridge, Cambridge University Press, 2000 ; Giuliano Bonoli et Martin Powell (eds),* Social Democratic Party Policies in Europe, *Londres, Routledge, 2003.*

23. *Annie Kriegel,* Les Communistes français, op. cit. *; Georges Lavau,* À quoi sert le Parti communiste français ?, *Paris, Fayard, 1981 ; Bernard Pudal,* Prendre parti, op. cit. *; Michel Hastings,* Halluin la rouge, 1919-1939.

en pleine expansion[24]. Même les courants écologistes[25] ont bien plus aiguisé la curiosité universitaire que la droite, laquelle domine pourtant la scène européenne. Comment expliquer cette désaffection universitaire ? Cette forme globale d'indifférence des sciences sociales à l'égard de la droite dite « classique » tient à des facteurs sociopolitiques autant qu'intellectuels. Dans les années 1970, le sociologue américain Howard Becker s'interrogeait sur les effets des convictions et engagements des chercheurs sur la sélection des objets de recherche et posait une question iconoclaste : « de quel bord êtes-vous ? »[26]. Il reconnaissait que le milieu académique était généralement « libéral », au sens américain du terme – autrement dit de gauche – et assumait le fait que les convictions politiques influençaient les sujets et les problématiques de recherche.

Cette remarque peut valoir explication des formes de désinvestissement de certains objets, comme – entre autres – celui de la droite. Toutefois, elle n'est recevable que si l'on n'oublie pas de préciser que

Aspects d'un communisme identitaire, *Lille, Presses universitaires de Lille, 1991 ; Marc Lazar,* Maisons rouges : les partis communistes français et italien de la Libération à nos jours, *Paris, Aubier, 1992 ; Marie-Claire Lavabre,* Le Fil rouge. Sociologie de la mémoire communiste, *Paris, Presses de la FNSP, 1994 ; Marc Lazar,* Le Communisme : une passion française, *Paris, Perrin, 2002 ; Marie-Claire Lavabre et François Platone,* Que reste-t-il du PCF ?, *Paris, Autrement, 2003 ; Bernard Pudal,* Un monde défait. Les communistes français de 1956 à nos jours, *Bellecombe-en-Bauges, Éditions du Croquant, 2009 ; Julian Mischi,* Servir la classe ouvrière. Sociabilités militantes au PCF, *Rennes, Presses universitaires de Rennes, 2010.*

24. *Herbert Kitschelt,* The Radical Right in Western Europe. A Comparative Analysis, *Ann Arbor (Mich.), University of Michigan Press, 1997 ; Pascal Perrineau (dir.),* Les Croisés de la société fermée, *La Tour d'Aigues, Éditions de l'Aube, 2003 ; Hans-Georg Betz,* La Droite populiste en Europe, *Paris, Autrement, 2004 ; Piero Ignazi,* Extreme Right Parties in Western Europe, *Oxford, Oxford University Press, 2003 ; Pippa Norris,* Radical Right : Voters and Parties in the Regulated Market, *Cambridge, Cambridge University Press, 2005 ; Cas Mudde,* Populist Radical Right Parties in Europe, *Cambridge, Cambridge University Press, 2006.*

25. *Herbert Kitschelt,* The Logics of Party Formation : Ecological Politics in Belgium and Germany, *Ithaca (N. Y.), Cornell University Press, 1989 ; Florence Faucher,* Les Habits verts de la politique, *Paris, Presses de Sciences Po, 1999 ; Benoît Rihoux,* Les Partis politiques : organisations et changements. Le test des écologistes, *Paris, L'Harmattan, 2001 ; E. Gene Frankland, Paul Lucardie et Benoît Rihoux (eds),* Green Parties in Transition : The End of Grass-roots Democracy ?, *Aldershot, Ashgate, 2008.*

26. *Howard Becker, « Whose Side Are You On »,* Social Problems, *14 (3), hiver 1967, p. 239-247.*

la méfiance résulte d'une coproduction. Les milieux partisans de droite sont généralement suspicieux à l'égard des chercheurs qui se présentent à eux. Pour les militants, cadres ou dirigeants de droite, les chercheurs ne sont *a priori* pas « de leur bord », comme le dirait Howard Becker. Cette distance politique se double, le plus souvent, d'une distance sociale qui fait écho à la marginalité relative des universitaires et professeurs dans les milieux partisans de droite : à titre d'illustration, il faut rappeler que la part des enseignants ou professions scientifiques était, au début des années 2000, trois fois supérieure parmi les adhérents socialistes que parmi ceux de l'UMP[27]. De fait, les chercheurs enquêtant sur la gauche partisane sont souvent en terrain familier alors que leurs collègues travaillant sur la droite expérimentent, sauf exception, une forme de décalage[28].

Méfiance politique, distance sociale, on peut aussi attribuer le délaissement par les universitaires de la droite partisane à des raisons intellectuelles ou, en tous les cas, à la manière dont l'objet s'est construit. En effet, l'idée que la droite française serait fondamentalement étrangère au phénomène partisan est largement répandue[29]. L'on considère qu'elle aurait, pendant longtemps, pu se passer des partis dans la mesure où sa domination sociale pouvait s'exercer comme « naturellement ». Elle se traduisait quasiment automatiquement par l'établissement d'une autorité politique évidente, d'ailleurs principalement nourrie d'allégeances personnelles, qui aurait rendu superfétatoire toute mobilisation collective partisane.

La droite serait aussi rétive à cette mobilisation en raison de la fameuse culture individualiste qui caractériserait « l'homme de droite ».

27. *Cette comparaison s'appuie sur les chiffres fournis par Daniel Boy* et al., C'était la gauche plurielle, *Paris, Presses de Sciences Po, 2003 et par ceux que nous avons recueillis à la suite d'une enquête réalisée en novembre 2004 (voir chapitre 4).*

28. *Sur les questions que soulève la pratique de l'enquête de terrain dans des partis politiques, voir le numéro « Enquêter dans un parti. Perspectives comparées »,* Revue internationale de politique comparée, *17 (4), 2010. En particulier, les deux articles introductifs de Myriam Aït-Aouadia* et al., *« Franchir le seuil des partis ? Accès au terrain et dynamiques d'enquêtes », p. 15-30 et de Carole Bachelot* et al., *« Les partis s'intéressent-ils à nos enquêtes ? Éléments comparatifs sur la réception des recherches sur les partis », p. 31-46.*

29. *Ces questions seront reprises dans le chapitre 1.*

L'attachement à la liberté individuelle alimenterait sa résistance aux entreprises collectives et aux formes de discipline qu'elles requerraient. Sur ces bases, l'entrée par le parti a longtemps été considérée comme un accès parfaitement légitime lorsque l'on tentait de comprendre la gauche alors qu'elle l'était assez peu pour cerner la droite. De fait, s'agissant de la France, ce sont surtout des historiens[30] qui se sont vraiment intéressés à cette dernière et, quand ils l'ont fait, ils ont privilégié, de manière significative, l'histoire intellectuelle et culturelle au détriment de celle des partis et organisations. Pour accéder à la droite, mieux valait entrer par les salons, les journaux, voire les patrons que par les partis.

Partant du constat de cet angle mort, le choix de ce livre est d'analyser la droite française à travers ses structures partisanes, ce que j'appellerai ici la droite partisane pour la distinguer des droites culturelle ou intellectuelle, par exemple. Cet ouvrage ne se donne donc pas pour objectif d'actualiser la fameuse grille de René Rémond qui s'intéressait, en priorité, aux « sensibilités » et aux « traditions culturelles » mais propose un autre type de perspective, comparative et largement alimentée par les débats actuels que suscitent les partis politiques, en France et à l'étranger. Si pour les spécialistes, la droite partisane française constitue un objet problématique, l'étudier peut alors s'avérer d'autant plus stimulant que l'association des termes de droite et de parti dissimule des tensions qu'un bilan historiographique permet de repérer aisément. L'on peut donc attendre d'une telle investigation qu'elle permette, dans un même mouvement, d'avancer dans la compréhension des liens que la droite française entretient avec la forme partisane et de mettre à l'épreuve les conceptions dominantes de ce qu'est un parti politique. On comprend alors l'intérêt spécifique de ce chantier de recherche. Il peut conduire à se détacher de la conception commune des partis politiques dont les modèles sont à la fois historiquement datés et politiquement biaisés. En bref, si l'on admet que les partis de gauche ont trop longtemps servi d'étalons à

30. Jean-François Sirinelli (dir.), Histoire des droites en France, *3 vol., Paris, Gallimard, 1992, dont deux volumes sur trois sont consacrés aux « cultures » et « sensibilités ». Voir également Serge Berstein (dir.),* Les Cultures politiques, *Paris, Seuil, 2003.*

l'aune desquels on mesurait l'écart ou le retard de la droite, il devient particulièrement utile de se consacrer plus systématiquement à l'analyse des formes partisanes de droite pour comprendre, plus complètement, les transformations en cours.

Contribuer au débat sur les transformations partisanes

La littérature internationale sur les partis politiques accorde une place de choix à la réflexion sur les transformations partisanes. Une large partie de cette littérature[31] porte, en effet, sur les mutations qui ont affecté depuis leur naissance ces organisations. Elle considère que plutôt que de parler de déclin, il est préférable de se centrer sur les transformations, au sens propre de changements de formes, qui ont affecté les partis politiques au cours du temps et de considérer que seule une forme partisane historiquement située, celle du parti de masse, s'est affaiblie. Derrière le thème de la transformation, les spécialistes des partis désignent, en réalité, deux phénomènes sensiblement différents.

Le premier phénomène renvoie à des transformations historiques de long terme qui s'inscrivent dans un processus incrémental et conduisent les partis à changer de formes en s'adaptant aux évolutions sociales. Dans cette optique, le changement inclut un double mouvement continu et dialectique : les partis se transforment en s'adaptant à leur environnement mais ils contribuent également à changer la société et le système politique dans lesquels ils s'insèrent et modifient donc leur environnement, entretenant ainsi un processus continu d'adaptation. Une illustration de ce type de processus peut être trouvée dans la dialectique qui a affecté les partis sociaux-démocrates. Partis d'intégration sociale, ils ont à l'origine cherché à assumer un rôle d'assistance sociale et culturelle (par la mise en place de mutuelles, d'associations de loisirs et d'entraide et la diffusion d'une presse partisane) ; ils ont aussi milité pour la mise en place de politiques

31. L'exemple le plus représentatif et abouti de ce type d'analyse se trouve dans Richard Katz et Peter Mair, « Changing Models of Party Organization and Party Democracy. The Emergence of the Cartel Party », Party Politics, *1 (1), 1995, p. 5-27.*

publiques de protection sociale et donc l'instauration des États providence. Leur succès dans cette entreprise les a alors dépossédés de leur rôle d'assistance sociale et de promotion culturelle et les a en quelque sorte vidés d'une partie de leurs activités et de leur force d'attraction, démobilisant les clientèles qui leur étaient historiquement attachées. Aujourd'hui, comme on le verra au fil de cet ouvrage, la question des relations que les partis entretiennent avec un État lui-même en voie de mutation car managérialisé et décentralisé demeure centrale.

Le second phénomène de transformation se situe, lui, à l'échelle de la durée de vie d'une organisation. Il englobe l'ensemble des changements (de règles, de statuts, de noms, de composition, de socle idéologique, etc.) qui peuvent affecter un parti. Dans cette optique, le changement est conçu comme un processus intentionnel, situé et largement codifié. Il procède, en partie, par effet de diffusion et de transfert puisque les partis réagissent les uns par rapport aux autres, mêlant mimétisme et distinction.

Ces deux types de transformation – de long terme et de moyen voire de court terme – sont au cœur de la réflexion que soulève l'histoire récente de la droite française. Par conséquent, leur examen conduit à affiner la connaissance de certaines formes partisanes moins documentées que d'autres en même temps qu'à revisiter un ensemble de modèles généraux d'interprétation.

Des « modèles attrape-tout »

Pour désigner les nouvelles formes partisanes, historiquement situées, les spécialistes ont rivalisé d'inventivité. Ainsi ont successivement émergé les notions de « parti attrape-tout » (*catch-all party*)[32], de « parti électoral professionnel » (*electoral professional party*)[33] et de « parti-cartel » (*cartel party*)[34], pour ne citer que les

32. *Otto Kirchheimer, « The Transformation of Western European Party System », dans Joseph La Palombara et Werner Myron (eds),* Political Party and Political Development, *Princeton (N. J.), Princeton University Press, 1966, p. 177-200.*
33. *Angelo Panebianco,* Political Parties : Organization and Power, *Cambridge, Cambridge University Press, 1988.*
34. *Richard Katz et Peter Mair, « Changing Models of Party Organization and Party Democracy », art. cité.*

plus célèbres d'entre elles. Chaque catégorisation désigne un phénomène spécifique. Ainsi le modèle du « parti attrape-tout » de Otto Kirchheimer est marqué par l'esprit des *sixties* et insiste sur la désegmentation sociale et son corollaire politique : la désidéologisation, entendue comme l'effacement des conflits idéologiques au profit d'une politique plus consensuelle. Le spécialiste italien Angelo Panebianco, avec la notion de « parti électoral professionnel », s'intéresse davantage au mouvement de professionnalisation au sein des partis. Il soutient l'idée d'une mutation de l'organisation interne des partis qui irait de pair avec la montée en puissance des objectifs électoraux, et d'activités ainsi que d'acteurs spécialisés pour les atteindre. Quant à Richard Katz et Peter Mair, ils reprennent l'ensemble de ces arguments mais déplacent sensiblement le débat en interrogeant la tradition qui privilégie l'analyse des liens que les partis entretiennent avec la société et proposent un modèle alternatif centré sur l'imbrication des partis dans l'État.

En dépit de leurs différentes accentuations, l'on peut néanmoins dégager un socle commun à l'ensemble de ces grilles d'analyse, à visée globale. Elles se présentent, sous bien des aspects, comme des « modèles attrape-tout » qui intègrent, de manière plus ou moins articulée, un éventail de quatre principaux processus : la professionnalisation, l'électoralisme, l'effacement des sous-cultures politiques et la désidéologisation. Elles partagent en effet l'idée que l'on serait passé de partis bureaucratiques centrés sur des mécanismes d'intégration sociale et de production idéologique, à des partis professionnels, tournés vers des opérations de conversion électorale et largement désidéologisés. Les premiers reposaient sur des bureaucraties partisanes qui se consacraient à la mobilisation de clientèles arrimées à des segments sociaux spécifiques et à un travail d'entretien de cultures politiques, travail qui comportait une dimension de production idéologique. Les seconds seraient gérés par des professionnels, experts et consultants en marketing et communication, tournés vers la conversion du plus grand nombre d'électeurs, et auraient accéléré l'effacement des cultures politiques contribuant alors à un mouvement de désidéologisation partisane, autre face de l'affaiblissement des clivages sociaux et idéologiques.

En revisitant cette littérature internationale à partir de l'étude de la droite partisane française, on est amené à proposer la dissociation des phénomènes qu'ont coutume d'associer les modèles globaux et synthétiques. En particulier, il apparaît nécessaire de distinguer, d'un côté, l'émergence d'une forme partisane fondée sur une forte professionnalisation, une référence appuyée au modèle de l'entreprise et un recours aux technologies de marketing et, de l'autre côté, un mouvement de rétrécissement des cultures politiques et d'effacement des idéologies. L'analyse empirique contredit, en effet, l'évidence de cette association.

Sous bien des aspects, l'UMP entre parfaitement dans le moule du parti électoral professionnel. Elle l'incarne, d'abord, par la place qu'elle accorde à la diffusion du modèle entrepreneurial, à la professionnalisation de certains secteurs d'activités (comme ceux de la communication) ainsi qu'aux techniques de management et de marketing. Elle y renvoie aussi par le fait qu'elle se trouve fortement façonnée par des cycles partisans directement indexés aux conjonctures électorales. En effet, l'on peut affirmer que l'UMP présente deux faces : il ne s'agit pas du même parti selon qu'on le considère en ou hors période de campagne électorale. Non seulement sa force mobilisatrice mesurée au nombre de ses adhérents varie dans des proportions impressionnantes, mais plus étonnant encore, ses statuts, ses modes de fonctionnement sans parler de ses circuits de financement peuvent changer.

Toutefois reconnaître la pertinence de ces traits caractéristiques du parti électoral professionnel ne permet aucunement de conclure à un mouvement d'effacement des cultures politiques, pas plus d'ailleurs que de valider l'hypothèse d'un délitement des idéologies. Certes, l'UMP se trouve gérée par des professionnels principalement soucieux des conséquences électorales de leurs actions, familiers des techniques de marketing et obsédés par les effets de communication, mais les cultures politiques ne se sont pas, comme par miracle, volatilisées par leur simple présence ni même par l'effet de leurs activités. Elles apparaissent bien réelles ; pour preuve, la droite partisane se différencie clairement de la gauche partisane tant du point de vue sociologique que culturel. De même, loin de constater un mouvement de désidéologisation, l'on peut considérer qu'un mouvement de réidéologisation – au sens de réaffirmation des conflits idéologiques –, voire de radicalisation, est à l'œuvre depuis 2002. En résumé, les processus que les « modèles attrape-tout » agglomèrent systématiquement doivent être dissociés deux à deux : empiriquement, le professionnalisme et l'électoralisme sont bien des phénomènes avérés mais ils n'ont pas conduit à une dissolution de la densité socioculturelle, voire idéologique, des mondes partisans.

Les interrogations que soulève une forme partisane de droite

Cette réflexion générale se déploie à partir d'un point d'observation particulier : celui de la refondation de la droite française entreprise en 2002 avec la création de l'UMP. La perspective adoptée dans cet ouvrage est résolument comparative puisque celui-ci intègre à la fois une comparaison dans le temps – à travers l'analyse de la structuration historique de la droite française menée dans le premier chapitre – et une comparaison par pays – à travers l'étude de la droite française par rapport à ses équivalents européens, voire une comparaison entre l'UMP et le PS. Il n'en demeure pas moins que le cas d'étude privilégie une transformation partisane singulière qui revêt, d'ailleurs, une réelle ampleur puisqu'elle a entraîné un changement du nom du parti, des composantes qui le constituaient, des statuts qui régissent son fonctionnement, de son leadership et qu'elle s'est même accompagnée de nettes inflexions idéologiques. On l'a vu, techniquement parlant, cette transformation peut être rapidement caractérisée comme une refondation procédant par un mécanisme de fusion asymétrique, l'ancien RPR, et au-delà le gaullisme partisan, en constituant le socle. Cette domination de la matrice néogaulliste justifie d'ailleurs largement le choix de porter l'attention sur cette lignée au détriment des composantes plus périphériques que j'évoquerai évidemment aussi.

À l'instar des périodes de genèse, les séquences de refondation rendent visibles tout un éventail de mécanismes plus enfouis dans les périodes routinières. Elles constituent, dès lors, des moments privilégiés pour l'observation d'un phénomène partisan. Profitant de cette situation, les enquêtes que j'ai réalisées ont permis de faire émerger un ensemble de processus qui ont marqué, à différents titres, la structuration de la droite partisane. Parmi eux, l'on peut citer, par exemple, un mouvement de convergence européenne visible dans la production programmatique, l'impact des dynamiques proprement institutionnelles sur la refondation partisane, l'hybridation des modèles organisationnels, les transformations des technologies d'adhésion et la séquentialisation des cycles de mobilisation, la résistance des cultures politiques de droite et le rôle que ces soubassements socioculturels jouent dans certaines formes de radicalisation idéologique.

Mais le bénéfice que l'on peut tirer de l'étude *in vivo* d'une transformation partisane ne réside pas exclusivement dans cet effet loupe qui conduit à rendre plus saillants les processus à l'œuvre. Plus fondamentalement, elle ouvre des perspectives pour interroger ce que peut être une forme partisane de droite.

Une première perspective renvoie à la thèse de la cartellisation[35], laquelle domine le débat scientifique sur les partis politiques depuis le milieu des années 1990. Celle-ci repose sur l'idée stimulante avancée par Richard Katz et Peter Mair selon laquelle les partis politiques se seraient déplacés de la société vers l'État. Elle vise alors à rendre compte de tout un ensemble de mutations du phénomène partisan : imbrication croissante des partis dans les structures étatiques par des phénomènes anciens (comme les patronages) et nouveaux (comme la régulation financière des partis par l'État), dynamique plus globale du système partisan allant dans le sens d'une collusion des organisations dominantes qui s'entendent pour exclure leur *challenger* de la compétition – d'où le recours à la notion, empruntée à l'économie, de cartel[36] –, enfin, transformation interne des organisations vers une croissante fragmentation des différentes facettes que constitue l'organisation partisane. Partant de l'idée que les partis se seraient de plus en plus rapprochés de l'État, l'on a pu même les considérer comme des agences fournissant des services publics (*public utilities*)[37].

35. *Richard Katz et Peter Mair, « Changing Models of Party Organization and Party Democracy », art. cité. Voir, pour une discussion en français, Yohann Aucante et Alexandre Dézé (dir.),* Les Systèmes de partis dans les démocraties occidentales. Le modèle du parti-cartel en question, *Paris, Presses de Sciences Po, 2008.*
36. *L'analogie économique est discutée plus systématiquement dans Mark Blyth et Richard Katz, « From Catch-all Politics to Cartellisation : The Political Economy of the Cartel Party »,* West European Politics, *28 (1), 2005, p. 33-60.*
37. *Ingrid Van Biezen, « Political Parties as Public Utilities »,* Party Politics, *10 (6), 2004, p. 701-722.*

S'agissant de l'UMP, et probablement pour beaucoup d'autres partis de droite, la métaphore du déplacement de la société *vers* l'État ne convient pas dans la mesure où ces formations sont, pour ainsi dire, nées *dans* l'État. Pour preuve, elles se sont souvent constituées au pouvoir, l'État leur fournissant un certain nombre de ressources. Si l'on tente de repérer les changements qui sont intervenus, le financement public apparaît comme un élément décisif, encore que son introduction n'ait pas fait disparaître les autres circuits de financement, informels et parfois illégaux, qui font dépendre les partis non pas de la puissance publique mais des intérêts économiques privés. Notons à ce propos que la Grande-Bretagne, dont les partis ont été précurseurs dans ces transformations, se caractérise justement par la faiblesse de son financement public. D'ailleurs, au titre des changements – encore plus saillant dans d'autres partis de droite comme Forza Italia –, l'on doit compter aussi l'imbrication croissante des secteurs partisans et de ceux de la communication et du marketing politiques. Dès lors, on est conduit à interroger la manière de penser les environnements dans lesquels sont inscrits les partis. Richard Katz et Peter Mair saisissent les transformations à partir de deux pôles, la société et l'État, entre lesquels les partis se déplaceraient. Mais l'État tout comme les partis sont également fortement investis par des logiques de marché, par le monde des affaires et par l'esprit du management et du marketing. L'interpénétration des structures partisanes et étatiques ne suffit donc pas à rendre compte des configurations partisanes, celles-ci font également place à un fort brouillage entre des structures partisane, étatique et économique.

Une seconde perspective concernant le degré d'institutionnalisation de la forme partisane peut être ouverte avec le débat sur le type d'outils conceptuels que l'on doit privilégier pour comprendre la forme de « sociation », comme le dirait Max Weber[38], que constitue un parti tel que l'UMP. L'enjeu n'est ni de considérer qu'il y aurait une « bonne manière » d'aborder le phénomène partisan, ni de décerner, une fois pour toutes, un label à l'UMP, mais plutôt de se poser la question de la manière la plus pertinente de problématiser

38. *Max Weber,* Économie et Société, *Paris, Plon, 1995 (1re éd. 1921).*

les phénomènes empiriquement observés. L'analyse des degrés et des formes d'institutionnalisation des organisations[39] alimente largement ce débat. J'entends ici par institutionnalisation la capacité d'une organisation à cadrer et à contraindre ses membres et leurs conduites et donc à mettre en place un ordre social stabilisé et reproductible. Plus précisément, l'institutionnalisation peut être entendue comme un processus de production d'un ensemble de règles et de normes, assorties de sanctions formelles ou informelles, qui encadrent les interactions entre acteurs d'une organisation. Une organisation peut être considérée comme fortement institutionnalisée quand les règles et les normes, écrites ou non écrites, formelles ou informelles, pèsent et transforment la conduite des acteurs et leurs interactions. À l'inverse, une organisation peut être qualifiée de faiblement institutionnalisée dans les cas où la vocation instrumentale prévaut ou, pour le dire schématiquement, quand les règles et les codes transforment moins les acteurs que le contraire. On a alors à faire à des groupes spécialisés caractérisés par une certaine souplesse et plasticité et dont le système de règles et de sanctions n'est pas fortement stabilisé.

Ainsi au cours de l'histoire de la droite française, non seulement les refondations tout comme les noms se sont succédé, mais les acteurs partisans entretiennent, encore aujourd'hui, un rapport particulièrement relâché aux règles, ils les changent aisément, les contournent ou les oublient fréquemment et mettent rarement en œuvre de véritables sanctions. Ce caractère peu contraignant des règles signale l'existence d'une forme partisane spécifique, peu institutionnalisée, trop souvent oubliée quand on analyse les partis politiques.

39. *Il existe des conceptions plus ou moins extensives de ce qu'est une institution, nous nous référons ici à Walter W. Powell et Paul J. DiMaggio,* The New Institutionalism in Organizational Analysis, *Chicago (Ill.), Chicago University Press, 1991.*

Présentation de l'ouvrage

Travaillant depuis plusieurs années sur la droite française, la rédaction de cet ouvrage[40] m'a fourni l'occasion de revenir sur des analyses que j'avais auparavant eu l'occasion d'exposer, de les confronter les unes aux autres et d'en tirer des interprétations plus globales. Ces réflexions sont principalement fondées sur l'exploitation de données, rassemblées de manière discontinue, concernant à la fois l'ancien RPR et l'actuelle UMP. Ces données ont été produites en mobilisant tout un répertoire de méthodes complémentaires : enquête localisée dans deux fédérations du RPR en 1999-2000 (incluant la réalisation d'entretiens et le recueil d'observations) peu avant la fusion, enquête quantitative auprès des adhérents UMP réalisée en novembre 2004, entretiens répétés avec les dirigeants de l'UMP depuis 2002, observations des réunions et meetings du RPR et de l'UMP, analyse automatisée des discours de campagne des candidats présidentiels de droite depuis 1988, mise en œuvre d'une cartographie du web pour cerner la structuration de l'antisarkozysme avant 2012, analyse documentaire, etc. Cette production de données de « première main » a été complétée par la mobilisation des travaux d'histoire et de science politique portant sur les droites française et européenne et par l'exploitation de deux enquêtes européennes permettant de comparer les positions idéologiques de la droite française avec celles de ses homologues européennes à travers l'étude de leur électorat et de leurs programmes.

Au bilan, je signalerai deux principaux manques. Le premier concerne l'absence de travail sur archives. Il résulte largement du constat que le RPR et plus encore l'UMP n'ont pas le « goût des archives ». Sollicité sur ce point, le directeur général de l'UMP en 2010, Éric Cesari, reconnaissait aisément la pauvreté des archives conservées

40. Cet ouvrage a bénéficié de nombreux échanges avec mes collègues du Centre d'études européennes de Sciences Po (CEE) mais aussi du groupe de travail « Enquêter dans un parti » et du Groupe sur l'étude des organisations et des partis politiques (GEOPP) de l'Association française de science politique (AFSP). Il a aussi été alimenté par des discussions avec Alexandre Dézé et Carole Bachelot. Je tiens à remercier très chaleureusement pour leurs lectures à différents stades d'élaboration de tout ou partie de ce manuscrit Florence Faucher, Gérard Grunberg, Patrick Le Galès, Frédéric Louault et Frédéric Sawicki.

par le parti et l'assumait aux motifs que l'action politique visait le court terme et que chaque acteur partisan partait avec ses cartons – signe d'une réflexivité institutionnelle défaillante à verser au dossier de la faible institutionnalisation de l'UMP. Le second manque tient au fait que le travail d'enquête de terrain s'est déroulé de manière discontinue et qu'il a concerné principalement le canal historique néo-gaulliste. Certes le fait de privilégier la matrice gaulliste se justifie en raison du rôle structurant qu'elle a eu, mais il n'en reste pas moins vrai que cette perspective laisse un certain nombre d'angles morts et qu'elle ne rend probablement pas assez justice aux autres composantes de la droite. En définitive, la pluralité et la complémentarité des méthodes et des perspectives adoptées me semble constituer un précieux atout plutôt qu'un réel handicap. Je suis en effet persuadée que le phénomène partisan se saisit d'autant mieux que l'on fait varier les entrées, les échelles et les techniques d'enquête, tout comme je suis convaincue que la démarche scientifique passe par l'inscription dans un débat ouvert, non endogamique et cumulatif.

L'ouvrage est organisé en cinq chapitres. Les deux premiers articulent, de manière complémentaire, deux types de temporalité : le temps long de la structuration historique de la droite partisane française, le temps plus court de la naissance de l'UMP. Le premier chapitre analyse cette structuration historique en s'appuyant sur une synthèse historiographique des travaux sur les droites françaises. Celle-ci conduit à discuter principalement deux arguments centraux : celui d'une spécificité française marquée par l'effacement de la démocratie chrétienne au profit du gaullisme et celui du caractère a-partisan de la droite française. Cette relecture des travaux historiques permet, par conséquent, de justifier le choix de privilégier l'analyse du socle néo et postgaulliste et débouche sur l'idée qu'il faut aller au-delà d'un constat trop caricatural qui postulerait que la droite serait étrangère au phénomène d'encadrement partisan.

D'un point de vue temporel, le deuxième chapitre rétrécit le champ et se penche sur l'analyse de la séquence de refondation partisane en 2002, autrement dit sur le moment de la fusion. Il défend la thèse selon laquelle cette fusion partisane se comprend d'abord par l'effet des dynamiques institutionnelles, celles-ci renvoyant principalement aux tensions qui résultent de la disjonction des dispositifs de coopération législative et présidentielle. Dans cette perspective, les leviers de la fusion relèvent de trois ordres : financier, symbolique et organisationnel. La création de l'UMP s'appuie sur un appareillage financier qu'autorise la législation sur le financement public des partis politiques. Elle s'accompagne également d'un travail symbolique qui met l'accent sur l'européanisation. Elle implique enfin des opérations d'assemblage des sous-groupes partisans et donc des arbitrages sur le type d'équilibre entre élus, militants, courants, etc.

Les trois chapitres suivants fournissent différents angles de vue portant sur la direction du parti, ses militants et son idéologie. Ainsi, le troisième chapitre s'intéresse principalement au fonctionnement interne de l'UMP et insiste sur les mouvements de renforcement de la professionnalisation, de la managérialisation et du recours croissant aux techniques de communication et de marketing. L'importance de ces évolutions permet d'assimiler l'UMP à un parti électoral professionnel. En effet, analysé à partir de sa comptabilité, de son équipe dirigeante, de son système de filiales ou des techniques de mobilisation qu'elle promeut, le cas de l'UMP constitue une claire illustration de la diffusion au sein des partis politiques d'un modèle entrepreneurial et de la nécessité de penser plus avant l'imbrication des structures partisanes et économiques – principalement ici par les phénomènes de circulation entre les secteurs partisans et ceux de la communication et de la publicité.

Le quatrième chapitre exploite des données quantitatives et une enquête de terrain pour cerner ce que l'on pourrait appeler « le peuple de droite ». Il revendique une approche attentive à la densité sociale et culturelle du phénomène partisan. Ce faisant, il permet de souligner à la fois la prégnance à l'intérieur du parti d'un ordre social particulièrement repérable dans les relations instituées entre les hommes et les femmes ou entre les âges, d'évaluer la dimension populaire que revendique l'UMP et de cerner les cultures politiques qui irriguent le parti. Il fournit alors la preuve que celles-ci n'ont pas disparu mais que les mondes partisans de droite sont plus le creuset de phénomènes d'hybridation de cultures largement produites en dehors d'eux que de véritables instances de production culturelle.

Enfin le dernier chapitre pose la question de la radicalisation idéologique, de ses conditions et de ses conséquences. L'analyse privilégie des approches et méthodes complémentaires qui permettent à la fois de contextualiser les évolutions idéologiques dans le temps et dans l'espace et d'en saisir plus concrètement les mécanismes et les effets. Mobilisant les grandes enquêtes quantitatives européennes, il soulève l'interrogation classique des ressemblances et singularités des droites françaises et européennes et peut ainsi souligner les écarts entre les électorats et les programmes de ces droites. Il établit et spécifie également le mouvement de radicalisation idéologique dans un contexte de compétition aiguë avec le FN, en prenant en compte les effets – y compris à l'intérieur du parti – de la concurrence de cette droite radicale. Il évalue enfin les conséquences de cette radicalisation sur la polarisation du débat public.

Chapitre 1 / LES ÉNIGMES DE LA STRUCTURATION DES DROITES FRANÇAISES

Cet ouvrage s'intéresse, pour l'essentiel, à la période très contemporaine ; il porte sur les transformations qui ont affecté récemment la droite partisane française en prenant pour point d'observation l'inflexion qu'a constituée en 2002 la création de l'UMP. Pour autant, je considère que ces évolutions ne peuvent se comprendre sans s'attacher aux mutations qui se déploient dans un temps plus long, débordant largement le temps court et souvent haché de la compétition politique, et assume donc le postulat que pour comprendre la droite partisane aujourd'hui, il faut d'abord se placer dans la durée de sa structuration historique. Ce chapitre se donne pour objectif de poser les grandes énigmes que soulève l'examen de l'histoire des droites françaises, mais il ne déroule pas cette dernière séquentiellement tout comme il ne prétend pas passer en revue toutes les étapes de la structuration historique.

Cette perspective est tout à fait classique : elle s'incarne dans les travaux de Stein Rokkan[1] qui a montré en quoi l'émergence historique des partis en Europe renvoyait à un processus de structuration politique, contemporain des mouvements de démocratisation et de nationalisation. Selon lui, ce phénomène était indissociable de la cristallisation d'antagonismes et de conflits – qu'il appelait des clivages – qui, tout en s'exprimant sur le plan idéologique, s'enracinaient dans des processus sociopolitiques de grande ampleur tels que l'urbanisation, la construction nationale, l'industrialisation et la

1. *« Pour le sociologue, les partis exercent une double fascination. Ils contribuent à cristalliser et rendre explicites les intérêts conflictuels, les tensions latentes et les contrastes présents dans la structure sociale et ils forcent les sujets et les citoyens à se rassembler sur des lignes de clivages structurels et à établir des priorités au sein de leurs engagements à l'égard des rôles prescrits ou prospectifs qu'ils ont dans le système », Seymour Lipset et Stein Rokkan, « Cleavage Structures, Party System an Voter Alignment : An Introduction », dans Seymour Lipset et Stein Rokkan (eds),* Party System and Voter Alignement. Cross National Perspectives, *New York (N. Y.), The Free Press, 1967, p. 5 (ma traduction).*

sécularisation. Dans son optique, les partis ne se contentaient pas de traduire des conflits qui leur préexistaient, ils les cristallisaient et les rendaient explicites. À l'échelle des organisations, les clivages sont en effet construits puis entretenus par le travail partisan. À l'échelle individuelle, ils contribuent à façonner les identifications politiques individuelles et les processus de politisation qui les sous-tendent. L'offre partisane contraint ainsi les citoyens à se regrouper selon un système d'alliances, à s'aligner sur des lignes de clivages, à hiérarchiser un ensemble d'appartenances et d'allégeances.

Toutefois, si l'on souhaite adopter cette perspective, l'asymétrie entre les études consacrées à la structuration politique de la gauche et celles dédiées à la droite s'avère flagrante. Alors que des travaux cumulant profondeur historique et interprétation sociologique font autorité sur la mobilisation de la gauche européenne ainsi que sur l'importance de la construction historique du clivage de classe[2], pareille littérature n'existe pas pour la droite. Ce chapitre ne prétend pourtant pas combler cette lacune mais propose, plus modestement, une analyse secondaire d'un certain nombre de travaux historiques afin de dégager les grandes lignes qui permettent de comprendre les méandres de la consolidation de la droite en France et de repérer quelques énigmes permettant de construire le cas français.

On l'a dit, les travaux sur les droites européennes et, spécifiquement, françaises sont beaucoup plus rares que ceux consacrés aux gauches, socialiste et communiste, ou à l'extrême droite. Et de manière tout à fait significative, on trouve parmi ceux existants plus d'ouvrages relevant de l'histoire (ou inspirés par elle) que de réflexions s'inscrivant dans des débats propres à la science politique[3]. S'agissant de la comparaison européenne, quelques ouvrages

2. *Adam Przeworski et John Sprague,* Paper Stones. A History of Electoral Socialism, *Chicago (Ill.), Chicago University Press, 1986 et Stefano Bartolini,* The Political Mobilization of the European Left, op. cit.

3. *On peut d'ailleurs noter que les deux ouvrages de la collection « Que sais-je ? » qui ont été consacrés aux droites en France sont l'œuvre d'historiens. Le premier,* La Droite en France de 1789 à nos jours, *dont la première édition a été publiée en 1973, a été écrit par Jean-Christian Petitfils qui n'est pas un universitaire mais qui a publié de très nombreux ouvrages historiques ; le second,* Les Droites en France, *dont la première édition date de 2006, a pour auteur Jean Vavasseur-Desperriers, professeur d'histoire contemporaine à l'Université Lille-III.*

de synthèse sont disponibles[4] et des études consacrées à certains courants idéologiques ont été engagées[5], privilégiant d'ailleurs souvent la mouvance démocrate-chrétienne[6] qui s'est justement structurée plus difficilement en France qu'ailleurs (voir *infra*). Quand les historiens français[7], et aussi très souvent étrangers[8], s'intéressent à la droite française, c'est surtout pour se pencher sur le cas de la droite ligueuse et plébiscitaire de l'entre-deux-guerres alimentant un vif débat sur la radicalisation des années 1930 et la tentation fasciste. Par contraste, la droite française que l'on peut qualifier de conservatrice, classique ou modérée a, quant à elle, assez peu stimulé l'intérêt universitaire. La maigre production française la concernant est d'ailleurs encore plus frappante si on la compare avec celle, bien plus conséquente, qui existe par exemple en Grande-Bretagne[9]. Le Parti conservateur y a, en effet, suscité de nombreuses recherches dont certaines relèvent strictement de l'histoire et de la

4. *Parmi eux, un ouvrage ancien privilégiant la perspective historique, celui de Hans Rogger et Eugen Weber (eds),* The European Right : A Historical Profile, *Berkeley (Calif.), University of California Press, 1965, et un ouvrage plus récent faisant écho aux débats de la science politique, celui d'Agnès Alexandre-Collier et Xavier Jardin,* Anatomie des droites européennes, *Paris, Armand Colin, 2004.*

5. *Pascal Delwitt (dir.),* Libéralisme et partis libéraux en Europe, *Bruxelles, Éditions de l'Université de Bruxelles, 2002 et* Démocraties chrétiennes et conservatismes en Europe. Une nouvelle convergence ?, *Bruxelles, Éditions de l'Université de Bruxelles, 2003.*

6. *Michael Fogarty,* Christian Democracy in Western Europe 1820-1953, *Londres, Routledge, 1957 ; David Hanley,* Christian Democracy in Europe : A Comparative Perspective, *Londres, Pinter, 1994 ; Kalyras Stathis,* The Rise of Christian Democracy in Europe, *Ithaca (N. Y.), Cornell University Presse, 1996.*

7. *Jean-Pierre Rioux,* La Ligue de la Patrie française, 1899-1904, *Paris, Beauchesne, 1987 ; Serge Berstein, « La ligue », dans Jean-François Sirinelli (dir.),* Histoire des droites en France, *3 vol., Paris, Gallimard, 1992 ; Albert Kéchichian,* Les Croix de Feu à l'âge des fascismes : Travail, Famille, Patrie, *Seyssel, Champ Vallon, 2006.*

8. *Zeev Sternhell,* Les Droites révolutionnaires, 1885-1914, *Paris, Seuil, 1978 ; Peter M. Rutkoff,* Revanche and Revision. The Ligue of Patriotes and the Origins of the Radical Right in France, 1882-1900, *Athens (Ohio), Ohio University Press, 1980 ; Eugen Weber,* L'Action française, *Paris, Hachette, 1990 (éd. originale 1962) ; Sean Kennedy,* Reconciling France against Democracy : The Croix de Feu and the PSF, *Montréal, McGill Queen University Press, 2007.*

9. *La remarque vaut également pour le cas américain, les études sur le conservatisme américain étant nombreuses.*

vie politiques[10] mais dont d'autres intègrent aussi une dimension sociologique et culturelle[11].

S'agissant de la France, deux ouvrages[12] de renommée inégale ont analysé, sur le temps long, la structuration historique de la droite. Le premier, dont la réputation n'est plus à faire, est évidemment *Les Droites en France* de René Rémond. Il s'est installé comme « la » référence sur les droites françaises imposant la thèse d'une permanence de trois types de sensibilité et culture de droite qui persisteraient jusqu'à aujourd'hui par-delà les aléas des changements organisationnels. Il a popularisé les expressions de droites « légitimiste », « orléaniste » et « bonapartiste » pour les désigner. Dans le sillage de René Rémond, l'équipe d'historiens emmenée par Jean-François Sirinelli s'est, quant à elle, intéressée, en priorité, aux « cultures » et « sensibilités » de droite considérant que si les organisations se sont révélées éphémères, fragiles et lâches, les cultures, elles, ont été durables, solidement enracinées et denses. Le deuxième ouvrage, largement oublié, est celui de Malcom Anderson, *Conservative Politics in France*. Si son défaut principal réside dans la difficulté que l'on ressent à en dégager l'argument central – c'est ici toute la différence avec celui de René Rémond –, il présente une analyse historique fine et documentée, fondée moins sur des archives, dont il rappelle qu'elles sont rares, que sur un travail d'histoire orale et inclut de nombreux développements sur la « société conservatrice » ainsi qu'une approche localisée dans deux régions (la Bretagne et l'Alsace) et un département (les Pyrénées-Atlantiques).

10. *Voir principalement Robert Blake,* The Conservative Party from Peel to Churchill, *Londres, Eyre and Spottiswoode, 1970 ; Philip Norton (ed.),* The Conservative Party, *Londres, Prentice Hall, 1996 ; John Turner,* The Tories and Europe, *Manchester, Manchester University Press, 2000 ; Mark Garnett et Philip Lynch (eds),* The Conservatives in Crisis, The Tories after 1997, *Manchester, Manchester University Press, 2003 ; Tim Bale,* The Conservative Party. From Thatcher to Cameron, *Cambridge, Polity Press, 2010.*
11. *Bob Jessop,* Traditionalism, Conservatism and British Political Culture, *Londres, Allen and Unwin, 1974 ; Andrew Gamble,* The Conservative Nation, *Londres, Routledge, 1974 ; Anthony Seldon et Stuart Ball (eds),* Conservative Century. The Conservative Party since 1990, *Oxford, Oxford University Press, 1994 ; Beatrix Campbell,* The Iron Ladies. Why do Women vote Tories, *Londres, Virago, 1987 ; Paul Whiteley, Patrick Seyd et Jeremy Richardson,* True Blues. The Politics of Conservative Party Membership, *Oxford, Clarendon Press, 1994.*
12. *René Rémond,* Les Droites en France, op. cit. *et Malcom Anderson,* Conservative Politics in France, *Londres, Allen and Unwin, 1974.*

En conséquence, on doit considérer que l'étude historique des formes organisationnelles des droites a longtemps été négligée par rapport à l'histoire culturelle. Toutefois, depuis quelques années, des travaux historiques ont comblé ce manque en proposant une analyse des trajectoires d'organisations particulières permettant ainsi de placer au cœur du débat universitaire la question des formes de structuration des droites françaises et de l'enjeu qu'a constitué son action politique organisée. Partant de ce bilan, ce chapitre reviendra, dans un premier temps, sur la trilogie proposée par René Rémond afin de la comparer à d'autres classifications, de facture européenne, puis, dans un deuxième temps, abordera la question que posent les historiens à propos des liens que les droites françaises entretiennent à l'organisation partisane.

Ce que nous apprennent des classifications désajustées

Pour « éviter la comparabilité spontanée », il faut tenter de déjouer les « pièges du nominalisme »[13] et construire les cas en orientant l'attention vers les décalages qu'ils manifestent les uns par rapport aux autres. À cet effet, l'une des « ficelles »[14] disponibles peut être de confronter les classifications et les terminologies qui sont utilisées quand on parle d'objets *a priori* similaires.

Quelles catégories, quels mots ont été choisis par les comparatistes européens et les spécialistes français pour désigner les droites, pour les rapprocher ou les distinguer ? L'objectif ici n'est pas de rouvrir le dossier épineux et souvent stérile des modes de classification, qu'il s'agisse de ranger la droite française dans les casiers mis à notre disposition ou de proposer un nouvel arrangement jugé plus adéquat à rendre compte du cas national examiné. Si l'on part des classifications existantes, c'est d'abord parce que leur évocation peut constituer une première étape, nécessaire mais non suffisante, de la démarche comparative. L'exercice fournit l'occasion de repérer des décalages et, par

13. Patrick Hassenteufel, « Deux ou trois choses que je sais d'elle. Remarques à propos d'expériences de comparaisons européennes », dans Myriam Bachir (dir.), Les Méthodes au concret, *Paris, PUF, 2000, p. 110.*
14. Howard Becker, Les Ficelles du métier, *Paris, La Découverte, 2002.*

ce biais, de construire le cas français dans la singularité de sa trajectoire historique afin de formuler des énigmes et, par conséquent, d'ébaucher des pistes de comparaison. Pour ce faire, la comparaison de deux trilogies, celle de René Rémond et celle du comparatiste européen Klaus Von Beyme, peut utilement servir de fil rouge.

Le décalage des trilogies française et européenne

Très classiquement, la littérature comparative sur les droites européennes s'appuie sur une classification en courants et traditions politiques, et la plupart des spécialistes[15] reprennent généralement celle de Klaus Von Beyme[16] en « familles spirituelles[17] ». S'agissant des droites, elle repose sur des critères idéologiques et met en place une trilogie fondée sur la distinction entre familles « libérale », « conservatrice » et « démocrate-chrétienne ».

Le courant libéral s'est constitué au XIXe siècle autour des intérêts de la bourgeoisie naissante mobilisée contre les propriétaires terriens. Fruit de l'industrialisation, il est historiquement marqué par la défense des libertés économiques (défense des intérêts commerciaux et manufacturiers), politiques (lutte contre l'absolutisme) et religieuses (opposition rationaliste à l'égard de la religion). Comparés aux pays du nord de l'Europe, les courants libéraux des pays catholiques du sud, mêlant rationalisme et anticléricalisme, ont été marqués moins par la question du libre-échangisme et des tarifs douaniers que par la question religieuse. La droite conservatrice s'apparente, quant à elle, à un mouvement de défense institutionnelle et sociale. À l'origine, elle a pris position contre l'affirmation des libertés politiques et l'extension du suffrage universel et pour la

15. La grille d'analyse forgée par Daniel-Louis Seiler à partir des travaux de Stein Rokkan relève, elle, d'une catégorisation bien plus sophistiquée, voir Daniel-Louis Seiler, Les Partis politiques en Occident. Sociologie historique du phénomène partisan, *Paris, Ellipses, 2003.*

16. C'est le cas, par exemple, d'Alan Ware dans Political Parties and Party Systems, *Oxford, Oxford University Press, 1996, ou d'auteurs analysant plus spécifiquement les droites européennes comme Frank L. Wilson dans* The European Center-Right at the End of the Twentieth Century, *New York (N. Y.), Saint Martin's Press, 1998 ou Agnès Alexandre-Collier et Xavier Jardin,* Anatomie des droites européennes, op. cit.

17. Klaus Von Beyme, Political Parties in Western Democracies, *Aldershot, Gower, 1985.*

défense des propriétaires terriens et du monde rural. Attachée à la tradition, elle est favorable au respect des hiérarchies sociales. Enfin, la droite démocrate-chrétienne est née au XIXe siècle mais ne s'est constituée en véritable force politique à l'échelle européenne qu'après la seconde guerre mondiale, elle a alors pleinement participé à la mise en place de l'État providence et à la construction européenne. Elle mêlait, en réalité, des courants de défense catholique plus conservateurs et des partis attachés à la promotion d'une troisième voie entre capitalisme et collectivisme affichant même une volonté de déconfessionnalisation.

En France, on retrouve aussi la tripartition comme mode opératoire de classement des droites mais la grille française ne fait pas travailler les mêmes catégories. Les célèbres « trois droites », distinguées par René Rémond, ne sont pas celles des comparatistes européens puisqu'elles se répartissent entre des traditions « légitimiste », « orléaniste » et « bonapartiste ». Grossièrement, la droite légitimiste correspond assez bien à la droite conservatrice dans les classifications européennes et la droite orléaniste à leur droite libérale. Encore que la version française du « libéralisme » est sensiblement décalée par rapport à la doctrine libérale orthodoxe d'autres pays car l'État y a toujours trouvé sa place dans le domaine économique tout autant que politique[18] : entre un libéralisme privilégiant l'individu contre la puissance publique et un libéralisme instauré et protégé par celle-ci, « le libéralisme français a, très majoritairement, adopté la seconde voie, celle d'un libéralisme par l'État, et non contre ou hors de l'État[19] ». En revanche, compte tenu des difficultés de structuration de la démocratie chrétienne en France, cette « sensibilité » n'est pas retenue dans la catégorisation de René Rémond qui accorde au courant bonapartiste se réincarnant dans le gaullisme le statut de tradition à part entière. Le cas français se singulariserait alors par l'importance de cette droite

18. *« À l'exaltation des libertés économiques se sont mêlées des aspirations à la protection de l'État. Devant la revendication des libertés d'expression (l'écrit, la parole, le dessin, l'association, les manifestations) sont venus s'interposer les appels à la restriction », Nicolas Rousellier, « La culture politique libérale », dans Serge Berstein (dir.),* Les Cultures politiques en France, op. cit., *p. 77.*

19. *Lucien Jaume,* L'Individu effacé ou le paradoxe du libéralisme français, *Paris, Fayard, 1997, p. 11.*

populaire attachée à la logique plébiscitaire, à la critique des corps intermédiaires ainsi qu'à la promotion du dialogue direct entre un chef et le peuple.

Cette comparaison des logiques classificatoires met donc au jour des décalages qui désignent trois principales pistes de réflexion que j'emprunterai successivement. La première piste résulte des termes mêmes employés pour désigner la pluralité des droites françaises et européennes. Alors que le comparatiste européen utilise des dénominations idéologiques, l'historien français a recours – du moins à l'origine – à des désignations dynastiques. Cette simple différence permet d'ouvrir le dossier du rapport que les droites françaises entretiennent avec la question institutionnelle et les phénomènes de personnalisation. La deuxième piste de réflexion renvoie à une forme d'absence, celle de la démocratie chrétienne qui existe mais n'occupe pas, dans le cas français, la position structurante qu'elle détient dans d'autres pays européens. Ce constat permettra de revenir sur les explications fournies par les historiens pour résoudre cette énigme. La troisième et dernière piste tient, à l'inverse, à une présence, celle du bonapartisme puis du gaullisme, comme élément matriciel de la consolidation des droites françaises dans la période contemporaine.

Des dénominations dynastiques à la question institutionnelle

Revenant à la fin de sa vie sur son cadre d'explication, René Rémond considérait, avec satisfaction, que pour l'essentiel celui-ci avait bien résisté. Il ne proposait qu'un simple réajustement, préférant abandonner la qualification « dynastique » qu'il avait, à l'origine, choisie. En effet, pour baptiser « ses » droites, il avait initialement « emprunté les appellations des régimes ou des expériences politiques où elles avaient pris corps[20] » frappant ces courants politiques du sceau de leur moment génétique mais leur attribuant aussi le parfum désuet d'histoires de familles dynastiques. La droite légitimiste – qualifiée également de droite ultra, du terme utilisé sous la Restauration – était désignée ainsi du fait de son attachement à la famille royale légitime,

20. *René Rémond,* Les Droites aujourd'hui, *op. cit., p. 15.*

celle des Bourbons. La droite orléaniste héritait son nom de la branche cadette des Orléans. Enfin, la droite bonapartiste était appelée ainsi en raison de son allégeance à l'Empereur. Un demi-siècle après la première édition, il optait pour l'abandon de cette terminologie au profit de termes moins datés et, par ailleurs, plus proches de la classification idéologique européenne, de droites « contre-révolutionnaire », « libérale » et « gaulliste ». Il n'en demeure toujours pas moins pertinent de s'interroger sur ce que ce choix initial d'une dénomination dynastique peut apprendre du cas français.

Et d'abord, faut-il y voir une spécificité française ? Pas tout à fait, puisque, comme le rappelle Klaus Von Beyme, l'appellation dynastique se retrouve dans d'autres cas nationaux. De fait, le lien établi entre des courants de droite et l'affiliation à une dynastie n'est pas exceptionnel[21]. On a pu ainsi parler de droite « carliste » (du nom de Don Carlos) en Espagne ou utiliser la dénomination de droite « orangiste » (du nom de la dynastie des ducs d'Orange) en Belgique. Néanmoins cette association de la droite française à la défense d'une dynastie, puis d'un régime, a perduré en France à la faveur des ruptures et de l'instabilité institutionnelles ainsi que des épisodes autoritaires conduisant Klaus Van Beyme à qualifier la France de « cas déviant[22] ».

Les conditions institutionnelles et politiques de la consolidation partisane

De manière générale, les conditions institutionnelles et politiques de la consolidation des partis tiennent à quatre grands types de transformations : l'individualisation politique, l'instauration d'une société pluraliste, l'effacement de la transcendance de l'autorité politique et la reconnaissance de la légitimité d'une opposition. Paolo Pombeni a insisté sur les trois premières[23]. Elles renvoient au passage d'une société fondée sur des ordres et des corporations à une société fondée sur des individus, considérés comme des entités abstraites, à la perte d'évidence de l'unité nationale à la suite du traumatisme

21. *Klaus Von Beyme,* Political Parties in Western Democracies, op. cit., *p. 49.*
22. *Klaus Von Beyme,* Political Parties in Western Democracies, op. cit., *p. 16.*
23. *Paolo Pombeni,* Introduction à l'histoire des partis politiques, *Paris, PUF, 1992.*

des guerres de religion qui fournit les bases du pluralisme politique, et à la fin de l'État absolutiste et d'une autorité transcendante rendant nécessaire l'établissement d'un mode immanent de constitution de l'autorité politique.

Robert Dahl a, pour sa part, souligné l'importance de la quatrième transformation : pour que les partis politiques acquièrent le statut d'acteurs à part entière, il faut que la légitimité de l'opposition soit reconnue[24]. Cela suppose à la fois que les opposants acceptent les règles du jeu et s'inscrivent donc dans le cadre institutionnel donné et que les acteurs gouvernementaux, en retour, leur reconnaissent une légitimité propre. Cette dernière transformation a été particulièrement lente en France. Derrière l'enjeu institutionnel, se pose aussi la question de la légitimité de l'opposition, de l'adversaire politique à gouverner[25], élément décisif dans l'explication des dynamiques de structuration partisane, ou plus justement dans la compréhension des résistances et des freins que ces dynamiques ont rencontrés.

La persistance des divisions institutionnelles

À l'instar de ses homologues européennes, la droite française – d'abord contre-révolutionnaire et monarchique puis antirépublicaine – s'est alignée sur des positions de résistance sociale et religieuse ; elle y a adjoint une ligne de défense institutionnelle qui a progressivement contribué à la diviser.

Cette question institutionnelle est historiquement au cœur des divisions de la droite sous la Troisième République, et plus précisément elle fonde les lignes de fracture des mondes catholiques qui en constituent son principal vivier (voir *infra*). Le traumatisme qu'a déclenché la Révolution française dans ces mondes et la puissance des mouvements de sécularisation et de défense religieuse qu'elle a enclenchés font que la question institutionnelle a charrié, au-delà de l'enjeu que constitue le choix d'un régime, celle d'un ordre social et

24. *Robert Dahl,* Polyarchy : Participation and Opposition, *New Haven (Conn.), Yale University Press, 1976.*
25. *Cette mise en cause de l'adversaire politique à légitimement gouverner n'a pas totalement disparu de la rhétorique de droite puisque certains de ses membres réactualisent cette thématique quand la gauche est au pouvoir. C'est ainsi que la maire UMP d'Aix-en-Provence, Maryse Joissains-Masini, a jugé François Hollande illégitime au lendemain de son élection.*

religieux. Dès lors, l'effacement de la question institutionnelle avec l'injonction, au début des années 1890, faite aux catholiques français de rallier la République[26] n'a pas suffi à dénouer les points de crispation. Pour certains[27], ce n'est donc qu'à la faveur d'un autre traumatisme, celui de la seconde guerre mondiale et de l'expérience sociale commune de la Résistance, que les catholiques massivement alignés à droite ont pu vraiment et définitivement se rallier aux institutions de la République.

Après la seconde guerre mondiale, le rétrécissement de l'antirépublicanisme, rapporté à des formes résiduelles, ne veut pas dire que la droite partisane s'est détachée des questions institutionnelles. Celles-ci demeurent, sous d'autres formes, au cœur de l'histoire de la Quatrième République et de la première partie de la Cinquième. Hans Daadler, comparant l'émergence des partis dans les démocraties occidentales, insiste d'ailleurs sur ce point quand il traite du cas français qui associe, selon lui, division institutionnelle, querelle de légitimité, logique plébiscitaire et résistance à la structuration partisane[28]. Sa grille de lecture s'applique parfaitement au gaullisme d'opposition puis de gouvernement. La Quatrième République et les débuts de la Cinquième ont bien été marqués par les querelles institutionnelles : d'abord pourfendeurs des institutions de la Quatrième République, les gaullistes se sont singularisés par l'adoption d'une ligne de défense institutionnelle de la Cinquième République. L'UMP s'inscrit alors

26. *Le 12 novembre 1890, le cardinal Lavigerie dans son « toast d'Alger » appelle les catholiques à accepter les institutions républicaines ; deux ans après, le pape Léon XIII dans l'encyclique « Au milieu des sollicitudes » (20 février 1892) reprend l'argument.*

27. *« Il faut attendre 1944 pour assister à la véritable intégration des catholiques dans le républicain* via *l'héritage de la Résistance, le MRP et le gaullisme », Denis Pelletier, « La République des catholiques », dans Vincent Duclert et Christophe Prochasson (dir.),* Dictionnaire critique de la République, *Paris, Flammarion, 2002, p. 313.*

28. *« Toutefois, la Révolution française et la réaction qu'elle provoqua ont créé des divisions persistantes dans le développement politique français, elles ont pesé sur la légitimité des régimes successifs, rendu plus compliquée la formation de solides partis politiques d'envergure nationale et conduit plus à des rassemblements de rechange, des aventures plébiscitaires et des bricolages institutionnels répétés qu'à des partis politiques stables », Hans Daadler, « The Rise of Parties in Western Democracies », dans Larry Diamond et Richard Gunther (eds),* Political Parties and Democracy, *Baltimore (Md.), Johns Hopkins University Press, 2001, p. 44 (ma traduction).*

dans la filiation d'organisations qui se sont autodéfinies en référence à la question institutionnelle, pour défendre non plus la monarchie mais la « monarchie républicaine » comme a pu être désignée la Cinquième République. De l'Union pour la nouvelle République (UNR) de 1958 à 1967 à l'Union des démocrates Cinquième République (UD Cinquième) de 1967 à 1968, puis à l'Union de défense de la République (UDR) de 1968 à 1976 et enfin au Rassemblement pour la République (RPR) de 1976 à 2002, les organisations gaullistes et néo-gaullistes ont toujours affiché la défense du régime à travers leurs noms[29]. Les querelles de légitimité sont venues se superposer aux divisions sur la question institutionnelle : légitimité à incarner la Résistance entre gaullistes et communistes, légitimité à incarner la tradition républicaine entre le gaullisme et les partis représentant la Troisième République. Ces différentes querelles renvoyaient enfin au jugement que chacun portait sur la logique plébiscitaire et sur les partis politiques : le gaullisme et sa forte composante plébiscitaire représentaient, pour les uns, le bienfait d'un dialogue direct avec le peuple par la marginalisation bénéfique des corps intermédiaires crispés sur leurs intérêts particuliers, et pour les autres, une dérive antidémocratique, antiparlementaire et autoritaire.

Si le choix initial d'une appellation dynastique dans la trilogie initiale de René Rémond désigne l'importance de la question institutionnelle pour les droites françaises, derrière lui se profile donc aussi la prégnance, à droite, des formes personnalisées d'allégeance politique. Comme on le verra, longtemps marquée par des formes de loyauté à l'égard des prétendants au pouvoir central, une large partie des droites[30] présente peu de résistance à la personnalisation du pouvoir, bien au contraire elle s'accommode volontiers du « pouvoir personnel », de l'autorité du chef et des formes de légitimation charismatique.

29. Seule l'UMP abandonne apparemment toute référence à la défense institutionnelle, même si avant de signifier « Union pour un mouvement populaire », le sigle, lancé après le premier tour de l'élection présidentielle de 2002 et la qualification de Jean-Marie Le Pen au deuxième tour, désignait l'« Union pour une majorité présidentielle » (voir chapitre 2).

30. À l'exception notable des héritiers du libéralisme politique.

La « troublante absence[31] » de la démocratie chrétienne

La comparaison des trilogies française et européenne a mis en évidence l'absence, dans le cas français, de démocratie chrétienne organisée. Sur ce point, le verdict des historiens est sans appel : le courant démocrate-chrétien n'a pas réussi à structurer la droite partisane française comme il l'a fait dans d'autres pays européens[32]. À ce propos, l'on peut parler de véritable énigme car non seulement il n'est pas contestable que les milieux catholiques ont bien constitué la « biosphère[33] » de la droite partisane mais, qui plus est, le corps doctrinal du courant démocrate-chrétien est d'origine française[34].

Une droite catholique partisane divisée et rétrécie

Les termes du paradoxe peuvent être posés ainsi : la vivacité de la mobilisation catholique dans le domaine social ne s'est pas traduite dans le domaine politique[35]. Des tentatives ont bien émergé, mais elles ne se sont jamais consolidées. Parmi les diverses organisations qu'ont sécrétées les mondes catholiques, on peut distinguer celles qui sont demeurées aux marges du jeu politique et électoral, celles qui ont cherché à influencer les élections mais n'y ont pas directement participé et, enfin, celles qui sont entrées dans la bataille électorale[36].

31. *Expression empruntée à Bernard Pudal, « Les partis », dans Vincent Duclert et Christophe Prochasson (dir.),* Dictionnaire critique de la République, op. cit., *p. 752.*
32. *Les spécialistes des partis, de leur côté, reconnaissent que ce phénomène relève bien de la structuration historique du système de partis : « Par conséquent, les explications quant à la présence ou l'absence d'un parti chrétien-démocrate à la droite du système partisan ou quant à la présence ou l'absence d'un parti communiste à la gauche, ou quant à l'équilibre variable entre libéraux, radicaux et/ou les partis du centre entre les deux, renvoient largement à la dimension historique », Peter Mair,* Party System Change. Approaches and Interpretations, *Oxford, Oxford University Press, 1997, p. 21 (ma traduction).*
33. *Raymond Huard,* La Naissance du parti politique en France, *Paris, Presses de Sciences Po, 1996, p. 15.*
34. *Voir l'introduction de l'ouvrage de Pierre Letamendia,* Le Mouvement républicain populaire. Le MRP. Histoire d'un grand parti français, *Paris, Beauchesne, 1995.*
35. *Voir Jean-Marie Mayeur,* Des partis catholiques à la démocratie chrétienne (XIXe-XXe siècles), *Paris, Armand Colin, 1980 ; François-Georges Dreyfus,* Histoire de la démocratie chrétienne en France. De Chateaubriand à Raymond Barre, *Paris, Albin Michel, 1988 ; Jean-Luc Pouthier, « La culture politique démocrate-chrétienne », dans Serge Berstein (dir.),* Les Cultures politiques en France, op. cit., *p. 303-334.*
36. *Voir également dans une perspective d'analyse historique localisée, David Bensoussan,* Combats pour une Bretagne catholique et rurale. Les droites bretonnes dans l'entre-deux-guerres, *Paris, Fayard, 2006.*

Dans la première catégorie, l'on mettra, sans hésitation, un ensemble d'associations relevant de l'action sociale catholique. Parmi elles, l'Action catholique de la jeunesse française (ACJF) a constitué un pilier du catholicisme social tout en restant en marge de l'arène électorale et parlementaire ; en revanche, elle s'est bien fixé un objectif de formation civique de la jeunesse. La Fédération nationale catholique (FNC), créée en 1924 en réaction au Cartel des gauches, présente un profil plus ambigu[37]. Elle n'a certes pas présenté de candidats sous sa bannière, mais elle s'est constituée en véritable groupe de pression politique et cherchait à influencer le jeu électoral en parrainant des candidats, « se trouv[ant] à l'extrême limite de son rôle civique, au bord de la scène élective[38] ».

Émargeant au troisième groupe, on trouve les formations qui, dans la logique du « Ralliement » des catholiques à la République, sont entrées dans l'arène électorale à l'instar de l'Action libérale populaire (ALP)[39] créée en 1901 par Albert de Mun et Jacques Piou. J'aurai l'occasion d'y revenir ultérieurement dans la mesure où elle a représenté une véritable structure de mobilisation de la droite (voir *infra*). Ce n'est le cas ni du Parti démocrate populaire (PDP), créé en 1924, et souvent désigné comme l'ancêtre du Mouvement républicain populaire (MRP)[40], ni de l'éphémère Parti démocrate-chrétien, fondé pendant les fêtes de la Pentecôte en 1896. Ce parti a bien été l'expression politique des réseaux du catholicisme social, mais la traduction partisane qu'il a tentée s'est soldée par un rétrécissement drastique : pour preuve, l'écart entre le

37. *Corinne Bonafoux-Verrax,* À la droite de Dieu. La Fédération nationale catholique 1924-1944, *Paris, Fayard, 2004.*
38. *Claire Andrieu, « La concurrence des légitimités partisane et associative », dans Claire Andrieu, Gilles Le Béguec et Danielle Tartakowsky (dir.),* Associations et champ politique. La loi de 1901 à l'épreuve du siècle, *Paris, Presses de la Sorbonne, 2001, p. 31.*
39. *« Le nom de la faction fut créé par les fondateurs qui n'associèrent pas, comme le fit le reste de l'Europe, libéralisme et anti-cléricalisme mais favorisèrent plutôt l'égalité des droits pour tous, y compris pour l'Église et les congrégations et s'opposèrent aux lois libérales telles que la loi sur les associations », Benjamin F. Martin, « The Creation of the Action Libérale Populaire. An Exemple of Party Formation in Third Republic »,* French Historical Studies, *9 (4), automne 1976, p. 665 (ma traduction).*
40. *Jean-Claude Delbreil,* Centrisme et démocratie chrétienne en France. Le PDP : des origines au MRP (1919-1944), *Paris, Publications de la Sorbonne, 1990.*

grand nombre de catholiques impliqués, à l'époque, dans les structures d'action sociale et les petits effectifs de ceux qui se sont engagés dans ce parti[41]. On retrouve cette même logique de rétrécissement, après la seconde guerre mondiale puisque « l'histoire du MRP donne l'impression d'être celle d'un parti qui, après des débuts fulgurants, connaît un déclin continu, aussi bien en ce qui concerne les électeurs que les élus[42] ». La faiblesse du recrutement du MRP s'expliquerait par l'absence de structure et d'appareil entretenant l'adhésion, elle s'accompagnerait toutefois d'une diversification liée à l'existence d'action sociale spécialisée dans les milieux ouvriers et surtout ruraux[43].

Ce rétrécissement va de pair avec une forte régionalisation de l'implantation, d'ailleurs génératrice de divisions politiques. Le PDP, par exemple, s'est créé à partir d'un petit groupe comprenant quatorze députés dont six originaires d'Alsace-Lorraine et cinq Bretons[44]. Ces derniers militaient pour l'adoption du terme « démocrate » tandis que les premiers préféraient celui de « populaire » en référence au courant européen. Cette divergence est à mettre sur le compte de différences de configurations régionales. Les Bretons étaient principalement des élus du Finistère ayant appartenu au Sillon et s'étant réinvestis, après la condamnation de celui-ci en 1910 par Pie X[45], dans l'action électorale. À la différence des Alsaciens, leur action politique[46] s'était

41. Jean-Luc Pouthier souligne, de manière significative, que « l'Action catholique ou les syndicats chrétiens ne sont pas des organismes satellites d'un parti politique, en l'occurrence le PDP, mais que c'est au contraire le parti qui est un appendice de ces organisations », dans « La culture politique démocrate-chrétienne », art. cité, p. 321.

42. Pierre Letamendia, Le Mouvement républicain populaire, op. cit., *p. 152.*

43. Pierre Letamendia, Le Mouvement républicain populaire, op. cit., *chapitre II : « Un appareil réduit ».*

44. Jean-Claude Delbreil, Centrisme et démocratie chrétienne en France, op. cit., *p. 26.*

45. D'abord soutenu par les évêques français et Pie X, Le Sillon, de plus en plus progressiste, a perdu progressivement ses soutiens.

*46. Cette action politique se trouve relayée par la diffusion d'*Ouest-Éclair, *journal catholique républicain fondé en 1890 par des abbés ralliés à la République, dont l'influence régionale tente sans succès d'être contrecarrée par des initiatives plus locales de conservateurs catholiques. La presse du monde traditionnel catholique breton est essentiellement constituée de bulletins paroissiaux ou de journaux d'arrondissement, signe du cloisonnement de la société rurale bretonne du début du XXe siècle et les tentatives de dépasser*

forgée « en dissidence[47] » au sein d'un monde catholique local largement façonné par un « bloc agraire », alliance des aristocrates propriétaires fonciers avec la hiérarchie épiscopale. Un compromis entre ces deux sous-groupes géographiques attachés à des filiations distinctes[48] a été finalement trouvé en évitant toute étiquette confessionnelle et en juxtaposant les termes de populaire et démocrate.

L'absence de transformation du « cléricalisme électoral » en « cléricalisme partisan »

Pourquoi en dépit de conditions sociales et politiques favorables, le courant démocrate-chrétien n'a-t-il pas joué le rôle attendu dans la structuration de la droite partisane ? L'explication la plus classique reprend l'argument selon lequel la question institutionnelle[49] aurait si profondément divisé les milieux catholiques qu'elle aurait d'abord freiné puis affaibli[50] leur consolidation partisane (voir *supra*). Une autre explication[51] insiste davantage sur les divisions d'ordre socio-économique et sur la résistance des catholiques français à l'égard du capitalisme et donc sur leur volonté de mettre à l'écart une bourgeoisie libérale qui aurait pu, pour partie, les soutenir comme ce fut le cas en Allemagne. Cette opposition à l'ordre libéral est ainsi parfois rapportée à l'alignement des acteurs politiques catholiques sur un clergé profondément hostile à l'égard du libéralisme économique[52]. Il renvoie au poids du courant catholique intransigeant construit autour d'une hostilité à la Révolution française et aux libéralismes tout à la fois politique, économique et religieux qu'elle instaura. Loin d'être

cette échelle locale et d'investir la scène régionale ont échoué. David Bensoussan, Combats pour une Bretagne catholique et rurale, op. cit., *p. 241 et suiv.*

47. *David Bensoussan,* Combats pour une Bretagne catholique et rurale, op. cit., *p. 333 et suiv.*

48. *David Bensoussan,* Combats pour une Bretagne catholique et rurale, op. cit., *p. 31-32.*

49. *Jean-Marie Mayeur,* Des partis catholiques à la démocratie chrétienne, op. cit.

50. *La concurrence après la première guerre mondiale entre les formations d'obédience catholique ralliées à la République et l'Action française royaliste constituant un facteur d'affaiblissement.*

51. *Cette explication est avancée dans François-Georges Dreyfus,* Histoire de la démocratie chrétienne en France, op. cit.

52. Ibid., *p. 408.*

marginal, ce courant intransigeant a innervé à la fois les milieux français du catholicisme social et ceux de la démocratie chrétienne[53].

L'on sait maintenant que cette réserve catholique à l'égard de l'ordre socio-économique et politique engendrée par la Révolution française n'a pas empêché une forte intervention du clergé afin d'influencer et de contrôler le vote des catholiques[54]. En somme, si l'action électorale catholique ne s'est pas directement traduite dans des dynamiques partisanes, si le « cléricalisme électoral[55] » n'a pas mécaniquement débouché sur un « cléricalisme partisan », c'est peut-être que la hiérarchie catholique, vaticane et française voulait, si ce n'est établir un monopole, du moins exercer un contrôle le plus direct possible sur le comportement électoral des catholiques. De fait, elle a œuvré pour cantonner les catholiques laïcs dans le domaine de l'action bienfaisante en matière sociale[56].

En tout état de cause, l'hostilité de la hiérarchie catholique vaticane et nationale[57] à l'égard des tentatives de mobilisation politique catholique a fait que cette influence s'est répartie entre différentes formations partisanes et qu'elle s'est investie dans un ensemble d'entreprises sociales qui constitue, encore aujourd'hui, un bassin de recrutement au sein duquel puisent les partis de droite et du centre. Par ailleurs, cette histoire explique la complexité des liens qui se sont établis entre la droite partisane française et la culture catholique (voir chapitre 4).

La présence matricielle du gaullisme

En lieu et place du courant démocrate-chrétien des comparatistes européens, les droites françaises se sont progressivement incarnées puis structurées autour du courant gaulliste. Il ne s'agit pas de nier qu'un courant démocrate-chrétien a survécu à travers une partie de la droite et du centre droit, mais d'un point de vue sociopolitique, on

53. *Jean-Marie Mayeur, « Catholicisme intransigeant, catholicisme social, démocratie chrétienne »,* Annales. Économies. Sociétés. Civilisations, *27 (2), 1972, p. 483-499.*
54. *Yves Déloye,* Les Voix de Dieu. Pour une autre histoire du suffrage électoral. Le clergé catholique et le vote, XIXe-XXe siècle, *Paris, Fayard, 2006.*
55. Ibid., *p. 11.*
56. *Denis Pelletier, « La République des catholiques », art. cité, p. 317.*
57. *Pierre Letamendia,* Le Mouvement républicain populaire, op. cit., *p. 19 et suiv.*

doit bien constater un effet de vase communicant. Les néogaullistes, comme le soulignait Daniel-Louis Seiler à propos du RPR, sont devenus les principaux bénéficiaires « de l'effacement partisan de la démocratie chrétienne en France[58] », à la faveur, entre autres, de l'expérience de la Résistance et du rétrécissement fulgurant du MRP dans les premières années de la Cinquième République. Sans prendre part à la querelle d'interprétation du gaullisme, je rappellerai simplement que si le gaullisme bénéficie de l'effacement de la démocratie chrétienne, il recycle également des élements du courant plébiscitaire. On doit alors revenir sur les affinités constatées par René Rémond entre gaullisme, courants de la démocratie plébiscitaire de la fin de la Troisième République et bonapartisme[59]. L'hypothèse d'une filiation d'ordre biographique repose sur l'analyse de trajectoires d'engagement. Elle est en partie validée puisque les anciens du Parti social français (PSF) – forme partisane qu'ont prise les Croix de Feu, ligue elle-même issue des réseaux d'anciens combattants – ont bien constitué un vivier de recrutement non négligeable pour les réseaux de la Résistance puis pour le Rassemblement du peuple français (RPF) qui se constitue après la guerre[60]. Compte tenu de la distance temporelle, le lien établi entre gaullisme et bonapartisme relève évidemment d'un autre ordre. Il renvoie à leurs ressemblances idéologiques, au premier titre desquelles le souci de la grandeur nationale, l'attachement à un État fort et centralisé ainsi qu'à la souveraineté populaire s'exprimant par des consultations directes et non à travers le Parlement ou les corps intermédiaires[61].

Le fait que le gaullisme ait pu devenir la matrice de la droite partisane renvoie au paradoxe, maintes fois constaté, de la Cinquième République, à savoir que celle-ci a conforté, au cœur de sa machinerie, les partis politiques qu'elle visait initialement à marginaliser. L'on a ainsi pu dire que la créature en se métamorphosant en ce « régime de partis » honni

58. *Daniel-Louis Seiler,* Les Partis politiques en Occident, op. cit., *p. 78.*
59. *Serge Berstein, « De la démocratie plébiscitaire au gaullisme : naissance d'une nouvelle culture politique ? », dans Serge Berstein (dir.),* Les Cultures politiques, op. cit., *p. 153-187.*
60. *Jean-Paul Thomas,* Droite et rassemblement du PSF au RPF, 1936-153. Hommes, réseaux, cultures. Ruptures et continuités d'une histoire politique, *thèse, Institut d'études politiques de Paris, 2002.*
61. *René Rémond,* Les Droites en France, op. cit., *p. 322 et suiv.*

s'était retournée contre son créateur[62]. L'enracinement du gaullisme dans la durée puis le fait qu'il se soit progressivement imposé, certes sous une forme largement transformée, édulcorée, voire dévoyée, comme l'épine dorsale de la droite partisane peuvent ainsi être considérés comme une nouvelle énigme puisque le gaullisme originel, on le sait, a affiché haut et fort sa volonté de disqualifier le fait partisan. En réalité, le gaullisme s'est assez vite adapté au parlementarisme : comme l'a montré Jean Charlot, le groupe parlementaire gaulliste s'est transformé antérieurement au parti et le gaullisme législatif s'est rapidement électoralement diffusé[63]. Mais la véritable mue partisane du gaullisme est l'œuvre de Georges Pompidou, confronté à la nécessité d'asseoir le gaullisme non plus sur une personnalité exceptionnelle mais sur une organisation pérenne. La mue partisane repose donc à la fois sur des considérations stratégiques – construire une majorité – et organisationnelles. De ce point de vue, les Assises de Lille de l'UNR en novembre 1967 constituent le principal point d'inflexion : elles marquent le passage au gaullisme partisan en instituant une relève de génération et en consacrant une forme d'autonomie du parti à l'égard du gouvernement. Sont ainsi mises en place des instances de direction représentant, pour partie, les adhérents, avec l'élection d'un secrétaire général élu par le comité central et un quadrillage des structures partisanes au niveau local. La fin des années 1960 et le pompidolisme signent donc cette mutation partisane.

L'approche génétique : type de création, dynamiques territoriales et dépendance publique

La distinction canonique entre les « partis de cadres » et les « partis de masse » a été forgée par Maurice Duverger[64] pour départager, d'un côté, des organisations directement issues de cercles parlementaires et qui continuent à valoriser les élus et, parmi eux, les notables dotés de ressources sociales leur permettant de peser dans les échanges

62. *William R. Schonfeld, « De Gaulle et le paradoxe entre ses idées sur le rôle des partis et l'évolution de la pratique constitutionnelle française »,* De Gaulle en son siècle, *tome 2 :* La République, *actes des Journées internationales organisées par l'Institut Charles-De-Gaulle à Paris du 19 au 24 novembre 1990, Paris, Plon et La Documentation française, 1992, p. 284.*
63. *Jean Charlot,* Le Phénomène gaulliste, *Paris, Fayard, 1970.*
64. *Maurice Duverger,* Les Partis politiques, *Paris, Armand Colin, 1951.*

sociopolitiques, et de l'autre côté, des organisations recherchant la mobilisation du plus grand nombre d'adhérents, mettant en place des dispositifs pour les encadrer et leur accordant une place et une légitimité centrales. Les premiers sont issus de ce que Maurice Duverger appelait une « création interne » puisqu'ils ont émergé, dans une logique largement endogène, au cœur même de l'arène parlementaire ; les seconds sont considérés comme des « créations externes » dans la mesure où ils résultent de mobilisations extérieures au champ politique spécialisé.

L'un des objectifs de ce type d'approche est bien de transgresser les classifications idéologiques et de fournir un cadre de compréhension du phénomène partisan qui ne réduise pas la droite (ou la gauche) à un certain type d'organisation. Il n'en demeure pas moins vrai que, dans l'esprit de Maurice Duverger, les partis de droite émargeaient le plus souvent au modèle du parti de cadres, et que, par un effet de « contagion par la gauche », ils avaient été contraints progressivement d'adopter le modèle du parti de masse[65].

Plus de trente ans après Maurice Duverger, Angelo Panebianco a prolongé et complexifié le modèle. Comme lui, il accorde une place décisive dans son système explicatif à la séquence de la création et de la consolidation partisanes. Il a ainsi forgé la notion de « modèle génétique » pour désigner le fait que les conditions qui ont présidé à la création d'un parti politique pèsent lourdement sur son institutionnalisation et son développement organisationnel. Il complète, toutefois, le modèle de Maurice Duverger en intégrant dans les paramètres du « modèle génétique » la question des dynamiques territoriales et de la position gouvernementale qui lui permet de dépasser la distinction assez frustre établie entre créations interne et externe.

Ainsi, il est amené à distinguer, d'une part les partis créés selon une logique de « pénétration territoriale » supposant un contrôle du centre sur la périphérie et ceux qui se fondent sur une logique de

65. *La pression qu'a exercée le modèle du parti de masse pour les partis de facture plus traditionnelle est l'un des moteurs de leur transformation en « parti attrape-tout », dans le mouvement de la dialectique historique partisane que dressent Richard Katz et Peter Mair dans leur célèbre article, « Changing Models of Party Organization and Party Democracy », art. cité.*

« diffusion territoriale », partant par germination de l'échelle locale[66], et d'autre part les partis nés dans l'opposition (*oppositional parties*) et ceux au gouvernement (*governmental parties*). Selon lui, en ajoutant ces deux types de paramètres, on expliquerait mieux le degré d'institutionnalisation des différents partis européens[67]. Ainsi, les partis forgés dans l'opposition et ceux dont la genèse a procédé du haut vers le bas (pénétration territoriale) auraient plus de probabilités d'être fortement institutionnalisés aux motifs, pour les premiers, « qu'ils ne pouvaient compter que sur eux-mêmes[68] » et qu'ils sont donc contraints de mettre en place une véritable contre-organisation et, pour les seconds, qu'ils sont contrôlés par le centre. Les partis dont la consolidation est intervenue alors qu'ils occupaient des positions gouvernementales et ceux qui se sont constitués du bas vers le haut (diffusion territoriale) auraient, quant à eux, plus de chances de devenir des institutions faibles parce que les uns vivent sur les ressources publiques et sont enchâssés dans la bureaucratie d'État et parce que la structuration des autres est décentralisée.

De manière significative quand Angelo Panebianco passe en revue un ensemble de cas particuliers, les partis d'opposition appartiennent tous au camp des gauches, socialiste ou communiste, et les partis gouvernementaux émargent au camp de la droite – en l'occurrence, il prend pour exemple la CDU allemande, la Démocratie chrétienne (DC) italienne et le Parti conservateur britannique. Quand il place ces derniers selon un *continuum* allant de la plus faible à la plus forte institutionnalisation, l'ordre va, selon lui, de la DC à la CDU puis au Parti conservateur. Cet ordonnancement s'explique par les paramètres

66. *Angelo Panebianco,* Political Parties : Organization and Power, op. cit., *p. 50.*

67. *Il évalue classiquement le degré d'institutionnalisation d'un parti à partir de deux dimensions : le degré d'autonomie du parti à l'égard de son environnement et le degré de* systemness, *autrement l'interdépendance des éléments dont il est constitué. En termes d'indicateurs, il en privilégie cinq : 1) l'importance de la structure extraparlementaire, la bureaucratie, 2) le degré d'homogénéité des structures de même niveau, 3) l'existence ou non de flux financiers réguliers et diversifiés, 4) le degré de dépendance à l'égard des organisations latérales, 5) le degré de correspondance entre l'organisation formelle, les statuts et la pratique effective, Angelo Panebianco,* Political Parties : Organization and Power, op. cit., *p. 53 et suiv.*

68. *Angelo Panebianco,* Political Parties : Organization and Power, op. cit., *p. 69 (ma traduction).*

précédemment évoqués. Ainsi, les modèles génétiques de la CDU et de la DC sont tous deux marqués par une dynamique de diffusion territoriale puisque ces deux partis se sont forgés à l'échelon local. Toutefois ils se différencient du point de vue du type de création : alors que la DC relève clairement d'une création externe puisqu'elle est issue du réseau paroissial local catholique ; le cas de la CDU est plus ambigu car elle ne peut être considérée comme la face séculière de l'Église en raison principalement de son biconfessionnalisme. Quant au Parti conservateur, sa forte institutionnalisation renverrait au fait qu'il cumule les trois paramètres la favorisant : création interne – comme en témoigne la domination en son sein de l'élite parlementaire –, pénétration territoriale[69] et moindre dépendance bureaucratique. Sur ce dernier point, l'analyse d'Angelo Panebianco est plus allusive et, par conséquent, décevante. Il se contente d'évoquer un effet de période puisque le Parti conservateur, compte tenu de son ancienneté, s'est construit alors que l'intervention de l'État dans la société britannique était encore faible, et il serait donc moins dépendant de la bureaucratie que d'autres.

Le gaullisme partisan est-il soluble dans le modèle charismatique ?

Dans le tableau comparatif d'Angelo Panebianco, la droite française n'est véritablement étudiée qu'à travers le « parti gaulliste », et spécifiquement l'UNR, qui se trouve d'ailleurs doté d'un statut d'exceptionnalité. Ce parti tranche en effet avec les autres grandes organisations de la droite européenne dans la mesure où il n'est pas traité dans la catégorie des partis gouvernementaux mais est assimilé à un parti de type charismatique – tout comme le parti nazi. Pour le politiste italien, le gaullisme partisan[70] constitue un cas relativement rare et réussi de « routinisation » partisane du charisme. Inspirée

69. *« Au cours des trente dernières années du* XVIII*e siècle, le Parti conservateur devint une organisation relativement puissante avec une bureaucratie centrale, intermédiaire et périphérique qui se renforça constamment, avec des branches locales bien organisées qui intervenaient comme des courroies de transmission ou des canaux efficaces permettant la socialisation politiques de électeurs », Angelo Panebianco,* Political Parties : Organization and Power, op. cit., *p. 131 (ma traduction).*

70. *Quand il examine le cas des partis gaullistes, Angelo Panebianco se focalise, en priorité, sur l'exemple de l'UNR dont il considère qu'il représente un degré intermédiaire d'institutionnalisation.*

directement de l'analyse wébérienne, la notion de « parti charismatique » implique un type de fondation de type révolutionnaire ou subversif qui rompt avec la tradition au profit d'une personnalité exceptionnelle et met en place des mécanismes d'identification et de loyauté à un leader. Le moteur de l'organisation doit être trouvé dans les liens personnels entretenus avec celui-ci et non dans l'instauration de règles internes et dans l'établissement de modèles de carrière. L'allégeance au leader fait tenir le groupement partisan en lieu et place de la bureaucratie partisane[71]. Ces partis charismatiques se distinguent par leur faible institutionnalisation, une absence de règles et de logiques administratives, un type de fonctionnement très centralisé, un recrutement centripète des élites partisanes et une absence d'organisation par courants. Au-delà du moment de fondation, ils peuvent perdurer, soit en se « traditionnalisant » – les ressources sont alors aux mains des héritiers et un processus de notabilisation intervient –, soit en se « bureaucratisant » – une administration garante du respect des règles dirige alors le parti.

Ancré dans des situations très spécifiques et associé à la présence d'une personnalité singulière, le parti charismatique se trouve inévitablement confronté à l'épreuve que constituent non seulement l'entrée dans un régime d'action non plus exceptionnel mais banal, mais surtout la disparition du fondateur. S'agissant du gaullisme, l'épreuve a été franchie puisque les organisations se revendiquant de cette filiation se sont perpétuées[72] et enracinées au cœur du système partisan à tel point qu'elles en sont devenues des partis dominants. Cette transmutation a inévitablement suscité des conflits internes et la mue, au sens littéral de changement de peau, s'est avérée douloureuse pour un

71. *« La centralisation de l'autorité – ou plutôt la concentration du contrôle des zones d'incertitude de l'organisation dans les mains du leader – apparaît en dehors d'un contexte de développement bureaucratique puisque, en termes généraux (en suivant ici Weber), le charisme et la bureaucratisation sont des phénomènes organisationnels antithétiques », Angelo Panebianco,* Political Parties : Organization and Power, *op. cit., p. 66 (ma traduction).*
72. *Klaus Von Beyme souligne, par exemple, qu'« il est très rare, dans n'importe quelle démocratie occidentale, pour un parti d'être aussi dépendant d'individualités que chez les gaullistes en France, mais même leur groupe a réussi à devenir une institution permanente bien que son nom ait changé fréquemment », dans* Political Parties in Western Democracies, op. cit., *p. 29 (ma traduction). Angelo Panebianco reprend l'argument : « Le parti gaulliste*

certain nombre de gaullistes[73]. Les prétendants à la succession, au premier titre desquels Jacques Chirac, ont dû mettre en œuvre un vrai travail d'accréditation[74]. Inévitablement, la banalisation et la « routinisation » sont allées de pair avec une dilution du gaullisme substantiel au profit d'abord d'une formalisation du lien entretenu[75] puis d'un évident effacement. Et l'on se retrouve aujourd'hui dans une période où « la référence gaulliste a cessé d'être partisane pour devenir patrimoniale[76] », autrement dit, nationale.

Sans nier l'évidence de la dimension charismatique du modèle génétique du gaullisme partisan dont on verra que la traçabilité se retrouve jusqu'à l'UMP, l'on peut toutefois en souligner l'ambiguïté. Nul doute que le modèle charismatique a bien façonné cette forme partisane, pour partie fondée sur des mécanismes de loyauté personnelle et de délégation de l'autorité. Toutefois, la légitimation gaulliste n'est pas exclusivement charismatique ; elle intègre et valorise des formes traditionnelles du seul fait qu'elle n'hypertrophie pas la rupture mais s'attache, au contraire, à reconstruire une continuité nationale brisée[77]. Pour le dire plus précisément, sans conteste, le bonapartisme et le gaullisme partagent bien en commun une dimension charismatique. Néanmoins leur mode de légitimation diverge partiellement si l'on considère attentivement la place respective qu'occupent au sein de chacun de ces courants les thèmes de la continuité et de la rupture historiques. C'est l'argument avancé par Gaetano Quagliariello quand il considère que « la conception de la légitimité est le point de contact le plus évident entre gaullisme et traditionalisme[78] ». Selon cet auteur,

fut l'un des rares partis charismatiques au sein duquel le charisme s'est objectivé avec succès », dans Political Parties : Organization and Power, op. cit., *p. 147 (ma traduction).*

73. *Alexandre Sanguinetti,* J'ai mal à ma peau de gaulliste, *Paris, Grasset, 1978.*

74. *Annie Collovald,* Jacques Chirac et le gaullisme, *Paris, Belin, 1999.*

75. *Florence Haegel, « Mémoire, héritage, filiation. Dire le gaullisme et se dire gaulliste au RPR »,* Revue française de science politique, *40 (6), décembre 1990, p. 864-878.*

76. *Serge Berstein, « De la démocratie plébiscitaire au gaullisme : naissance d'une nouvelle culture politique ? », art. cité.*

77. *Voir sur ce point Gaetano Quagliariello,* Gaullisme : une classification impossible. Essai d'analyse comparée des droites française et italienne, *Paris, L'Harmattan, 2009, chapitre 10.*

78. Ibid., *p. 79.*

contrairement aux épisodes impériaux qui ont instauré des ruptures, la symbolique gaulliste les rejette. À l'inverse, elle tente de reconstruire une légitimité fondée sur la continuité historique et dérivant donc d'une forme de traditionalisme[79].

Partant d'un point de vue radicalement différent, c'est finalement sur une conclusion très proche qu'a débouché Maurice Agulhon quand il s'est livré à un exercice inattendu de « gaullologie ». Au cours de cet exercice, il a scruté, avec la finesse avec laquelle il avait ausculté l'imagerie républicaine, la symbolique, la mythologie et le folklore gaullistes pour conclure, au bout du compte, à la capacité du gaullisme à endosser l'ensemble de l'histoire de France y compris ses variantes négatives (« le mal révolutionnaire » ou le communisme), épisodes réintégrables dans le patrimoine national parce qu'assimilés aux inévitables atavismes du « vieux fond gaulois[80] ».

Imbrication dans l'ordre institutionnel et bureaucratique et fluctuation des règles internes

Surtout, il faut insister sur le fait qu'à côté du modèle charismatique coexiste, à l'origine, un modèle « bureaucratique ». Le gaullisme partisan s'insère en effet dans des structures bureaucratiques qui apparaissent tout à fait décisives pour comprendre la forme partisane qu'il a promue. Les traits caractéristiques du modèle charismatique sont ainsi contrebalancés par une forte insertion dans le système politique de la Cinquième République, entendu à la fois comme un ordre institutionnel et bureaucratique[81].

Cette caractéristique se traduit par le décalque des structures partisanes sur le modèle institutionnel de la Cinquième République, une constante de l'UNR au RPR. Elle se manifeste aussi par une forte centralisation, attestée par le poids des nominations à tous les échelons

79. Le désir qu'a de Gaulle de s'inscrire dans la continuité historique et de revendiquer une filiation nationale et consensuelle est bien illustré par l'enjeu symbolique qu'a représenté la reconstitution d'une légalité républicaine rompue par le régime de Vichy.

80. Maurice Agulhon, De Gaulle. Histoire, symbole, mythe, *Paris, Hachette, 2000, p. 49.*

81. « Le résultat lui-même peut probablement s'expliquer par l'ordre institutionnel de la Cinquième République et les caractéristiques de la bureaucratie française », Angelo Panebianco, Political Parties : Organization and Power, op. cit., *p. 154 (ma traduction).*

de l'organisation – les représentants du centre dans les départements étant même désignés comme les « préfets du mouvement » –, et par une présidentialisation, à partir de 1976. La force du lien qui unit le parti au pouvoir gouvernemental apparaît également à travers l'importance accordée dans les instances dirigeantes aux membres de droit et singulièrement au personnel gouvernemental. Jean Charlot rappelle qu'à l'UNR siégeaient dans la commission politique non seulement les ministres en exercice mais tous les anciens ministres[82] ; le cercle dirigeant du parti puisait ainsi dans ce vivier, témoignant d'un exceptionnel enchâssement du parti dans l'État.

Si l'on constate bien une imbrication des structures partisanes et gouvernementales voire bureaucratiques, la place accordée à la codification des règles de fonctionnement interne varie sensiblement selon les organisations. De manière significative, seul le RPF, qui n'est pas né au gouvernement, se trouvait soumis à la nécessité de construire une « contre-organisation » et se caractérise par l'importance qu'il a accordée à la mise en place d'une bureaucratie partisane. Au moment de sa fondation, le souci d'introduire et de fixer des règles stabilisées était très clair. Christian Purtschet relève, par exemple, la longueur et la précision de l'instruction sur l'organisation du RPF du 13 novembre 1947 et l'existence de nombreuses notes régissant la vie interne de l'organisation[83]. Jean Charlot considère, pour sa part, que « la tentation est grande, en effet, de comparer l'organisation du RPF à celle du pouvoir d'État quand le général de Gaulle l'exerçait à la Libération ou l'exercera après 1958[84] ».

À l'exception du RPF, les partis se réclamant du gaullisme partagent tous une absence de codification de règles stables. Dans le compte rendu du livre de Jean Charlot, Jacques Chapsal insistait sur « les fluctuations de règles[85] ». Le constat demeure plus de vingt ans après et la comparaison du RPR à d'autres partis de la droite européenne a pu permettre

82. *Jean Charlot,* L'Union pour la nouvelle République. Étude du pouvoir au sein d'un parti politique, *Paris, Armand Colin, 1967, chapitre 8.*
83. *Christian Purtschet,* Le Rassemblement du peuple français, 1947-1953, *Paris, Éditions Cujas, 1965, p. 71 et suiv.*
84. *Jean Charlot,* Le Gaullisme d'opposition, *Paris, Fayard, 1983, p. 142.*
85. *Compte rendu publié dans la* Revue française de science politique, *17 (6), 1967, p. 1176.*

de prendre la mesure de la faiblesse relative de son administration. L'amateurisme et le manque de professionnalisme de l'« organisation centrale » se doublaient d'une absence de véritable spécialisation des titulaires des postes de direction et d'une habitude de contournement des instances partisanes officielles. Par exemple, la décision d'approuver le traité de Maastricht en 1992 avait court-circuité toutes les instances officielles. Le rapport très relâché aux règles apparaissait d'ailleurs dans la rareté des sanctions et des exclusions[86] : celles-ci intervenaient principalement en cas de candidatures dissidentes ou de non-respect des stratégies électorales officielles – et encore, un succès se soldait le plus souvent par une réintégration de l'élu.

La souplesse du RPR en matière de règlement des litiges contraste, par exemple, avec les pratiques du PP espagnol au sein duquel règne un devoir de loyauté et de discipline idéologique, inscrit dans les statuts et assorti, en cas de transgression – résultant souvent d'oppositions idéologiques et non simplement de dissidences électorales –, de sanctions disciplinaires, lesquelles ne sont d'ailleurs pas rares[87].

Il est également intéressant de comparer le RPR puis l'UMP au Parti conservateur britannique. Les partis néogaullistes n'ont jamais négligé le travail de codification, ils établissent des règles écrites, rédigent des statuts mais, de fait, ne les appliquent pas toujours, les contournent et les modifient souvent. À l'inverse, le Parti conservateur a longtemps vécu (jusqu'à la fin des années 1990) sans règles écrites, et pourtant les normes de l'organisation sont bien présentes et contraignantes ; elles ne sont pas toujours explicitées, relèvent le plus souvent de l'autocensure ou d'un contrôle social invisible sauf quand elles sont transgressées. Cette comparaison soulève la question complexe du degré d'institutionnalisation des organisations et permet d'établir que l'empilement des statuts et des règles à l'UMP ou leur absence dans le cas du Parti conservateur n'en disent rien, seule leur manière

86. L'image du RPR comme organisation disciplinée laisse de côté l'histoire des candidatures présidentielles dissidentes (Michel Debré et Marie-France Garaud en 1981, Édouard Balladur en 1995). Celles-ci témoignent du fait que l'autorité du leader a pu être contestée de manière assez frontale mais aussi de l'absence de règles faisant respecter la discipline partisane.

87. Frédérique Chadel, Étude comparative du leadership au sein des partis politiques : le Rassemblement pour la République et le Partido Popular, *thèse, Université d'Aix-Marseille et Université autonome de Barcelone, 2000.*

différente de respecter les règles mais aussi les normes permet d'établir que l'UMP est moins institutionnalisée que le Parti conservateur.

Une droite a-partisane ?

La lecture des travaux historiques sur la structuration des droites françaises permet rapidement de comprendre que l'association d'un courant idéologique, « la droite », à une forme organisationnelle, « le parti », ne relève pas de l'évidence. S'étant initialement détournés des droites partisanes au profit des droites culturelles et idéologiques, les historiens ont récemment entrepris de s'intéresser aux premières. Ils ont alors contribué à alimenter un débat sur les liens que la droite française a historiquement entretenus avec le phénomène partisan. Dans leur sillage, je voudrais rouvrir le dossier en considérant d'abord les arguments qui ont été avancés à l'appui de la thèse d'une faiblesse renforcée des partis de la droite française puis en mettant à l'épreuve cette argumentation pour la complexifier, la nuancer et la déplacer.

La « faiblesse au carré » de la droite partisane française en question

Si les partis français sont couramment qualifiés de faibles et si ceux de droite apparaissent globalement moins structurés que ceux de gauche, les partis de la droite française sont alors frappés d'une double peine : parce que français et de droite. Voilà en quelques mots ce que j'ai désigné comme la « faiblesse au carré » de la droite partisane française et qu'il faut maintenant questionner à l'aune des travaux historiques qui ont récemment alimenté une vision moins schématique que celle qui postulait une incompatibilité des droites avec l'organisation partisane.

La « faiblesse » des partis français

La faiblesse partisane française est généralement imputée à la trajectoire historico-politique hexagonale si profondément marquée par la Révolution française. Celle-ci aurait engendré une structuration partisane tardive et chaotique faite « d'essais tâtonnants et avortés » et « de tentatives réussies et éphémères[88] ». L'empreinte de la Révolution se

88. *Raymond Huard,* La Naissance du parti politique en France, *op. cit., p. 21.*

manifesterait aussi dans la force de la culture politique moniste[89] valorisant l'unité de la communauté politique et marginalisant alors les agents médiateurs et les corps intermédiaires. Cette empreinte expliquerait la libéralisation tardive de la législation régissant le droit d'association[90] dont, soit dit en passant, les partis de droite ont fait plus souvent et plus rapidement usage que ceux de gauche[91].

Cette difficile consolidation partisane est aussi souvent mise sur le compte du décalage entre massification du suffrage électoral et parlementarisation du système. L'extension du suffrage universel masculin s'est faite très subitement, en 1848, alors que, par exemple, elle s'est déroulée de manière progressive en Grande-Bretagne : « Plus de 8 millions de personnes furent inscrites sur les listes électorales entre mars et avril 1848 » tandis que le corps électoral britannique s'étendait à 700 000 personnes en 1832 et 2 millions après la réforme électorale de 1867[92]. Toutefois, l'apprentissage électoral est intervenu durant la séquence du Second Empire et donc dans un contexte autoritaire. La dernière explication mobilisée insiste sur les paramètres institutionnels, tels que le mode de scrutin et la taille des circonscriptions. Le scrutin d'arrondissement, parce qu'il fixe un cadre géographiquement étroit, s'accommoderait d'une mobilisation électorale fortement personnalisée et rendrait techniquement moins nécessaire la mise en place d'une entreprise partisane.

Le diagnostic de la « faiblesse française » constitue donc un thème récurrent de la littérature sur les partis[93]. Il renvoie, en général, à des phénomènes tels que la modeste pénétration des partis dans la société française – mesurée par le petit nombre de leurs adhérents et la fragilité des liens qu'ils ont noués avec les syndicats et les associations –, par l'absence de réelle bureaucratie partisane ou par l'instabilité chronique de leurs structures, etc. Ces traits sont globalement avérés et

89. *Jean-Marie Donegani et Marc Sadoun,* La Démocratie imparfaite. Essai sur le parti politique, *Paris, Gallimard, 1994.*

90. *Raymond Huard,* La Naissance du parti politique en France, op. cit.

91. *Claire Andrieu, « La concurrence des légitimités partisane et associative », art. cité, p. 27.*

92. *Alain Garrigou,* Histoire sociale du suffrage universel en France, *Paris, Seuil, 2002, p. 27.*

93. *Pour une synthèse critique de ce* topos, *voir Julien Fretel et Rémi Lefebvre, « Retour sur un lieu commun historiographique : la faiblesse des*

particulièrement saillants quand on adopte une perspective comparative. Il n'en demeure pas moins vrai que cette thématique laisse entrevoir le poids des normes à l'aune desquelles sont jugées la faiblesse et la force des partis politiques. Ceux-ci sont supposés puiser leurs forces dans des structures aux contours rigides et bien définis et non souples et poreux, dans leur capacité à contrôler le recrutement et non dans une influence plus diffuse mais au large spectre, dans leur stabilité et non dans leur adaptabilité, dans leur nombre d'adhérents et non dans leur nombre d'élus, etc.

Une faiblesse renforcée à droite

Le verdict est encore plus sévère pour la droite que pour la gauche. En lisant les manuels et les ouvrages de synthèse, on en tire l'image d'une droite française caractérisée par sa désorganisation et par la résistance qu'elle aurait régulièrement opposée à l'encontre de la forme partisane. Aux facteurs généraux, précédemment évoqués, viennent s'ajouter des raisons spécifiques supposées s'appliquer aux organisations et hommes de droite.

Une première raison avancée s'inscrit dans un registre sociopsychologique et postule que les hommes de droite seraient « par nature » individualistes et rétifs à toute forme d'encadrement collectif qu'ils assimileraient à de l'embrigadement. Ils auraient ainsi toujours résisté aux tentatives visant à les discipliner en les intégrant dans des structures collectives.

Une autre explication, d'ordre sociopolitique cette fois, souligne le fait que les professionnels politiques de droite, bien dotés en capitaux individuels (argent, notoriété, réseaux dans les milieux de la presse et du patronat) n'auraient pas autant besoin que ceux de gauche de se constituer un « capital collectif[94] » à travers un parti : « Comptant sur l'ascendant notabiliaire, sur le prestige parlementaire ou à l'opposé sur le charisme populaire, les dirigeants de la droite peuvent, le cas échéant s'appuyer sur une organisation mais ils n'en sont pas le produit, l'émanation[95]. »

partis politiques en France », communication, Journées de l'Association française de science politique Science politique/Histoire, *4-6 mars 2004.*
94. *Michel Offerlé,* Les Partis politiques, *Paris, PUF, coll. « Que sais-je ? », 2010, p. 20 et suiv.*
95. *Raymond Huard,* La Naissance du parti politique en France, op. cit., *p. 264.*

Quand ils y seraient finalement contraints, sous la pression de la mobilisation partisane de gauche, ces élus de droite rechignant à s'organiser ne revendiqueraient « pudiquement » pas l'étiquette de « parti », préférant les termes « fédération », « centre », « alliance », « union » ou « rassemblement ». Enfin, ils n'auraient aucun scrupule à abandonner ces structures organisationnelles ou, le cas échéant, à les transformer, preuve manifeste de leur « illoyauté partisane ».

Le « cimetière de la droite partisane »

De fait, le « cimetière de la droite partisane » est abondamment peuplé. Sous des noms à la fois variables et proches, des partis sont nés et morts prématurément, entretenant une grande confusion pour les non-spécialistes. Ces formations ont longtemps été très mal connues jusqu'à ce que des études historiques, relevant du genre de la monographie partisane ou locale, s'y soient intéressées. Grâce à elles, on peut aujourd'hui dresser un bilan historiographique global moins défavorable à la droite : « alors que les partis de gauche (à commencer par le PCF) monopolisaient autrefois l'attention des chercheurs, les formations de droite se voient désormais moins négligées[96]. »

Ces travaux portent, par exemple, sur la nébuleuse des modérés[97] et sur la mouvance catholique marquée, comme on l'a vu, par des tentatives successives pour s'organiser. Ils englobent également des études sur des formations considérées par les historiens qui les étudient comme relevant à l'origine du centre et qui ont « fini à droite ». L'Alliance républicaine démocratique (ARD)[98] créée en 1901 en est un parfait exemple : cette formation attachée à la laïcité et fortement enracinée

96. *François Audigier, « Enjeu. Le renouvellement de l'histoire des partis politiques »,* Vingtième Siècle. Revue d'histoire, *96, 2007, p. 127-128.*
97. *François Roth (dir.),* Les Modérés dans la vie politique française (1870-1965), *Nancy, Presses universitaires de Nancy, 2000 ; Gilles Richard,* Le Centre national des indépendants et paysans de 1948 à 1962 ou l'échec de l'union des droites françaises dans le parti des modérés, *thèse, Institut d'études politiques de Paris, 1998. Voir également, Gilles Richard, « La renaissance de la droite modérée à la Libération. La fondation du CNIP »,* Vingtième Siècle. Revue d'histoire, *65, janvier-mars 2000, p. 59-70 ; Jean Vavasseur-Desperriers,* Culture, structures, stratégie parlementaire entre les deux guerres. La Fédération républicaine 1919-1940, *thèse, Université Lille-III, 1999 ; Mathias Bernard,* La Dérive des modérés. La Fédération républicaine du Rhône sous la Troisième République, *Paris, L'Harmattan, 1998.*
98. *Rosemonde Sanson,* L'Alliance républicaine démocratique. Une formation de centre (1901 à 1920), *Rennes, Presses universitaires de Rennes, 2003.*

dans les milieux francs-maçons s'est trouvée liée par une relation mimétique au Parti radical socialiste[99] avant de se déplacer, sans contestation, à droite de l'échiquier politique avec la participation de son leader, Pierre-Étienne Flandin, au gouvernement de Vichy[100].

Le courant nationaliste et plébiscitaire a lui mobilisé davantage l'attention des historiens. En particulier, l'intérêt s'est récemment porté sur la postérité partisane des Croix de Feu à travers la création du PSF[101] qui, à la différence de la ligue dont il est issu, revendiquait l'action électorale. Quelques recherches[102] ont poursuivi les travaux que Jean Charlot a consacrés aux formations partisanes se réclamant du gaullisme d'opposition[103] ou de pouvoir[104] : le RPF a, tout compte fait, suscité un nombre significatif de travaux tant au niveau national[105] que local[106] ; les organisations satellites gaullistes, les mouvements de jeunesse[107] ou les syndicalismes ouvrier[108] ou agricole[109] ont été également explorés. L'ensemble de ces travaux a conduit à mettre à l'épreuve l'évidence d'une incompatibilité intrinsèque entre la droite et les partis.

99. *Rosemonde Sanson, « Centre et Gauche (1901-1914) : l'Alliance républicaine démocratique et le Parti radical socialiste »,* Revue d'histoire moderne et contemporaine, *39 (3), 1992, p. 495.*
100. *Olivier Wieviorka, « Vichy a-t-il été libéral ? Le sens de l'intermède Flandin »,* Vingtième Siècle. Revue d'histoire, *11, juillet-septembre 1986, p. 55-66.*
101. *Albert Kéchichian,* Les Croix de Feu à l'âge des fascismes, op. cit. *; Sean Kennedy,* Reconciling France against Democracy, op. cit.
102. *Voir Andrew Knapp,* Le gaullisme après de Gaulle, *Paris, Seuil, 1996.*
103. *Jean Charlot,* Le Gaullisme d'opposition, op. cit.
104. *Jean Charlot,* L'UNR. Étude du pouvoir au sein d'un parti politique, op. cit. *et* Le Phénomène gaulliste, op. cit.
105. De Gaulle et le Rassemblement du peuple français (1947-1955), *actes du colloque de Bordeaux co-organisé par la Fondation Charles-de-Gaulle et l'Université Bordeaux-III du 12 au 14 novembre 1997, Paris, Armand Colin, 1998 ; Jean-Paul Thomas,* Droite et rassemblement du PSF au RPF, op. cit.
106. *Bernard Lachaise,* Le Gaullisme dans le Sud-Ouest au temps du RPF, *Bordeaux, Fédération historique du Sud-Ouest, 1997 ; François Audigier et Frédéric Schwindt (dir.),* Gaullisme et gaullistes dans la France de l'Est sous la Quatrième République, *Rennes, Presses universitaires de Rennes, 2009.*
107. *François Audigier,* Génération gaulliste. L'Union des jeunes pour le progrès, une école de formation politique (1965-1975), *Nancy, Presses universitaires de Nancy, 2005. Voir également du même auteur, « L'Union des jeunes pour le progrès. Une école de formation politique »,* Revue historique, *618 (2), 2001, p. 451-487.*
108. *Patrick Guiol,* L'Impasse sociale du gaullisme : le RPF et l'Action ouvrière, *Paris, Presses de la FNSP, 1985.*
109. *Bernard Bruneteau,* Les Paysans dans l'État. Le gaullisme et le syndicalisme agricole, *Paris, L'Harmattan, 1994.*

Efforts et formes partisanes

Les droites françaises seraient-elles fondamentalement a-partisanes ? Aujourd'hui les historiens ne répondent plus, comme ils en avaient auparavant l'habitude, de manière aussi affirmative. Et l'idée que la droite française serait globalement a-partisane a pu même être considérée comme « une sorte de lieu commun historiographique[110] ».

En effet, la réponse négative exige d'abord d'être reconsidérée parce que beaucoup de dirigeants de droite ont valorisé l'enjeu que constituait la mise en place de structures partisanes. Le souci et l'effort partisans sont donc loin d'être toujours étrangers à ces professionnels politiques[111] : la forme partisane faisait partie de l'univers mental de beaucoup et constituait pour eux un objectif à atteindre. La réponse doit être ensuite nuancée parce que ces entreprises d'organisation de la droite ont permis, dans certains cas, l'émergence de structures partisanes. Celles-ci apparaissent, certes, souples, incomplètes ou inachevées au regard des nouvelles exigences de la mobilisation de masse, mais elles doivent être considérées comme des formes partisanes à part entière, alternatives au parti de masse et non systématiquement comme des mauvaises copies de celui-ci. Enfin, poser comme une évidence l'incompatibilité de la droite et de l'action partisane, entendue dans son acception la plus normative, c'est oublier que la droite a aussi accouché de véritables systèmes d'encadrement et de mobilisation de masse.

Stratégies partisanes au sein de la mouvance modérée

Les efforts pour renforcer l'action partisane sont loin d'être étrangers à la droite française. L'idée qu'il faut doter la France d'un parti conservateur à l'instar du modèle anglais[112], belge ou allemand, traverse les milieux de la droite de la fin du XIXe siècle[113] aux années 1950

110. Gaetano Quagliariello, « L'Action libérale populaire et l'illusion du parti politique (1901-1906) », dans Claire Andrieu, Gilles Le Béguec et Danielle Tartakowsky (dir.), Associations et champ politique, op. cit., *p. 259.*
111. Voir, comme illustration, Éric Phélippeau, L'Invention de l'homme politique moderne : Mackau, l'Orne et la République, *Paris, Belin, 2002.*
112. Le Parti conservateur, d'ailleurs traditionnellement désigné comme « the Church of England at prayer », plutôt que comme un véritable parti confessionnel, est le modèle suggéré par Léon XII au moment du Ralliement, Raymon Huard, La Naissance du parti politique en France, op. cit., *p. 248.*
113. Raymon Huard, La naissance du parti politique en France, op. cit., *chapitres 6 et 9.*

et se prolonge même dans les années 2000 comme on le verra avec la naissance de l'UMP (voir chapitre 2).

Si l'on considère la mouvance dite, faute de mieux, des modérés, l'on trouve, à l'évidence, des formations conformes au modèle canonique du « parti de notables ». Parmi elles, la Fédération républicaine, organisation née en 1924 contre le Cartel des gauches afin de rassembler les républicains dits « opportunistes ». Cette structure justifierait pour certains que l'on parle de « diffusion incomplète du modèle partisan[114] » dans la mesure où elle s'est cristallisée à partir d'un maillage lâche de comités locaux liés à des journaux régionaux, des chambres de commerce, etc. Cette même forme partisane caractérise aussi l'Alliance républicaine démocratique (ARD), née en 1901, dont l'organisation reposait sur une articulation floue, pour partie désajustée, entre la structure extraparlementaire et le groupe parlementaire. Ses élus y bénéficiaient d'une forte autonomie tant au moment de l'investiture que dans leur choix d'affiliation parlementaire ; de fait, la double appartenance y était fréquente[115]. On comprend, dès lors, que de telles organisations se soient trouvées déstabilisées dans les années 1930 face à la mutation des formes de mobilisation politique portées par des phénomènes tels que la nationalisation ou l'urbanisation. Elles ont été alors contraintes de sous-traiter une partie des activités d'encadrement aux ligues, à l'instar de la Fédération républicaine qui, par exemple, a dû confier aux Jeunesses patriotes la protection de ses meetings électoraux[116].

Dans la même veine, mais bien plus tard, l'on peut également évoquer le cas du Centre national des indépendants et paysans (CNIP)

114. Mathias Bernard, « La diffusion incomplète du modèle partisan : les progressistes et la Fédération républicaine (1903-1914) », dans François Roth (dir.), Les Modérés dans la vie politique française, op. cit.

115. Se présentant à l'origine comme un « parti ouvert », l'ARD finit par statuer sur l'incompatibilité entre la présence dans les instances de direction du parti et l'appartenance à un autre parti. Cette injonction affaiblit l'organisation et contribua à son virage droitier en raison du choix d'une partie de ses membres de s'affilier au Parti radical, Rosemonde Sanson, « Centre et Gauche (1901-1914) : l'Alliance républicaine démocratique et le Parti radical socialiste », art. cité, p. 509.

116. Jean Vavasseurs-Desperriers, « Les tentatives de regroupement des droites dans les années trente », Annales de Bretagne et des pays de l'Ouest, *109 (3), 200, p. 61-77.*

dont la force a tenu, sous la Quatrième République et dans les premières années de la Cinquième République, à sa solide implantation locale et au contrôle de nombreuses municipalités et conseils généraux, en bref, à son réseau d'élus plus qu'à sa capacité mobilisatrice. L'analyse de sa genèse témoigne d'ailleurs de la souplesse de ses structures à tel point que sa création est passée quasiment inaperçue en 1948[117], sous la forme d'un simple communiqué annonçant que les deux groupes parlementaires « indépendants » fusionnaient[118]. Là aussi, la naissance de ce nouveau parti se présentant comme une réaction aux logiques partisanes à l'œuvre sous la Quatrième République a vite soulevé l'épineuse question de la double appartenance et de la discipline partisane, question à laquelle le RPF se trouvait au même moment également confronté[119].

L'ensemble de ces éléments alimente bien l'idée d'une droite rétive aux contraintes partisanes. Néanmoins, cette réserve fondamentale à l'égard de toute entreprise disciplinaire n'exclut pas la volonté des dirigeants du CNIP de s'organiser en s'inspirant – encore et toujours – du Parti conservateur britannique[120] qu'ils valorisent dès les années 1950 comme un modèle partisan de type « entrepreneurial ». Autrement dit, même si une large partie de la formation du CNIP correspond à un modèle attendu, celui d'un assemblage d'élus, ce

117. *Sur le CNIP, voir Gilles Richard,* Le Centre national des indépendants et paysans de 1948 à 1962 ou l'échec de l'union des droites françaises dans le parti des modérés, *thèse, Institut d'études politiques de Paris, 1998 ; voir également, Gilles Richard, « La Renaissance de la droite modérée à la Libération. La fondation du CNIP »,* Vingtième Siècle. Revue d'histoire, *65, janvier-mars 2000, p. 59-70.*

118. *Rétrospectivement, dans les mémoires de Roger Duchet, la décision de créer cette nouvelle structure est datée d'un déjeuner de quelques notables modérés dans un restaurant, Roger Duchet,* La République épinglée, *Paris, A. Moreau, p. 11-12, cité dans Gilles Richard, « La Renaissance de la droite modérée à la Libération », art. cité, p. 59.*

119. *La nouvelle formation s'adressait explicitement à « ceux qui entend[ai]ent conserver leur liberté de vote et ne pas se soumettre à la rigide discipline des partis », Gilles Richard, « La Renaissance de la droite modérée à la Libération », art. cité, p. 73.*

120. *Non seulement Roger Duchet fait un voyage d'études au Royaume-Uni pour étudier les* tories, *mais dans la revue* France indépendante, *il publie une série de numéros faisant le point sur les grands partis de droite en Europe et aux États-Unis, voir Gilles Richard,* Le Centre national des indépendants et paysans de 1948 à 1962..., op. cit., *chapitre 17 : « L'inaccessible modèle du Parti conservateur britannique ».*

n'est pas pour autant que l'on doit conclure que l'action politique organisée est une préoccupation étrangère à ses dirigeants.

Quand la droite mobilise en masse

Enfin, l'on ne peut réduire historiquement les droites à cette forme partisane. D'autres organisations ont existé et la droite s'est également incarnée dans toute une série de formations qui répondent, elles, au critère canonique stipulant qu'un « vrai » parti doit mobiliser massivement.

Si l'on se livre à un rapide classement en ordonnant les organisations de droite en fonction du nombre de leurs adhérents, le PSF arrive en tête puisqu'on lui attribue 700 000 à 800 000 membres en 1936-1937[121], puis vient le RPF dont Jean Charlot estime qu'il comptait environ 400 000 adhérents en 1948 tandis qu'à la même date, selon lui, le MRP ne pouvait compter que sur 50 000 membres[122] – il aurait rassemblé, selon d'autres sources, 125 000 adhérents à la Libération mais aurait, dès 1946, dramatiquement décliné[123]. L'UNR créée en 1958 ne rivalise pas avec les chiffres atteints par le RPF dans sa période faste mais se situe, selon les chiffres fournis par Jean Charlot[124], à un maximum d'adhérents de 86 000 en 1963, juste en dessous de la Section française de l'Internationale ouvrière (SFIO) qui, durant cette période, revendiquait environ 100 000 adhérents. Attachée à la formalisation des liens d'adhésion qui reposaient, à l'époque, sur un parrainage entériné par les instances locales et nationales[125], l'UNR ne visait d'ailleurs pas l'accueil du plus grand nombre mais prétendait, au contraire, contrôler les adhésions afin d'éviter les noyautages et sélectionner les profils sociaux et politiques les plus avantageux.

Dans cette liste, on peut intercaler l'Action libérale populaire (ALP), formation catholique de la Troisième République, qui a pu rassembler 160 000 membres en 1904[126]. Ce cas moins connu atteste « du fait qu'à

121. *Jean-Paul Thomas,* Droite et rassemblement du PSF au RPF, op. cit.
122. *Jean Charlot,* Le Gaullisme d'opposition, op. cit., *p. 88.*
123. *Pierre Letamendia,* Le Mouvement républicain populaire, op. cit., *p. 193.*
124. *Jean Charlot,* L'Union pour la nouvelle République, op. cit., *p. 116.*
125. *Voir l'entreprise d'homologation des adhésions du local au national en passant par le départemental telle qu'elle est décrite par Jean Charlot,* L'Union pour la nouvelle République, op. cit., *note 2, p. 115.*
126. *Pierre Letamendia parle de 250 000 adhérents sans préciser de date,* Le Mouvement républicain populaire, op. cit., *note 1, p. 18.*

droite aussi certains ont placé le parti au centre de leur stratégie politique[127] ». L'ALP a été créée en 1901 par deux catholiques ralliés passés par le boulangisme, Jacques Piou et Albert de Mun. Elle ne se réduit pas à un assemblage plus ou moins articulé d'élus, l'objectif de « faire le parti [est] proposé de manière incessante[128] ». Il faut rappeler qu'à l'époque les formes concurrentes étaient incarnées par les ligues qui avaient démontré leur capacité à mobiliser mais qui avaient également révélé certaines faiblesses. Pour les fondateurs de l'ALP, le bilan du boulangisme les renforce dans une double conviction : la mobilisation de masse constitue un enjeu décisif, et une telle entreprise exige de s'implanter en province. Ils ont, en effet, été alertés par le fait que la concentration dans la capitale constituait le talon d'Achille du mouvement boulangiste[129]. Pour mener à bien cette mobilisation, ils commencent par asseoir leur sécurité financière. Des fonds sont collectés par l'intermédiaire de cotisations variables selon le lien d'adhésion (sociétaire et adhérent) mais par aussi par le biais de dons personnels ainsi que par des circuits plus informels transitant par Londres[130]. Cet argent est d'ailleurs rapidement dépensé puisque la somme, impressionnante pour l'époque, de 1 à 2 millions de francs aurait été déboursée en huit mois lors de la campagne électorale de 1902[131]. Parallèlement, une opération de recrutement est lancée. Elle s'appuie sur un effort de diffusion territoriale qui passe par l'organisation de meetings locaux – pas moins de cinq réunions électorales par semaine lors de la campagne de 1902[132]. Elle s'accompagne aussi d'une stratégie de conquête de la presse provinciale qui complète les liens déjà noués avec *La Croix* dont le secrétaire général est un proche du parti. Elle passe enfin par un intense

127. Gaetano Quagliariello, « L'Action libérale populaire et l'illusion du parti politique (1901-1906) », art. cité, p. 260.
128. Gaetano Quagliariello, « L'Action libérale populaire et l'illusion du parti politique (1901-1906) », art. cité, p. 247.
129. Gaetano Quagliariello, « L'Action libérale populaire et l'illusion du parti politique (1901-1906) », art. cité, p. 252-253.
130. Au moment de la création de l'organisation, des fonds secrets sont déposés dans une banque londonienne, voir Benjamin F. Martin, « The Creation of the Action Libérale Populaire », art. cité, p. 667. On retrouve leurs traces, à la fin des années 1930, dans le budget de la Fédération nationale catholique, Corinne Bonafoux-Verrax, À la droite de Dieu, op. cit., *p. 75-76.*
131. Benjamin F. Martin, « The Creation of the Action Libérale Populaire », art. cité, p. 666.
132. Ibid.

effort de structuration au niveau local. « Suivant la carte électorale : on organise d'abord les circonscriptions électorales où l'écart avec le candidat ministériel est inférieur à 500 voix ; puis celles où il est inférieur à 1 000, et ainsi de suite[133]. »

Autre organisation de la droite catholique se distinguant par l'ampleur de la mobilisation qu'elle a mise en œuvre, la Fédération nationale catholique (FNC)[134] s'apparente, elle, davantage à un groupe de défense religieuse cherchant à influencer l'activité électorale sans y participer directement (voir *supra*). Elle se présente comme une véritable structure de masse puisqu'on estime qu'elle a mobilisé, en 1925, entre 1,5 à 2 millions d'hommes catholiques[135]. Organisation hiérarchisée, créée par un laïc en la personne du général Castelnau, son unité de base était le diocèse et son activité se concentrait sur la défense des libertés religieuses, particulièrement scolaires, le combat contre « l'immoralité » et la lutte contre la franc-maçonnerie et le communisme. Son influence est, par exemple, forte en Bretagne, où un monde catholique, rural et clos sur lui-même, se trouvait confronté au mouvement conjoint de « républicanisation » et d'urbanisation : « L'obsession du nombre portée par les élites catholiques doit en effet être perçue autant comme une préoccupation stratégique face aux agressions du monde moderne que comme une volonté de donner à lire l'unanimité du monde catholique breton. C'est ainsi que se développe dans les paroisses bretonnes une activité multiforme cherchant à inscrire le dynamisme de la civilisation paroissiale dans une logique de contre-société catholique dont l'objectif est de préserver l'identité de la communauté[136]. » Cette contre-société s'appuie sur les réseaux de patronage, les activités de loisirs, en particulier sportives, une presse de diffusion locale et surtout sur un fort dynamisme du réseau scolaire et du syndicalisme agricole.

133. Gaetano Quagliariello, « L'Action libérale populaire et l'illusion du parti politique (1901-1906) », art. cité, p. 256.
134. Voir pour l'histoire de la FNC, Corinne Bonnafoux-Verrax, À la droite de Dieu, op. cit.
135. Ibid., *p. 62.*
136. David Bensoussan, Combats pour une Bretagne catholique et rurale, op. cit., *p. 234.*

L'inclusion des femmes avant l'heure

Si ces organisations d'obédience catholique sont exclusivement masculines, elles mobilisent toutefois les femmes en sous-traitant certaines activités. De ce point de vue, l'on peut faire un parallèle entre la France et la Grande-Bretagne où la mobilisation politique des femmes de droite a pris comme vecteur la Primrose League. Cette dernière s'apparente à une structure non strictement partisane. Elle a été créée en 1883, à côté du parti, par un petit groupe de députés conservateurs. Elle privilégiait des formes de sociabilités festives, l'éducation populaire ainsi que la propagande électorale (*canvassing* féminin)[137].

En France, on retrouve la même division du travail militant et la même complémentarité des structures. Par exemple, l'ALP, associée à la Ligue patriotique des Françaises, prend part, en 1901, à l'entreprise pétitionnaire qui conduit deux représentantes des femmes catholiques à porter une liste de plusieurs millions de signatures à l'épouse du président de la République, Mme Loubet, afin de protester contre la politique du gouvernement à l'égard de l'Église. Elle participe également aux grandes manifestations féminines contre la loi sur les congrégations telles que la fameuse manifestation des « mères de familles » le dimanche 27 juillet 1902 de la Concorde aux Champs-Élysées[138]. L'ALP, à l'instar d'autres organisations partisanes de droite, s'est même trouvée à l'avant-garde de l'inclusion des femmes, encore non électrices, dans le jeu partisan et électoral. « Les statuts leur autorisent l'adhésion directe au parti, mais elles se réunissent en groupes spécifiques, elles organisent leurs manifestations et leurs initiatives et, surtout, elles sont très actives pour collecter de l'argent[139]. »

On retrouve également cette forme de mobilisation au sein du PSF, formation politique issue d'un mouvement d'anciens combattants qui recrutait à la fois des électeurs et des non-électeurs (en

137. *Philippe Vervaecke, « La politique sans le parti. La Primrose League et la culture politique britannique, 1883-1919 »,* Politix, *81 (1), 2008, p. 81-104.*
138. *Benjamin F. Martin, « The Creation of the Action Libérale Populaire », art. cité, p. 671 et Magali Della Sudda, « La politique malgré elles. Mobilisations féminines catholiques en France et en Italie (1900-1914) »,* Revue française de science politique, *60 (1), 2010, p. 53.*
139. *Gaetano Quagliariello, « L'Action libérale populaire et l'illusion du parti politique (1901-1906) », art. cité, p. 257.*

l'occurrence des femmes et des mineurs) tout en calquant sa structure sur le découpage électoral (et non ecclésial). De ce point de vue, le PSF se situait parfaitement dans la lignée des Croix de Feu dont il était le débouché partisan après l'interdiction des ligues en 1936. La ligue du colonel de la Roque avait, en effet, créé des sections féminines en 1934. En leur sein, les militantes prenaient en charge de multiples œuvres sociales incluant la formation de la jeunesse, des collectes de vêtements et la distribution de tout un ensemble d'aides sociales[140]. Le travail militant féminin prenait en quelque sorte la forme d'une extension de l'activité domestique familiale ou plutôt en représentait le plus souvent une forme de substitut puisque la majorité de ces militantes n'étaient pas mariées. Ce travail pouvait, à l'occasion, entraîner des phénomènes d'autonomisation par la professionnalisation dans la mesure où des offres de formation au travail social étaient proposées.

Ce souci d'intégration partisane des femmes s'est principalement manifesté dans la mouvance catholique d'autant plus prête à enrôler une population féminine que celle-ci constituait une fidèle clientèle de l'Église. Toutefois, des organisations telles que la FNC ou le PSF ne vont pas jusqu'à militer en faveur du vote féminin, lui préférant le vote familial qui préserve la structure patriarcale. Avec un certain retard, cette injonction d'inclusion féminine s'est diffusée à d'autres formations de droite puisque l'ARD, formation laïque, a pris des positions « féministes » en plaidant pour le vote féminin et, après la première guerre mondiale, en admettant des femmes dans ses instances dirigeantes[141].

À la lumière de ces différents exemples, on comprend pourquoi plutôt que de parler « d'incompréhension naturelle entre les droites et les partis[142] », il paraît plus judicieux de constater une « tension problématique mais [qui] ne reflète, en aucun cas, une radicale

140. Sur ces questions, voir Sean Kennedy, Reconciling France against Democracy, op. cit., *chapitre 3 : « La Famille Croix de Feu ».*

141. Rosemonde Sanson, « Centre et Gauche (1901-1914) », art. cité, note 27, p. 502.

142. Gilles Le Béguec, « Le parti », dans Jean-François Sirinelli (dir.), Histoire des droites en France, op. cit., *tome 3, p. 13.*

étrangeté des droites à l'organisation partisane[143] ». Cette révision historiographique se fonde d'abord sur le constat bien établi que les leaders de droite, loin d'être indifférents à la question de l'action politique organisée, se sont préoccupés de mobiliser leurs troupes et, par conséquent, de créer des structures d'encadrement. Par ailleurs, l'assimilation de certains partis de droite, centrés sur l'arène parlementaire et s'apparentant à des formes d'assemblage d'élus, à des « sous-partis » de masse et le jugement selon lequel ils auraient été inopérants méritent d'être discutés. Certes, le fort degré de concurrence, d'emboîtement ou de recoupement de ces structures rendait particulièrement complexe les questions d'organisation, mais cette complexité autorisait à rebours une forme de fluidité, « ces structures ont été un peu comme les articulations qui ont apporté la souplesse nécessaire et rendu moins difficiles les opérations de reclassement[144] ».

À l'issue de cette première étape dans le cheminement que constitue cet ouvrage, quelques enseignements peuvent être retenus de la lecture des travaux historiques. Ils permettent à la fois de justifier les choix opérés et de poser quelques jalons que l'on retrouvera par la suite. L'examen de la littérature historique conduit tout d'abord à justifier, en soi, l'intérêt de l'entrée partisane. Parce qu'elle est négligée, problématique voire contestée, la voie d'accès par les partis est intéressante à emprunter. Non seulement, l'étude de la droite partisane comble utilement un manque mais elle est stimulante car elle ne va pas soi, soulève des énigmes, pose des problèmes.

La perspective historique permet, ensuite, d'asseoir le choix de tirer le fil néo et postgaulliste de la pelote si emmêlée à laquelle peut être comparée la structuration de la droite partisane. Certes, la matrice gaulliste ne peut prétendre à elle seule épuiser toute la palette des couleurs des droites et la prendre comme point principal d'observation laisse quelques angles morts. Il n'en demeure pas moins vrai que le gaullisme partisan a su s'imposer comme socle de la droite française,

143. *Gilles Le Béguec, « Le parti », dans Jean-François Sirinelli (dir.),* Histoire des droites en France, op. cit., *tome 3, p. 57.*
144. *Gilles Le Béguec, « Le parti », dans Jean-François Sirinelli (dir.),* Histoire des droites en France, op. cit., *tome 3, p. 24.*

courant dominant au sein du parti dominant. Par ailleurs, il signe également la spécificité du « cas » français marqué par une persistante tension entre logique nobiliaire et logique plébiscitaire.

Enfin, cette première étape historique a signalé un certain nombre de questions que nous retrouverons tout au long de l'ouvrage : celle de l'institutionnalisation et du rapport que la droite partisane entretient avec les règles et leur respect, celle des soubassements culturels et du rapport tourmenté qu'elle a noué avec le catholicisme.

Chapitre 2 / LA FUSION PARTISANE CONTRAINTES INSTITUTIONNELLES ET ASSEMBLAGE INTERNE

L'UMP[1] est lancée le 23 avril 2002, le surlendemain du désormais célèbre 21 avril, premier tour de l'élection présidentielle qui voit l'élimination de Lionel Jospin au profit de Jean-Marie Le Pen. Sous le sigle « Union pour la majorité présidentielle », la nouvelle organisation a comme premier objectif de présenter, aux élections législatives de juin, des candidats communs engagés à soutenir l'action présidentielle. À l'issue de ces élections, elle se trouve en position hégémonique à l'Assemblée nationale, réunissant 465 députés inscrits ou apparentés (sur 577). Elle devient alors, lors du congrès fondateur du 17 novembre 2002, l'« Union pour un mouvement populaire » rassemblant l'ancien RPR, Démocratie libérale (DL), le Parti radical, le CNIP et une partie de l'UDF. Revendiquant au départ son appartenance à la majorité – même si un seul ministre issu de cette formation, Gilles de Robien, participe au gouvernement de Jean-Pierre Raffarin –, le reste de l'UDF, derrière François Bayrou, affirme de plus en plus nettement son opposition[2] et provoque alors un cycle de défection, une partie d'entre elle ralliant la majorité parlementaire en 2007 et devenant le Nouveau Centre.

La création de l'UMP relève d'une refondation partisane comme il y en a eu de nombreuses dans l'histoire de la droite. Il ne s'agit ni d'une véritable création ni d'un simple réaménagement technique, mais d'une transformation partisane entendue comme « variation, altération ou modification de la forme, de la substance ou d'aspect

1. *Une première analyse de la création de l'UMP a été menée dans Florence Haegel, « Faire l'Union : la refondation de la droite après les élections de 2002 »,* Revue française de science politique, *52 (5-6), octobre-décembre 2002, p. 561-576.*

2. *Cette prise de distance est scandée par l'élection d'un candidat UDF contre celui de l'UMP lors d'une élection partielle dans les Yvelines en décembre 2002, l'abstention lors du vote des recettes du budget 2004 en octobre 2003 et le choix de présenter des listes autonomes pour les élections régionales de 2004.*

d'un parti politique[3] ». Elle implique non seulement un changement de nom mais aussi des statuts et même des composantes constitutives du parti et de sa direction. Elle prend la forme d'une fusion – dont on verra qu'elle peut être qualifiée d'asymétrique tant le RPR domine – de partis existant depuis longtemps. Une étude menée à grande échelle sur les créations partisanes entre 1960 et 1980 dans 19 démocraties[4] a établi qu'une large part (52 %) de ces nouveaux partis procède de réaménagements d'anciennes organisations, les scissions (36,5 %) étant largement plus fréquentes que les fusions (12,4 %). Par ailleurs, cette étude souligne que les créations partisanes sont comparativement moins fréquentes à droite qu'à gauche. La création de l'UMP apparaît ainsi comme un cas relativement rare de fusion de droite qui justifie qu'on l'examine de près.

La littérature internationale sur les partis a souligné le fait que ce type de changement résultait généralement d'une adaptation des partis à leur environnement[5]. Robert Harmel et Kenneth Janda[6] insistent, par exemple, sur le fait que les chocs provoquant les changements dépendent de l'objectif principal que se fixe le parti (*primary goal*) postulant que si, de fait, les objectifs sont variés et imbriqués, l'un d'entre eux généralement prévaut et qu'il n'est pas automatiquement de nature électorale. Ils soulignent tout de même que pour les partis à vocation électorale, un choc prend, la plupart du temps, la forme d'une série de défaites électorales (*a pattern of electoral failures*)[7]. De fait, l'actualité au sein de la droite de sa propre restructuration date de la deuxième défaite consécutive de Jacques Chirac à l'élection présidentielle, en 1988 ; elle a été réactualisée après la défaite des

3. *Définition fournie dans Robert Harmel et Kenneth Janda, « An Integrated Theory of Party Goals and Party Change »,* Journal of Theoretical Politics, *6, 1994, p. 275 (ma traduction).*
4. *Robert Harmel et John D. Robertson, « Formation and Success of New Parties. A Cross National Analysis »,* International Political Science Review, *6 (4), octobre 1985, p. 501-523.*
5. *Outre l'article de Robert Harmel et Kenneth Janda, « Formation and Success of New Parties » cité au-dessus, voir Angelo Panebianco,* Political Parties : Organization and Power, op. cit., *p. 243. Pour une discussion en français de cette littérature, voir Benoît Rihoux,* Les Partis politiques : organisation et changement. Le test des écologistes, *Paris, L'Harmattan, 2001.*
6. *Robert Harmel et Kenneth Janda, « An Integrated Theory of Party Goals and Party Change », art. cité.*
7. Ibid., *p. 269.*

élections législatives anticipées de 1997 et l'ébranlement de l'autorité chiraquienne qui en a procédé ; enfin le projet a été concrètement mis en œuvre après le choc électoral de 2002. Ce choc n'est pas déclenché par une défaite électorale mais par une victoire atypique puisque Jacques Chirac est élu avec 82,2 % des suffrages exprimés face à Jean-Marie Le Pen, et grâce aux voix de la gauche, mais cette victoire masque la poursuite d'un déclin en nombre de voix puisque Jacques Chirac avait recueilli 17,7 % des inscrits au premier tour de 1995 et seulement 13,7 % au premier tour de 2002.

Pour comprendre la naissance de l'UMP, l'approche institutionnelle s'avère la plus pertinente. L'on ne peut, en effet, restituer les dynamiques qui conduisent à cette refondation et les modes de fabrication partisane qu'elle a entraînés sans considérer avec attention les tensions qui résultent de la disjonction des dispositifs de coopération législative et présidentielle. Par ailleurs, la fusion nécessite la constitution d'appareillages spécifiques : financier, en lien avec la législation sur le financement public des partis politiques, symbolique et en particulier centré sur l'Europe, et enfin organisationnel afin de faire tenir ensemble les composantes, les élus et les militants qui constituent le nouveau parti.

Au croisement des logiques présidentielle et législative

Au-delà de l'intérêt que revêt la naissance de l'UMP pour l'histoire politique, cet épisode permet de saisir les tensions qui sont au fondement des dynamiques institutionnelles propres à la Cinquième République. La création en 2002 de ce nouveau parti politique doit être réinscrite dans une histoire plus longue, celle des tentatives de restructuration de la droite qui elles-mêmes ne se comprennent que si l'on part du caractère hybride des institutions mises en place en 1958 et des phénomènes de décalage et de déconnexion qu'il engendre.

Une naissance en trompe-l'œil

La séquence de création proprement dite de l'UMP se déroule sur environ six mois des lendemains du 21 avril 2002 au 17 novembre 2002, jour du congrès fondateur (voir encadré 1). Cette séquence exige toutefois d'être replacée dans une temporalité plus large : elle s'inscrit en effet dans un mouvement plus ancien puisque l'enjeu de sa restructuration divise la droite depuis 1988 et que le projet de la création d'une formation unique est concrètement sur l'agenda depuis 2000. C'est pourquoi l'on peut parler, à juste titre, de naissance en trompe-l'œil.

Encadré 1
Les étapes de création de l'UMP en 2002

Le 11 mai, l'UMP publie une première liste de candidats dont la majorité (52 %) est issue du RPR, 20 % de l'UDF, 16 % de DL. Une centaine de candidats de l'UDF autour de François Bayrou refuse d'endosser cette étiquette.
Le 16 juin, à l'issue du second tour des élections législatives, l'UMP se trouve en position largement dominante à l'Assemblée nationale. Son groupe parlementaire occupe une position hégémonique avec 465 députés inscrits ou apparentés. Celle-ci lui garantit une confortable prospérité financière puisque son succès électoral lui assure une dotation publique annuelle de 30 millions d'euros[8].
Le 18 juin, le conseil des fondateurs désigne par acclamation Alain Juppé comme président de cette nouvelle formation, Jean-Claude Gaudin et Philippe Douste-Blazy occupant respectivement les postes de président délégué et de secrétaire général.
Le 3 septembre, une première version des futurs statuts est approuvée et marginalement amendée par la commission exécutive de l'UMP ; elle est alors rendue publique.
Le 21 septembre, la fusion de DL et du RPR dans une formation unique est enfin définitivement entérinée. Lors d'assises extraordinaires, les mandataires RPR approuvent largement (86,5 % des suffrages exprimés[9]) ce choix.
Le 17 novembre a lieu l'étape symbolique du congrès fondateur. À cette occasion, le nom, le logo et les statuts sont définitivement adoptés, et la nouvelle direction de la formation adoubée.

8. Selon la loi, cette somme résulte du nombre de voix recueillies au premier tour des élections législatives (sur la base de 1,66 euros par voix) et du nombre de députés élus (chaque député rapportant 43 398 euros par an). Dans le cas de l'UMP, elle a été amputée d'environ un tiers pour non-respect du principe de parité.

9. Sur les 3 000 mandataires, 2 475 ont participé à la consultation, le « oui » a obtenu 2 141 voix.

Un effet « 21 avril » ?

La création de l'UMP peut-elle être considérée comme l'une des réponses au 21 avril ? Le choc qu'a constitué la qualification de Jean-Marie Le Pen pour le second tour de l'élection présidentielle a laissé des traces sur le long terme ; il pèse dans les souvenirs politiques de beaucoup, marquant la socialisation politique d'une génération. Les répercussions immédiates sont moins visibles : pas de refondation institutionnelle, ni de refondation idéologique. Finalement, la seule refondation clairement repérable est partisane : à court terme, le choc du 21 avril aurait-il simplement permis l'accouchement d'une nouvelle organisation à droite, l'UMP ?

Sur le moment, deux types de réactions à l'événement ont vu le jour. À gauche, la réplique a pris la forme d'une série de manifestations, d'ailleurs assez étranges puisque leur mot d'ordre était d'aller voter, valorisant donc un acte de vote fondement d'une démocratie représentative si souvent critiquée par les tenants d'une mobilisation protestataire, mais étranges aussi parce qu'elles appelaient à voter pour Jacques Chirac. Quant à la droite, sa réplique a été de fonder un nouveau parti : l'annonce de la création de l'UMP est faite au lendemain du premier tour. Étrange aussi... sauf si l'on veut bien se rappeler que la création d'un parti comme réponse à une crise ne relève pas de l'exception, à droite.

Très schématiquement, l'on pourrait dire qu'en situation critique, la gauche va dans la rue et que la droite crée un nouveau parti : en 1947, quand le général de Gaulle quitte le pouvoir ; en 1958, en pleine crise algérienne et institutionnelle ; en 1968 au moment des « événements » ; et en 2002. Le nouveau parti a alors pour tâche de défendre les institutions ou la communauté politique, d'apporter son soutien au leader. Ce trait culturel pourrait paraître paradoxal dans la mesure où la droite française – et particulièrement la droite revendiquant la filiation gaulliste – adopte généralement une posture critique à l'égard des partis politiques, pourtant sa propension à en créer est forte. C'est oublier que l'inflexion donnée par Georges Pompidou se fonde justement sur cette réhabilitation du fait partisan, et le recours à la refondation partisane s'inscrit parfaitement dans cette tradition pompidolienne[10] (voir chapitre 1).

10. *Jean Charlot, « L'après-gaullisme »,* Revue française de science politique, *18 (1), février 1969, p. 69-76 ; Jean-Marie Donegani et Marc Sadoun,*

Et pourtant, l'on ne peut considérer que le résultat du premier tour explique directement la création de ce nouveau parti ; en fait, il crée les conditions favorables à la réalisation d'un projet mûri antérieurement. L'événement, comme souvent, n'a pas au sens propre provoqué la naissance de la nouvelle formation, mais il l'a effectivement accélérée et facilitée. Sa force résulte de sa capacité déstabilisatrice et son bénéfice tient au fait qu'il fragilise des résistances susceptibles, en période banale, d'entraver toute tentative de transformation. En amont du 21 avril, l'histoire commence fin 2000 si l'on retrace la période de conception en tant que telle de l'UMP, en 1988 si l'on élargit la perspective et que l'on considère l'ensemble de la période au cours de laquelle l'enjeu de sa restructuration a animé et divisé les droites françaises.

La reconstitution « par le haut » et « par le bas » de l'autorité chiraquienne

Alain Juppé date de Noël 2000 la genèse de l'UMP et d'une conversation qui lui a donné l'occasion de convaincre Jacques Chirac, en vacances au fort de Brégançon, du lancement du projet[11]. Pour en comprendre les conditions d'émergence, il faut revenir au contexte. L'échec des élections législatives anticipées de 1997 a affaibli l'autorité de Jacques Chirac sur son camp ; la tâche de restaurer celle-ci incombe à Jérôme Monod revenu, en juin 2000, comme conseiller politique à l'Élysée :

> « Le RPR n'a pas bien réagi au désastre électoral et en a reporté la responsabilité sur l'Élysée, sur Jacques Chirac en personne et sur certains de ses ministres et conseillers. L'Élysée devint une maison morose et peu visitée. Perdre alors qu'on disposait d'une majorité surabondante ! Après la dissolution, il fallut beaucoup de temps pour recaser les députés battus et calmer les autres qui boudaient le chef de l'État et son entourage. Les faire revenir à de meilleurs sentiments fut lent et difficile. C'est à partir de 1999 que l'idée d'une coordination, d'un intergroupe ou d'une véritable union commença à germer[12]. »

« 1958-1995 : le jeu des institutions », dans Jean-François Sirinelli (dir.), Les Droites françaises, op. cit., *p. 663-882.*

11. *Voir Alain Juppé,* Je ne mangerai plus de cerises en hiver, *Paris, Plon, 2009, p. 101-102.*

12. *Jérôme Monod,* Les Vagues du temps. Mémoires, *Paris, Fayard, 2009, p. 334.*

L'année 1999 correspond à un moment de forte compétition interne au sein du parti présidentiel. Pour une fois, en décembre 1999, une vraie concurrence se déroule au sein du RPR pour l'élection au poste de président, et elle fournit une claire illustration de l'affaiblissement de l'autorité chiraquienne au sein du parti qu'il a fondé puisque Michèle Alliot-Marie en prend alors la tête contre le candidat adoubé par Jacques Chirac, Jean-Paul Delevoye.

Toujours selon Alain Juppé[13], Jacques Chirac, qui « était assez hostile aux primaires à cause des difficultés de leur mise en œuvre », lance le projet mais « laisse faire sans vraiment s'engager ». La constitution de l'UMP s'est alors appuyée sur un patient travail de ralliement[14] de députés RPR, UDF ou DL, encadré par deux structures, d'une part le club Dialogue et initiative créé en 1999 autour de Jean-Pierre Rafarin (DL), Dominique Perben (RPR), Michel Barnier (RPR) et Jacques Barrot (UDF), et d'autre part Alternance 2002[15], rebaptisé L'Union en mouvement[16], autour de Renaud Dutreil (UDF), Hervé Gaymard (RPR) et Dominique Bussereau (DL)[17].

L'entreprise de restauration met en selle une nouvelle génération localement implantée et cultive l'idée d'un rapprochement « par le bas » et d'une logique décentralisatrice. Ainsi l'appel à l'union lancé dans *Le Figaro*, signé par 364 des 462 parlementaires de droite – plus de la moitié du groupe UDF s'y rallie –, glorifie la « République d'en bas » et le « secret de l'union » qui permet « à l'opposition nationale d'être la majorité locale dans nombre de régions, de départements et de communes depuis vingt ans », et met en accusation les états-majors politique, considérant que la sagesse vient « une fois franchi le périphérique[18] ».

13. *Entretien avec Alain Juppé, mairie de Bordeaux, janvier 2010.*
14. *À côté de Jérôme Monod, on trouve Roger Romani, conseiller du président en charge des relations avec le Parlement. Lui aussi avait participé à la fondation du RPR et a développé durant toute sa carrière un réel savoir-faire dans la construction et l'entretien des liens politiques, Florence Haegel,* Un maire à Paris, *Paris, Presses de la FNSP, 1994, p. 234-240.*
15. Le Monde, *29 janvier 2001.*
16. Le Monde, *4 avril 2001.*
17. *L'histoire de cette genèse est précisément racontée par Jérôme Monod dans le chapitre « Servitudes de la politique »,* Les Vagues du temps, op. cit.
18. Le Figaro, *24 novembre 2000.*

Mais doit-on pour autant en conclure que la restructuration vient d'en bas ? Ce serait oublier que l'entreprise vient aussi d'en haut[19], qu'à la manœuvre, on retrouve Jérôme Monod, spécialisé dans les refondations partisanes puisqu'il a été, plus de trente auparavant, l'artisan de la transformation partisane ayant donné naissance au RPR en 1974 et 1976. L'on voit bien alors le caractère parfois artificiel de l'opposition entre les dimensions locale et nationale dans la mesure où l'imbrication des échelles apparaît ici comme la pierre de touche de l'entreprise.

La création du RPR s'était appuyée sur le contrôle du groupe parlementaire, le ralliement des « députés de base »[20] et des « hommes d'appareil » à l'entreprise chiraquienne. Pour Alain Juppé, la principale difficulté qu'a rencontrée la naissance de l'UMP a tenu « à l'opposition de ceux qui étaient aux commandes du RPR à l'époque[21] ». Les principaux points de résistance se trouvent dans l'oligarchie du RPR inévitablement traversée par la tendance à considérer la survie de l'organisation comme une fin en soi[22]. Parmi les plus hostiles on trouvait, toujours selon Alain Juppé, Jean-Louis Debré « allergique aux centristes » et Nicolas Sarkozy « qui redoute qu'on en fasse une machine de guerre contre lui ». Par conséquent, les dirigeants du RPR résistent, en général, à l'entreprise, et ceux qui s'y engagent quittent leurs fonctions partisanes officielles.

Mais certains traits propres aux partis se réclamant du gaullisme expliquent que le choix de la transformation ait finalement été possible. Des travaux ont pu montrer qu'un modèle de fonctionnement centralisé et monocratique favorise le taux de rénovation du personnel[23] et même celui d'innovation organisationnelle[24], alors qu'un

19. *Dans un article intitulé « Le parti d'en haut », Jean-Louis Bourlanges écrit : « Le parti d'en haut se reconnaît par deux signes : il ne précède pas le pouvoir mais en procède, il ne dirige pas l'État, il lui obéit »,* Le Monde, *5 juin 2002.*

20. *Rappelons qu'ils constituaient l'essentiel des troupes de « L'appel des 43 » en 1974.*

21. *Entretien avec Alain Juppé, mairie de Bordeaux, janvier 2010.*

22. *Roberto Michels,* Les Partis politiques. Essai sur les tendances oligarchiques des démocraties, *Paris, Flammarion, 1971 (1re éd. 1911).*

23. *William R. Schonfeld, « La stabilité des dirigeants des partis politiques. Le personnel des directions du Parti socialiste et du mouvement gaulliste »,* Revue française de science politique, *3 (30), juin 1980, p. 477-505.*

24. *Andrew M. Appleton et Daniel S. Ward, « Party Response to Environmental Change. A Model Of Organizational Innovation »,* Party Politics, *3 (3), 1997, p. 341-361.*

modèle plus collégial ou démocratique peut être marqué par des tendances à l'inertie organisationnelle, les forces de résistance au changement pouvant obtenir plus de marge d'influence. De fait, lors du vote du 24 avril 2002, le bureau politique du RPR, en présence de Jérôme Monod[25], se prononce pour « la création d'une grande formation unie, pluraliste, démocratique et décentralisée de soutien au président de la République » ; seul Philippe Séguin s'abstient.

Quatorze ans de gestation

En réalité, si l'on tente de restituer la gestation de l'UMP, il faut remonter encore plus loin dans le temps. La tentative d'unifier les partis de droite apparaît alors comme une vieille histoire dont on peut considérer qu'elle débute en 1988 après la défaite présidentielle de Jacques Chirac. Cet échec a en effet inauguré la période, déjà évoquée, de contestation interne de son leadership. Il a également ouvert un cycle de fragmentations partisanes (voir tableau 1) et rendu actuelle la question des moyens nécessaires pour organiser une compétition moins néfaste. Si l'on voulait d'ailleurs précisément dater cette inscription sur l'agenda de la droite de la question de sa restructuration, l'on pourrait prendre comme point de départ l'article d'Édouard Balladur dans *Le Monde* appelant, dès mars 1988, à « une confédération RPR-UDF[26] ».

« L'ardente nécessité[27] » de la restructuration n'est que l'injonction qui procède du constat que la droite française se fragmente depuis la fin des années 1980. Un premier signe de cette fragmentation est l'augmentation du nombre de « divers droite », c'est-à-dire de candidats dissidents, non investis officiellement par la coalition dominante. Lors des élections législatives de 1978, avaient concouru 414 candidats divers droite ; en 1993, ils étaient 479 ; en 1997, ils étaient presque le double, représentant 945 candidats.

25. Le Monde, *26 avril 2002.*
26. *Édouard Balladur, « L'ardente nécessité d'une confédération RPR-UDF »,* Le Monde, *18 mars 1988.*
27. Ibid.

Tableau 1 : Les logiques de fragmentation à droite avant la création de l'UMP

Partis	Date	Contexte	Type de création	Position idéologique
Mouvement pour la France (MPF) Philippe de Villiers	1994	Élections européennes	Création interne Scission de l'UDF	Droite conservatrice Ordre moral Ancrage catholique Souverainisme
Rassemblement pour la France (RPF) Charles Pasqua Philippe de Villiers	1999	Élections européennes	Création interne Fusion MPF et association avec Charles Pasqua (défection RPR)	Droite conservatrice Souverainisme
La Droite/Droite libérale-chrétienne (DLC) Charles Millon	1998	Élection des présidents de conseil régional (soutien du FN en Rhône-Alpes)	Création interne Scission de l'UDF	Droite conservatrice Ordre moral Ancrage catholique
Droite libérale (DL) Alain Madelin	1998	Suite des élections régionales, débat sur l'alliance avec le FN	Création interne Scission d'une composante de l'UDF	Droite libérale
Forum des républicains sociaux (FRS) Christine Boutin	2002	Élection présidentielle	Création interne Scission de l'UDF	Droite conservatrice Ordre moral Ancrage catholique

Le deuxième signe peut être trouvé dans le nombre de scissions qui ont affecté les partis de droite. En effet, depuis le début des années 1990, la droite française a été confrontée à une spirale de défections, l'UDF ayant été particulièrement touchée[28]. En 1991 se crée Combat pour les valeurs, association intégrée à l'UDF et dirigée par Philippe de Villiers, qui se transforme en Mouvement pour la France (MPF) en 1994. En 1998, Charles Millon, élu comme président de la région Rhône-Alpes avec les voix des élus du FN met en place La

28. *Nicolas Sauger,* Les scissions de l'UDF (1994-1999). Unité et dissociation des partis, mécanismes de transformation de l'offre partisane, *thèse, Institut d'études politiques de Paris, 2003.*

Droite qui devient un an plus tard la Droite libérale-chrétienne (DLC). La même année, le Parti républicain (PR) se transforme en Démocratie libérale (DL) et cette tendance libérale menée par Alain Madelin fait scission avec l'UDF. Enfin, en 1999, Charles Pasqua fonde le Rassemblement pour la France (RPF) avec Philippe de Villiers. Lors des élections européennes de la même année, il devance la liste RPR-DL menée par Nicolas Sarkozy.

La déconnexion des dispositifs de coopération législative et présidentielle

Pour comprendre ce qui se joue dans les années 1990, il est utile d'appréhender la droite partisane comme la superposition de plusieurs dispositifs de coopération. Pour de nombreux politistes américains, un parti politique s'apparente à un système de coopération formé pour conquérir des postes. Plus précisément, certains d'entre eux[29] considèrent que l'élément de base, ce que l'on pourrait appeler la particule élémentaire de toute organisation partisane, est le noyau constitué par un ou plusieurs individus engagés dans la conquête d'un poste. Forgée dans le contexte d'un système politique où les postes soumis à élection sont nombreux et la structure nationale des formations politiques très faible[30], cette conception ne permet pas de rendre compte de l'ensemble du phénomène partisan en Europe. Elle est néanmoins utile ici dans la mesure où, en adoptant un tel point de vue, l'on peut distinguer ce qui constitue en quelque sorte l'armature des partis politiques : des dispositifs de coopération mis en place pour organiser la compétition politique. On peut alors analyser comment ils se connectent les uns aux autres, s'élargissent, s'institutionnalisent.

Dans le cas particulier de la droite française, on ne considérera que les dispositifs établis pour la conquête des postes de députés et de président de la République. Cette vision est évidemment schématique dans la mesure où il existe une variété bien plus grande de postes et qu'il faudrait, en réalité, cartographier les systèmes de coopération mis en

29. *Joseph A. Schlesinger,* Political Parties and the Winning of Office, *Ann Arbor (Mich.), University of Michigan Press, 1991.*
30. *On peut même considérer que les partis politiques au niveau national n'existent aux États-Unis que par éclipses.*

place pour la conquête des postes cantonaux, municipaux, sénatoriaux, régionaux, européens. Mais les fonctions de député et de président de la République ont en commun le fait qu'elles constituent un accès direct au pouvoir gouvernemental. À ce titre, elles ont un statut particulier dans l'ordre des mandats à conquérir, et même si la logique présidentielle tend à prédominer, l'on ferait une erreur en minimisant les effets de la logique législative. Quoi qu'il en soit, ces deux logiques ne sont pas parfaitement connectées, elles sont ainsi partiellement indépendantes en 2002 même cette indépendance s'est radicalement réduite après la réforme du mandat présidentiel et l'instauration d'un calendrier électoral qui fait dépendre les législatives de la présidentielle.

Une coopération routinière pour les législatives

La domination d'un parti sous la Cinquième République dépend, pour partie, de ses performances parlementaires[31]. Dans cette arène, la place des partis issus du gaullisme s'est longtemps jouée sur fond de concurrence avec le centre droit et précisément avec l'UDF[32]. Le combat a été très vif, le RPR n'ayant jamais réellement réussi à distancier l'UDF à l'Assemblée nationale. Depuis 1978, le nombre des députés RPR a toujours été sensiblement supérieur à celui des UDF – ils ont toujours représenté plus de 55 % de l'ensemble des députés de la droite –, mais le RPR n'est pas parvenu à creuser l'écart de 1978 à 1997. En revanche, au cours de la même période, le gaullisme a bien comblé son handicap en termes d'implantation locale[33], ce rattrapage se traduisant dans le renforcement de son groupe au Sénat : en 1977, le groupe RPR représentait 11 % des sénateurs, il en accueillait 29 % en 2001.

Pour la droite partisane française, la rupture de l'équilibre se produit en 2002, au moment de la fusion, et elle se fait au profit de l'ex-RPR. Après les élections législatives, le groupe UMP rassemble 88 % des troupes parlementaires de la droite – dont 65 % environ d'anciens du RPR – tandis qu'un groupe UDF demeure avec 29 élus et

31. Giovanni Sartori suggère d'ailleurs de ne pas se contenter de mesurer le poids électoral des partis mais d'analyser leurs poids parlementaires et donc de raisonner par sièges.
32. Nous n'aborderons qu'à la fin de cet ouvrage l'autre concurrence, celle qui, à partir des années 1980, oppose la droite à l'extrême droite (voir chapitre 5).
33. Andrew Knapp, Le Gaullisme après de Gaulle, op. cit., *p. 530.*

apparentés. En 2007, le groupe UMP représente plus de 92 % des députés de droite, les anciens UDF réélus avec le soutien de l'UMP, sous l'étiquette Parti social libéral européen (PSLE) - Nouveau Centre, constituent un groupe avec 23 députés alors que Force démocrate puis le Mouvement démocrate (MoDem) – formations successivement créées par François Bayrou – ne peuvent constituer un groupe parlementaire et poursuivent la dynamique de scission amorcée en 1998[34]. À l'issue des élections législatives de 2012, l'UMP maintient sa domination puisqu'elle rassemble près de 84 % des parlementaires de droite (extrême droite non comprise). Un groupe Union des démocrates et indépendants (UDI), dont Jean-Louis Borloo prend la tête, est constitué par 18 députés dont 5 des 12 députés radicaux – 7 d'entre eux sous la houlette de Jean Leonetti préférant demeurer à l'UMP – et les 7 députés du Nouveau Centre. Le MoDem, lui, en est réduit à deux députés, sans François Bayrou.

Pour comprendre comment s'est confectionné cet équilibre des forces au sein de la droite parlementaire, il faut analyser les pratiques de coopération. Lors des élections législatives, la constitution de cartels électoraux est, à droite, une pratique ancienne progressivement devenue routinière. Depuis 1981 et sous différents labels[35], les formations de droite se sont ainsi constituées en cartels, la contrainte agrégative s'exerçant même en 1986 malgré le recours au scrutin proportionnel[36]. Ces cartels se fondent sur une procédure commune de sélection des candidats qui constitue le cœur même du système de coopération[37]. Le mode de sélection implique un accord sur un

34. *Nicolas Sauger,* Les Scissions de l'UDF (1994-1997), op. cit.
35. *Union pour une nouvelle majorité en 1981, Union du rassemblement et du centre (URC) en 1988, Union pour la France (UPF) en 1993.*
36. *Olivier Duhamel, « Les premières élections législatives de la Ve République », dans Élisabeth Dupoirier et Gérard Grunberg (dir.),* La Drôle de défaite de la gauche, *Paris, PUF, 1986, p. 231-243.*
37. *Peu de travaux ont été consacrés en France à la sélection des candidats aux législatives. Voir François Backman et Guy Birenbaum, « Heurs et malheurs de la sélection des candidats RPR et UDF », dans* Le Vote sanction. Les élections législatives des 21 et 28 mars 1993, *Paris, Département d'études politiques du* Figaro *et Presses de la FNSP, 1993, p. 23-41 ; Annie Laurent et Christian-Marie Wallon-Leducq, « Les candidats aux élections législatives de 1997 : sélection et dissidence », dans Pascal Perrineau et Colette Ysmal (dir.),* Le Vote surprise. Les élections législatives du 25 mai et du 1er juin 1997, *Paris, Presses de Sciences Po, 1998, p. 119-138.*

grand nombre de candidatures uniques au premier tour et la reconnaissance des cas de primaires officielles devant se dérouler « à la loyale » et supposant un engagement de désistement au profit du candidat arrivé en tête.

Le principe de négociation repose principalement sur la prime aux sortants qui peut d'ailleurs se prolonger par ce qui fut appelé un « droit de suite[38] » ou « droit de reconduction », ces principes contribuant à entretenir un partage de l'espace électoral entre les différentes formations et à maintenir un équilibre entre elles en dépit de la domination du RPR dans les sondages et lors des présidentielles[39]. La prépondérance des sortants dans la sélection des candidats constitue, on le sait[40], un élément à prendre impérativement en compte dans l'analyse des organisations partisanes et, au-delà, des systèmes politiques dans lesquels elles s'insèrent. En France, cette règle n'est pas spécifique aux formations de droite – on la retrouve à gauche – et dénote le caractère fortement notabilisé du système politique.

Dans le cas des cartels électoraux mis en place par l'UDF et le RPR, même si le principe de reconduction des sortants tendait à réduire les enjeux de la négociation, la sélection des candidats a toujours constitué une tâche partisane de première importance qui mobilisait, dans le cadre d'une commission d'investiture, les membres les plus influents des équipes respectives. Progressivement, un mouvement de spécialisation et d'institutionnalisation s'est mis en place et une petite équipe dans chaque parti se consacrait à cette tâche décisive. Les mêmes personnes se retrouvaient à la veille de chaque élection pour distribuer les investitures et négocier le nombre de « primaires » officielles, c'est-à-dire acceptées par les états-majors. Elles sont devenues des spécialistes de ce type de négociation maîtrisant les données électorales et connaissant les précédents.

38. Le « droit de suite » conduit à un équilibre des forces partisanes dans la mesure où il réserve une circonscription à un parti.

39. David Hanley, « Compromise, Party Management and Fare Shares : The Case of the French UDF », Party Politics, *5 (2), 1995, p. 171-189 et Nicolas Sauger, « L'UDF et la création de l'UMP : un logique de décartellisation ? », dans Yohann Aucante et Alexandre Dézé (dir.),* Les Systèmes de partis dans les démocraties occidentales, op. cit., *p. 347-367.*

40. Alan Ware, Political Parties and Party Systems, op. cit., *p. 272-273.*

Depuis 1981, la tendance générale est à l'accroissement des candidatures communes et à l'entretien de l'équilibre des forces entre l'UDF et le RPR d'une part, et au sein de l'UDF qui désignait ses candidats au *prorata* du poids de ses composantes d'autre part. Mais le dispositif de coopération n'est pas à proprement parler statique car il était régulièrement soumis aux pressions des élus locaux nouvellement implantés – c'est le cas pour le RPR en 1993[41] – ou à la fragilité des positions de certains « sortants » trop récemment élus – c'est le cas en 1997 des nouveaux élus de 1993 – et débouchait inévitablement sur un certain nombre de primaires « officielles », mais aussi de primaires « sauvages ». Pour les électeurs, ce mode de coopération alimente une indétermination de l'offre électorale, ou plus précisément des étiquettes partisanes – l'identité personnelle des candidats pouvant, elle, constituer un élément de discrimination dans leur choix. Le cartel électoral suppose en général l'élaboration d'une plateforme commune minimale même s'il n'implique pas une forte standardisation de l'offre politique (en particulier du matériel de campagne).

Le système de coopération aux législatives est donc ancien et relativement institutionnalisé (avec ses règles, ses précédents, ses professionnels de la négociation, etc.). Et l'on peut considérer qu'il existait bien un système de régulation de la compétition, même si ce système était imparfait comme le manifestaient régulièrement les dissidences, la multiplication des candidatures divers droite et le fait que, jusqu'à une période récente, les dissidents – en dépit des dispositions statutaires – étaient rarement sanctionnés[42].

Une bataille faiblement régulée pour les présidentielles

Dans beaucoup d'études comparatives, la spécificité du régime de la Cinquième République[43] justifie la singularité des partis français qui seraient soumis à l'impératif de présidentialisation. Il n'est pas certain que cet impératif permette, à lui seul, de distinguer les partis français de leurs homologues européens : tous sont en effet au cœur

41. François Backman et Guy Birenbaum, « Heurs et malheurs de la sélection des candidats RPR et UDF », art. cité, p. 24-25.

42. En tout état de cause, l'existence et le degré de la sanction étaient sujets à des appréciations très variables.

43. Robert Elgie, Semi Presidentialism in Europe, *Oxford, Oxford University Press, 1999.*

de la sélection des concurrents au pouvoir exécutif dans les régimes parlementaires européens, et la médiatisation de la vie politique entraîne, dans tous ces pays, une forte personnalisation du leadership partisan[44].

Par ailleurs, l'examen de la transformation de la droite française témoigne des effets complexes du mouvement de présidentialisation. Globalement, ce dernier a eu des effets variables sur les différentes organisations de droite dans la mesure où si celles-ci ont tenté d'établir un contrôle sur ce processus et se sont restructurées autour de cet enjeu, elles ne l'ont pas fait au même rythme et de la même façon. La droite non gaulliste fédérée à partir de 1978 dans l'UDF et, à l'origine, hostile au mouvement de présidentialisation n'a pas été capable, après 1981, de s'entendre sur un candidat directement et clairement issu de ses rangs. Ce n'est que depuis 2002 que l'UDF s'est non seulement adaptée à l'élection présidentielle mais qu'elle a même tout misé sur celle-ci. La métamorphose de l'UDF en MoDem et la ténacité de la stratégie présidentielle de François Bayrou ont finalement abouti à un échec présidentiel et une disparition parlementaire en 2012. L'épisode témoigne des risques que représente une survie tout entière centrée sur la promotion d'un candidat présidentiel : le jeu s'apparente à un « quitte ou double ».

La situation de la droite partisane gaulliste a été évidemment différente en raison de son soutien « génétique » à l'institution présidentielle (voir chapitre 1). Mais contrairement à ce que l'on aurait pu pronostiquer, son adaptation ne s'est pas faite sans heurts. Ceux-ci tiennent moins à la méfiance à l'égard de la logique présidentielle et de la personnalisation qu'elle génère qu'aux réserves à l'égard de la « partisanisation[45] » du combat présidentiel et l'attachement à une forme d'onction présidentielle suprapartisane. Les organisations dites gaullistes ont, par conséquent, mis du temps à se « présidentialiser » ; elles le sont évidemment au sens où elles ont été, de fait, construites autour de cet enjeu, mais elles ne le sont qu'imparfaitement au sens

44. *Thomas Poguntke et Paul Webb (eds),* The Presidentialization of Politics : A Comparative Study of Modern Democracies, *Oxford, Oxford University Press, 2005.*
45. *Olivier Duhamel, Gérard Grunberg, « Système de partis et Ve République »,* Commentaires, *24 (95), 2001, p. 533-544.*

où elles ne se sont pas encore dotées de règles de sélection d'un candidat présidentiel.

En matière de régulation de la compétition et de coopération au sein de la droite, la conquête du poste de président de la République constitue un cas de figure radicalement différent de celui des législatives dont on a vu qu'il reposait sur un cadre stabilisé et des pratiques routinières. Pour régir cette compétition présidentielle n'existent que des règles normatives[46] faiblement objectivées dans un « code de bonne conduite » qui rappelait des normes minimales de comportement, une forme de déontologie des professionnels de la politique. Régulièrement, ce code de conduite était transgressé et aucun système de coopération n'était stabilisé (voir tableau 2). Autrement dit, en dehors de ces fragiles règles normatives, aucun véritable dispositif de coopération n'existait et la bataille des soutiens faisait rage avec son lot de débauchage et de bluff[47].

En effet, la pluralité des candidatures à droite est effectivement la règle, ouvrant sur des luttes internes très vives comme en 1974 avec la rivalité entre Valéry Giscard d'Estaing et Jacques Chaban-Delmas, en 1988 avec le duel entre Raymond Barre et Jacques Chirac, en 1995 avec le combat fratricide entre Jacques Chirac et Édouard Balladur. À chaque fois, les ralliements du premier tour transgressent les frontières partisanes, apparaissant comme le fruit de transactions largement tributaires des relations personnelles ou des stratégies de positionnement interne. En 1974, une partie de l'UDR menée par Jacques Chirac soutient directement Valéry Giscard d'Estaing au détriment du candidat de l'UDR ; en 1988, des personnalités UDF prennent, dès le premier tour, parti pour Jacques Chirac tandis que des gaullistes fondent une association pour soutenir Raymond Barre. En 1995, les lignes de fractures sont encore plus flottantes car deux candidats sont originaires du RPR[48]. En 2002, l'offre de candidature traduit mieux

46. *Frederick-George Bailey,* Les Règles du jeu politique. Étude anthropologique, *Paris, PUF, 1971.*
47. *Jean-Baptiste Legavre, « La "bataille des comités de soutien" ou la droite en campagne »,* Revue française de science politique, *40 (6), 1990, p. 793-809.*
48. *Florence Haegel, « Jacques Chirac, candidat naturel (et métamorphosé) du RPR ? », dans* Le Vote de crise. L'élection présidentielle de 1995, *Paris, Département d'études politiques du* Figaro *et Presses de Sciences Po, 1995, p. 95-111.*

Tableau 2 : La droite divisée aux élections présidentielles

Élection présidentielle	Candidats	Conditions d'investiture et soutiens
1965	Charles de Gaulle (UNR) Jean Lecanuet (MRP)	Pas d'investiture par les partis. Jean Lecanuet est soutenu par le MRP et le CNIP.
1969	Georges Pompidou (UDR) Alain Poher (Centre démocrate, CD)	Georges Pompidou est soutenu par le bureau exécutif de l'UDR ainsi que par les Républicains indépendants (RI) et une partie des centristes.
1974	Valéry Giscard d'Estaing (RI, soutien CD) Jacques Chaban-Delmas (UDR soutenu par le Centre démocratie et progrès, CDP)	Jacques Chaban-Delmas est soutenu par le comité central de l'UDR. Une partie de l'UDR menée par Jacques Chirac (« Appel des 43 ») soutient dès le premier tour Valéry Giscard d'Estaing.
1981	Valéry Giscard d'Estaing (UDF) Jacques Chirac (RPR) Michel Debré (RPR) Marie-France Garaud (RPR)	Jacques Chirac prend congé de la direction du RPR et est investi comme candidat lors d'un congrès extraordinaire du RPR. Certains « barons » soutiennent Michel Debré. Des ministres RPR soutiennent Valéry Giscard d'Estaing.
1988	Jacques Chirac (RPR) Raymond Barre (UDF)	Jacques Chirac est investi lors d'un congrès extraordinaire du RPR. Mise en place de comités de soutien de « Gaullistes avec Barre ».
1995	Jacques Chirac (RPR) Édouard Balladur (RPR) Philippe de Villiers (MPF)	Édouard Balladur rallie le plus grand nombre de parlementaires, de présidents d'exécutifs locaux, de ministres issus du RPR. Jacques Chirac est soutenu par le parti.
2002	Jacques Chirac (RPR) François Bayrou (UDF) Alain Madelin (DL) Christine Boutin (FRS)	Une centaine de parlementaires UDF et DL appellent à voter pour Jacques Chirac au premier tour.
2007	Nicolas Sarkozy (UMP) François Bayrou (UDF) Philippe de Villiers (MPF)	Discussion sur les primaires à l'UMP. Organisation de trois forums thématiques en décembre 2006 auxquels participent les candidats potentiels et les personnalités qui le souhaitent. Michèle Alliot-Marie renonce à se présenter aux primaires internes ainsi que Rachid Kaci et Nicolas Dupont-Aignan. Désignation de Nicolas Sarkozy comme candidat unique de l'UMP par les adhérents avec 98 % des suffrages (30,9 % d'abstention).
2012	Nicolas Sarkozy (UMP) Nicolas Dupont-Aignan (Debout la République) François Bayrou (MoDem)	Pas de discussion, ni de vote à l'UMP. Les candidats potentiels renoncent progressivement à se présenter : Dominique de Villepin, Christine Boutin, Jean-Louis Borloo, Hervé Morin. Un meeting de soutien est organisé le 19 février 2012 à Marseille avant l'annonce de la candidature officielle de Nicolas Sarkozy.

que jamais les clivages partisans mais l'analyse des soutiens fournit un tableau bien plus complexe dans la mesure où une partie significative des parlementaires UDF et DL appelle à voter, dès le premier tour, en faveur de Jacques Chirac[49].

L'éventail des solutions possibles : primaires ou confédération

L'impératif de restructuration de la droite s'enracine dans cette inadéquation des dispositifs de coopération législative et présidentielle[50]. Dès lors, dans l'histoire des tentatives de réunification avortées depuis 1988, deux logiques de rénovation se confrontent, la première prenant comme levier institutionnel l'élection présidentielle et s'incarnant dans un projet de primaires, la seconde s'appuyant sur le dispositif législatif et revêtant une forme confédérative.

Les primaires « à droite »

En 2012, l'UMP se trouve à la traîne par rapport au PS sur la question des primaires présidentielles. Alors que le PS a déjà, à deux reprises, eu recours à cet instrument de sélection de son candidat, en pratiquant en 2006 des primaires fermées – fondées sur la participation des adhérents – puis en 2011 des primaires ouvertes – incluant les sympathisants –, l'UMP reconnaît tardivement leur intérêt et annonce un ralliement à cette procédure – pourtant vivement critiquée par Jean-François Copé, secrétaire général de l'UMP en 2011 – pour la prochaine élection présidentielle de 2017.

Aujourd'hui suiviste par rapport au PS, la droite a pourtant été la première à envisager de mettre en œuvre des primaires pour départager les concurrents présidentiels issus de ses rangs. La première solution envisagée pour s'unifier et se rénover à la fin des années 1980 se fondait, en effet, sur l'organisation de la compétition présidentielle par l'introduction d'un dispositif de primaires. Au départ, certains considèrent que la rénovation partisane doit d'abord s'atteler à modifier ce qui ne marche pas et qui constitue pourtant la « clé de voûte »

49. *109 parlementaires UDF et DL publient un appel à voter dès le premier tour en faveur de Jacques Chirac dans* Le Figaro *du 27 février 2002.*
50. *Kay Lawson, « The Impact of Party Reform on Party System »,* Comparative Politics, *14, juillet 1981, p. 401-419.*

du système de la Cinquième République. Cette argumentation est fortement présente dans les documents du RPR au début des années 1990 qui précisent que :

> « dans les institutions de la Vᵉ République, c'est l'élection présidentielle qui, parmi les différents scrutins, occupe la première place. L'union de l'opposition ne pourra donc être une réalité que si des progrès sensibles sont faits dès aujourd'hui dans la préparation de cette échéance majeure. C'est pourquoi le Rassemblement pour la République estime que la mise au point d'une procédure permettant aux formations politiques de l'opposition d'apporter leur soutien à un candidat commun, désigné directement par les électeurs eux-mêmes, constitue une priorité[51] ».

À l'époque, et contrairement à la critique qui sera avancée par la droite et singulièrement par Nicolas Sarkozy contre les « primaires citoyennes » du PS en 2011, elles sont présentées comme le moyen de prolonger l'action institutionnelle du général de Gaulle qui, en 1962, avait voulu élargir l'assise populaire de l'institution présidentielle :

> « Les plus anciens se souviennent des affiches apposées sur nos murs et qui disaient : "c'est vous qui choisirez le Président de la République". Notre démarche n'est pas d'une autre nature : nous disons aux électeurs de l'opposition : ce sera désormais vous qui choisirez le candidat commun de l'opposition, dès le premier tour des élections présidentielles[52]. »

En fait, les primaires sont d'abord un projet lancé par un groupe dénommé l'Association des primaires à la française, puis elles sont présentées dans une charte adoptée en juin 1991 par les instances de l'Union pour la France (UPF), structure de coordination de l'UDF et du RPR. Même si aucun texte législatif n'a vu le jour, un projet de loi officieux est divulgué en juillet 1994 et deux propositions de loi sont déposées. À partir de l'été 1994, la forme d'un accord privé, entre partis,

51. *Motion adoptée par le conseil national du RPR, le 5 mai 1990.*
52. *Texte de l'intervention de Charles Pasqua au conseil national du RPR, le 13 avril 1991.*

est préférée à un éventuel texte législatif à propos duquel on craint l'avis du Conseil constitutionnel. Cette éventualité est d'ailleurs validée par l'avertissement de Georges Vedel déclarant que « vouloir faire des primaires en France, c'est comme faire avaler un beefsteak à un ruminant : son estomac n'est pas fait pour cela » et prévoyant « un parcours de contentieux dont l'issue est difficile à prévoir et qui pourrait mener soit au Conseil d'État soit au Conseil constitutionnel[53] ».

Doté d'une durée de vie non négligeable – presque la durée d'un septennat, de 1988 à 1994 –, même s'il apparaît par éclipses, le thème soulève trois points de litige. Le premier concerne la définition de la population participant à la procédure de sélection d'un candidat commun. Le texte d'origine prévoyait une parité entre élus et électeurs, c'est-à-dire un seul collège ; or cette modalité est contestée par l'UDF plus favorable, en raison de son implantation locale, à limiter la participation aux seuls élus. Le deuxième point de litige, qui ne fut pas rendu public, porte sur la désignation des arbitres, en d'autres termes, sur les instances de contrôle des procédures et de validation du résultat. Le troisième renvoie à la procédure à mettre en œuvre en cas d'élection présidentielle anticipée – la maladie de François Mitterrand rendait cette éventualité plausible –, et c'est sur cet enjeu que la rupture entre l'UDF et le RPR a lieu en novembre 1994.

La logique confédérative

À la différence des primaires, l'autre instrument anciennement envisagé postule que la restructuration de la droite doit s'appuyer sur ce qui marche, autrement dit, le système de coopération législatif. C'est à partir de lui, et donc principalement avec les députés, que doivent se mettre en place des instruments d'encadrement plus solides (au départ, des structures confédératives[54] puis organiques[55]), moins conjoncturelles que les cartels électoraux expérimentés jusqu'ici.

Cette ligne est soutenue depuis 1988 par Édouard Balladur et reprise en 1993 par Valéry Giscard d'Estaing. Après l'échec législatif

53. Le Monde, *23 novembre 1994.*
54. *Édouard Balladur, « L'ardente nécessité d'une confédération RPR-UDF », art. cité.*
55. *Édouard Balladur, « Reconstruire, maintenant ou jamais »,* Le Monde, *16 juin 1999.*

de 1997, une première tentative est lancée avec la création d'un intergroupe parlementaire puis la mise en place d'une structure confédérative, l'Alliance, fondée en mai 1998. Il s'agit bien d'une initiative centralisée[56] et confédérative qui repose sur une présidence tournante et le respect de la représentativité des formations fondatrices dans les instances collectives[57]. Rapidement, son échec s'incarne dans l'évidente preuve de la mésentente que constituent, d'abord en octobre 1998, l'élection de Christian Poncelet (RPR) à la présidence du Sénat contre René Monory (UDF), puis la constitution aux élections européennes de 1999 d'une liste UDF concurrente de la liste RPR-DL.

En définitive, la restructuration de la droite n'est pas passée par le recours à des primaires mais la création de l'UMP se situe au point de rencontre des logiques présidentielle et législative. Le socle reste la mise en place d'un dispositif de coopération législative, « en première ligne Jean-Claude Gaudin et Bernard Accoyer sont en charge de la distribution des investitures[58] » ; en seconde ligne se trouve l'élection à la présidence de la République, programmée dès l'issue du premier tour de 2002, de Jacques Chirac.

En matière de présidentialisation du parti, en décembre 2005, alors que Nicolas Sarkozy a conquis la présidence de l'UMP depuis un an, une étape est franchie avec l'inscription des règles de sélection d'un candidat présidentiel dans ses statuts[59]. Ce texte précise que le candidat doit être « soutenu » et non « investi » par le parti, et la procédure reste floue et non contraignante. À la différence du PS, l'UMP tranche par la faiblesse de la codification de la procédure et par le fait qu'elle reste un parti sans arme disciplinaire mais avec des moyens de pressions plus informels contre des candidats présidentiels dissidents. De fait, pour la présidentielle de 2012, les concurrents successifs de Nicolas Sarkozy proches de la mouvance UMP – Christine Boutin, Dominique de Villepin, Jean-Louis Borloo, Hervé Morin – se sont

56. *L'Alliance fut lancée le 14 mai 1998 par Philippe Séguin (RPR), François Léotard (UDF) et Alain Madelin (DL).*
57. *La seule entorse à la logique confédérative est, comme à l'UDF, la reconnaissance des adhésions directes.*
58. *Entretien avec Alain Juppé, mairie de Bordeaux, janvier 2010.*
59. *Décision du bureau politique de l'UMP du 6 décembre 2005.*

successivement retirés, et le soutien de l'UMP a pris la forme d'un meeting, le 19 février à Marseille, juste avant l'annonce de la candidature de Nicolas Sarkozy à la télévision.

L'on ne peut donc conclure que cette nouvelle formation a réussi, dès sa création, à connecter les deux systèmes de coopération dans la mesure où elle n'a pas formellement résolu la question du mode de sélection d'un candidat présidentiel. Dans les statuts du parti, rien n'est dit sur la procédure à suivre. Ce non-dit est de nouveau au cœur des débats après la défaite présidentielle de 2012 à travers non seulement l'enjeu des primaires ouvertes, auxquelles l'ensemble des dirigeants de l'UMP semble se rallier progressivement, mais aussi celui de l'éventuelle dissociation des fonctions de leader du parti et de candidat présidentiel. Ce thème est lancé par Alain Juppé en même temps qu'il appelait à la promotion d'une direction collégiale, d'une culture délibérative, rompant avec la dimension charismatique toujours présente dans le parti[60].

Les appareillages qui font tenir l'UMP

Étudier les séquences de fabrication partisane permet de saisir des rouages moins visibles une fois la mécanique mise en route. Dans le cas présent, il ne s'agit certes pas d'un phénomène de création partisane *stricto sensu*. La naissance de l'UMP ne résulte pas en effet de la requalification d'une mobilisation sociale ou religieuse en un parti doté des attributs afférant à cette forme (des candidats, un programme, un nom, etc.), en bref, elle n'exige pas ce que l'on a pu appeler un mouvement de conformation[61] puisqu'elle s'apparente plutôt à une fusion d'organisations partisanes préexistantes. À la fois refondation partisane et fusion, l'opération n'en exige pas moins un travail d'assemblage afin de faire tenir ensemble des acteurs au préalable engagés dans des relations qui, tout en comprenant une importante dimension de coopération, n'abandonnaient jamais pour longtemps

60. *« On ne va pas choisir un chef charismatique mais une équipe », Alain Juppé, Europe 1, 2 juillet 2012.*
61. *Alexandre Dézé et Myriam Aït-Aoudia, « Contribution à une approche sociologique de la genèse partisane. Une analyse du Front national, du Movimenti Sociale Italiano et du Front islamique du salut »,* Revue française de science politique, *61 (4), août 2011, p. 631-657.*

la logique concurrentielle. Cette opération de mise en commun a mobilisé un appareillage diversifié, à la fois financier, symbolique et organisationnel. Comprendre comment s'est faite la fusion nécessite de prendre en compte l'usage de la législation financière, principal levier pour lancer la dynamique agrégative, de mettre en lumière les effets de l'européanisation qui a fait office de ciment symbolique, et enfin de révéler les arbitrages internes qui fondent concrètement la formation commune.

Dotation publique et négociation financière

Les enjeux matériels et plus précisément financiers ne sont jamais loin dans les propos recueillis auprès des acteurs de la refondation de l'UMP. Cette remarque renvoie évidemment au fait que, d'un point de vue général, les activités partisanes – comme l'illustre les pratiques de corruption qui leur sont régulièrement associées – se mêlent souvent à des affaires d'argent ; elle tient également au fait que l'un des principaux leviers de la création en quelques semaines de l'UMP est d'ordre financier. La fusion partisane s'est accompagnée de négociations financières comme n'importe quelle « fusion-acquisition » que connaît le monde des entreprises. Elle s'est appuyée sur les règles de financement mises en place à partir de la fin des années 1980 comme d'un levier. L'objectif était de sécuriser le financement du nouveau parti en lui assurant une dotation publique confortable afin de faciliter la logique agrégative.

« Le pistolet sur la tempe »

« Les choses se sont faites en quelques semaines très très vite[62] », précise Alain Juppé. « C'est comme si l'on nous avait mis un pistolet sur la tempe [...] Le moment de passage était violent. Probablement, il n'y avait pas d'autres manières de faire pour réussir sinon toutes les divergences auraient éclaté [...] J'étais en campagne, j'avais très envie d'être élu dans la circonscription. Je n'ai pas hésité plus que cela, l'impératif était fort[63]. » Hervé Mariton, ancien député DL, élu dans la Drôme en 1993, victime de la dissolution en 1997 et à nouveau

62. *Entretien avec Alain Juppé, mairie de Bordeaux, janvier 2010.*
63. *Entretien avec Hervé Mariton, Assemblée nationale, février 2010.*

candidat en 2002, résume bien la pression exercée sur les candidats qui souhaitent obtenir l'investiture et le nouveau label « UMP ». Le « pistolet sur la tempe », l'arme de dissuasion se résume en un marchandage : votre investiture contre votre inscription dans le groupe parlementaire qui garantit notre financement.

La loi de financement des partis politiques français prévoyait à l'origine, en 1988, une attribution de l'aide publique directe proportionnelle au nombre d'élus. Elle est corrigée en 1990 par l'instauration de deux fractions : la moitié de l'aide publique est distribuée entre les partis sur la base de leurs résultats au premier tour des élections législatives – à la condition d'avoir présenté des candidats dans un minimum de circonscriptions[64] – ; l'autre moitié est attribuée en fonction du nombre de parlementaires. Ceux-ci doivent déclarer leur rattachement à un parti chaque année, ils ne peuvent contribuer au financement que d'un seul parti et leur choix n'est pas rendu public[65]. Dans cette logique, les promoteurs de la nouvelle formation ont déployé de nombreux efforts pour obtenir l'existence d'un groupe parlementaire commun. Au lendemain du premier tour de la présidentielle, une petite équipe chargée de convaincre personnellement chaque député et de contrôler leur engagement est mise en place. Elle appelle systématiquement les candidats pour leur demander de s'inscrire à la préfecture sous l'étiquette UMP et d'envoyer au siège du parti le double de cette inscription, exerçant ainsi un véritable contrôle. Parallèlement, elle leur propose, si nécessaire, une avance de 10 000 euros sur leurs frais de campagne, histoire d'achever de les convaincre. Au même moment d'ailleurs, s'organise une plus forte standardisation du matériel de campagne que dans les élections législatives précédentes[66].

Apparemment, l'UMP est d'abord constituée très classiquement comme un cartel électoral en vue de la préparation des élections

64. Fixé en 1990 à 75 circonscriptions, le seuil a été baissé à 50 en 1993. Les organisations d'outre-mer ne sont pas soumises à cette contrainte.
65. Voir Yves Poirmeur et Dominique Rosenberg, Droit des partis politiques, *Paris, Ellipses, 2008, p. 161-165.*
66. La même petite équipe a pour tâche de prendre contact directement avec les imprimeurs des différents candidats afin de leur transmettre une charte graphique commune.

législatives. Mais si l'on y regarde de plus près, il apparaît qu'elle solidifie l'armature de ce cartel de manière radicale. En effet, la différence essentielle entre l'ancienne logique de coopération législative et ce qui s'apparente plutôt ici à une logique de fusion réside dans la centralisation de la dotation publique. Les coalitions mises en place par le RPR et l'UDF étaient exclusivement des systèmes de coopération ayant des objectifs électoraux et aucune conséquence financière[67]. L'UMP est plus que cela dans la mesure où elle s'appuie sur un groupe parlementaire commun. Auparavant, les candidats se présentaient sous une double étiquette (celle du cartel et celle de leur parti) et surtout s'inscrivaient, une fois élus, dans des groupes parlementaires distincts, la dotation publique revenait alors à chacune des formations composant le cartel. Désormais, l'UMP est la seule étiquette publiquement affichée, il n'existe qu'un groupe parlementaire et la dotation publique est versée à l'UMP et non à ses membres fondateurs – les anciens partis qui la composent. En d'autres termes la fusion partisane a pu être faite grâce à la centralisation financière.

L'on comprend alors la place prise par les négociations financières dans cette séquence de genèse : les artisans de la restructuration ne manquent pas de promettre de restituer une autonomie budgétaire aux composantes[68]. Et l'on constatera plus loin que la centralisation financière, point décisif de la fusion, va nécessairement de pair avec un complexe dispositif de reversement de l'argent aux sous-groupes constitutifs de l'UMP (voir chapitre 3).

Fusions-acquisitions

En matière de fusion partisane, comme dans n'importe quel autre domaine, l'assemblage matériel passe par la détermination des actifs et des passifs de chacun des contractants et implique la négociation des conditions financières d'association. Éric Woerth, en tant que trésorier de l'UMP, se trouve au cœur des arrangements financiers : depuis 1993, il était directeur financier et administratif du RPR, il

67. De même, l'ancienne UDF – en tant que confédération – ne prévoyait aucune centralisation financière, chaque composante bénéficiait de son propre budget.

68. Renaud Dutreil promet que « chaque famille aura sa capacité d'expression et son budget propre », Jean-Pierre Raffarin que l'« on peut très bien envisager un redéploiement des financements », Le Monde, *25 avril 2002.*

avait été également responsable financier des campagnes présidentielles de Jacques Chirac en 1995 et 2002, il sera en 2007 président de l'association de financement de la campagne de Nicolas Sarkozy puis trésorier de l'UMP jusqu'à sa mise en cause, en 2011 avec l'« affaire Bettencourt », dans le financement illégal de l'UMP.

Quels sont donc les actifs et les passifs des organisations fondatrices ? Alain Juppé rappelle que seul le RPR n'était pas déficitaire et qu'il finançait donc déjà, avant 2002, les congrès communs organisés lors des élections législatives. DL, locataire de son siège, se trouvait endettée tandis que les anciens UDF étaient engagés dans un contentieux matériel, immobilier et financier avec François Bayrou[69]. Parmi les composantes de l'UDF, le Parti radical était, lui, propriétaire de son siège rue de Valois et les « adhérents directs » disposaient d'un capital – estimé entre 4 et 6 millions d'euros[70] –, lui fournissant quelques arguments dans la négociation. De fait, le Parti radical bénéficie de conditions avantageuses, et Paul-André Wiltzer, responsable des adhérents directs UDF, hérite d'un portefeuille au gouvernement. Beaucoup de témoins évoquent encore la négociation menée par Hervé de Charrette pour associer son club Convention démocrate, issu du Parti populaire pour la démocratie française (PPDF), à des conditions exceptionnelles qu'il a âprement négociées puisqu'il dispose alors d'un confortable reversement de 600 000 euros (voir chapitre 3). D'un point de vue immobilier, la mise en place de l'UMP passe aussi par un déménagement dans un immeuble précédemment occupé par une compagnie d'assurance, rue de la Boétie[71], afin de quitter symboliquement le siège du RPR à la Tour-Maubourg[72].

69. Selon Dominique Paillé, « les deux tiers des actifs seraient restés entre les mains de François Bayrou, un tiers serait passé à l'UMP », entretien avec Dominique Paillé, siège de l'UMP, janvier 2010.
70. Entretien avec Alain Juppé, mairie de Bordeaux, janvier 2010.
71. L'UMP déménage en décembre 2011 rue de Vaugirard dans un ancien garage dont elle est devenue propriétaire. Le coût de l'opération s'élève à 40 millions d'euros dont 32 financés par emprunt.
72. 4 000 mètres carrés acquis en 1999 et évalué à 150 millions de francs, Le Monde, *14 juin 2002.*

Les fées communicantes et européennes au chevet de l'UMP

Parallèlement aux négociations financières, se joue la fabrication symbolique du parti[73] à qui il faut trouver un nom et dont il faut mettre en scène la transformation. Le travail symbolique est pris en charge par des professionnels de la communication politique, les agences de publicité apparaissant comme des acteurs centraux de la refondation déposant au chevet du nouveau né leur lot de techniques et de mots issus du marketing (voir chapitre 3). Sur le fond, la symbolique entérine un net effacement de la référence au gaullisme au profit d'un mouvement d'européanisation.

La fabrication d'une marque partisane

Contrairement à ce que prétendait François Ewald dans l'article cité en introduction de cet ouvrage, autour du berceau de l'UMP se penchent d'abord des fées communicantes incarnées par les agences de publicité et de marketing politique qui président à la métamorphose symbolique du parti. Parmi les trois délégués de l'UMP naissante, Régis Lefebvre[74] s'occupait du secteur des études et de la communication et suit le dossier du changement de nom sous l'autorité de Bernard Brochand, ancien patron de DDB international. Lors d'un entretien réalisé en juin 2003, il justifie la création de ce qu'il appelle la « marque UMP », dans un discours fortement emprunt de références marketing, par l'idée que le désintérêt des citoyens pour la politique et leur attitude consumériste – dont témoignerait leur prise de décision électorale à la dernière minute – imposent une « américanisation » de la politique entendue comme une simplification de l'offre[75].

Dans cette logique, plusieurs agences de publicité sont sollicitées pour redéfinir la marque UMP, et deux propositions sont soumises au vote des adhérents (voir encadré 2). La première proposition consiste

73. *Sur cette question, voir l'analyse de David Kertzer sur le passage du PCI au PDS en Italie,* Politics and Symbols. The Italian Communist Party and the Fall of Communism, *New Haven (Conn.), Yale University Press, 1996.*
74. *Formé à Sup de Co Nantes (Audencia), il a été adjoint aux finances UDF de La Baule et s'est battu aux côté de Philippe Douste-Blazy contre François Bayrou dans la bataille interne de l'UDF.*
75. *Entretien avec Régis Lefebvre, siège de l'UMP, juin 2003.*

Encadré 2
Le choix d'un nom

À peine la « bataille » des élections législatives gagnée, la nouvelle équipe de l'UMP ouvre le dossier du choix du nom. Lors de la dernière semaine de juillet 2002, neuf agences présélectionnées présentent leurs *briefs* devant un petit groupe dont font partie Alain Juppé, Philippe Douste-Blazy et Bernard Brochand. Quatre d'entre elles sont choisies pour montrer leur projet au bureau politique. Après l'élimination de CB'A, les trois dernières propositions sont défendues, mi-septembre, devant le conseil des fondateurs constitué de 90 parlementaires. Les trois agences qui restent en lice sont Paris-Venise, CLM/BBDO et Happy Day.

Les deux premières optent pour des choix assez conventionnels : Union du mouvement populaire, Union du mouvement du progrès, L'Union. L'agence Happy Day tranche en proposant La Maison bleue et en évitant le « bleu, blanc, rouge ». Finis les acronymes, la mode n'épargne pas les partis politiques qui optent de plus en plus pour des appellations symboliques, le plus souvent « bucoliques » et « colorées » : L'Alliance arc-en-ciel en Belgique, L'Olivier, à gauche, ou La Maison des libertés, à droite, en Italie. Tout au long du processus pour l'UMP, d'autres noms peu classiques ont d'ailleurs été évoqués tels que Le Peuplier, Vous la France, Le Forum.

La Maison bleue (entre Silvio Berlusconi et Maxime Le Forestier) conquiert l'audience. Comme le souligne Régis Lefebvre : « les mecs [les publicitaires d'Happy Day] la jouent militant, les autres professionnels[76]. » Il est vrai que l'agence Happy Day, implantée dans le Nord, à Dunkerque, est dirigée par un ami d'enfance de l'autre délégué général de l'UMP, Franck Dhersin[77]. Toutefois, la division au sommet complique les choses, Alain Juppé est séduit par La Maison bleue[78], Philippe Douste-Blazy préfère L'Union, Jean-Claude Gaudin et Jean-Pierre Raffarin sont, pour leur part, favorables à l'UMP. Finalement, seules deux possibilités sont mises au vote lors du congrès fondateur : le maintien du sigle UMP ou L'Union populaire.

Entre-temps, un sondage avait établi le faible succès de La Maison bleue dans l'opinion publique[79], mais surtout d'autres intérêts sont en jeu : l'agence Paris-Venise est une filiale du groupe DDB, dont le patron international fut longtemps Bernard Brochand, membre de l'UMP, député-maire de Cannes et conseiller de Jacques Chirac. CLM/BBDO n'est pas en reste. Cette agence appartient à BBDO, un groupe dont le président international est un autre proche du président de la République, Jean-Michel Goudard. (strategies.fr, 27 septembre 2002)

76. *Entretien avec Régis Lefebvre, siège de l'UMP, juin 2003.*
77. *Franck Dhersin, originaire de DL, a été à plusieurs reprises le rival UMP malheureux de Michel Delebarre à Dunkerque. Il est devenu depuis 2009 directeur des relations institutionnelles de Vinci.*
78. Le Monde, *14 septembre 2002.*
79. *Sondage OpinionWay sur un échantillon de 1 011 personnes représentatif de la population de 15 ans et plus, réalisé du 5 au 7 novembre 2002.*

à garder le même sigle en en changeant simplement la signification, la deuxième est d'appeler cette nouvelle organisation l'Union populaire. Lors du congrès fondateur du 17 novembre 2002, le choix du nom définitif est entériné avec l'adoption par les adhérents du sigle UMP signifiant désormais « Union pour un mouvement populaire », le logo choisi représente un arbre[80] – au détriment de la proposition alternative : une maison avec un arbre. Finie donc la symbolique gaulliste qui était présente dans le logo du RPR lequel représentait encore en 2002 une croix de Lorraine stylisée sur fond « bleu-blanc-rouge ». Une fois le nom choisi, il s'agit de « vendre l'identité[81] » à grand renfort de publicité dans les journaux.

Changement d'époque : une refondation sur fond d'européanisation

L'histoire des droites françaises se trouve jalonnée d'exemples de refondation partisane[82]. La propension à changer de nom et à mettre en scène ces changements est particulièrement forte parmi les organisations s'inscrivant dans la filiation gaulliste mais jusqu'à présent ces refondations prenaient généralement la forme d'un retour aux sources du gaullisme[83].

Par exemple, la dernière tentative de changement de nom[84] avait eu lieu en janvier 1998, moins d'un an après la défaite consécutive à la dissolution de l'Assemblée nationale et alors que Philippe Séguin venait de prendre la tête du parti en juillet 1997. Le projet de refondation séguiniste comportait un volet statutaire marqué par l'introduction de l'élection directe du président du parti, un volet idéologique par l'adoption d'un « manifeste pour nos valeurs » réactualisant la

80. Le nom « Union pour un mouvement populaire » est adopté à 83,73 % contre 11,48 % à « Union populaire ». Le logo adopté (à 82,34 %) est un chêne blanc se détachant sur fond bleu et rouge.

81. Entretien avec Jérôme Peyrat, siège de l'UMP, septembre 2002 et juin 2003.

82. Georges Lavau, « Choisir les événements fondateurs », Projet, *213, septembre-octobre 1988, p. 150-159.*

83. Florence Haegel, « Mémoire, héritage, filiation. Dire le gaullisme et se dire gaulliste au RPR », art. cité.

84. Depuis la création de l'UMP, un nouveau changement de nom, au profit de « Mouvement populaire », est tenté par Xavier Bertrand alors qu'il occupait le poste de secrétaire général. Finalement cette modification n'est pas entérinée par son successeur, Jean-François Copé.

référence gaulliste et aurait dû comporter un volet symbolique par un changement de nom. Seules les deux premières transformations ont été effectuées, Philippe Séguin essuyant un échec dans sa tentative de modifier le nom du parti. Trois propositions furent bien soumises au vote des adhérents lors des assises du 31 janvier-1er février 1998 : le maintien du RPR, l'adoption de l'acronyme RPF pour « Rassemblement pour la France », et celle de la proposition d'origine séguiniste de Rassemblement. Les résultats du vote ont coupé court au projet séguiniste : RPF recueillit 49,94 % des suffrages exprimés, le *statu quo* : 49,34 %, quant au Rassemblement, il n'avait séduit que 0,66 % des adhérents ! Cet épisode signale qu'à la fin des années 1990 les adhérents du RPR sont divisés à part égale et que la symbolique gaulliste n'en convainc que la moitié. 2002 introduit une véritable rupture : cette fois, la refondation ne s'inscrit plus dans cette rhétorique du retour aux sources du gaullisme ; elle se place sous le signe de l'européanisation.

Il est courant qu'une refondation mêle continuité et discontinuité symboliques. Ainsi, par exemple, l'annonce de l'abandon de son nom par le Parti communiste italien s'est pleinement inscrite dans la liturgie communiste[85]. S'agissant de la transmutation du RPR en UMP, le travail symbolique s'est déroulé en deux étapes bien distinctes : l'acte I, fin septembre, entérine la fin du RPR ; l'acte II, mi-novembre, célèbre la naissance de l'UMP. La mise en scène du premier acte est teintée de nostalgie, parsemée de références à la symbolique gaulliste, elle confirme l'importance de la personnalisation du pouvoir dans la culture du RPR. L'adieu à ce dernier déploie une rhétorique dans laquelle le lien partisan reflète un lien personnel nourri d'obligation et de reconnaissance. Ainsi, dans le discours de Jacques Chirac diffusé à cette occasion, l'abandon du RPR par ses adhérents s'apparente à une nouvelle preuve de « service rendu » à sa personne, un ultime sacrifice pour le chef : « faites cela pour moi » demande-t-il, en substance, à ses « chers compagnons » (voir encadré 3).

85. *Jean-Yves Dormagen, « Au nom du nom. La fin du parti communiste italien et la naissance du parti de la Refondation communiste »,* Vingtième siècle. Revue d'histoire, *48, octobre-décembre 1995, p. 75-90.*

Encadré 3
Acte I « Le roi est mort... »

La refondation partisane suppose l'effacement des anciennes formations. Successivement, et de manière plus ou moins ritualisée, les différentes organisations constitutives de l'UMP ont tenu leurs réunions pour officiellement se dissoudre. Certaines l'ont fait discrètement, le RPR l'a mis en scène. Des assises extraordinaires sont réunies le 21 septembre 2002 pour voter deux nouvelles dispositions : un changement de statuts précisant que toute « transformation ou fusion du Rassemblement » doit être décidée par un vote à la majorité des mandataires, et l'approbation de « la transformation par voie de fusion » du RPR dans l'UMP. Dans la mallette distribuée aux congressistes, on trouve deux messages de la présidente, Michèle Alliot-Marie, et du président délégué, Serge Lepeltier. Tous deux font référence au gaullisme « contraire de l'immobilisme, du repli sur soi, des habitudes » et engagent les militants à « faire vivre l'idée gaulliste au sein de la nouvelle union ». Ils réaffirment leur attachement « à ce que l'UMP soit bien un mouvement de militants » et rappellent qu'ils représentent « 80 % des militants, plus de 60 % des parlementaires et environ 50 % des élus locaux ». Enfin, ils font part de leur souhait que le président du mouvement soit élu par ces derniers.

À ce stade, la filiation gaulliste et chiraquienne reste centrale comme en témoignent l'arrivée bien orchestrée de « l'invitée surprise » Bernadette Chirac ainsi que le petit film associant Charles de Gaulle et Jacques Chirac à travers la similitude des personnages et des situations et une superposition des images. Pour clore la manifestation un message de Jacques Chirac aux militants RPR est diffusé : « Mes chers compagnons, je vous demande de rester. Je vous demande de rester ce que vous êtes [...] Mes chers compagnons, je veux vous dire mon estime et ma reconnaissance à toutes celles et tous ceux qui ont été, au cours de ces dernières décennies, la voix, le cœur, l'âme de notre famille gaulliste [...] Merci de tout cœur, à chacune et à chacun d'entre vous. Vous avez été, et vous êtes toujours, plus que jamais, mes amis fidèles, le soutien exigeant et affectueux qui m'accompagne dans la mission qui est la mienne. Aujourd'hui, comme hier, le pays a besoin de vous. J'ai besoin de vous. Je compte sur vous. » Le même registre de célébration d'un lien personnel est repris par Michèle Alliot-Marie dans son discours.

Deux mois plus tard, lors du congrès fondateur du 17 novembre, tout est en place pour signifier que l'on a changé d'époque. Analysant les partis, leurs idéologies et leurs discours, Frédéric Bon avait judicieusement proposé de porter l'attention aux « langues[86] » politiques et partisanes faites de mots, de formules mais aussi de figures de style qui, mis ensemble, font une musique que les spécialistes peuvent reconnaître aisément. Au congrès fondateur de l'UMP, tout observateur familier des réunions RPR peut constater que la langue gaulliste s'est brouillée, voire effacée ; elle s'est par exemple matinée, pour l'occasion, de subtiles touches à la langue du christianisme probablement pour lier la nouvelle sauce partisane en y incorporant des éléments du courant démocrate-chrétien.

Ainsi, en clôture de son discours, Alain Juppé exhorte « ses amis », et non plus « ses compagnons », à « dépouiller le vieil homme avec ce qu'il portait en lui de jalousie, d'esprit de rivalité, d'intolérance ou d'immodestie ». Il qualifie l'UMP de « premier parti du XXIe siècle » et de « grand parti européen ». La « petite musique » qui se dégage de son discours emprunte, de manière inhabituelle, moins à la rhétorique du RPR qu'au catholicisme moderne : « joie profonde », « engagement de tout votre cœur et de toute votre foi », « respect mutuel », « accueil des autres », « ardeur de notre espérance ». À propos de la place insuffisante des femmes dans le parti, il confesse même : « si j'ai pêché, je demande miséricorde »...

La nouvelle symbolique puise aussi à d'autres sources que le gaullisme, celle classique de la modernisation et celle plus nouvelle de l'européanisation comme l'illustre le choix final du nom. L'appellation d'un parti soulève des questions juridiques. Consciente de ce type d'enjeu, Michèle Alliot-Marie avait d'ailleurs déposé à l'Institut national de la propriété industrielle (INPI) la marque « Union pour la majorité présidentielle » le 28 décembre 2001, « faisant du RPR le mandataire et le destinataire de la marque et donc bénéficiant de l'antériorité si la fusion des droites entraînait une scission au sein du RPR portée devant le juge judiciaire[87] ».

86. *Selon l'expression de Frédéric Bon,* Les Discours de la politique, *Paris, Economica, 1991.*
87. *Abel Hermel, « Étude d'un parti politique français : l'UMP »,* Pouvoirs, *111, 2004, p. 150.*

Les enjeux symboliques sont également primordiaux, le nom définissant une identité. Les termes de « mouvement » ou « d'union » ne tranchant pas véritablement avec les usages à droite, l'innovation ne paraît résider que dans le qualificatif de « populaire ». Encore faut-il rappeler que les termes de « populaire » ou de « peuple » sont loin d'être étrangers à l'histoire des droites françaises. Ils ont été plusieurs fois utilisés : par la droite fasciste des années 1930 avec le Parti populaire français (PPF) de Jacques Doriot, par le courant démocrate-chrétien qui crée après-guerre le Mouvement républicain populaire (MRP) et par le courant gaulliste avec en 1947 le Rassemblement du peuple français (RPF). Il n'en demeure pas moins vrai que, dans le cas de l'UMP, « populaire » renvoie surtout à la référence européenne, ingrédient de base de l'alchimie symbolique qui a présidé à cette refondation partisane (voir encadré 4). Dans l'esprit de ses promoteurs, l'européanisation partisane s'apparente à la mise en place d'un grand parti conservateur à l'instar de la CDU allemande ou du Parti populaire espagnol, le Parti conservateur britannique étant nettement moins cité en exemple compte tenu de ses difficultés en 2002.

L'européanisation douloureuse du RPR

Pour comprendre pourquoi la symbolique européenne a présidé à la création de l'UMP, il faut revenir sur le difficile mouvement d'abandon par le RPR et les héritiers du gaullisme partisan de leurs résistances à l'égard de l'intégration européenne. Nombreux sont les acteurs de la fusion qui considèrent que le rapprochement des droites sur la question européenne a constitué l'un des leviers de l'unification. « Maastricht aurait créé l'union de la droite puisque Jacques Chirac prend le risque de voter contre son camp[88] » précise, par exemple, Jérôme Peyrat, ancien directeur de cabinet de Michèle Alliot-Marie au RPR, devenu en 2002 délégué général de l'UMP puis directeur général du parti présidé par Nicolas Sarkozy. La mutation européenne du RPR est scandée par le choix de faire liste commune avec l'UDF lors des élections européennes de 1984, 1989 et 1994 ; et elle s'est avérée douloureuse, provoquant de fortes résistances à l'intérieur du parti.

88. Entretien avec Jérôme Peyrat, siège de l'UMP, juin 2003.

Encadré 4
Acte II « Vive le roi ! »

Le congrès fondateur de l'UMP du 17 novembre 2002 soumet au vote des adhérents une charte des valeurs rédigée par Jean-François Copé (ex-RPR), François Goulard (ex-DL) et Renaud Donnedieu de Vabres (ex-UDF), des statuts et un règlement intérieur élaborés sous la responsabilité de Renaud Dutreil, un nom et un logo, et procède à l'élection de l'équipe dirigeante. Seul ce dernier point soulève un certain suspens, non qu'un doute existe sur l'élection du ticket « Juppé, Gaudin, Douste-Blazy » mais en raison de l'incertitude du score de Nicolas Dupont-Aignan[89] – qui recueillera 14,91 % des suffrages[90].
Dans son discours Alain Juppé dessine les « réconciliations » à promouvoir, parmi lesquelles la réconciliation des idées nationale et européenne. À cette occasion, il cite à deux reprises Charles de Gaulle pour distinguer « nationalisme » et « patriotisme » et en appeler à une « Europe européenne ». L'Europe apparaît au centre de la refondation : se sont déplacés au congrès José María Aznar, Premier ministre espagnol et leader du Parti populaire, Angela Merkel, leader de la CDU allemande et José Manuel Durão Barroso, Premier ministre portugais.

La décennie 1990 a, en effet, rendu publiques les lignes de fractures que l'Europe provoquait dans le parti tant au niveau des cercles dirigeants, des militants que des électeurs, lignes de fracture qui ont conduit Peter Mair à désigner la droite gaulliste française (à l'image de la droite britannique) comme une exception en raison de l'impact des divisions européennes sur la cohésion partisane[91]. Le référendum sur le traité de Maastricht en 1992 – deux tiers de sympathisants RPR

89. Ancien séguiniste, Nicolas Dupont-Aignan a quitté son poste de responsable des fédérations du RPR, au moment de la ratification du traité d'Amsterdam, pour rejoindre le RPF.
90. Nicolas Dupont-Aignan est le seul à critiquer frontalement le nouveau nom du parti – lui préférant celui d'Union pour la France – au motif qu'il « évoque davantage le "Front populaire" ou l'"Union de la gauche" ». Dans la profession de foi de sa liste « Un autre choix pour réussir l'Union », il demande le renforcement du rôle des militants pour éviter que le parti « ne devienne un syndicat d'élus », la diminution de la part des membres de droit et nommés, le recours à la représentation proportionnelle – initialement prévu par Renaud Dutreil – dans les instances collectives, ainsi que la désignation des candidats par les adhérents – dans les statuts, il est prévu une simple consultation.
91. Peter Mair, « The Limited Impact of Europe on National Party System », West European Politics, *23 (4), 2000, p. 36.*

ont voté non à ce référendum[92], 63 % des députés de l'époque déclaraient également être opposés à la ratification du traité[93] –, la scission du RPF en 1999 et l'échec de la liste de la droite pro-européenne menée par Nicolas Sarkozy lors des élections européennes de 1999 déstabilisent fortement le parti.

Envers et contre tout, la ligne européenne fut tenue, même si elle le fut de manière souvent honteuse ou ambiguë de la part de la direction du parti. Cette européanisation progressive du RPR repose, de fait, sur l'absence de consigne ou de discipline de vote mais sur l'affichage de positions européennes par les principaux leaders : Nicolas Sarkozy est l'un des premiers dirigeants du parti à se prononcer en faveur du « oui » au référendum de Maastricht, Alain Juppé se distingue également par ses positions pro-européennes. Elle s'accompagne aussi de renoncements (au premier titre desquels celui de Philippe Séguin) et d'une volonté de la direction de minimiser les tensions et d'entreprendre un travail à la fois pédagogique dans les cycles de formation du parti et symbolique en mettant en avant les figures gouvernementales issues du parti ayant accompagné les grandes étapes de l'intégration européenne.

À titre d'illustration, s'adressant aux adhérents pour justifier la « liberté de vote » au référendum de 1992, le secrétaire général de l'époque, Alain Juppé, imputait la décision de Jacques Chirac de voter « oui » au fait qu'il était un « homme d'État qui [avait] par deux fois, dirigé le gouvernement de la France » et précisait : « C'est cette expérience qui le conduit à un "oui" sans enthousiasme mais sans état d'âme[94] ». La mutation du RPR en faveur de l'Europe est donc contrainte et justifiée par la revendication de son statut de parti gouvernemental, voire présidentiel.

De fait, l'adhésion du RPR au groupe parlementaire du Parti populaire européen (PPE), acquise en 1999 autrement dit très tardivement, constitue une « concession essentielle », condition nécessaire pour

92. *Bernard Denni, « Du référendum du 20 septembre 1992 sur l'Union européenne aux élections législatives de mars 1993 », dans* Le Vote sanction, op. cit., *p. 91-109.*
93. *Enquête menée par* L'Express *auprès de 285 députés de la majorité RPR et UDF, élus en 1993,* L'Express, *8 juillet 1993.*
94. *Document interne du RPR.*

rallier les « centristes » selon Alain Juppé[95]. Au Parlement européen, le groupe du Parti populaire européen et des Démocrates européens (PPE-DE) constitue le pôle central de la droite européenne encadré, d'un côté par un groupe « libéral », et de l'autre par un groupe « national » dont les dénominations ont évolué avec le temps. Il accroît sa domination à la faveur d'une stratégie d'absorption des formations conservatrices souvent très sensiblement éloignées du noyau dur démocrate-chrétien[96] d'origine, cette entreprise d'élargissement ayant été initiée par la CDU allemande soutenue par le Parti populaire autrichien (ÖVP). Ainsi, le processus d'inclusion se déroule de manière très graduelle, en distinguant des étapes d'association et en mobilisant une structure de rapprochement, l'Union démocratique européenne (UDE). Il suscite néanmoins de fortes résistances de la part des organisations les plus attachées à l'identité démocrate-chrétienne (la DC italienne jusque dans les années 1990, les partis belges et hollandais) qui considèrent que ces grands partis conservateurs sont étrangers à leur tradition dans la mesure où ils sont distants voire hostiles à l'égard de l'intégration européenne[97]. Quoi qu'il en soit, ont successivement fait partie du groupe parlementaire les députés de la Nouvelle Démocratie grecque en 1982, des partis populaires espagnol (PP) et portugais (CDS-PP) en 1989, des partis conservateurs britannique et danois (KV) en 1992, de Forza Italia en 1998 et *last but not least* du RPR en 1999[98].

Avant ce tardif ralliement, les députés européens des droites françaises siégeaient en ordre dispersé. Les anciens du CDS avaient, dès l'origine, adhéré au groupe PPE et avaient été rejoints en 1994 par le

95. Entretien avec Alain Juppé, mairie de Bordeaux, janvier 2010.
96. Pascal Delwit, « Démocraties chrétiennes et conservatismes : convergences subies ou volontaires, » dans Pascal Delwit (dir.), Démocraties chrétiennes et conservatismes en Europe. Une nouvelle convergence ?, *Bruxelles, Éditions de l'Université de Bruxelles, 2003, p. 7-24.*
97. Pour une analyse de ce mouvement d'absorption, voir Steven Van Hecke, « Démocrates-chrétiens et conservateurs au Parlement européen : mariage d'amour ou de raison ? », dans Pascal Delwit (dir.), Démocraties chrétiennes et conservatismes en Europe, op. cit., *p. 323-343.*
98. Cette décision a été ratifiée par le conseil politique du RPR, seule Nicole Catala s'abstenant, François Fillon représentant des « séguinistes » étant absent.

PR qui jusqu'alors participait au groupe libéral[99]. Quant à l'histoire de l'affiliation des députés s'inscrivant dans la filiation gaulliste, elle signale bien les profondes transformations idéologiques qui sont intervenues en trente ans. L'UDR a d'abord fondé un groupe mononational, puis les gaullistes se sont alliés avec le parti irlandais Fianna Fail et, momentanément, avec le Parti du progrès danois[100], avant d'être rejoints en 1994 par Forza Italia. La charte de leur groupe, Union pour l'Europe[101], adoptée en juin 1995, précise que « c'est l'Europe des solidarités nationales que nous devons construire, et non celle d'une utopique fédération centralisatrice ». En bref, le RPR adhère au PPE très tardivement, à la veille de sa transformation en UMP : l'européanisation est au cœur de cette mutation partisane même si elle ne renvoie pas concrètement à des mécanismes de transfert de modèle organisationnel.

La mise en avant de l'idée d'une convergence européenne au moment de la refondation de la droite partisane française pourrait être mise sur le compte des effets de l'inclusion du RPR dans la formation commune des droites européennes. Elle n'y est sans doute pas étrangère : la fin de la marginalisation du RPR sur la scène parlementaire européenne, les contacts créés par cette appartenance à une structure européenne commune ont probablement favorisé les échanges. Toutefois, si l'on recherche plus précisément des mécanismes concrets d'importation de modèles partisans, de transferts de pratiques et de règles, cette européanisation supposée apparaît nettement plus floue. Il n'y a pas de traces tangibles de transfert dans les documents consultés ; les contacts avec des homologues de la droite européenne existent mais ne sont pas réguliers et étroits, même si Alain Juppé se rappelle d'un voyage qu'il aurait fait pour connaître le Parti conservateur britannique et évoque un séjour d'Éric Woerth

99. Depuis sa fondation, le MoDem fait lui partie de l'Alliance des démocrates et des libéraux pour l'Europe (ADLE).

100. Le Parti du progrès a été fondé en 1972 par un avocat spécialiste de l'évasion fiscale, Morgens Glistrup, qui a d'ailleurs été condamné pour fraude fiscale. Cette organisation a mobilisé de 10 à 15 % des suffrages danois, depuis sa fondation jusqu'au début des années 1980, sur le thème de la baisse des impôts et la réduction du service public puis sur la question de l'immigration et du droit d'asile. En 1995, des dissidents de ce parti ont fondé le Parti populaire danois (DF) très critiques à l'égard de l'intégration européenne.

101. Initialement Rassemblement des démocrates européens.

à Madrid dans le même esprit[102]. Une seule innovation relève, toutefois, d'un transfert explicite de modèle : l'UMP décide de se doter d'un « laboratoire d'idées » à l'instar des grandes fondations partisanes de droite allemande (Fondation Konrad-Adenauer) ou espagnole (Fondation d'analyses et d'études sociales, FAES).

En résumé, condition de la fusion, l'européanisation est au cœur du travail symbolique qui a marqué la refondation de la droite partisane même si concrètement, dans la fabrication du nouveau parti, les transferts et emprunts organisationnels ne sont pas facilement repérables et que les preuves concrètes de convergences des formes partisanes sont périphériques. En revanche, la création de l'UMP renforce, à son tour, le mouvement d'européanisation puisqu'en 2002, des segments de la droite pro-européenne se sont agrégés à la matrice issue du gaullisme et que progressivement des éléments, parmi les plus rétifs à l'intégration européenne, qui avaient rallié l'UMP (après la parenthèse RPF) quittent le parti[103].

L'assemblage interne : les arbitrages de la fusion

Dans la mesure où la création de l'UMP s'inscrit dans une logique de fusion, elle implique l'assemblage d'acteurs marqués par des pratiques et des représentations qui se sont forgées dans des univers sociaux et organisationnels différents. Cette situation permet de comprendre pourquoi la fabrication de l'UMP a soulevé trois principaux types d'enjeux. Le premier enjeu porte sur la répartition des postes de direction entre les organisations constitutives de la nouvelle formation, le deuxième concerne l'équilibre entre adhérents et élus à l'échelle des structures locales, le troisième renvoie à l'introduction d'un fonctionnement par courants.

La répartition, de plus en plus déséquilibrée, entre composantes

Comment s'est mis en place l'équilibre entre les formations constitutives de l'UMP ? À l'origine, la domination très nette du RPR au niveau de la base se rééquilibre à mesure que l'on remonte dans la

102. Entretien avec Alain Juppé, mairie de Bordeaux, janvier 2010.
103. On pense, en particulier, au mouvement Debout la République animé par Nicolas Dupont-Aignan qui a tenté, dans un premier temps, de faire pression à l'intérieur du parti puis a fait scission.

hiérarchie partisane. S'agissant des adhérents, l'hégémonie du parti gaulliste s'avère massive, Alain Juppé considère que « le rapport s'établissait de 80 à 20 en faveur du RPR », ce dernier revendiquant environ 100 000 adhérents – les adhérents UDF pouvant être évalués à 12-15 000[104] – parmi lesquels il faudrait toutefois soustraire ce qu'il appelle des « adhérents corses » fictifs ou « non actualisés », autrement dit n'étant pas à jour de cotisation : « la machine RPR n'en avait que l'apparence[105] », indique-t-il pour conclure. Cette situation est confirmée par Jérôme Peyrat : « le RPR était à bout de souffle même si MAM [Michèle Alliot-Marie] avait remis à flot l'appareil[106]. » L'enquête que j'ai menée fin 1999 dans les fédérations RPR des Yvelines et du Gard confirme cet état d'épuisement, de fin de cycle sur fond de critique de la direction du parti désignée soit par son adresse « la rue de Lille », soit par l'expression, particulièrement emblématique de la prégnance du rapport hiérarchique, « le haut », soit encore sous les termes « le siège » ou « Paris » (voir encadré 5).

Si l'on considère les députés, un rééquilibrage intervient : plus de la moitié est originaire du RPR, environ 20 % viennent de l'UDF et 15 % de DL. Quant à l'équipe dirigeante, elle est au départ scrupuleusement dosée. L'affichage est clair avec le triumvirat à la tête du parti : Alain Juppé (ex-RPR), Jean-Claude Gaudin (ex-DL) et Philippe Douste-Blazy (ex-UDF). L'équilibre politique se retrouve également dans la composition du premier bureau politique, le 20 juin 2003. Une partie de cette instance est composée de membres élus (30 sur environ 80 personnes) par les 1 500 membres du conseil national. La liste unique de ces candidats a été savamment pondérée ; elle applique le double principe de la parité et de la représentation des « sensibilités », selon la terminologie officielle, autrement dit des différents courants constitutifs de l'UMP.

Le souci d'équilibre politique se manifeste également au sein de l'équipe administrative composée de trois délégués généraux nommés, représentant chacun une ancienne formation : Jérôme Peyrat (ex-RPR), Régis Lefebvre (ex-UDF) et Franck Dhersin (ex-DL). Au total, la

104. Entretien avec Régis Lefebvre, octobre 2002.
105. Entretien avec Alain Juppé, mairie de Bordeaux, janvier 2010.
106. Entretien avec Jérôme Peyrat, siège de l'UMP, septembre 2002.

Encadré 5
Le RPR « à bout de souffle »

Réunion à la fédération RPR des Yvelines, septembre 1999

Les Yvelines s'apparentent à un département de forte implantation RPR (voir chapitre 4). Pourtant lors de cette réunion qui se tient au siège de la fédération à Versailles, la déprime militante est palpable.

Avant la réunion, pendant que les participent arrivent, Janine, femme blonde coquette âgée d'une soixante d'années, adjointe d'une circonscription, me demande de quelle circonscription je viens. Quand je lui présente mon enquête, elle m'interroge : « c'est pour le haut ? » Je lui ré-explique alors mon projet. Elle exprime sa lassitude : la baisse de moral, la fuite des adhérents – « on en est réduit à rappeler les morts ». Elle me communique également l'amertume qu'elle partage avec d'autres à l'égard d'un siège – dont elle semble toujours supposer, en dépit de ma mise au point, que je suis l'émissaire. La « rue de Lille » leur a « déjà demandé ce [qu'ils] pensaient et n'en tire pas les conséquences ». Elle conclut en reconnaissant qu'elle ne reste que par fidélité. Changeant de sujet, la conversation roule sur le spectacle de Robert Hossein, *Celui qui a dit non*, et sur la lecture de l'été, le *De Gaulle* de Max Gallo.

La réunion commence, avec une douzaine de personnes, présidée par le secrétaire départemental. Ce dernier s'est tâché avec un stylo vert et lance une blague : « maintenant mon zizi sera vert », les participants s'interrogent en riant : « est-ce un signe de vitalité ou de pourriture ? » Les rires passés, il me présente comme venant de la « rue de Lille », alors même que je lui ai expliqué auparavant que ce n'était pas le cas. Les participants plaisantent, me demandant si en venant les voir je suis venue observer « Jurassic Park, une espèce en voie de disparition ».

répartition des postes de pouvoir fait une place de choix aux anciens DL et UDF : Jean-Pierre Raffarin (ex-DL) occupe le poste de Premier ministre et Jacques Barrot (ex-UDF) celui de président du groupe parlementaire UMP, la présidence de l'Assemblée nationale étant quant à elle gagnée par Jean-Louis Debré contre Édouard Balladur, tous deux ex-RPR.

Durant la séquence de fusion, l'équilibre entre composantes est la règle d'or de la direction de l'UMP particulièrement attentive à faire la place aux personnalités ne venant pas du RPR. Dix ans plus tard, à la veille de l'élection de 2012, ce souci n'est plus d'actualité : les anciens du RPR dominent le parti. Au départ, l'un des principaux objectifs d'Alain Juppé était bien de « montrer que ce n'était pas le RPR qui détenait les manettes[107] ». Hervé Mariton confirme l'existence d'une volonté initiale d'équilibre, lui que l'on ne peut soupçonner de complaisance à l'égard de l'ancien RPR puisqu'il se définit à la fois comme « étranger au gaullisme car né à Alger » et « anti-RPR à cause d'un parcours politique fait de primaires avec le RPR[108] ». Mais il note aussi l'effacement au fil du temps de ce souci d'équilibrage. De fait, si l'on examine la répartition des postes à la veille de l'élection présidentielle de 2012, les anciens RPR occupent l'ensemble de positions de pouvoir : Jean-François Copé à la tête du parti, François Fillon à Matignon, Christian Jacob à la tête du groupe parlementaire, Bernard Accoyer à la présidence de l'Assemblée nationale, Gérard Larcher à celle du Sénat – jusqu'à sa défaite face à la gauche en 2011 – et Jean-Louis Debré au Conseil constitutionnel. Cet infléchissement explique, pour une large part, la montée au cours du quinquennat de Nicolas Sarkozy des frustrations de ce que l'on appelle l'aile centriste.

La répartition des postes entre les différentes composantes de l'UMP à l'échelon local est, quant à elle, plus difficile à atteindre, pour preuve la mise en route des structures locales a duré plus d'un an. Il aura fallu tout ce temps pour qu'une liste de responsables des fédérations[109] soit rendue publique et que soient élus les cadres à l'échelon des circonscriptions. L'implication du « siège[110] » a été très forte afin d'établir un partage territorial selon la force des ex-composantes, générant inévitablement de fortes tensions et d'inévitables frustrations. Ainsi,

107. Entretien avec Alain Juppé, mairie de Bordeaux, janvier 2010.
108. Entretien avec Hervé Mariton, Assemblée nationale, février 2010.
109. Chaque fédération départementale dispose d'un secrétaire départemental, nommé par le bureau politique sur proposition du président de l'Union, après consultation préalable de l'ensemble des parlementaires du département et d'un comité départemental composé de membres élus par les adhérents et de membres de droit.
110. Ici « le siège » est incarné par Philippe Douste-Blazy fortement impliqué dans ces questions organisationnelles alors que Jean-Claude Gaudin aurait été plus absent, une fois la question des investitures réglées (entretien avec Alain Juppé, mairie de Bordeaux, janvier 2010). Jerôme Peyrat, délégué aux adhérents, se trouvait également au cœur du processus, secondé par une ancienne responsable des fédérations du RPR.

au nom de la tradition territoriale centriste, le Grand Ouest[111] ou l'Alsace reviennent à des ex-UDF, alors que le Sud-Est demeure dans l'escarcelle des ex-RPR. Reste que certains départements soulèvent des litiges et qu'il s'agit alors de ne pas « être lâché par Paris », « savoir y faire » suppose de s'imposer par sa capacité de mobilisation. La volonté d'aboutir de la direction de l'UMP se mesure aux arrangements qui ne heurtent pas les transfuges non RPR et permet à Hervé Mariton de considérer rétrospectivement que « Paris a été très respectueux[112] » et à Jérôme Peyrat de confier, alors que le processus était en train de se dérouler : « on négocie, on lâche[113] » – sachant que « lâcher » signifie pour cet ancien RPR céder à des UDF, comme lorsqu'il précise « on va lâcher le Bas-Rhin ».

La place respective des élus et adhérents

Deuxième question : le nouveau parti privilégiera-t-il les élus ou reconnaîtra-t-il la légitimité militante ? La réponse fournie à cette interrogation entérine l'établissement d'un rapport de forces et détermine le choix d'un modèle de démocratie partisane. Sachant que le RPR a quatre fois plus d'adhérents que ses partenaires, on peut faire l'hypothèse qu'il voudra bénéficier d'une forte représentativité de ceux-ci dans les instances collectives et, qu'à l'inverse, les autres composantes de l'UMP (DL et UDF principalement) militeront pour que la source du pouvoir partisan soit entre les mains des élus.

La définition de l'équilibre des pouvoirs entre élus et militants a été, en effet, l'un des principaux points de tension de toutes les entreprises de réunification de la droite. Le projet d'organisation des primaires pour la sélection d'un candidat commun avait, par exemple, achoppé au milieu des années 1990 (voir *supra*) sur la difficulté à s'accorder sur la part respective des élus et des électeurs dans la définition du collège électoral, l'UDF étant favorable à une surreprésentation des élus[114] jusqu'à ce que soit divulgué un sondage effectué auprès des élus

111. Les quatre départements de Bretagne étant partagés : le Finistère et le Morbihan revenant à des ex-RPR, les Côtes-d'Armor et l'Ille-et-Vilaine à des ex-UDF.

112. Entretien avec Hervé Mariton, Assemblée nationale, février 2010.

113. Entretien avec Jérôme Peyrat, siège de l'UMP, septembre 2002.

114. Le projet d'origine de Charles Pasqua prévoyait un collège électoral composé de 15 à 20 millions d'électeurs potentiels et d'environ 60 000 élus.

montrant l'avance de Jacques Chirac au sein de ceux-ci[115]. La négociation sur les statuts de l'UMP aboutit à une solution de compromis ne rendant pas totalement justice à la légitimité militante : alors que les statuts provisoires prévoyaient que dans les comités départementaux, les représentants des adhérents seraient deux fois plus nombreux que les membres de droit, le rapport est finalement fixé à deux tiers de membres élus pour un tiers de membres de droit[116].

Quoi qu'il en soit, le projet des promoteurs de l'UMP n'est pas de construire un parti marginalisant les adhérents au motif de leur inutilité dans le processus de mobilisation électorale[117] ou de leur illégitimité dans une démocratie représentative. Comme ils s'inscrivent dans une logique de convergence européenne et que celle-ci suppose non seulement la réduction du multipartisme français (impératif de réunification), mais aussi le renforcement de l'enracinement des partis dans la société (impératif de pénétration), ils valorisent la mobilisation militante. Il reste que toute fusion réserve une difficulté à laquelle a été inévitablement confrontée l'UMP : celle du rétrécissement du système de rétribution interne. La création du RPR s'était accompagnée d'une multiplication des instances collectives ainsi que du nombre de postes ouverts à l'élection, les mesures de démocratisation introduites ultérieurement au RPR comme à l'UDF étaient allées dans le même sens[118]. La fusion dans l'UMP modifie, à l'inverse, l'économie générale de ses composantes en réduisant le stock de postes pour chacune d'entre elles et donc les occasions pour ses membres de faire carrière dans le nouveau parti. Dans ces conditions, l'on comprend qu'à la différence du RPR naissant qui avait mis en place un système – d'ailleurs efficace[119] – de discrimination positive favorisant les

115. *Sondage Sofres*-Le Nouvel Observateur, *14 novembre 1990.*
116. *Cette solution ne satisfait d'ailleurs pas Édouard Balladur qui menace alors de ne pas voter les statuts en l'état.*
117. *Susan E. Scarrow,* Parties and Their Members. Organizing for Victory in Britain and Germany, *Oxford, Oxford University Press, 1996.*
118. *Voir Florence Haegel, Christine Pütz et Nicolas Sauger, « Les transformations de la démocratie dans et par les partis. L'exemple de l'UDF et du RPR », dans Pascal Perrineau (dir.),* La Démocratie en mouvement, *La Tour d'Aigues, Éditions de L'Aube, 2003, p. 175-198.*
119. *De fait, quelques années plus tard, l'effet du renouvellement se lit dans la composition des cadres du RPR, Pierre Bréchon, Jacques Derville et Patrick Lecomte,* Les Cadres du RPR, *Paris, Economica, 1987.*

nouveaux adhérents[120], l'UMP n'ait pas affiché, à l'origine, cette détermination mais qu'elle ait attendu la prise de pouvoir de Nicolas Sarkozy pour le faire.

Seul Édouard Balladur[121] – et non d'ailleurs les ex-dirigeants de DL ou de l'UDF – se pose publiquement en défenseur d'un modèle partisan alternatif fondé sur la légitimité des élus. Sa préférence le pousse vers un modèle représentatif fondé sur le principe de délégation : selon lui, la légitimité des élus repose sur leur statut de représentants des électeurs, celle des adhérents s'avère moins établie. Cette défense d'un modèle représentatif élitiste va d'ailleurs de pair, chez l'ancien Premier ministre, avec la volonté de promouvoir des pratiques plus délibératives lors de la désignation des responsables, « ce qui signifie l'abandon des pratiques telles que le vote à main levé, sollicité, impromptu et acquis à une unanimité qui ne peut être que factice[122] ». Clairement ce modèle délibératif est demeuré marginal à l'UMP.

Plus généralement, ces enjeux illustrent parfaitement le débat sur le type de démocratie interne que les partis doivent aujourd'hui promouvoir. Ce débat porte en 2002 sur la question de la concurrence des légitimités internes, et donc sur la place que le parti doit accorder respectivement aux élus et aux militants. Après l'échec électoral de 2012 l'on retrouve cette question du modèle démocratique, le débat s'est déplacé sur la question du mode de sélection du candidat présidentiel et sur la place accordée aux sympathisants par l'organisation de primaires ouvertes. Il englobe également l'enjeu que constitue l'introduction d'une culture plus collégiale et délibérative, détachée

120. *« 50 % des postes à l'élection pour la constitution des comités départementaux et de circonscription doivent être réservés à des adhérents ayant rejoints le RPR depuis décembre 1976 », Michel Offerlé, « La transformation d'une entreprise politique », art. cité, p. 13.*

121. *Ainsi, en 1999, prenant acte de l'échec des tentatives de confédération, Édouard Balladur propose une consultation qui court-circuiterait les adhérents au profit des électeurs et des élus (« Reconstruire, maintenant ou jamais », art. cité). En janvier 2001 il élabore un projet de statuts qui réservent « pour la composition de ses différents organes, la plus grande place aux élus du peuple par rapport aux militants : parité aux échelons locaux, légère majorité au congrès, majorité au conseil national, majorité plus que probable au bureau politique. Ainsi nul n'aura à craindre que le parti qui, au moment de l'adhésion, compterait les militants les plus nombreux, impose aux autres sa loi »,* Le Figaro, *10 janvier 2001.*

122. *Édouard Balladur, « Un esprit nouveau »,* Le Monde, *27 août 2002.*

du modèle génétique charismatique, renvoi implicite au modèle socialiste, passant selon les conjonctures d'épouvantail à référence[123].

L'échec de l'institutionnalisation de courants

L'assemblage de l'UMP soulève enfin la question de l'introduction de courants. Pour comprendre la justification d'une telle innovation, il faut se rappeler qu'à côté des formations centrales que sont le RPR, DL et une partie de l'UDF bien représentées dans les différentes instances, s'est rallié tout un éventail de petites organisations (le CNIP[124], le Parti radical) mais aussi des anciens du RPF que le RPR avait choyés en prévision de leur retour au bercail[125] ou des « millonistes » qui étaient directement et individuellement intégrés – sauf exception[126] – dans la formation commune[127]. L'existence de cette mosaïque de sous-groupes représentant des univers idéologiques sensiblement différents justifie d'organiser la pluralité.

Deux solutions étaient envisageables. Dans la lignée d'un modèle partisan comme celui de la CDU, le pluralisme interne peut s'appuyer sur la structure fédérale et suppose alors une forte autonomie des partis à l'échelon régional. Ce mode territorialisé d'organisation n'est pas totalement absent du débat. Il a, par exemple, pu être évoqué par Jean-Pierre Raffarin, partisan d'une régionalisation de la rénovation allant jusqu'à une diversification des programmes selon les régions.

123. Carole Bachelot, « Un gouvernement des pairs ? De la collégialité au Parti socialiste », Revue française de science politique, *62 (3), juin 2011, p. 383-408.*

124. Le CNIP aurait représenté environ 1 600 adhérents (entretien avec Jérôme Peyrat, siège de l'UMP, septembre 2002).

125. Ainsi Jérôme Peyrat précise qu'il s'est spécifiquement consacré à cette tâche, appelant les anciens RPF pour leur signifier qu'ils « font bien partie de la famille », ibid. *L'adoption de cette ligne stratégique est d'ailleurs confirmée à l'échelon local par les enquêtes que j'ai réalisées dans les départements des Yvelines et du Gard où, là aussi, les responsables de l'ex-RPR insistent sur le fait qu'ils maintiennent les liens avec les militants passés au RPF et qui leur laissent la porte ouverte.*

126. Au motif qu'« on ne prend pas les dissidents » (entretien avec Jérôme Peyrat, siège de l'UMP, septembre 2002).

127. Le Rassemblement pour la France (RPF), formation créée par Philippe de Villiers et Charles Pasqua, et représentant le courant « souverainiste » à droite, n'est pas en tant qu'organisation membre fondateur de l'UMP mais, individuellement et localement, ses membres rallient pour la plupart cette nouvelle formation. La même situation caractérise les membres de la Droite libérale et chrétienne (DLC), créée par Charles Millon.

Il a apparemment été, également, davantage promu par Nicolas Sarkozy, moins « centralisateur » que son prédécesseur, ce qui signifierait plus disposé à sous-traiter avec les hommes forts du département, à établir des relations contractuelles en fonction des situations locales, autrement dit des rapports de force.

L'autre solution passe par la mise en place de courants, appelés dans les statuts de l'UMP des « mouvements », « des sensibilités politiques, historiques, philosophiques[128] ». Sur cette question de la constitution des courants, les dirigeants de l'UMP semblent vouloir concilier deux objectifs. Apparemment, leur souci est d'organiser la pluralité, de créer des canaux d'expression à l'intérieur du parti, sorte d'exutoires pour faciliter la prise de parole (*voice*) et empêcher les défections (*exit*), selon les catégories classiques d'Albert Hirschman[129]. En réalité, ils cherchent à limiter la portée de ces courants afin de réduire la probabilité que ceux-ci se constituent soit en représentants des anciennes formations, soit en alternatives ou camps divisant le parti en parts de grandeur équivalente. Pour cela, il est préférable que les mouvements soient nombreux et qu'ils s'apparentent à des *single issue groups*[130], en quelque sorte des lobbies thématiques ou groupes d'intérêts internes au parti[131].

Cet objectif de limitation de l'expression du pluralisme est visible en creux dans certaines dispositions techniques, et plus explicitement dans les stratégies mises en œuvre. Il se manifeste, en particulier, dans le refus d'imposer un seuil trop exigeant de représentativité des mouvements ou dans l'absence d'obligation qu'ont les adhérents de s'identifier à l'une des motions présentées, autrement dit à s'affilier à un mouvement. Cette disposition limiterait inévitablement la représentativité des mouvements. Or, compte tenu du flou des statuts, on ne sait pas si les reversions financières (30 % de la dotation publique) promises à chaque mouvement seront établies à partir du nombre de suffrages

128. *Projet de statuts de l'UMP,* La Lettre de la nation, *13 septembre 2002.*
129. *Albert Hirschman,* Défection et prise de parole. Théorie et application, *Paris, Fayard, 1995.*
130. *Mosei Ostrogorski,* La Démocratie et les Partis, *Paris, Fayard, 1971 (1re éd. 1902).*
131. *Ainsi, il est vraisemblable qu'un « mouvement » se constitue autour de la promotion des préoccupations environnementalistes, cette initiative est clairement érigée en modèle de ce que devrait être un « mouvement » légitime.*

exprimés ou du pourcentage d'inscrits. Le souci initial de limiter la portée des futurs mouvements apparaît également dans les options prises par les dirigeants de l'UMP. Ceux-ci décident d'abord de dissocier l'élection de l'équipe dirigeante (en novembre 2002) de la mise en place des mouvements (au départ prévue au printemps 2003). Ils imposent l'adoption d'une charte des valeurs communes avant de laisser s'exprimer la diversité. Enfin ils établissent l'incompatibilité des fonctions ministérielles et de la responsabilité d'un mouvement.

De fait, toutes ces dispositions limitatives ne seront jamais introduites (voir également chapitre 3). Il est vrai que l'institutionnalisation du pluralisme se serait apparentée à une véritable innovation organisationnelle allant à l'encontre des modes de fonctionnement de l'UDF tout comme du RPR[132]. Certes ces partis – comme tous leurs homologues – étaient contraints de mettre en place des processus d'homogénéisation pour fabriquer du commun à partir d'univers sociaux et idéologiques en partie hétérogènes. Mais le RPR, conformément à son modèle charismatique, n'avait jamais revendiqué la logique délibérative, celle de la discussion et du débat ; il s'était toujours plutôt situé du côté de la logique « incarnative[133] », la mise en scène de l'unité du parti s'accomplissant dans la célébration d'une histoire héroïque et la délégation à un chef. L'introduction du pluralisme par la pratique du vote sur motions – en particulier en février 1990, avec l'émergence d'un courant Pasqua-Séguin [134]– ou sous la forme de la désignation concurrentielle du leader – en décembre 1999, avec l'élection disputée de Michèle Alliot-Marie à la tête du parti – avait bien signifié un changement des pratiques mais elle n'en avait pas encore transformé les modes de légitimation[135]. Au RPR, la logique incarnative freinait donc

132. *Sur ces questions voir Florence Haegel, Christine Pütz et Nicolas Sauger, « Les transformations de la démocratie dans et par les partis », art. cité.*
133. *Voir Jean-Marie Donegani et Marc Sadoun,* La Démocratie imparfaite, op. cit., *p. 221 et suiv.*
134. *Après la défaite présidentielle de Jacques Chirac en 1988, le RPR a modifié ses statuts introduisant le vote sur motions. Lors du congrès du RPR de février 1990, Charles Pasqua et Philippe Séguin présentent une motion commune qui recueille 31 % des voix contre 69 % à la motion chiraquienne menée par Alain Juppé.*
135. *Cette réserve persistante à l'égard de l'institutionnalisation du pluralisme à l'intérieur du parti est, par exemple, manifeste dans le discours de Nicolas Sarkozy au congrès extraordinaire du 21 septembre 2001.*

l'expression du pluralisme. À l'UDF, au contraire, la pluralité était constitutive de la culture partisane, mais ce qui manquait était la publicité des débats : le parti centriste relevait en effet davantage d'une logique du compromis non publicisé et d'arrangements informels.

La refondation de la droite partisane relève d'une catégorie finalement assez rare dans l'éventail des transformations partisanes, celle de la fusion. Elle s'explique par des dynamiques institutionnelles qui imposent une articulation plus forte des systèmes de coopération législative et présidentielle. De manière assez classique, l'enjeu de la transformation émerge à droite à la suite d'une série de défaites électorales. Enfin, elle se détache sur fond d'européanisation, évolution qui s'accompagne – comme on le verra au chapitre 5 – de mouvements de convergence programmatique. À la différence de la création en 1978 de l'UDF qui relevait d'une logique confédérative, celle de l'UMP va bien au-delà en promouvant la centralisation financière qu'autorise la dotation publique mais aussi la fusion partielle des fichiers d'adhérents, le partage des postes, etc.

Analyser précisément ce processus de refondation partisane, c'est se donner les moyens de comprendre ce qui fait tenir ensemble l'UMP, ou ce qui à l'inverse pourrait conduire à son délitement. Les formes prises par l'association permettent d'imaginer celles que pourrait éventuellement prendre la dissociation. Près de dix ans après sa fondation, l'UMP a été mise sous tension par la perspective présidentielle et les velléités de candidatures d'un certain nombre de challengers de Nicolas Sarkozy, puis par la défaite électorale de 2012. Elle s'est trouvée logiquement soumise aux forces centripètes. Elle tient toujours par l'appareillage financier et le monopole de la distribution des investitures qui découragent les stratégies de défection. La cuisante marginalisation de François Bayrou, seul à défier le parti dominant, apporte la preuve du risque de telles stratégies.

Le talon d'Achille de l'UMP reste la procédure de sélection du candidat présidentiel qui demeure toujours sous-codifiée. Le fait que, dans la perspective des élections de 2012, les candidatures présidentielles dissidentes issues de l'UMP (comme celles de Jean-Louis Borloo ou de Dominique de Villepin) aient finalement avorté atteste bien de l'établissement par le parti d'un monopole imparfait et inachevé, mais assez difficilement contournable, et il repose là aussi sur des arrangements informels

Du point de vue du système partisan, la création de l'UMP entérine la domination du gaullisme partisan qui a progressivement conquis une position hégémonique au niveau national – y compris dans l'arène parlementaire. Socle de l'UMP, la matrice gaulliste s'est progressivement édulcorée même si des traces de ce modèle génétique, dit charismatique, y sont encore visibles à travers des mécanismes de loyauté personnalisée, de délégation à l'autorité et de fluctuations des règles. Un mouvement général de banalisation et de convergence européenne se superpose à ce modèle originel et dessine une forme partisane au sein de laquelle le modèle entrepreneurial apparaît tout aussi central que cette matrice gaulliste.

Chapitre 3 / DIRIGER L'ENTREPRISE UMP COMPTABILITÉ, MARKETING, MANAGEMENT ET FILIALES

Tout le monde compare les partis à des entreprises, les spécialistes autant que les dirigeants des partis eux-mêmes, mais tous ne donnent pas le même sens à cette comparaison. L'analogie entrepreneuriale a façonné un cadre théorique fondé sur la reconnaissance des points communs qui existent entre un parti agissant sur un marché politique et une entreprise luttant sur un marché économique. Elle a d'abord été utilisée par Max Weber pour qui « nombre de partis politiques, notamment ceux d'Amérique, sont devenus, depuis la disparition des vieilles divergences sur l'interprétation de la Constitution, des organisations qui ne s'occupent que de la chasse aux emplois et qui modifient leur programme concret en fonction des voix à capter[1] ». Elle a été reprise ensuite dans l'analyse schumpétérienne[2] puis s'est retrouvée dans le paradigme du choix rationnel tel que l'a mis en place Anthony Downs[3]. Le plus petit dénominateur commun de toutes ces conceptions tient dans le fait qu'elles considèrent les acteurs partisans liés par des relations de concurrence et de coopération inscrites dans un marché politique où les stratégies déployées visent principalement la conquête de voix et de postes. Ce n'est pas cependant à cet usage théorique de l'analogie entrepreneuriale que ce chapitre se réfère quand il évoque le modèle entrepreneurial, il fait écho à un autre type d'utilisation.

La transformation des partis en véritables entreprises électorales a conduit à la popularisation de la notion de « parti électoral professionnel ». Le terme a été proposé par Angelo Panebianco afin de distinguer une nouvelle forme partisane modelée sur l'exemple entrepreneurial, marquée par la professionnalisation de sa direction

1. *Max Weber,* Le Savant et le Politique, *Paris, 10/18, 1963, p. 116.*
2. *Joseph Schumpeter,* Capitalisme, socialisme et démocratie, *Paris, Payot, 1990, quatrième partie.*
3. *Anthony Downs,* An Economic Theory of Democracy, *New York (N. Y.), Harper, 1957.*

et la prééminence d'objectifs d'adaptation au marché électoral d'une forme ancienne qu'incarnerait le parti de masse s'appuyant, lui, sur une bureaucratie partisane encadrant des militants et fortement attaché au maintien d'une ligne idéologique[4]. Plus récemment encore, l'expression de *business firm party*[5] a été forgée pour désigner une forme partisane encore plus dépendante d'un modèle de l'entreprise que la précédente et incarnée par Forza Italia : ce parti serait directement la traduction partisane d'une entreprise privée façonnée par un véritable entrepreneur économique puis politique ayant particulièrement investi dans le secteur de la communication. Toutes ces transformations se sont accompagnées d'une tendance, de plus en plus accusée, des partis à importer des pratiques entrepreneuriales par l'adoption d'une logique commerciale ainsi que des techniques de marketing et de management. C'est cette question de la diffusion du modèle de l'entreprise au sein de l'UMP qui est au cœur de ce chapitre. Il défend l'argument selon lequel ce modèle s'est bien largement répandu au sein de l'UMP en particulier par le recours croissant aux techniques de management et de marketing pour organiser son siège, mobiliser ses adhérents et mettre en œuvre l'ensemble de ses activités : même si l'UMP ne peut être qualifiée de *business firm party*, elle relève de la catégorie du parti électoral professionnel.

Ce phénomène n'est, en fait, ni exceptionnel, ni totalement nouveau. Il n'est pas exceptionnel puisque le modèle entrepreneurial a été revendiqué par bien d'autres partis européens, et les partis britanniques font ici office de précurseurs. La « modernisation du Parti travailliste » sous le leadership de Tony Blair fournit ainsi de nombreuses clés de compréhension des transformations en cours à l'UMP[6]. Plus encore, le phénomène n'est pas nouveau pour la droite française, l'entreprise ayant déjà été prise comme référence dans les années 1950 au sein du CNIP ou par les Jeunes Giscardiens dans les années 1970,

4. *Angelo Panebianco,* Poltical Parties : Organization and Power, op. cit., *p. 264.*
5. *Jonathan Hopkin et Caterina Paolucci, « The Business Firm Model of Party Organization : Cases from Spain and Italy »,* European Journal of Political Research, *35, 1999, p. 307-339.*
6. *Florence Faucher, « La "modernisation" du Parti travailliste, 1994-2007. Succès et difficultés de l'importation du modèle entrepreneurial dans un parti politique »,* Politix, *81 (1), 2008, p. 125-140.*

sans oublier le RPR au moment de sa création[7]. Enfin, plus largement, le modèle entrepreneurial s'est diffusé dans bien d'autres institutions que les partis, au premier rang desquelles l'État, érigé en « État entrepreneur » par l'extension des pratiques de management public et la promotion d'une gestion tournée vers les usagers considérés comme des clients-consommateurs[8].

Même si le phénomène est massif, et donc non exceptionnel, l'importation du modèle entrepreneurial à l'UMP fournit une entrée pertinente pour comprendre les transformations en cours. C'est pourquoi ce chapitre se consacre à l'examen des effets de l'importation de ce modèle sur la manière dont est dirigée l'UMP. Après avoir fixé le cadre général du fonctionnement du parti à travers sa comptabilité, l'attention se portera sur trois secteurs centraux de son organisation interne : le recrutement de ses dirigeants, la gestion des sous-groupes constitutifs du parti et enfin les formes et technologies de mobilisation des adhérents.

L'UMP et le PS vus à travers leur comptabilité

De nombreux acteurs partisans, et spécifiquement les dirigeants, utilisent la langue du marketing et comparent souvent spontanément le parti à une entreprise, ceux de l'UMP parlant volontiers de « marché », de « marque » et de « culture d'objectifs ». Toutefois, interrogé sur la prégnance du modèle de l'entreprise à l'UMP, Alain Juppé répond par cette formule : « oui nous avions bien ce modèle en tête, on ne dépense pas plus que l'on ne gagne[9]. » Le modèle entrepreneurial peut-il se réduire à l'équilibre comptable ? Certainement pas. De ce point de vue, Alain Juppé, conforme ici à sa trajectoire de haut fonctionnaire, apparaît plus résistant que d'autres au langage du

7. *Voir Pierre Crisol et Jean-Yves Lhomeau,* La Machine RPR, *Paris, Fayolle, coll. « Intervalle », 1977 ; Michel Offerlé, « La transformation d'une entreprise politique », art. cité.*
8. *Sur la diffusion de ce modèle et le rôle des consultants en management public voir, par exemple, Denis Saint-Martin, « How the Reinventing Government Movement in Public Administration was Exported from US to Other Countries »,* International Journal of Public Administration, *24 (6), 2001, p. 573-604.*
9. *Entretien avec Alain Juppé, mairie de Bordeaux, janvier 2010.*

marketing. Surtout, en évoquant son attachement à cette règle d'or, le premier président de l'UMP critique implicitement l'absence d'orthodoxie financière chez son successeur qui a conduit l'UMP à un déficit de 30 millions d'euros après l'élection présidentielle de 2007 et contraint les secrétaires généraux successifs à faire des économies, la réduction des dépenses passant, pour partie, par la diminution des charges de personnel et donc par des licenciements.

La comptabilité partisane, telle qu'elle est publiée chaque année par la Commission nationale des comptes de campagne et des financements publics (CNCCFP), ne fournit évidemment qu'une vision surplombante et tronquée des finances partisanes. La divulgation de l'« affaire Bettencourt » puis la publication de l'ouvrage *La République des mallettes*[10] ont confirmé la persistance, malgré l'adoption de lois supposées réguler et contrôler le financement partisan, de circuits informels et illégaux au cœur même de l'UMP. Personne n'imagine donc que la comptabilité publique des partis donne accès à un tableau de la réalité des flux financiers partisans bien plus souterrains, complexes et déviants. Celle-ci peut, toutefois, constituer un premier « analyseur[11] » des grandes masses qui constituent l'activité d'un parti comme l'UMP, en dehors des campagnes présidentielles. En effet, les affaires ayant révélé l'existence de circuits occultes de financement au sein de l'UMP ont montré que ces fonds étaient essentiellement destinés au paiement de campagnes présidentielles de plus en plus dispendieuses, et non au maintien d'une activité partisane routinière. En matière de financement comme dans d'autres domaines, l'existence d'un parti à deux vitesses – dans et hors période de campagne présidentielle – apparaît donc clairement.

La simple comparaison des budgets de l'UMP et du PS pour une année non électorale, ici l'année 2009, révèle des écarts significatifs qui serviront de fil conducteur pour évaluer la gestion de l'entreprise UMP durant le quinquennat de Nicolas Sarkozy. Elle permet en effet de montrer que, tout en occupant des positions symétriques dans le

10. *Pierre Péan,* La République des mallettes, *Paris, Fayard, 2011.*
11. *Éric Phélippeau et Pascal Ragouet, « Argent et politique. Une relecture sociologique des comptes financiers des législatives de mars 1993 »,* Revue française de sociologie, *3 (48), 2007, p. 520.*

système partisan, en en partageant de fait certains traits communs, et même en étant liés par des formes de mimétisme, ces deux organisations se distinguent nettement si l'on examine comment elles collectent – officiellement – leur agent et comment elles le dépensent.

Premier élément mis en évidence par la structure des recettes de l'UMP et du PS pour l'année comptable 2009 : les deux partis ne s'alimentent pas aux mêmes sources financières (voir tableau 3). Certes, à eux deux ils monopolisent 76 % de la dotation publique et partagent donc en commun le fait d'en être largement tributaire, mais la formation de droite en dépend, durant le quinquennat sarkozyste, encore plus fortement (61,9 % de l'ensemble de ses recettes) que sa concurrente de gauche (40,6 %). Si l'on compare ces pourcentages à l'échelle européenne, l'UMP apparaît comme un parti fortement dépendant du financement public[12] se plaçant juste en dessous, par exemple, des partis allemands financés en moyenne aux trois quarts par l'État.

À la différence du PS qui se finance à hauteur de 43,8 % par les contributions de ses élus – ceux-ci doivent reverser 10 % de leurs indemnités au parti – et les cotisations de ses adhérents, l'UMP ne puise que marginalement à ces sources, ces deux postes ne couvrant que 14,1 % de ses recettes. En effet, même si les élus UMP pratiquent également le reversement d'une partie de leurs indemnités au parti, ils le font dans une proportion bien moindre ; et le parti de droite ne fixe pas le barème des cotisations de ses adhérents en fonction de leurs revenus[13]. Ainsi, à côté du financement public d'une part, et de recettes fondées sur les contributions des adhérents et des élus d'autre part, l'UMP développe un financement complémentaire, totalement marginal au PS, qui repose sur les dons de personnes physiques (13,3 % des recettes).

12. Voir sur ces questions et pour une discussion plus large sur la thèse du « parti-cartel », Florence Haegel, « Le "parti-cartel" : de la logique interne à la validité empirique », dans Yohann Aucante et Alexandre Dézé (dir.), Les Systèmes de partis dans les démocraties occidentales, op. cit., *p. 113-126.*
13. Le PS prévoit une cotisation à 20 euros pour la première année d'adhésion puis un montant proportionnel au revenu.

Tableau 3 : Les recettes de l'UMP et du PS en 2009

	UMP		PS	
	euros	%	euros	%
Cotisation des adhérents	5 886 030	10,9	9 762 941	17,1
Contribution des élus	1 749 918	3,2	15 275 343	26,7
Financement public	33 452 186	61,9	23 212 398	40,6
Dons des personnes	7 168 555	13,3	446 773	0,8
Autres recettes	5 762 319	10,7	8 427 336	14,8
Total des recettes	**54 019 008**		**57 124 791**	

Note : l'ensemble des postes n'a pas été reproduit dans ce tableau expliquant que l'addition des sommes ne corresponde pas au total.
Sources : CNCCFP, « Publication générale des comptes des partis et groupements politiques au titre de l'exercice 2009 », *Journal officiel. Lois et décrets*, 29 décembre 2010.

Si l'on considère les dépenses partisanes (voir tableau 4), l'UMP se différencie du PS, là aussi toujours sous le leadership de Nicolas Sarkozy, par l'importance qu'elle accorde au secteur « communication et propagande » : plus de 20 % (contre 6 % pour le PS) de l'argent que dépense l'UMP est consacré à l'organisation de congrès et de manifestations coûteuses ou au financement d'activités de communication politique. Le volume des activités de marketing et de communication de l'UMP est de telle ampleur qu'elles exigent d'être examinées plus avant afin de comprendre comment se sont développées ces pratiques et comment elles contribuent à façonner le parti.

Moins visible à première vue, une autre différence entre le PS et l'UMP concerne les relations financières que les organisations mères entretiennent avec leurs satellites[14] ou filiales. À l'examen de leurs budgets publics, apparaissent, dans les deux cas, des flux financiers internes. Au PS des sommes sont reversées aux sections locales selon une structuration qui lui est propre. Quant à l'UMP, elle se distingue

14. *Maurice Duverger,* Les Partis politiques, op. cit., *p. 131.*

comme l'un des partis contribuant le plus au financement d'autres organisations politiques. Elle se situe juste après Fetia Api, organisation implantée à Tahiti qui a permis au Nouveau Centre de bénéficier de l'aide publique en contournant les règles qui en régissent la distribution grâce à l'utilisation d'une législation d'outre-mer plus souple[15]. Cette indication nous servira de fil conducteur pour comprendre la manière dont l'UMP a noué des liens avec sa galaxie, selon la terminologie officielle.

Tableau 4 : Les dépenses de l'UMP et du PS en 2009

	UMP		PS	
	euros	%	euros	%
Propagande et communication *dont* *congrès* *presse, TV, publication, espaces publicitaires*	8 854 498 *3 450 770* *5 403 728*	20	3 396 523 *1 660 076* *1 736 447*	6
Aides aux candidats	341 905	0,7	814 600	1,5
Aides à d'autres formations politiques	1 779 470	4	45 205	0,1
Aides à d'autres organismes	462 185	1	6 854 426	12,5
Loyers	4 932 639	11	1 408 642	2,6
Frais de voyages	2 962 370	7	1 506 476	2,7
Charges de personnel	10 846 072	25	17 361 938	31,5
Total des dépenses	**43 849 371**		**54 998 343**	

Note : l'ensemble des postes n'a pas été reproduit dans ce tableau expliquant que l'addition des sommes ne corresponde pas au total.
Sources : CNCCFP, « Publication générale des comptes des partis et groupements politiques au titre de l'exercice 2009 », *Journal officiel. Lois et décrets*, 29 décembre 2010.

15. Pour bénéficier de la deuxième fraction de la dotation publique fondée sur le nombre de parlementaires, il faut au préalable recevoir la première fraction. Celle-ci concerne les formations dont les candidats ont obtenu chacun au moins 1 % des suffrages exprimés dans 50 circonscriptions. Le Nouveau Centre, malgré ses 23 parlementaires, ne remplissait pas cette condition. Toutefois dans les collectivités d'outre-mer, les conditions sont différentes : il suffit de 1 % des votes pour la totalité des circonscriptions. Fetia Api pouvait prétendre à la première faction. Une convention signée entre le Nouveau Centre et Fetia Api leur permet de s'associer pour que cette organisation touche environ 1,4 million d'euros dont 1 379 671 sont reversés au Nouveau Centre.

Enfin, le dernier élément de comparaison que livre l'examen de la comptabilité de l'UMP et du PS concerne les charges lourdes qui incluent le paiement du siège national du parti et des salariés qui y travaillent. Alors que le PS a hérité la « rue de Solférino » de la Fédération de l'Éducation nationale (FEN), l'UMP déboursait plus de 4 millions d'euros annuels de loyer pour occuper ses locaux, rue de la Boétie. On comprend alors qu'elle ait décidé de déménager, en décembre 2011, rue de Vaugirard dans un ancien garage dont l'achat et les travaux de rénovation lui ont coûté plus de 40 millions d'euros, largement financés par un emprunt de 36 millions d'euros. Enfin s'agissant des charges salariales, si elles sont importantes pour les deux partis, la situation s'inverse cette fois : l'UMP dépense nettement moins d'argent pour payer ses salariés que le PS, ce dernier point signalant une gestion sensiblement différente du personnel.

Qui dirige l'UMP ?

L'étude de la manière dont sont gérées et administrées les organisations politiques et plus précisément l'examen de la variété d'acteurs qui se consacrent à cette tâche constituent le parent pauvre de l'étude des partis. L'attention s'est plus tournée vers les dirigeants et le leadership que vers les spécialistes de l'entretien quotidien de l'organisation partisane. Parmi eux, Angelo Panebianco distingue analytiquement la « bureaucratie exécutive », la « bureaucratie représentative » et les experts ou professionnels[16]. Les premiers sont exclusivement soumis au contrôle hiérarchique, les deuxièmes au contrôle électoral, les troisièmes à un dispositif mixte incluant le contrôle hiérarchique et celui des pairs arrimé à leur univers professionnel.

Globalement, les rares travaux existants soulignent trois mouvements conjoints : une démocratisation du leadership partisan, le renforcement de l'administration partisane et une accentuation de la professionnalisation[17]. L'on considère en effet généralement que les partis européens se sont progressivement démocratisés en introduisant

16. *Angelo Panebianco,* Political Parties : Organization and Power, op. cit., *p. 221 et suiv.*
17. *Cette tendance a été mesurée durant la période de 1960 à 1990, on peut faire l'hypothèse qu'elle s'est poursuivie ultérieurement, David M. Farrel et*

l'élection de leur leader par les adhérents, qu'ils ont également renforcé le rôle de leur administration en augmentant le nombre de leurs salariés, au niveau national et non local, et que ce mouvement s'est accompagné d'une professionnalisation à travers le recours de plus en plus fréquent aux services d'experts en mobilisation politique et campagne électorale (spécialistes de sondages, de communication politique, de relations publiques mais aussi plus récemment d'experts d'internet, de l'événementiel, de la collecte de fonds, etc.).

Ces trois mouvements se retrouvent bien dans le cas de l'UMP mais ils s'accompagnent de trois traits spécifiques. D'une part, la démocratisation est plus fragile qu'ailleurs, elle se déroule par éclipses. Pour preuve, la sélection du leader par les adhérents a été interrompue durant le quinquennat de Nicolas Sarkozy engendrant un mouvement de décentrement de la vie interne du parti. Ensuite, le renforcement de l'administration se développe à l'UMP sans que l'on soit autorisé à considérer qu'existe une véritable bureaucratie, une partie des salariés du parti étant engagés sur des contrats à durée déterminée. Enfin, la professionnalisation partisane a conduit non seulement à des phénomènes de sous-traitance mais plus structurellement à une forme d'imbrication des univers partisans et de ceux de la communication.

Faible institutionnalisation, décentrement du parti et contournement des adhérents

Au lendemain de l'élection à la présidence de la République de Nicolas Sarkozy, la fonction de président du parti disparaît au motif que « moralement le président [de l'UMP] reste Nicolas Sarkozy[18] ». En conséquence, des « dispositions, applicables par dérogation aux statuts lorsque le président en exercice de l'UMP devient président de la République » (voir encadré 6) modifient, de fait, le fonctionnement du parti à la tête duquel se trouve un secrétaire général non élu par les adhérents.

Paul Webb, « Political Parties as Campaign Organizations », dans Russel J. Dalton et Martin P. Wattenberg, Parties Without Partisans. Political Change in Advanced Industrial Democracies, *Oxford, Oxford University Press, 2000, p. 115-118.*

18. Déclaration de Jean-Claude Gaudin, 25 juin 2007.

Ce changement *ad hoc* de règles adoptées en grande pompe cinq ans auparavant confirme trois éléments. D'abord, il atteste, une nouvelle fois, du fait que l'UMP est une organisation caractérisée par le bricolage des statuts au profit du leader et des rapports de force internes. Ensuite, il manifeste clairement que ce parti ne revêt pas la même forme (y compris statutaire) selon les conjonctures : celle-ci varie selon qu'il est au pouvoir ou dans l'opposition, au gouvernement ou en campagne présidentielle. Enfin, il fournit la preuve d'une faible participation des adhérents de l'UMP au fonctionnement du parti.

Si l'on mesure le degré d'institutionnalisation par l'existence et la stabilité d'un ensemble de règles et de normes assorties à des sanctions qui encadrent les interactions entre acteurs, l'on doit conclure que l'UMP est faiblement institutionnalisée. Bien sûr, la « traçabilité » de certaines dispositions statutaires – par exemple la nomination, et non l'élection, au niveau départemental des responsables partisans – indique une évidente continuité historique de certaines règles partisanes. Mais sur bien des points, l'UMP ne paraît pas avoir secrété de règles stables, ni avoir prévu et surtout mis en œuvre de sanctions quand celles-ci sont transgressées.

Ce trait distinctif peut être lié au rapport distendu et fortement teinté de pragmatisme que ce parti, comme ceux qui l'ont précédé, continue d'entretenir avec les règles statutaires. Au RPR, par exemple, la fréquence des réformes de statuts (quatre en l'espace de vingt-cinq ans) s'expliquait par l'usage souvent conjoncturel qui était fait des changements conçus comme une ressource aux mains des dirigeants permettant de canaliser les oppositions et de désamorcer les critiques, voire de marginaliser ou de conforter les positions de certains acteurs partisans[19]. La sacralisation des statuts, voire même leur simple respect, sont absents de la pratique organisationnelle des partis se réclamant du gaullisme : selon la formule de Jacques Chirac, « quand un organisme en est à étudier ses statuts, c'est qu'il est moribond[20] ».

19. À titre d'exemple, on peut citer la réforme ponctuelle de 1978 qui supprime les membres de droit au bureau politique afin d'éliminer Jacques Chaban-Delmas de cette instance alors qu'il venait d'être élu contre le soutien officiel du RPR à la présidence de l'Assemblée nationale.

20. Le Monde, *5 juillet 1974, cité dans Andrew Knapp,* Le Gaullisme après de Gaulle, op. cit., *p. 360.*

Dans le cas de l'UMP, le rapport relâché aux règles statutaires prend différentes formes. Il se manifeste par le flou de certaines dispositions pourtant décisives – par exemple, la réglementation concernant la sélection du candidat présidentiel – et par la pratique du contournement des règles écrites – c'est le cas de l'ajournement depuis dix ans des « mouvements » – ou par l'adoption de dispositions *ad hoc*, provisoires, répondant aux intérêts conjoncturels de celui qui détient l'autorité partisane – à l'instar de la disposition dérogatoire concernant la présidence du parti (voir *supra*).

Cette dernière modification statutaire entérine le fait que le centre de gravité du parti s'est déplacé, tant que Nicolas Sarkozy est président de la République, à l'Élysée. Son ingérence dans les affaires partisanes est flagrante : il n'hésite pas à dépêcher ses conseillers personnels pour améliorer la communication du parti[21] ou, dans la même logique, il se déplace lui-même pour assister aux grands meetings du parti[22] ou pour recevoir ses plus généreux donateurs[23]. Sur ce point, il se distingue de Jacques Chirac qui, une fois élu président de la République et dans la logique du mythe d'un « président au-dessus des partis », avait adopté la règle pragmatique de ne pas participer aux événements partisans, en tous les cas physiquement – il pouvait, en revanche, intervenir indirectement soit en faisant lire par un autre une déclaration, soit à travers une vidéo, soit en y dépêchant son épouse. Ce décentrement du parti intervient lors d'une phase spécifique de la vie partisane correspondant à la détention durant cinq ans du poste présidentiel par son leader ; la forme partisane change inévitablement lors de son passage dans l'opposition.

La place prépondérante occupée par le détenteur du pouvoir présidentiel dans l'économie générale du parti durant la séquence 2007-2012 a introduit une démocratie partisane par éclipses. Toutefois elle ne signifie pas que l'ensemble du dispositif ait été verrouillé.

21. *« Sarkozy vole au secours de la communication de l'UMP », lepoint.fr, 10 juillet 2008.*
22. *Il est, par exemple, l'invité surprise et prononce le discours de clôture du conseil national de l'UMP du 29 novembre 2009.*
23. *Nicolas Sarkozy a participé à la rencontre du « premier cercle » qui regroupe les donateurs les plus généreux à l'UMP (lemonde.fr, 26 janvier 2011).*

La distinction introduite par Peter Mair[24] peut ici être utilisée comme point de départ pour comprendre les équilibres. Celui-ci considère en effet que l'équilibre interne d'un parti politique peut être analysé en examinant les relations qu'entretiennent trois éléments : le *party in public office* représenté par sa face gouvernementale et parlementaire, le *party on the ground* en quelque sorte sa « base » faite des militants et des élus locaux, enfin le *party in central office* incarné par son équipe dirigeante et administrative.

Si l'on adopte cette distinction schématique, on peut d'abord considérer que l'équipe dirigeante de l'UMP traduit pour partie, entre 2007 et 2012, les rapports de force mouvants qui se sont institués entre pouvoirs présidentiel, gouvernemental et parlementaire. On peut ensuite souligner la marginalisation du *party on the ground* dont l'influence est fortement réduite puisque les adhérents n'interviennent durant cette séquence ni dans la sélection du leader, ni dans celle de l'équipe dirigeante, ni d'ailleurs dans la constitution des mouvements. Contrevenant aux exigences de toute démocratie partisane et contrairement à la plupart des grands partis européens, de 2007 à 2012, l'UMP n'est plus dirigée par un président, leader élu par l'ensemble des adhérents, mais officiellement par une équipe (un secrétaire général et deux secrétaires généraux adjoints) élue et révocable par le bureau politique.

Cette configuration entraîne un décentrement de l'espace partisan vers le *party in public office*. La direction du parti s'est déplacée dans l'entourage présidentiel ; quant à la vie interne du parti, faite principalement de débats et de compétition, elle se situe alors pour l'essentiel dans l'arène parlementaire. Désertant la sphère partisane *stricto sensu*, la compétition a, en effet, été transférée à la marge des structures partisanes. Dans cette logique, le groupe UMP à l'Assemblée nationale est utilisé par Jean-François Copé, élu à sa tête en 2007, pour se distinguer du pouvoir présidentiel puis pour obtenir le poste de secrétaire général du parti. Cette stratégie témoigne du fait que les transformations de l'équipe dirigeante traduisent bien la dynamique des relations entre

24. *Peter Mair, « Party Organizations : From Civil Society to the Sate », dans Peter Mair et Richard Katz (dir.),* How Party Organize : Change and Adaptation in Party Organization in Western Democracies, *Londres, Sage, 1994, p. 1-22.*

groupe parlementaire et entourage présidentiel. On retrouvera le même phénomène de glissement de la vie partisane vers l'arène parlementaire quand on abordera la question du management des sous-groupes.

Le siège : rotation et filière de recrutement

La variabilité des règles qui régissent l'UMP va de pair avec une importante rotation de ses secrétaires généraux. Par exemple, depuis l'élection de Nicolas Sarkozy, trois secrétaires généraux se sont succédé, et l'équipe élargie s'est également largement modifiée du fait du fort *turnover* des secrétaires généraux adjoints (voir encadré 6). Comparant le taux de rotation des directions nationales de l'UDR, du RPR et du PS de 1968 à 1979, William Schonfeld[25] concluait déjà que l'UDR-RPR se caractérisait par un plus fort taux de remplacement de ses élites partisanes. Il rapportait cette caractéristique non pas à la vivacité de la vie démocratique interne mais au fait que l'UDR-RPR pouvait être assimilé à un « parti monocratique » marqué par l'importance du pouvoir de nomination par le haut.

Dans cette logique, l'équipe rendue publique en février 2011 apparaît pléthorique : une équipe exécutive de 21 personnalités, 48 conseillers politiques et plus de 190 secrétaires nationaux. Cette conception pour le moins extensive répond au souci de distribuer, au plus large, les postes afin de s'attacher l'ensemble des sensibilités de la droite. On peut raisonnablement penser que le titre de « secrétaire national » se trouve alors fortement démonétisé et que le degré d'influence des titulaires de portefeuilles sectoriels est inversement proportionnel à leur nombre. L'UMP n'est évidemment pas dirigée par ce groupe de plus de 200 personnes, détentrices de dossiers thématiques fort divers et parfois se recoupant les uns les autres, mais par un groupe plus restreint s'appuyant sur une structure de gestion formée par des salariés (une équipe de direction et des employés) qui incarne la face administrative du parti. À la tête de cette administration se trouvent à la fois un secrétaire général et un directeur général, aucun des deux n'étant d'ailleurs élu par les adhérents.

25. *William R. Schonfeld, « La stabilité des dirigeants des partis politiques », art. cité, et « La stabilité des dirigeants des partis politiques : la théorie de l'oligarchie de Robert Michels »,* Revue française de science politique, *30 (4), août 1980, p. 846-866.*

Encadré 6
Les transformations de l'équipe dirigeante de l'UMP (2002-2012)

2002

17 novembre : élection d'Alain Juppé (président), Jean-Claude Gaudin (président délégué) et Philippe Douste-Blazy (secrétaire général).

Édouard Philippe, directeur général de l'UMP.

2004

16 juillet : démission d'Alain Juppé condamné dans l'« affaire des emplois fictifs » de la ville de Paris.

28 novembre : élection de Nicolas Sarkozy (président) et Pierre Méhaignerie (secrétaire général).

Jérôme Peyrat, directeur général de l'UMP.

1er décembre : Brice Hortefeux (secrétaire général adjoint).

2005

31 mai : Nicolas Sarkozy est nommé au gouvernement ; Jean-Claude Gaudin président délégué.

2007

14 janvier : démission de Nicolas Sarkozy, devenu candidat présidentiel ; Jean-Claude Gaudin assure l'intérim.

6 mai : Nicolas Sarkozy, président de la République.

7 juillet 2007 : réforme des statuts et ajout du titre IX « dispositions applicables, par dérogation aux Statuts, lorsque le Président en exercice de l'UMP devient Président de la République », qui précise : « Pendant la durée du quinquennat, la direction de l'UMP est assurée par un Secrétariat général composé d'un Secrétaire Général et de deux Secrétaires Généraux Adjoints, élus par le Bureau Politique sur un même bulletin de vote et révocables par celui-ci. »

25 septembre : Patrick Devedjian (secrétaire général), Dominique Paillé et Philippe Cohet (secrétaires généraux adjoints).

2008

9 avril : Xavier Bertrand et Nathalie Kosciusko-Morizet (secrétaires généraux adjoints).

19 juin : Christian Estrosi (secrétaire général adjoint).

2009

24 janvier : Xavier Bertrand (secrétaire général), Nathalie Kosciusko-Morizet, Éric Besson, Axel Poniatowski, Marc-Philippe Daubresse (secrétaires généraux adjoints)

Éric Cesari, directeur général de l'UMP

2010

17 novembre : Jean-François Copé (secrétaire général), Hervé Novelli et Marc-Philipe Daubresse (secrétaires généraux adjoints).

Au sommet de l'administration partisane se trouvent, de 2002 à 2012, des directeurs recrutés par le biais de réseaux pour partie construits sur des formes d'allégeances politiques personnelles. De fait, un examen rapide des trajectoires professionnelles des différents directeurs généraux de l'UMP conduit à repérer la densité et le poids de quelques filières de recrutement.

Le premier directeur général de l'UMP, Édouard Philippe, est nommé sous la présidence d'Alain Juppé[26]. Il est énarque et conseiller d'État et affiche sa proximité avec Antoine Rufenacht, maire du Havre – ce dernier a d'ailleurs démissionné de la mairie à son profit en octobre 2010. Issu de la même filière de recrutement, le directeur, en 2011, du pôle « fédération, élections, relations élus », José Do Nascimento, a occupé le poste de directeur de cabinet à la mairie du Havre. Il a également été chargé de la collecte des fonds auprès des grands donateurs pour Jacques Chirac lors de la campagne présidentielle en 2002 que dirigeait Antoine Rufenacht.

Le second directeur général, Jérôme Peyrat prend ses fonctions au moment de l'élection de Nicolas Sarkozy à la tête du parti, en novembre 2004. Il est, quant à lui, issu de la filière parisienne. Après l'Institut d'études politiques (IEP) de Paris, il est en effet devenu administrateur à la ville de Paris puis a suivi Jacques Chirac à la présidence de la République en 1995, avant de retourner à la mairie de Paris comme directeur de la communication de Jean Tiberi en 2000. Il a, par la suite, dirigé le cabinet et la communication de Michèle Alliot-Marie au RPR puis devient délégué général de l'UMP, en 2002, aux côtés d'Alain Juppé.

Enfin le directeur de l'UMP nommé en 2009, Éric Cesari, incarne la filière des Hauts-de-Seine. Après avoir été au cabinet de Charles Pasqua au ministère de l'Intérieur et de l'aménagement du territoire en 1993, il l'a suivi dans ce département devenant chef de cabinet des deux autres présidents du conseil général, Nicolas Sarkozy puis Patrick Devedjian. Il a aussi occupé le poste de directeur de cabinet de ce denier au secrétariat général de l'UMP en 2007. Une simple observation de sa bibliothèque lors d'un entretien en 2010 permet de saisir,

26. *Édouard Philippe est associé à Vincent Le Roux, ancien directeur de cabinet à la mairie de Bordeaux.*

sous une forme condensée et stylisée, les contours de son univers idéologico-politique : *L'Art de la guerre* de Sun Tzu, *Le Livre noir du communisme*, un rapport sur la sécurité en Corse et des livres de Nicolas Sarkozy.

Autre pièce centrale des réseaux sarkozystes, lui aussi issu de l'entourage de Charles Pasqua, Alain Marleix, expert en cartes électorales depuis le temps du RPR, a occupé les fonctions de secrétaire national aux élections de 2004 à 2008 puis est nommé au gouvernement comme secrétaire d'État à l'Intérieur et aux collectivités locales de mars 2008 à novembre 2010. Son ancien adjoint Ange Sitbon (adjoint UMP au maire de Dreux) devient alors directeur en charge des élections. Preuve de la densité de ce micro-réseau initialement organisé autour de Charles Pasqua, le fils d'Alain Marleix, Olivier, est vice-président du conseil général de l'Eure-et-Loire et a occupé les fonctions de conseiller auprès du groupe RPR du Sénat que Charles Pasqua présidait, et de conseiller technique en charge des relations avec les parlementaires à l'Élysée puis au ministère de l'Intérieur sous l'autorité de Claude Guéant[27].

En retraçant à gros traits ces trajectoires se dégagent quelques filières qui ont marqué les carrières de la droite partisane, la filière de la mairie de Paris dont il reste des traces résiduelles, la filière des Hauts-de-Seine très présente et souvent marquée à l'origine par une proximité avec Charles Pasqua et un réseau plus ponctuel constitué autour d'Antoine Rufenacht en 2002. Alors que Jean-François Copé est secrétaire général de l'UMP s'y ajoute logiquement la nomination de certains de ses proches, Jérôme Lavrilleux comme directeur de cabinet – il occupait cette fonction à la mairie de Meaux puis à la présidence du groupe UMP à l'Assemblée nationale – et Brice Rabaste impliqué dans la fédération UMP de Seine-et-Marne.

Les directeurs généraux[28] qui ont été à la tête de l'UMP ont en commun une double caractéristique : ils sont issus à la fois du secteur

27. Il défraye par d'ailleurs la chronique en janvier 2011 pour avoir fait valoir ses relations afin de ne pas être verbalisé lors d'un contrôle pour excès de vitesse, lefigaro.fr, 8 février 2011.

28. Entretien avec Édouard Philippe en septembre 2004 et avec Éric Cesari en octobre 2011. Les entretiens avec Jérôme Peyrat ont eu lieu à plusieurs reprises, en septembre 2002, juin 2003 et septembre 2004, avant qu'il ne soit nommé directeur général.

public et de l'ancien RPR. En dépit de cette origine professionnelle, ils se réfèrent pourtant tous au modèle entrepreneurial à la fois pour justifier une organisation du siège selon un objectif d'efficacité gestionnaire et pour promouvoir des techniques de management et de marketing – leur conversion à ce modèle témoignant ainsi de sa diffusion dans les milieux de la haute fonction publique. De fait, les principes managériaux ont été directement introduits au sein de la droite partisane par l'intermédiaire de cadres dirigeants souvent formés dans des écoles de commerce et, pour certains, passés par les cabinets de consultants. Ainsi, l'origine de la réorganisation du siège est attribuée[29] à une note rédigée au début des années 1990 par Éric Woerth, diplômé de l'École des hautes études commerciales (HEC) et passé par la société de conseil Arthur Andersen, alors qu'il occupait le poste de directeur administratif et financier du RPR. Dans cette note, il proposait une restructuration administrative du parti au motif qu'il fallait s'adresser à trois « marchés » : celui des citoyens, celui des adhérents et celui des élus.

Très peu de travaux ont été consacrés aux salariés des partis politiques[30]. Au moment de la création de l'UMP, le RPR disposait d'une centaine de salariés, ceux de DL pouvaient être évalués à environ 25 personnes – dont environ six au groupe parlementaire. Leur transfert n'a pas été total et une partie des nouveaux salariés a été recrutée dans l'équipe de la campagne présidentielle de Jacques Chirac dans un but de rajeunissement et de professionnalisation. De fait, les périodes de campagne électorale, celle de 2002[31] tout comme celle de 2007, sont l'occasion d'un gonflement des effectifs, principalement

29. Cette origine a été évoquée dans l'entretien avec Régis Lefebvre et confirmée par Alain Juppé.

30. « Par contraste, on ne sait pas grand-chose des hommes et des femmes employés dans l'organisation qui exécutent les opérations quotidiennes des partis, allant et venant dans les territoires dans lesquels ils interviennent », Paul Webb et Robin Kolodny, « Professional Staff in Political Parties », dans Richard S. Katz et William Crotty (eds), Handbook of Party Politics, *Londres, Sage, 2006, p. 337 (ma traduction). Voir Paul Webb et Justin Fisher, « Profesionalism and the Milkbank Tendency : The Political Socology of New Labour's Employee »,* Politics, *23 (1), 2003, p. 10-20 ; Philippe Aldrin, « Si près, si loin du politique. L'univers professionnel des permanents socialistes à l'épreuve de la managérialisation »,* Politix, *79 (3), 2007, p. 25-52.*

31. Par exemple, Jérôme Peyrat évalue à 144 permanents l'équipe mobilisée pour la campagne présidentielle de 2002.

par la multiplication des contrats à durée déterminée. Dans ce domaine, on note donc également un décalage entre le fonctionnement routinier et celui qui a cours en période de campagne présidentielle. Globalement, on peut considérer que l'UMP, selon les conjonctures, oscille entre 100 et 140 salariés dont la plupart ne se retrouve pas dans des fonctions exécutives – est comprise, par exemple, dans ces calculs, l'équipe de chauffeurs. Elle dépense pourtant moins pour rémunérer ses salariés que le PS, en dépit des efforts de ce dernier, depuis sa défaite de 1993, pour se « défonctionnariser » provoquant d'ailleurs des mouvements de mobilisation dans ses rangs[32]. À l'inverse, l'administration de l'UMP est loin de n'être constituée que de « permanents » puisqu'une partie non négligeable du personnel y est employée sur des contrats à durée déterminée. Enfin, la réduction des charges salariales passe aussi par une large sous-traitance d'activités (en matière d'organisation événementielle, de gestion du web, etc.).

L'imbrication croissante des réseaux partisans et publicitaires

La place croissante des activités et des agents du secteur publicitaire dans le fonctionnement de l'UMP se traduit par l'importance des sommes dépensées pour financer les activités de marketing et de publicité et par la densité des échanges entre ce milieu économique et les professionnels qui le constituent et le parti.

L'accroissement des budgets de communication et de marketing est probablement l'un des phénomènes marquants de la transformation des modes de gestion de la droite partisane depuis la naissance de l'UMP. Le recours à des agences spécialisées s'est accru, en particulier pour l'organisation des grands événements partisans, pour la mise en place de campagnes de publicité ou pour l'investissement dans des outils internet[33]. Par exemple, l'examen de la rubrique

32. Voir Philippe Aldrin, « Si près, si loin du politique », art. cité.

33. Toutefois l'échec de la stratégie internet conduit à la fermeture du site Les Créateurs de possibles (voir infra*) dont la mise en place a coûté 500 000 euros. Et le budget d'un million d'euros confié à l'agence Publicis pour l'organisation des conventions thématiques qui devaient préparer le programme de l'UMP pour 2012 est revu à la baisse.*

« congrès » des comptes de 2009 permet de constater que l'UMP dépense plus de trois millions d'euros pour l'organisation de ces événements, soit plus de deux fois plus que la somme qu'y consacre le PS (voir tableau 4).

À l'instar des partis britanniques[34] dont les conférences sont des rituels professionnellement mis en scène[35], les événements partisans de l'UMP – congrès ou conférences nationales – sont préparés par des agences spécialisées dans le marketing événementiel. L'agence de Christophe Lambert et Luc Besson, Blue Advertainment (encadré 8), en règle souvent la scénographie, le script et la musique[36], organisant même des répétitions générales pour que les acteurs partisans, les orateurs tout comme les adhérents sélectionnés par les conseillers, apprennent leur rôle.

À côté des sommes dépensées dans l'événementiel, il faut aussi souligner l'importance du budget consacré à tout ce qui concerne l'outil internet dans une logique de transformation des techniques de mobilisation politique. La stratégie internet, incluant la réorganisation du site[37] et la création de communautés (voir *infra*), est sous-traitée à des professionnels dont beaucoup sont d'ailleurs aussi engagés politiquement à droite, la professionnalisation n'allant pas systématiquement et nécessairement de pair avec une distance politique.

34. Florence Faucher, Changing Parties. An Anthropology of British Political Conferences, *New York (N. Y.), Palgrave, 2005.*

35. À côté de la ritualisation, on y retrouve également des éléments de marchandisation, ces congrès sont aussi le moment où sont proposés des produits dérivés tricolores et parfois plus sophistiqués – dont un stylo doté d'une sonnerie avec La Marseillaise. *Ces produits sont disponibles dans un espace « boutique » intitulé « POP Store » sur internet.*

36. La professionnalisation n'est pas toujours la panacée. Ainsi, l'utilisation sans autorisation lors d'une convention de l'UMP d'un morceau de musique du groupe MGMT a débouché sur une procédure juridique et le paiement d'une amende de 30 000 euros.

37. Le site UMP est transformé par l'agence Isobar dans le sens de « la culture media » afin d'être plus accessible et accrocheur à l'instar d'un site de marque, « L'UMP se vend comme une marque », strategies.fr, 28 janvier 2010.

Encadré 7
Les stratèges d'internet

La stratégie internet est d'abord confiée à l'agence L'Enchanteur des nouveaux médias dont le responsable est Arnaud Dassier. Adhérent UMP et fils de l'ancien directeur de l'information de TF1 et président de l'Olympique de Marseille (OM), il a participé à la campagne présidentielle de 2002 et mis en place la stratégie internet de Nicolas Sarkozy en vue de la campagne présidentielle de 2007. L'agence Mobilisation directe qui avait été impliquée dans la confection du site de Jacques Chirac en 2002 se trouve, pour sa part, liée à Alexandre Basdereff, ancien directeur du Service d'information du gouvernement (SIG) de 1995 à 1997 quand Alain Juppé était Premier ministre. À la tête de la société Optimus, il a acquis, en 2010, l'agence Philantrôpia, spécialisée dans la mobilisation de fonds et la recherche de grands donateurs. En 2010, la réorganisation du site et la mise en place de celui des Créateurs de possibles sont confiées à l'agence Blue AM et sa filiale Isobar (voir encadré 8). Après cet échec (voir *infra*), un nouvel appel d'offres est lancé ; il est gagné par l'agence Emakina, localisée dans le Limousin qui se charge de la stratégie digitale de l'UMP durant la campagne présidentielle de 2012.

L'étude des relations entre les partis politiques et l'univers des consultants spécialisés en communication et marketing politiques et collecte de fonds a été influencée par la situation américaine où les partis politiques peuvent apparaître comme des simples intermédiaires, des courtiers (*brokers*), entre les candidats et les consultants[38]. En France, l'imbrication des secteurs partisans et publicitaires n'est pas un phénomène nouveau. Par exemple, la trajectoire professionnelle et politique de Jean-Pierre Raffarin, membre des Jeunes Giscardiens puis de la direction marketing des cafés Jacques Vabre et directeur général de Bernard Krief Communication dans les années 1980 en témoigne, tout comme celle de Michel Noir, formé chez les Jeunes Gaullistes et commençant sa carrière comme consultant en marketing, tous deux ont d'ailleurs écrit des essais sur la communication et la publicité.

Néanmoins, conformément à la tendance repérée dans l'ensemble des partis politiques, on constate bien à l'UMP un accroissement du

38. *Robin Kolodny, « Electoral Partnership : Political Consultants and Political Parties », dans James A. Thurber et Candice J. Nelson (eds),* Campaign Warriors. Political Consultants in Elections, *Washington (D. C.), Brooking Institutions Press, 2000, p. 110-132.*

rôle joué par le marché de la communication et de la mobilisation politiques. Ce mouvement ne se manifeste pas exclusivement par la diffusion de pratiques de sous-traitance, et l'on ne peut considérer le parti comme un simple courtier entre candidats et consultants en communication. Il serait plus juste de considérer que le mouvement s'accompagne d'une imbrication de certains secteurs de la communication et du marketing dans la sphère partisane ainsi que d'un accroissement des formes de circulation entre les deux mondes.

La professionnalisation de l'administration partisane peut être mesurée à partir de critères renvoyant au degré à la fois d'expertise, d'autonomie, de mobilité et d'autorégulation[39] de ses membres. Selon ces critères, on constate l'existence d'un certain nombre d'éléments allant bien dans le sens de cette professionnalisation, parmi lesquels la nomination à la tête de certaines directions de spécialistes de leur domaine[40] et la mobilité de ces experts au sein d'un secteur professionnel défini par leur compétence. Ainsi les trajectoires des différents responsables de la communication attestent des nombreux passages entre structures gouvernementales, partisanes et privées. À titre d'illustration, Florence Depret, ancienne directrice du pôle communication de l'UMP et collaboratrice de Xavier Bertrand, venait d'Euro-RSCG. Elle est devenue directrice d'une association, Croissance plus, rassemblant des entreprises autour du thème de l'innovation. Son adjoint est, quant à lui, entré à Euro-RSCG. Pierre-Jean Henin, chargé de la communication de l'UMP pendant les élections européennes de 2009, a travaillé dans des journaux du groupe Prisma presse puis chez Publicis. Il a été chargé de la presse internationale puis est devenu porte-parole adjoint à l'Élysée avant de créer une entreprise spécialisée justement dans les relations avec la presse internationale. On observe également des trajectoires inversées, marquées par la transférabilité de ressources politiques en ressources professionnelles. C'est, par exemple, le cas d'Olivier Ubéda, ancien directeur adjoint de la communication de l'UMP, qui a commencé par se constituer un capital

39. David M. Farrel et Paul Webb, « Political Parties as Campaign Organizations », art. cité, p. 338-339.

40. Par exemple, la directrice des affaires administratives et financières a été formée à l'École supérieure des sciences économiques et commerciales (Essec).

politique en tant que cadre du PR puis de l'UDF et qui l'a utilisé professionnellement en créant son entreprise de conseil en stratégie institutionnelle et en image.

Encadré 8
Les réseaux publicitaires

Régis Lefebvre, délégué général de l'UMP, a été au cœur de la question du changement de nom en 2002 (voir chapitre 2). Il quitte ensuite le parti pour Publicis puis, en 2007, pour l'agence Young et Rubicam. En 2004, alors que Philippe Douste-Blazy, dont Régis Lefebvre a été le collaborateur à l'UDF, est ministre de la Santé, Publicis remporte la campagne pour la réforme de l'assurance-maladie (strategies.fr, 17 juin 2004). En juin 2008, la campagne gouvernementale pour le pouvoir d'achat (estimée à 4,33 millions d'euros) est orchestrée par Young et Rubicam (afp.google.com, 23 juin 2008).

L'appel d'offres très disputé portant sur le changement de nom de l'UMP s'est finalement conclu par la sélection de CLM/BBDO. L'agence remporte le contrat et obtient, dans la foulée, la campagne de publicité de promotion de la « nouvelle marque » – un million d'euros dépensés pour l'achat d'espaces dans la presse quotidienne régionale et nationale. À sa tête se trouvait Christophe Lambert qui passe à Publicis en 2003 – où il recrute Régis Lefebvre – puis crée, en 2008, avec Luc Besson, la société Blue Advertainment – néologisme formé des termes *advertising* et *entertainment* –, spécialisée dans le « spectacle de marque » et dont le directeur général est, depuis 2010, Régis Lefebvre. Christophe Lambert est le conseiller en communication de l'UMP et de Jean Sarkozy. Blue Advertainment s'occupe de la scénographie des meetings de l'UMP tandis que la société Blue AM issue d'une joint-venture avec Aegis Media, groupe de conseil d'achat d'espace dont la filiale numérique est Isobar, s'est occupée de la mise en place du site communautaire de l'UMP Les Créateurs de possibles (pour un budget de 500 000 euros).

La trajectoire d'Emmanuelle Mignon constitue une autre preuve de la forte circulation entre sphère partisane et secteur de la publicité. Ancienne directrice des études de l'UMP, elle a, à ce titre, préparé le projet présidentiel de 2007. Après les élections, elle devient directrice de cabinet de Nicolas Sarkozy à l'Élysée. Puis elle rejoint au printemps 2010 la holding de Luc Besson, Front Line, qui contrôle Europa Corp, une société de production et de distribution dont le directeur général est Christophe Lambert, et dont elle est la secrétaire générale chargée de la stratégie, du développement, des affaires juridiques et de la direction des ressources humaines. Elle revient dans l'entourage présidentiel en vue de la préparation de la campagne de 2012.

Les sommes dépensées dans le marketing et la publicité donnent une mesure de l'importance accordée à la communication politique dans les activités partisanes de l'UMP. Parallèlement, l'enchevêtrement de ces réseaux socioprofessionnels et partisans apparaît comme l'un des éléments permettant de comprendre un certain nombre de dynamiques. Le suivi des carrières des principaux acteurs chargés de ces secteurs illustre les mouvements de circulation et d'échanges entre l'arène partisane et les secteurs économiques de la communication institutionnelle et politique. Ces mouvements opèrent dans les deux sens : des professionnels de la communication politique sont recrutés à l'UMP, des anciens cadres de l'organisation font carrière dans le privé comme prestataires des campagnes publicitaires menées par le gouvernement ou par le parti. Après avoir été dirigée par des énarques, la droite partisane serait-elle livrée aux publicitaires ? En tout état de cause, à côté des échanges, connus et anciennement noués, entre le monde de la fonction publique et celui des partis politiques, un seuil semble avoir été franchi par l'insertion de plus en plus forte du secteur des agences de publicité et de la communication politique au cœur même de ce monde partisan et non plus à sa marge dans des positions de conseil.

Le management des sous-groupes

Tout parti politique peut être considéré comme un « système politique miniature[41] » constitué d'une « constellation de groupes rivaux[42] ». La littérature sur le factionnalisme a tenté de caractériser et de classifier ces sous-groupes en produisant une variété de notions : courants, tendances, factions, fractions, etc. Cette profusion a non seulement créé une certaine confusion[43] mais promu une vision très statique du pluralisme partisan alors même que ces sous-groupes se caractérisent par une forte malléabilité et donc exigent d'être analysés

41. *Samuel J. Eldersveld,* Political Parties : A Behavioral Analysis, *Chicago (Ill.), Rand Mc Nally, 1964, p. 1.*
42. *Giovanni Sartori,* Parties and Party System. A Framework of Analysis, *Colchester, ECPR Press, coll. « Classics », 2005 (1re éd. 1976), p. 64.*
43. *David W. Brady et Charles S. Bullock, « Party and Factional Organization in Legislatures »,* Legislative Studies Quarterly, *8 (4), 1983, p. 599-654.*

de manière dynamique[44]. S'agissant de l'UMP, le management des sous-groupes partisans constitue un véritable enjeu puisque la nouvelle formation a procédé par fusion (voir chapitre 2). Pourtant, ce management n'est pas passé par la mise en place de canaux d'expression en interne mais par la mise en place d'un système de filiales et, de ce fait, le pluralisme idéologique s'est trouvé externalisé, aux frontières du parti.

Le maintien d'un système de filiales

L'analyse du budget public de l'UMP (voir tableau 4 *supra*) atteste de l'importance des flux financiers qui irriguent une nébuleuse constituée d'organisations ayant ou non le statut de formations politiques – le financement d'un parti par un autre parti n'étant pas plafonné. Parmi ces dernières, on trouve des organisations politiques et des clubs ayant pris ou non le statut juridique de parti. L'UMP, organisation souche, alimente donc financièrement ces filiales et crée un système de dépendance à sa périphérie. Encore faut-il noter que les sommes en jeu ont fortement diminué : le budget 2004, sous la présidence d'Alain Juppé, avait alloué 5 millions d'euros aux mouvements associés à l'UMP et le budget 2005, sous la présidence de Nicolas Sarkozy, prévoyait une enveloppe de 3,6 millions d'euros. La baisse de l'enveloppe est patente puisque, pour l'année 2009, 2 millions d'euros auraient été distribués.

Ces échanges financiers vont de pair avec des mouvements inverses allant, cette fois, d'associations locales de soutien à des personnalités, que l'on a appelées des « micro-partis » mais qui sont plus justement des « pseudo-partis », vers l'UMP. Ces pratiques de financements ont été largement médiatisées au moment de l'« affaire Bettencourt » impliquant Éric Woerth, mais elles avaient déjà été épinglées par la CNCCFP qui avait alerté sur la multiplication[45] des structures *ad hoc*. De fait, certaines associations locales participent de manière non négligeable au financement de l'UMP. Par exemple, l'Union

44. *Françoise Boucek, « Rethinking Factionalism. Typologies, Intra-party Dynamics and the Three Faces of Factionalism »,* Party Politics, *15, 2009, p. 445-485.*
45. *Premier rapport d'activité du CNCCFP,* Journal officiel, *décembre 1993, brochure 4233.*

républicaine et d'actions communautaires (URAC) domiciliée à la permanence du député des Bouches-du-Rhône, Dominique Tian (membre de La Droite populaire, voir chapitre 5), a versé 120 000 euros à l'UMP. Dans le même département, Cap sur l'Avenir 13, domiciliée à la permanence de Renaud Muselier, lui a transmis 10 000 euros[46].

Des contrats d'associations particuliers et révisables

Le maintien en vie par l'UMP d'un ensemble d'organisations dépendantes d'elle financièrement ne peut s'analyser que si l'on considère ce dispositif comme une alternative à cette autre forme de « management » des sous-groupes qu'aurait été l'introduction des courants à l'intérieur du parti (voir chapitre 2)[47]. L'UMP – comme tout parti politique – est constituée de différents sous-groupes. Certains sont fondés sur les anciennes affiliations partisanes (anciens de DL, de l'UDF, etc.), d'autres ont pour base des affinités idéologiques. Ainsi les « libéraux » sont bien présents dans le parti, les « souverainistes », réservés à l'égard de l'intégration européenne, se sont en revanche affaiblis – principalement du fait de la défection de Debout la République en janvier 2007 –, les « centristes » ont longtemps paru moins organisés, les « droitistes » ont récemment affirmé leurs positions, etc. Il existe également des groupes soudés par le soutien à une personnalité : les « villepinistes », par exemple, ont constitué un petit groupe autour de la promotion de leur leader jusqu'à ce qu'ils se rallient progressivement à l'équipe dirigeante de l'UMP.

Le modèle des courants, s'il avait été introduit, aurait été radicalement novateur pour la droite partisane. Son absence d'application a laissé place à un dispositif fondé sur le principe d'association. L'existence, selon la terminologie officielle, de « personnes morales associées[48] » est une tradition qui date de la mutation de l'UNR en UDR

46. *Voir www.cnccfp.fr*
47. *Ces questions ont été, une première fois, traitées par Florence Haegel, « Le pluralisme à l'UMP », dans Florence Haegel (dir.),* Partis politiques et système partisan en France, *Paris, Presses de Sciences Po, 2007, p. 219-254.*
48. *Selon les statuts, « sont considérées comme personnes morales associées les associations loi 1901, disposant ou non de la qualité de parti politique, ayant régulièrement demandé leur association à l'Union et dont celle-ci a été approuvée par le Conseil National de l'Union ».*

en 1967[49], elle a été maintenue au RPR[50] et aujourd'hui à l'UMP. Elle s'inscrivait, à l'origine, dans un processus d'établissement d'une domination dans son camp et de « rassemblement » qui supposait l'acceptation, classique à droite (voir chapitre 1), d'une forme de double appartenance. Dans le cas de l'UMP, les personnes morales associées sont, pour une part des anciennes formations politiques, et pour une autre part des clubs ou associations loi 1901[51]. À l'origine, la revendication d'un statut d'associé a semble-t-il été posée par les radicaux, attachés à préserver leur autonomie.

En général, le lien d'association suppose l'existence d'un contrat de droit privé, les modalités variables de contribution de l'UMP au financement de ces associations étant l'objet principal des négociations. Par ailleurs, le statut d'association permet à ces organisations de garder, le cas échéant, le contrôle de leurs adhésions et d'intervenir au cœur des logiques de dosage politique qui président à la répartition des postes[52]. L'association suppose des négociations privées et non transparentes, et débouche sur des accords particuliers et révisables. Dans un tel système caractérisé par une très forte opacité, la direction du parti garde le contrôle et se trouve en position d'entretenir des clientèles et des liens d'affiliation dans la mesure où elle peut traiter de manière différente ses interlocuteurs. L'inscription d'un droit des tendances aurait non seulement fixé des règles objectives et publiques d'organisation du pluralisme mais aurait aussi introduit le principe compétitif au cœur même des activités programmatiques et de répartition des postes.

Un certain nombre de partis politiques, membres de l'UMP, bénéficient de ce système d'association. Le premier d'entre eux est le Parti radical[53] : les comptes publics indiquent en effet que ce parti recevait,

49. *Voir Jean Charlot,* Le Phénomène gaulliste, op. cit., *p. 133.*
50. *Pascal Sigoda, « Les cercles extérieurs du RPR »,* Pouvoirs, *28, 1984, p. 143-158.*
51. *La Convention démocrate d'Hervé de Charrette, qui accueille les anciens membres du Parti populaire pour la démocratie française (PPDF), renoue en réalité avec l'héritage des clubs Perspectives et réalités, Nation et progrès, etc.*
52. *S'agissant des formations associées, cette logique de dosage est inscrite dans les statuts qui précisent que « ces personnes morales associées sont représentées au Conseil National de l'Union et dans les instances départementales de l'Union dans des conditions fixées par le Bureau Politique ».*
53. *De fait, le Parti radical monopolise, de 2002 à 2011, la plus grande part des dépenses que l'UMP consacre à subventionner les autres formations*

avant sa prise de distance, un million d'euros par an de l'UMP. Sa décision en mai 2011 de quitter l'UMP entraîne le blocage du versement de l'UMP. Sa désassociation a d'ailleurs rendu visibles les logiques du dispositif puisque deux arguments s'opposent alors. D'un côté, les dirigeants de l'UMP évoquent « une déclaration unilatérale de rupture du contrat » et menacent de demander « la rétrocession des dotations annuelles versées au Parti radical depuis 2007, puisque le contrat portait sur toute la durée de la législature (2007-2012)[54] », de l'autre le secrétaire général du Parti radical, Laurent Hénart, invoque, lui, la confidentialité des clauses de la convention et constate que, pour l'heure, l'UMP ne l'a pas officiellement dénoncée. Pour les radicaux, l'UMP détient des fonds publics qui ne lui appartiennent pas et qu'elle n'aurait jamais perçus sans les candidats et élus radicaux. Pour les élections législatives de 2012 entérinant une stratégie d'autonomisation, le Parti radical, prenant exemple sur le Nouveau Centre (voir *supra*), a passé un accord avec un « micro-parti », Le Trèfle. Les nouveaux écologistes, qui lui permet de récupérer 800 000 euros de dotation publique.

La multiplication des clubs et collectifs parlementaires

Parallèlement, d'autres flux financiers plus périphériques lient l'UMP à la galaxie des clubs et associations gravitant dans son orbite. En effet, l'ajournement des courants à l'intérieur même du parti a entraîné l'éclosion d'une myriade de clubs et de *think tanks* en marge du parti. Ceux-ci sont généralement financés par l'UMP à des degrés variables selon les contextes politiques[55]. Ainsi, en 2009, les clubs les plus centraux sont liés aux principaux sous-leaders que sont Jean-Pierre Raffarin, François Fillon et Michèle Alliot-Marie. Ils sont financés à plus du tiers par la maison mère : par ordre d'importance de la subvention annuelle accordée, on trouve ainsi Dialogue et initiative (100 000 euros), France.9 (60 000 euros) et Le Chêne (50 000 euros)[56].

politiques. En 2002, Hervé de Charrette réussit à négocier pour la Convention démocrate une enveloppe de 600 000 euros.
54. Lepoint.fr, 21 juillet 2011.
55. « Les aides UMP, baromètre de l'utilité politique de ses clubs », lefigaro.fr., 19 janvier 2010.
56. CNCCFP, Treizième rapport d'activité 2010, *Paris, Direction de l'information légale et administrative, 2011, tableau 15, p. 97.*

Le rôle joué par Dialogue et initiative comme creuset de l'unification des droites a déjà été évoqué (voir chapitre 2). Quant à France.9, il est créé en octobre 2002 par François Fillon et partage des caractéristiques communes avec la Nouvelle République fondée en mai 2003 par Michel Barnier. Tous deux occupent, en effet, des positions proches dans le spectre idéologique de l'UMP. Organisés autour de la promotion d'une personnalité, leur implantation locale est assez faible. Leur audience se déploie principalement dans les milieux étudiants, et plus précisément dans des sites étudiants très spécifiques (Sciences Po à Paris et en province, par exemple) où ils développent en priorité des activités pédagogiques. De ce point de vue, ils s'inscriraient bien dans la lignée du courant gaulliste de gauche dont Jean Charlot notait déjà la faiblesse de l'implantation militante et locale mais l'audience chez les intellectuels[57]. L'ancienne ministre des Affaires étrangères et ancienne présidente du RPR, Michèle Alliot-Marie, dispose elle aussi d'un club de réflexion, Le Chêne, tout comme Jean-François Copé qui a également créé une structure, Génération France.

L'existence d'un large groupe parlementaire constitue automatiquement un facteur propice à l'expression de la diversité. De 2002 à 2012, la taille du groupe parlementaire[58] et la présence de nouveaux élus à l'Assemblée nationale rendent utile la mise en place d'un système d'encadrement. Des groupes d'affinités se sont constitués afin de faire pression sur le travail parlementaire et, au-delà, sur la vie du parti et le débat public. Ils n'ont pas d'existence officielle dans le parti et ont rarement de statut juridique, à la différence des clubs extraparlementaires.

Certains sous-groupes parlementaires se fondent sur des identifications idéologiques. Deux clubs d'obédience libérale, les Réformateurs[59] et Génération entreprise[60], coexistent et souvent se

57. *Jean Charlot,* Le Phénomène gaulliste, op. cit., *p. 110.*
58. *De 2002 à 2007, le groupe UMP est composé de 465 députés sur un total de 577 ; à partir de 2007, il accueille 314 députés dont 7 apparentés.*
59. *Les Réformateurs (77 députés de l'UMP) sont principalement composés d'anciens de DL et ont pour chef de file Hervé Novelli, député d'Indre-et-Loire, délégué général de DL en 1997.*
60. *Le club Génération entreprise est fondé en juin 2002 par deux députés ex-RPR, respectivement des Yvelines et de l'Oise, Jean-Michel Fourgous et Olivier Dassault. Il revendique une centaine de députés issus du monde de l'entreprise et, pour leur majorité, issus du RPR, et se donne pour objectif de promouvoir la culture de l'entreprise contre la « culture administrative ».*

chevauchent[61]. Ils représentent alors la structure de lobbying des thèses libérales la plus active au sein du Parlement[62]. Le réseau libéral, conformément à une tradition historique déjà évoquée (voir chapitre 1), se caractérise par une multiplication de structures périphériques au parti. Même si son épine dorsale demeure les anciens de DL, voire le réseau constitué par les Cercles libéraux d'Alain Madelin, il draine bien au-delà de cette formation.

Aux côtés de ces sous-groupes à teneur idéologique ou thématique déjà établis, de nouveaux venus se sont créés en vue de la préparation de la campagne présidentielle de 2012. La Droite populaire, élément pivot de la tendance à la radicalisation de l'UMP (voir chapitre 5) se met en place après l'échec des élections régionales de mars 2010. La Droite rurale rassemble, elle, des députés issus de circonscriptions rurales afin de défendre les intérêts mais aussi les valeurs de la ruralité[63]. Par la suite, deux autres groupes se sont constitués : La Droite sociale créée par Laurent Wauquiez en avril 2011 et Les Humanistes lancés en octobre 2011 par Marc Laffineur et Jean Leonetti. Dans les deux cas, ces collectifs ont été mis en place par des membres du gouvernement et autorisent la double appartenance contribuant à brouiller les frontières.

En tout état de cause, l'on doit considérer que sans assise parlementaire il est difficile pour un sous-groupe partisan de compter au sein de l'UMP. La difficulté à percer d'un autre sous-groupe, La Droite libre, l'atteste parfaitement. Courant se définissant comme libéral, républicain et anti-islamiste, animé par Rachid Kaci, entré en politique sous le parrainage de Charles Pasqua et ayant milité pour la réhabilitation de

61. La moitié du groupe des Réformateurs appartient également à Génération entreprise.
62. Ils mettent en avant les thèmes libéraux traditionnels : établissement d'un service minimum dans les services publics, réforme générale de la fiscalité, réforme de l'État par la refonte du statut de la fonction publique (banalisation de l'ENA, transformation du mode de recrutement des hauts responsables de l'administration, instauration d'un régime d'incompatibilité entre l'appartenance à la fonction publique et le mandat parlementaire) et la simplification réglementaire et législative, etc.
63. Dans ce registre d'éloge de la France rurale, Christian Jacob, président du groupe UMP à l'Assemblée nationale, déclarait à propos de Dominique Strauss-Kahn : « ce n'est pas l'image de la France, l'image de la France rurale, l'image de la France des terroirs et des territoires, celle qu'on aime bien, celle à laquelle je suis attaché », déclaration à Radio J, 13 février 2011.

Charles Millon, il s'implique dès la fondation de l'UMP dans la compétition interne, par la participation à deux reprises de son porte-parole à l'élection pour le poste de président. Pour ce faire, il fait conjoncturellement alliance avec les souverainistes ; il tente également de mobiliser en dehors du parti par l'utilisation d'un répertoire d'action diversifié (mobilisation *via* internet et blocage des sites des syndicats, par exemple)[64] ; il privilégie encore le combat idéologique par des prises de position libérale sur le plan économique, contre le multiculturalisme et l'islam[65]. Son poids dans le parti est toutefois demeuré marginal, probablement car il n'a pas d'assise parlementaire.

Parallèlement à ces groupes fondés sur des affinités idéologiques, des clubs comme La Boussole[66], Génération terrain[67] ou le Club 3D[68], par exemple, sont des groupes peu formalisés et sans contenu idéologique, accueillant de nombreux nouveaux élus. Ils s'apparentent à des structures de socialisation mais également de coordination et d'encadrement et ont pu, le cas échéant, remplir également un rôle d'accélérateur de carrières des parlementaires, en particulier par la promotion au gouvernement[69].

Le projet présidentiel de 2007 a été préparé au cœur même du parti. Même si Emmanuelle Mignon qui en a la charge avait été recrutée à

64. Sous le slogan « Ils bloquent la France, nous bloquons leur boîte mail ! ! », La Droite libre lance, au printemps 2003, une opération pour saturer les boîtes mails du Syndicat national des enseignants de second degré (SNES), de l'Union des syndicats autonomes (UNSA) et de la Fédération syndicale unitaire (FSU). Ces syndicats ont référé l'association devant le tribunal de grande instance de Paris et obtenu sa condamnation, l'avocat de l'UMP s'étant publiquement désolidarisé de cette action.

65. L'importance accordée au combat idéologique peut se mesurer à la publication d'ouvrages de son responsable, Rachid Kaci, La République des lâches. La faillite des politiques d'intégration, *Paris, Les Syrtes, 2003 et avec Alexandre Valle,* Le Totalitarisme islamique. À l'assaut de la démocratie, *Paris, Les Syrtes, 2002.*

66. La Boussole autour d'Éric Woerth, trésorier de l'UMP, est créée après sollicitation de Jacques Barrot, président du groupe. Elle se considère comme un instrument, un relais au service du gouvernement.

67. Génération terrain est un club restreint, ayant pour objectif de faire remonter les expériences de terrain au gouvernement.

68. Le Club 3D réunit, pour l'essentiel, des anciens élus UDF ralliés à l'UMP et des députés actuellement UDF et se donne pour objectif de « favoriser l'émergence de passerelles entre les sensibilités de la majorité ».

69. À l'issue du remaniement d'avril 2004, le gouvernement Raffarin III est marqué par l'entrée de huit membres de ces clubs au gouvernement.

l'extérieur des réseaux partisans, elle a entrepris l'élaboration du projet présidentiel en tant que directrice des études de l'UMP[70]. En 2011, de manière significative, le secrétaire général du parti met en avant trois piliers pour la construction du projet présidentiel 2012 : les adhérents, les élus et les *think tanks*. La constitution de ce troisième pilier est entérinée par la création, en janvier 2011, d'un « conseil des clubs et *think tanks* » réunissant l'ensemble des 33 structures de réflexion de la nébuleuse UMP. Dans cette configuration, la Fondapol, fondation liée à l'UMP, joue son rôle de *think tank* en publiant fin 2011 « 12 idées pour 2012 » dans un esprit fortement libéral en matière sociale, économique et culturelle – notamment par l'ouverture du mariage et de l'adoption pour les couples du même sexe. De fait, la campagne de 2012, puis les défaites présidentielle et législative, ont rendu visibles les sous-groupes de l'UMP et les divergences idéologiques qu'ils pouvaient porter et remettent d'actualité la question de la structuration par courants.

Les nouvelles technologies de mobilisation

Dans les travaux internationaux consacrés aux partis politiques, l'engagement partisan, objet pourtant canonique, ne suscitait plus tellement l'attention. L'étude de la mobilisation partisane était dévaluée en raison du déclin des partis politiques, mesurable en termes de recrutement militant et d'affaiblissement de l'identification partisane[71]. Toutefois, elle a été, récemment, remise au goût du jour[72] en raison

70. Voir, sur cette question de l'élaboration du programme présidentiel de 2007, Joseph Confavreux et Jade Lindgaard, « L'hémisphère droite. Comment la droite est devenue intelligente », Mouvements, *52 (4), 2007, p. 18.*

71. Voir principalement Russel J. Dalton et Martin P. Wattenberg (eds), Parties Without Partisans, op. cit. *et, pour une analyse du déclin en termes de recrutement des adhérents, Peter Mair et Ingrid Van Biezen, « Party Membership in Twenty Euopean Democracies, 1980-2000 »,* Party Politics, *7 (1), 2001, p. 5-21.*

72. Sur cette question, voir Susan Scarrow, Parties and Their Members, op. cit. *et, pour une rapide présentation du débat en français, Florence Haegel, « Un parti politique a-t-il besoin d'adhérents ? »,* La Revue socialiste, *13, juillet-août 2003, p. 22-27 ; voir également, Pippa Norris,* Democratic Pheonix. Reinventing Political Activism, *Cambridge, Cambridge University Press, 2002.*

de l'existence de mouvements de démocratisation interne dont les effets sont d'ailleurs débattus[73]. Cet intérêt renouvelé pour les adhérents des partis résulte également de l'infléchissement de l'analyse électorale qui tend aujourd'hui à reconsidérer l'importance des effets de contexte, de l'influence personnelle et des discussions politiques, en bref des phénomènes sociaux d'encadrement et d'enrôlement dans l'explication de la participation électorale[74]. Or, même si les partis politiques ne détiennent pas de monopole dans ce domaine, leur rôle dans la mobilisation électorale demeure central[75]. En matière d'adhésion, l'UMP pourrait être assimilée à un cas déviant dans la mesure où, à rebours des évolutions des partis européens marqués par une baisse continue de leurs membres, la droite partisane française a plutôt infléchi la tendance. Il est vrai que ce mouvement s'est accompagné d'un assouplissement du lien d'adhésion, d'un recours aux technologies du marketing et d'une forte indexation des cycles d'adhésion aux campagnes électorales, en particulier présidentielles.

La France comme cas déviant ?

Alors que Jacques Chirac, lors de ses successives candidatures présidentielles (en 1981, 1988, 1995 et 2002), n'a jamais dépassé la barre des 6 millions d'électeurs au premier tour, Nicolas Sarkozy réussit, en 2007, à en rassembler près du double, soit 11,5 millions d'électeurs[76], tandis qu'en 2012 il en mobilise 9,7 millions. En 2007, cette

73. La massification et l'individualisation de la participation au sein des partis ont pu être analysées comme une opération de dépossession des militants et délégués, seuls détenteurs des compétences nécessaires pour se constituer en contre-pouvoir vis-à-vis du leadership.

74. Voir Kay L. Schlozman, « Citizen Participation in America : What Do We Know ? Why Do We Care ? », dans Ira Katznelson et Helen V. Milner, Political Science. State of the Discipline, *New York (N. Y.), W. W. Norton, 2002, p. 433-461.*

75. Robert Huckfeld et John Sprague, « Political Parties and Electoral Mobilization : Political Structure, Social Structure and the Party Canvass », American Political Science Review, *86, 1992, p. 70-86. Pour une présentation et discussion de ces travaux, voir Céline Braconnier,* Une autre sociologie du vote. Les électeurs dans leurs contextes : bilan critique et perspective, *Université de Cergy-Pontoise, coll. « LEJEP », 2010.*

76. Sylvie Strudel, « L'électorat de Nicolas Sarkozy : "rupture tranquille" ou syncrétisme tourmenté », Revue française de science politique, *57 (3-4), juin-août 2007, p. 459-474.*

mobilisation électorale de grande ampleur est précédée d'un accroissement impressionnant du nombre de membres de l'UMP. Celui-ci se déroule en trois étapes : en 2002 avec la création de l'UMP, en 2004 avec l'élection de Nicolas Sarkozy à la présidence de l'organisation et en 2007 durant la campagne présidentielle. Selon les chiffres officiels, le nombre d'adhérents serait passé de 164 500 en novembre 2002 à 338 520 en janvier 2007. Après l'élection présidentielle de 2007, l'UMP aurait perdu environ un tiers des effectifs et, début 2010, elle revendique 253 645 adhérents, autour de 200 000 en 2011 et elle aurait atteint les 261 000 à la veille de la campagne présidentielle de 2012 et environ 264 000 après l'élection. Même si « la marge de bluff » qu'avait bien évaluée Jean Charlot à propos de la mobilisation militante des premières années du RPF[77] est réelle et que les chiffres annoncés ne font que renouer avec ceux du début des années 1980[78], une mobilisation partisane d'une réelle ampleur – pour le cas français – a incontestablement lieu.

Il apparaît d'ailleurs d'autant plus pertinent d'étudier comment se fabrique la mobilisation partisane que la situation contrevient aux tendances européennes qui enregistrent une baisse de l'engagement partisan. Globalement en effet, le déclin de l'adhésion partisane en Europe est avéré même si les temporalités varient selon les pays[79]. Depuis la seconde guerre mondiale, la baisse des adhérents a été linéaire en Autriche, Italie, Norvège, Suisse ainsi qu'au Danemark, Royaume-Uni et Pays-Bas – elle a été particulièrement spectaculaire dans les cas britannique et danois[80] – ; elle a pris la forme d'une courbe en U inversé avec un sommet dans le milieu des années 1960 ou 1970

77. *Jean Charlot,* Le Gaullisme d'opposition, op. cit., *p. 87.*
78. *En 1984, les effectifs étaient évalués à 331 000, Pierre Bréchon, Jacques Derville et Patrick Lecomte,* Les Cadres du RPR, op. cit., *p. 11.*
79. *Pascal Delwit, « Still in Decline ? Party Membership in Europe », dans Emilie Van Haute (ed.),* Party Membership in Europe : Exploration into the Antihills of Party Politics, *Bruxelles, Éditions de Bruxelles, 2011, p. 25-42.*
80. *Le cas danois marqué par une baisse particulièrement forte – le pourcentage des adhérents à un parti politique y étant passé de 20 % en 1960 à 5 % en 2000 – est particulièrement documenté. Voir pour les publications les plus récentes, Karina Pedersen* et al., *« Sleeping or Active Partners ? Danish Party Members at the Turn of the Millennium »,* Party Politics, *10 (4), 2004, p. 367-383 et Karina Pedersen,* Party Membership Linkage : The Danish Case, *Copenhague, Insitute of Political Science, 2003.*

en Allemagne, Belgique et Finlande ; dans le cas suédois une chute brutale est intervenue dans les années 1980.

Comparativement à ces pays, la France se caractérise depuis longtemps par une faible proportion d'électeurs adhérents à une organisation partisane. Les partis politiques apparaissent à la fois peu implantés dans la société et peu légitimes dans le discours public. Selon les estimations, le taux d'adhésion partisane, évalué à 1,57 %[81] ou 1 %[82], est comparativement très bas malgré une légère remontée dans les années 1970. Les partis politiques français ont pourtant récemment fait preuve d'un notable regain de mobilisation alors que la plupart des partis européens connaissaient un mouvement continu de baisse de leurs membres.

Les itinéraires d'adhésion à droite

En s'appuyant sur une enquête menée auprès des participants au congrès du 17 novembre 2004[83], au cours duquel Nicolas Sarkozy est élu président de l'UMP, on peut reconstituer les itinéraires organisationnels des congressistes (voir graphique 1) et établir qu'il existe, en fait, trois groupes : celui des « nouveaux adhérents » de 2002 (46 %) – déclarant n'avoir pas appartenu, depuis 1981, à une autre formation –, celui des ex-RPR (41 %) et celui des membres d'autres formations (13 %) répartis entre les anciens de DL (6 %), de l'UDF (4 %) ou d'autres formations de droite (CNIP, La Droite, RPF, etc.). Ce fort pourcentage de membres ayant rejoint l'UMP en 2002 alors qu'ils n'avaient jamais appartenu à une organisation partisane indique un taux élevé de renouvellement, dès 2004 et qui s'est amplifié avec la mobilisation portée par la campagne présidentielle de 2007. Alain Juppé reconnaît rétrospectivement d'ailleurs que son échec a été de ne pas avoir réussi à « gérer l'afflux d'adhésions », pour preuve « les adhérents ne recevaient plus leurs cartes[84] ».

81. Peter Mair et Ingrid Van Biezen, « Party Membership in Twenty European democracies, 1980-2000 », art. cité.
82. Dominique Andolfatto, « Les adhérents : une ressource réévaluée », dans Dominique Andolfatto, Fabienne Greffet et Laurent Olivier (dir.), Partis politiques. Quelles perspectives ?, *Paris, L'Harmattan, 2001, p. 83-98.*
83. Cette enquête par questionnaires distribués lors du congrès du 7 novembre 2004 auprès de 765 congressistes est présentée au chapitre 4.
84. Entretien Alain Juppé, mairie de Bordeaux, janvier 2010.

La large proportion des anciens du RPR par rapport aux transfuges des autres formations constitutives de l'UMP n'étonne guère. Non seulement la place et la légitimité accordée dans ces diverses organisations aux adhérents mais encore la gestion des fichiers étaient très variables. Par exemple, la « dote » promise à la corbeille de l'union par DL s'est, tout compte fait, avérée décevante. Ses fichiers d'adhérents étaient partiellement constitués de sympathisants s'étant, par exemple, simplement déplacés pour un dîner-débat, il ne s'agissait pas donc pas de classiques encartés, encore moins d'adhérents payant régulièrement leurs cotisations.

Graphique 1 : Les itinéraires organisationnels des adhérents de l'UMP de 2004

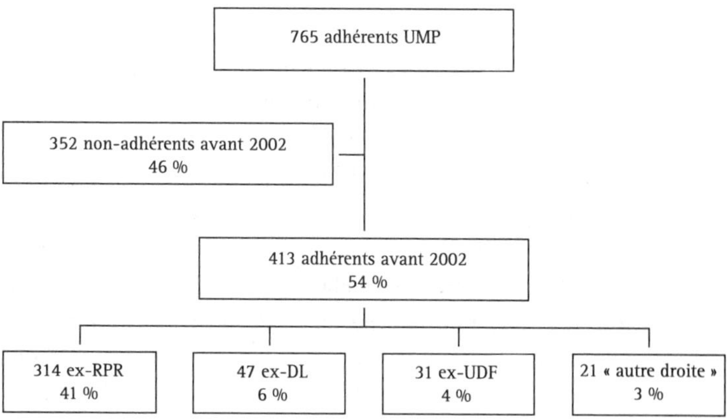

Pour ceux dont l'engagement partisan est antérieur à 2002, l'examen des dates d'adhésion livre deux types d'enseignement (voir graphique 2). Le premier est attendu : les vagues d'adhésion sont indexées aux grandes dates de l'histoire de la mobilisation électorale de la droite française[85]. Le second est moins connu dans la mesure où il souligne les effets du contexte strictement organisationnel – en l'occurrence ici celui du RPR – sur les flux d'adhésion.

S'agissant du premier, outre 1976, moment fondateur du RPR, la date décisive est évidemment 1981, celle de l'alternance, qui a cimenté

85. *Voir Jacques Lagroye* et al., Les Militants politiques dans trois partis français, *Paris, Pedone, 1976, p. 39-40.*

un « ensemble générationnel »[86] dont le versant de droite est repérable aux différents niveaux de l'organisation (adhérents, élus, dirigeants). À sa façon, Nicolas Sarkozy incarne d'ailleurs parfaitement la génération marquée par cette alternance, laquelle a provoqué une forme de réévaluation de l'auto-identification à droite chez une grande partie des jeunes responsables RPR ou UDF. Dans de nombreux discours sarkozystes, deux principales césures historiques sont évoquées, celle de 1968 et celle de 1981. L'autre contexte de forte adhésion est 1995 et l'élection présidentielle victorieuse tandis qu'à l'inverse, 1988, second échec consécutif de Jacques Chirac, est un moment de dépression pour le RPR assez comparable à la situation du PS en 2002. Quant à la victoire législative de 1993, elle s'apparente à un mouvement d'adhésion d'ampleur plus réduite que la présidentielle. Autant dire que les vagues d'adhésion sont principalement indexées aux conjonctures électorales, pour l'essentiel, présidentielles.

Reste qu'au titre des résultats moins prévisibles, on trouve les mouvements d'adhésion en 1990 et 1999. Il s'agit des deux seuls moments dans l'histoire du RPR où la compétition interne est publique et réglée par un vote concurrentiel. Après la défaite de Jacques Chirac à l'élection présidentielle de 1988, la contestation interne – à travers le « mouvement des rénovateurs »[87] d'abord, puis celui du « retour aux sources[88] » – a imposé une réforme interne prévoyant un vote par motions. Aux assises de février 1990, la motion présentée par Charles Pasqua et Philippe Séguin recueille environ un tiers des suffrages. En 1999[89] a lieu la première élection véritablement concurrentielle à la présidence du parti : Michèle Alliot-Marie est finalement élue contre

86. Rappelons qu'un « ensemble générationnel » est, selon Karl Manheim, marqué par un même événement, partage une orientation vers une même problématique mais n'en est pas pour autant unifié, au contraire, il apparaît polarisé, Karl Manheim, Le Problème des générations, *Paris, Armand Colin, 2005.*

87. Ce terme désigne le mouvement de contestation de douze députés RPR et UDF appartenant à la même génération et dont beaucoup avaient conquis des mairies lors des élections de 1983 afin de renouveler la droite. Parmi eux on trouve Michel Noir, Alain Carrignon, Philippe Séguin mais aussi François Bayrou, Philippe de Villiers, Charles Millon.

88. Florence Haegel, « Mémoire, héritage, filiation », art. cité.

89. Bernard Dolez et Annie Laurent, « Quand les militants du RPR élisent leur président. 20 novembre-4 décembre 1999 », Revue française de science politique, *50 (1), 2000, p. 125-146.*

Jean-Paul Delevoye, François Fillon et Patrick Devedjian. Les vagues d'adhésion repérables à ces deux dates attestent des effets de la compétition interne sur la mobilisation partisane. On peut faire l'hypothèse que cette dernière résulte d'un travail d'enrôlement de nouveaux et probablement surtout d'anciens membres à qui l'on a demandé de reprendre leur carte, travail engagé par les partisans des différents compétiteurs au niveau local. Dans la même logique, la conquête d'un parti passe souvent par une tentative de renouvellement des adhérents : Jacques Chirac en 1974 a conquis l'UDR par « le retournement des caciques par les militants[90] », cette recette est réutilisée en 2004 par Nicolas Sarkozy.

Graphique 2 : Les dates d'adhésion des membres de l'UMP de 2004 (avant 2002)

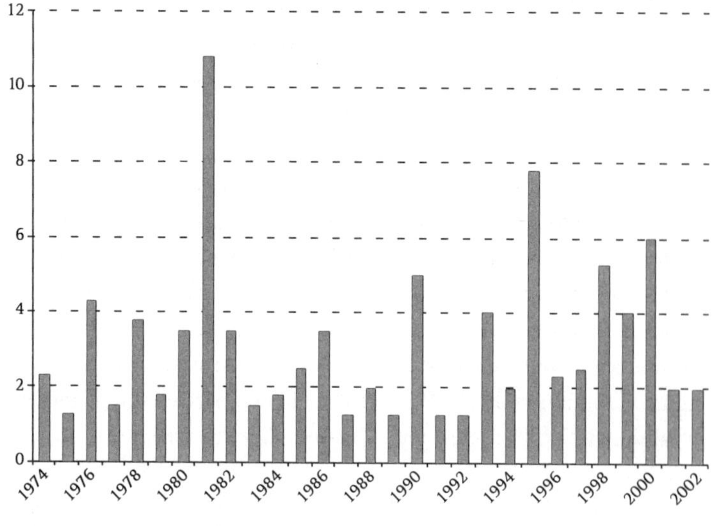

L'UMP comme entrepreneur de mobilisation

Le débat actuel sur les partis politiques porte, entre autres, sur l'évaluation de la place accordée aux adhérents dans ces organisations. Outre la question de leur nombre, l'enjeu est aussi de savoir si l'on s'achemine

90. Voir Michel Offerlé, « Transformation d'une entreprise politique », art. cité, p. 12.

vers un nouveau modèle de parti non plus construit autour de la figure de l'adhérent mais autour de celle du professionnel[91], non plus tourné vers le *party on the ground* mais de plus en plus lié à l'État. Premier constat : l'évolution des partis ne s'accompagne pas partout d'une marginalisation du pouvoir des adhérents comme le notent d'ailleurs Richard Katz et Peter Mair qui précisent que « beaucoup de partis donnent du pouvoir plutôt qu'ils ne marginalisent leurs membres[92] ».

En effet, un certain nombre de grands partis européens, en tous les cas en Grande-Bretagne et en Allemagne[93], mais également, avec un temps de retard, en France, ont modifié leurs règles de fonctionnement en accordant plus de place aux adhérents dans certaines décisions allant de la sélection des dirigeants, voire des candidats, à l'approbation des programmes. Concernant l'UMP, les modifications sont limitées et portent principalement sur les points suivants : le recours au vote direct des adhérents pour la sélection du président du parti – exception faite de la période dérogatoire ouverte en 2007 (voir *supra*) – et du secrétaire de circonscription – le secrétaire départemental restant nommé par le secrétaire général – et l'augmentation du nombre de membres élus par les adhérents dans l'ensemble des instances collégiales – les membres nommés ou de droit restant toutefois les plus nombreux.

« Être moderne » ne signifie donc pas se désintéresser de la mobilisation des adhérents : la droite partisane ne se pense pas comme un *party without partisans*[94]. Bien au contraire, la volonté de mettre en place une mobilisation partisane de grande ampleur et de conquérir des nouveaux adhérents est partagée par l'ensemble des dirigeants depuis la fondation de l'UMP[95], même si le lien partisan qu'ils tentent de fabriquer s'en trouve fortement assoupli, voire relâché.

91. *Voir, par exemple la notion de* electoral-professionnal parties *avancée par Angelo Panebianco,* Political Parties : Organization and Power, op. cit., *p. 262 et suiv.*
92. *Richard Katz et Peter Mair, « Changing Models of Party Organization and Party Democracy », art. cité, p. 15 (ma traduction).*
93. *Susan Scarrow,* Parties and their Members, op. cit
94. *Russel J. Dalton et Martin P. Wattenberg (eds),* Parties Without Partisans, op. cit.
95. *Les anciens de l'UDF apparaissant d'autant plus convaincus de cette nécessité qu'ils ont un complexe d'infériorité organisationnelle vis-à-vis du RPR et qu'ils ont tout à gagner de l'arrivée de nouveaux adhérents dans les futurs rééquilibrages.*

Les outils marketing pour façonner l'offre d'adhésion

Cette mobilisation se revendique des technologies du management d'entreprise[96] et le recrutement de nouveaux adhérents s'inscrit dans une culture d'objectifs et de performances. Au niveau national, non seulement un compteur placé dans le hall du siège a longtemps affiché le nombre d'adhérents, mais régulièrement des objectifs, souvent irréalistes, sont fixés - probablement pour galvaniser les troupes. Par exemple, l'objectif de 500 000 adhérents pour 2012 est repris par Xavier Bertrand en 2010, ce qui implique, en gros, de doubler les effectifs en deux ans. Objectif - faut-il le préciser - qui n'a jamais été atteint. Une évaluation des performances locales met en concurrence les fédérations dans cette course aux nouveaux adhérents : un tableau est établi afin de classer les fédérations, et des réunions sont organisées à Paris afin de sanctionner les plus faibles et de récompenser les meilleures.

Les outils marketing sont également utilisés pour développer une stratégie de contacts - une quinzaine de personnes travaillent au « pôle militant » du siège - et offrir des incitations sélectives aux futurs adhérents afin de les convaincre « d'acheter la marque UMP ». Une fois encore, on constate une forme de porosité entre les grilles d'analyse scientifique inspirées de l'économie et celles que mobilisent les acteurs partisans qui pensent et construisent le lien d'adhésion comme la résultante d'un calcul coûts-avantages. Pour attirer plus d'adhérents, il faut à la fois baisser le coût de l'engagement et en accroître les rétributions[97]. Cette logique contribue à façonner une offre d'adhésion diversifiée et assouplie.

La réduction des coûts de l'adhésion commence, tout simplement, par la baisse du « prix » des cotisations. Là aussi, l'UMP présente deux faces dans la mesure où les cotisations varient selon le contexte : lors

96. *Sur ces questions voir Anne-Sophie Petitfils, « L'institution partisane à l'épreuve du management. Rhétorique et pratiques managériales dans le recrutement des "nouveaux adhérents" au sein de l'Union pour un mouvement populaire (UMP) »,* Politix, *79 (3), 2007, p. 53-76 et « La seconde fondation de l'UMP : techniques de recrutement et sociologie des nouveaux adhérents »,* Mouvements, *52 (4), 2007, p. 57-63.*
97. *Daniel Gaxie, « Économie des partis et rétributions du militantisme »,* Revue française de science politique, *27 (1), février 1977, p. 123-154.*

des campagnes présidentielles, le prix de l'adhésion peut baisser. Durant celle de 2007, le parti promeut ainsi une adhésion au prix d'appel de 10 euros. Par la suite, les cotisations de base sont progressivement augmentées à 20 euros puis à 25 euros, assorties d'une portion facultative (15 euros) présentée comme une contribution spécifique au financement des campagnes électorales – existent par ailleurs des cotisations plus avantageuses pour les couples et les jeunes de moins de 30 ans. Pour la campagne de 2012, les prix ont de nouveau baissé. Par ailleurs, la possibilité d'adhérer pour l'ensemble d'un mandat présidentiel, dans le cadre d'un « pacte présidentiel », est offerte, supposant d'autoriser le parti à opérer un prélèvement automatique chaque année.

Par ailleurs, dans la logique du marketing qui tend de plus en plus à différencier les offres et à proposer des traitements de faveur pour ceux qui payent plus, l'UMP élargit sa gamme d'offres d'adhésion dont le coût est indexé aux rétributions qu'elles procurent. Il existe ainsi une carte « privilège » coûtant 50 euros et ouvrant l'accès à des invitations – avec une place au plus près des orateurs lors de congrès – et des informations prioritaires – le livre spécial du projet. À côté de la figure de l'adhérent on trouve aussi celle des petits et grands donateurs. Les premiers – versant au minimum 300 euros – sont adhérents au Cercle France, ce qui leur donne le droit de rencontrer une fois par trimestre une personnalité de l'UMP autour d'un débat d'actualité. Les seconds – donnant plus de 3 000 euros[98] – bénéficient d'une rencontre mensuelle, dont parfois avec le président de la République en personne. Cette collecte de fonds rencontre un certain succès comme l'atteste la part prise par les dons personnels dans les recettes de l'UMP (voir tableau 3 *supra*).

La baisse des coûts de l'adhésion renvoie aussi au fait de faciliter l'acte même d'adhérer. À côté du recrutement classique[99]

98. Ces prix apparaissent dérisoires si on les compare à ceux pratiqués par les partis britanniques.

99. À l'été 2006, la caravane des Jeunes Populaires de l'UMP sillonne la France des plages. Vêtus de tee-shirts sur lesquels est inscrit le slogan « C'est l'été, imaginons la France d'après », les jeunes militants distribuent des gadgets (tongs, repose-tête...). Leur objectif est de « faire des adhésions » et leur périple est mis en images sur le site internet du parti.

(par interaction de face-à-face) coexistent des formes nouvelles : par internet, par téléphone et même par SMS[100]. Les adhérents par internet, de plus en plus nombreux, ne sont pas obligés de prendre contact avec une fédération – alors que l'adhérent socialiste doit théoriquement le faire. Dès lors, le lien partisan se trouve largement déterritorialisé et les opérations électorales peuvent se faire par voie électronique, hors congrès, et physiquement déconnectée de la communauté partisane[101].

L'arrivée de l'équipe de Nicolas Sarkozy à la tête du parti à la fin 2004 est marquée par une accélération de la stratégie internet sous-traitée à un ensemble d'agences spécialisées (voir *supra*). Cette stratégie démarre de manière très offensive par l'usage des outils du marketing commercial pour diffuser le plus largement possible le « produit partisan ». Elle implique la location de fichiers d'adresses électroniques afin de développer une campagne d'e-mailings assimilés par Franck Louvrier, directeur de la communication en 2004-2007, aux « tracts du XIXe siècle[102] ». Elle inclut également l'achat de liens associés à certains mots-clés afin de mettre en contact les internautes avec l'offre partisane[103] et l'organisation d'opérations ponctuelles comme la campagne « 48 h pour prendre parti ».

Elle se poursuit par la promotion, plus difficile à mettre en œuvre, de la participation électronique. De fait, l'UMP échoue dans son entreprise de créer une communauté active[104]. Le site Les Créateurs de possibles, inauguré en janvier 2010, est fermé un an après, en raison de

100. « Difficile d'adhérer sur une plage ? Pas pour l'UMP, qui lance, après l'adhésion par internet et celle par téléphone, l'adhésion par SMS. Il suffit de taper UMP, suivi de ses nom, prénom et numéro de téléphone portable et d'envoyer le tout au 31-767. Dans la minute, vous recevez un Texto signé Nicolas Sarkozy, vous remerciant de la confiance que vous témoignez à son parti. Dans l'heure, le service des adhésions de l'UMP prend contact avec vous », lemonde.fr, 29 juillet 2005.

101. Laurent Olivier, « Ambiguïté de la démocratisation partisane en France (PS, RPR, UMP) », Revue française de science politique, *53 (6), octobre 2003, p. 761-790.*

102. Cité dans « L'UMP secoue le cocotier du marketing politique », strategies.fr, 6 octobre 2005.

103. Ainsi après les émeutes urbaines de l'automne 2006, en tapant sur internet les termes « racailles », « émeutes », « banlieue », un lien était établi avec une pétition UMP de soutien à Nicolas Sarkozy.

104. Marianne2.fr, 8 novembre 2007.

son faible succès[105]. À la différence du PS qui a misé sur un site communautaire (La Coopol) tournée vers les militants afin de leur délivrer des outils et des services tout en promouvant le débat interne, le projet des Créateurs de possibles était de mobiliser plus largement, au-delà du parti, en se servant de ce site comme d'un levier d'actions collectives ponctuelles. Évalué à 1,2 million d'euros pour la création et le fonctionnement, le site n'aurait rassemblé que 16 000 inscrits[106].

L'on peut également souligner que l'engouement à l'égard des techniques de management et de marketing a conduit à d'autres échecs. Dans le domaine non plus de la mobilisation mais de l'évaluation des politiques, l'élaboration d'un tableau de bord jugeant de l'avancement en termes de politiques publiques des engagements du candidat Sarkozy a été réalisée, alors que Patrick Devedjian était secrétaire général, en novembre 2007. Cette initiative préparée par un cabinet de consultants, Eurogroup Consulting – rémunéré 500 000 euros – consistait à publier une notation (de 0 à 3) de l'avancement des réformes. Elle est restée dans le registre de l'éphémère en raison de ses effets pervers...

Pour contrebalancer les coûts de l'adhésion, quels en sont les avantages ? Sous quelles formes l'adhérent est-il rétribué ? Depuis plusieurs années, la mobilisation partisane s'appuie, en général, sur les nouvelles incitations ou rétributions produites par la démocratisation interne : adhérer permet de participer aux processus de désignation des dirigeants[107], d'intervenir dans la sélection des candidats – y compris présidentiel –, voire de participer à l'élaboration du projet. Dans le cas de l'UMP, ce système d'incitation est de bien moindre ampleur que dans les autres partis puisqu'il repose essentiellement sur la désignation du candidat présidentiel et du président du parti. Le vote des adhérents n'est en effet nécessaire que pour la désignation de certaines candidatures[108] et demeure marginal pour l'élaboration du projet. En outre, dans de nombreux cas, le verrouillage des

105. Le réseau s'inspirait de la campagne présidentielle de Barack Obama et du fameux « Yes we can » traduit en français sur la page de présentation du site par « Quand on veut, on peut ».

106. Lexpress.fr, 27 décembre 2010.

107. Une campagne d'adhésion a été ainsi lancée en prévision du congrès fondateur de l'UMP du 17 novembre 2002.

108. Le projet de statuts de l'UMP prévoit, de manière assez vague, que le comité départemental est compétent pour attribuer, après consultation des

candidatures réduit l'envergure de la compétition même si, à l'échelon local, la participation peut garder un sens et justifier les stratégies d'enrôlement d'adhérents de certains leaders locaux. Pour le reste, la démocratisation prospère sur fond de personnalisation : 85 % des nouveaux adhérents de 2005, interrogés dans une enquête commanditée par l'UMP[109], déclaraient adhérer pour désigner le candidat à l'élection présidentielle de 2007, et plus précisément pour soutenir Nicolas Sarkozy – 78 % déclaraient avoir adhéré « pour la personnalité et le discours de Nicolas Sarkozy ». En 2012, le candidat président sortant n'a pas eu besoin d'être adoubé par le parti.

Quant à la désignation du président du parti, elle constitue *a priori* un point d'orgue de la vie partisane. La désignation d'un nouveau leader à l'automne 2012, selon des modalités ouvertes et concurrentielles – même si les conditions de candidature et la nécessité pour les candidats de recueillir un nombre important de parrainage (3 % des adhérents) ont réduit le nombre de concurrents – remet au cœur du dispositif des adhérents UMP nettement marginalisés dans le fonctionnement du parti de 2007 à 2012. De fait, coexiste une large panoplie de liens partisans : lien territorialisé ou partiellement déterritorialisé, lien permanent ou conjoncturel, lien actif ou dormant[110], au point que la notion de « parti de supporters » que les socialistes utilisent pour stigmatiser certaines formes de mutation de l'engagement partisan ne revêt à l'UMP aucune connotation péjorative.

De plus – à la différence du PS où les courants sont répertoriés, soupesés lors des élections internes, visibles localement – le pluralisme à l'UMP n'étant pas fortement institutionnalisé (voir *supra*), les logiques territoriales sont moins prévisibles. Certes les adhérents ne sont pas des électrons libres puisqu'ils s'inscrivent dans des réseaux locaux marqués par des allégeances personnelles, mais leur système d'affiliation est moins transparent qu'au PS et probablement plus labile.

adhérents concernés, les investitures de l'Union aux élections cantonales et municipales de moins de 30 000 habitants.

109. *Enquête Ipsos,* Les Nouveaux Adhérents de l'UMP, *réalisée les 21 et 22 septembre 2005, échantillon de 604 nouveaux adhérents, méthode des quotas, entretien par téléphone.*

110. *Karina Pedersen* et al., *« Sleeping or Active Partners ? Danish Party Members at the Turn of the Millennium », art. cité.*

Le cas de l'UMP constitue une claire illustration de la diffusion au sein des partis politiques d'un modèle entrepreneurial marqué par le recours aux technologies de management et de marketing. Cette diffusion transparaît tant dans les formes de mobilisation que dans le management des « filiales », et ce modèle constitue un mode de légitimation des nouvelles pratiques de gestion du parti réappropriées par une direction administrative pourtant encore largement issue du secteur public. Le chapitre suivant en s'intéressant aux soubassements socioculturels de la droite partisane permettra d'évaluer la part prise par cette culture d'entreprise comparée à la culture administrative, non plus exclusivement parmi ces gestionnaires mais dans l'ensemble de l'UMP. Quand on examine la direction du parti, il apparaît que la notion de « parti électoral professionnel » s'applique assez bien à l'UMP et que l'imbrication de la sphère partisane et du monde économique des agences spécialisées dans la mobilisation et la communication politiques en constitue un phénomène particulièrement éclairant.

Ce constat invite aussi à rediscuter la thèse de la cartellisation des partis politiques[111]. Celle-ci repose sur l'idée que ces derniers se seraient déplacés de la société vers l'État par le passage de partis de masse et d'intégration sociale, donc enracinés dans la société, à des partis-cartels, sortes d'agences fournissant des services publics (*public utilities*)[112], liés à l'État par des relations fortes et structurantes entretenues par le biais de la régulation et du financement publics mais aussi par l'ampleur des phénomènes de patronage[113]. La métaphore du « déplacement est trompeuse[114] » car simplifiante compte tenu de l'intervention de l'État dans de nombreux secteurs sociaux et économiques. De plus, s'agissant de la droite partisane française, il faut rappeler que l'interpénétration des partis et des structures étatiques intervient dès la création de ces organisations (voir chapitre 1). L'on peut dès lors considérer que celles-ci ne se sont pas, à

111. Richard Katz et Peter Mair, « Changing Models of Party Organization and Party Democracy », art. cité.

112. Ingrid Van Biezen, « Political Parties as Public Utilities », art. cité.

113. Ingrid Van Biezen et Petr Kopecky, « The State and the Parties : Public Funding, Public Regulation and Rent-Seeking in Contemporary Democracies », Party Politics, *13 (2), 2007, p. 235-254.*

114. Rud Koole, « Cadre, Catch-All or Cartel Party ? A Comment on the Notion », Party Politics, *2 (4), 1996, p. 507-523.*

proprement parler, déplacées *vers* l'État parce qu'elles sont simplement nées *dans* l'État.

Comment concilier alors diffusion du modèle entrepreneurial, renforcement des liens avec le secteur privé de la communication politique et dépendance financière ? Probablement en rappelant que l'État lui-même s'est transformé sous l'influence des théories du management public, de la diffusion des partenariats privé-public et de l'introduction au cœur même de l'État des standards du monde de l'entreprise par le recours aux principes et pratiques du management public[115] et en considérant les transformations du phénomène partisan de manière plus complexe et plus réaliste, autrement dit en insistant sur les phénomènes d'imbrication, de circulation et de brouillage. L'UMP représenterait alors un exemple représentatif d'une entreprise largement subventionnée par l'argent public ou d'une agence publique fortement imbibée de rhétorique et pratiques managériales et marketing et de relations collusives avec certains secteurs économiques.

115. Sur ce point, voir Yohann Aucante et Alexandre Dézé, « Introduction », dans Yohann Aucante et Alexandre Dézé (dir.), Les Systèmes de partis dans les démocraties occidentales, op. cit., *p. 25.*

Chapitre 4 / LE PEUPLE DE DROITE
ORDRE SOCIAL, FIBRE POPULAIRE ET CULTURES POLITIQUES

Selon la conception wébérienne, un parti politique constitue une « sociation », autrement dit une relation sociale de type associatif fondée sur un recrutement formellement libre[1]. S'il est essentiel de prendre en compte le fait que les mécanismes d'adhésion se déploient dans une arène particulière régie par les règles de la compétition politique pour la conquête des postes, ce caractère propre ne permet pas toujours clairement de distinguer la relation partisane d'autres relations de type associatif et surtout ne suffit pas à unifier toutes les manières dont les adhérents ont d'investir dans le parti. Tout le monde n'y recherche pas la même chose et n'en tire pas les mêmes satisfactions et avantages. Les liens partisans varient selon les acteurs concernés et dépendent de leurs positions partisanes autant que sociales. Pour comprendre comment se nouent ces relations et comment se déploient ces formes d'investissement, il faut alors se situer au croisement des logiques organisationnelles et sociales et penser l'interaction entre la manière dont est déterminée l'offre d'adhésion par le parti et celle dont est façonné l'engagement individuel dans un contexte déterminé[2].

Dans le chapitre précédent, le versant organisationnel de la relation partisane a été privilégié à travers l'analyse des objectifs et des outils mis en œuvre par l'UMP pour renforcer la mobilisation partisane, ce

1. *« Nous considérons ici comme essentielle la caractéristique de l'adhésion (formellement) libre, le fondement volontariste du parti ; cette caractéristique implique en tous cas une différence sociologique profonde avec toutes les associations prescrites et organisées par la réglementation du groupement », Max Weber,* Économie et Société, *tome 1, Paris, Plon, 1995 (1re éd. 1921), p. 374.*
2. *Sur ces questions, voir Laura Morales,* Joining Political Organizations. Institutions, Mobilisations and Participation in Western Democracies, *Colchester, ECPR Press, coll. « Monographs Series », 2009 ; Johanna Siméant et Frédéric Sawicki, « Décloisonner la sociologie de l'engagement militant. Note critique sur quelques tendances récentes des travaux français »,* Sociologie du travail, *51 (1), 2009, p. 97-125.*

que l'on peut appeler les technologies de l'adhésion. L'amplification de la mobilisation, mesurée par la hausse des effectifs, s'était accompagnée d'une diversification et d'un assouplissement des formes d'adhésion ainsi que d'une réduction des coûts que celles-ci entraînaient – comme en témoignent, par exemple, la baisse des coûts financiers et la réduction des attentes en matière de militantisme.

Ce chapitre porte, lui, sur le versant social et culturel de la relation partisane indispensable pour connaître à la fois les segments au sein desquels le parti est implanté et les cultures qui l'irriguent. De fait, la sociographie des acteurs partisans est un préalable à toute recherche compréhensive portant sur l'organisation, la culture ou l'idéologie. Elle permet de lester les phénomènes partisans d'une « densité sociologique[3] », voire socioculturelle, qui manque cruellement à la littérature internationale sur les partis qui apparaît trop souvent grisée par des modèles abstraits et désincarnés. L'on ne peut, en effet, situer et comprendre les pratiques partisanes et le fonctionnement d'une organisation sans connaître les acteurs qui la composent, leurs appartenances et expériences sociales et les cadres cognitifs qu'ils ont sécrétés. Par exemple, agit-on de la même manière dans un parti composé de professions intellectuelles à l'aise avec l'injonction délibérative et la « culture du débat[4] » et dans une formation accueillant des acteurs, et souvent des défenseurs, de la culture d'entreprise promouvant l'atteinte des objectifs et l'efficacité des actions menées ?

Cette attention portée à la densité socioculturelle des partis politiques s'inscrit dans un large mouvement de recherche attaché à la mise au jour des logiques sociales des phénomènes partisans, ce que Alan Zuckerman et ses collègues appellent « la logique sociale de l'attachement partisan[5] ». Cette approche suppose de s'intéresser à la fois aux phénomènes d'interconnaissance et d'interaction et aux

3. *Florence Haegel, « À la recherché de la "densité" des phénomènes organisationnels : l'exemple du RPR », dans Dominique Andolfatto, Fabienne Greffet et Laurent Olivier (dir.),* Partis politiques. Quelles perspectives ?, op. cit., *p. 83-98.*
4. *Rémi Lefebvre et Frédéric Sawicki,* La Société des socialistes. Le PS aujourd'hui, *Bellecombe-en-Bauges, Éditions du Croquant, 2006, p. 177.*
5. *Alan S. Zuckerman, Josip Dasovic et Jennifer Fitzgerald,* Partisan Families. The Social Logic of Bounded Partisanship in Germany and Britain, *Cambridge, Cambridge University Press, 2007.*

phénomènes de structuration sociale. Les adhérents d'un parti politique agrègent un ensemble de groupes sociaux et locaux qui constitue un monde partisan caractérisé par un système d'interaction qui lui est propre et que l'on saisit bien quand on engage un travail de terrain constitué d'observations des lieux et des actions militants. Par ailleurs, cet ensemble dénote également un type de structuration dont les traits apparaissent clairement si on les compare à d'autres. Le « jeu d'échelles[6] » est, comme souvent, indispensable[7] ; il implique non seulement de combiner les différents niveaux d'appréhension du phénomène partisan et non d'en sacraliser un, mais aussi de manier, dans un même mouvement, approches comparative et localisée.

La droite partisane vue d'en bas

Observer la droite « d'en bas » revêt une double signification. L'entreprise signifie d'abord la saisir à partir de ses adhérents, ce que l'on appellerait en anglais ses *grass-roots members*, et non à travers ses ministres, ses dirigeants ou ses élus. Mais elle veut également dire l'appréhender à l'échelle locale et non nationale. Les deux opérations de recherche ne peuvent être confondues mais elles peuvent être cumulées. Cette vision d'en bas s'appuie ici sur la réalisation de deux types d'enquête : l'enquête quantitative a concerné un échantillon national de congressistes UMP réunis en 2004 ; l'enquête qualitative a pris la forme d'un travail de terrain localisé, réalisé de l'automne 1999 au printemps 2000 dans les départements des Yvelines et du Gard.

Une enquête quantitative auprès des congressistes de 2004

Les études quantitatives portant sur l'univers social des adhérents des organisations politiques de la droite européenne demeurent rares[8] – celles portant sur la gauche sont à peine plus nombreuses – et la

6. *Jacques Revel (dir.),* Jeux d'échelles. La micro-analyse à l'expérience, *Paris, Seuil et Galllimard, 1996.*
7. *Voir sur ces questions, Julien Fretel, « L'UDF au prisme du jeu d'échelle », dans Florence Haegel (dir.),* Partis politiques et système partisan en France, op. cit., *p. 183-218.*
8. *Voir l'enquête menée au début des années 1990 sur les* tories, *Paul Whiteley, Patrick Seyd et Jeremy Richardson,* True Blues. The Politics of

droite française ne fait pas exception, les enquêtes disponibles sur ses membres (adhérents, délégués et cadres) y étant peu fréquentes et anciennes[9]. Dès lors, pour cerner plus globalement les logiques de l'engagement à l'UMP, l'on doit bricoler avec des données partielles ou datées. Le manque est d'autant plus regrettable que l'ampleur du renouvellement des adhérents après 2004 et des transformations sociales qui l'ont accompagnée est grande. L'enquête quantitative utilisée ici repose sur la passation d'un questionnaire lors du congrès du 28 novembre 2004 au cours duquel Nicolas Sarkozy est élu président de l'UMP. Les éléments de comparaison avec les adhérents socialistes s'appuieront sur des données recueillies à la fin des années 1990[10] puisqu'il n'existe pas de données postérieures à cette date. Le principal défaut de l'enquête de 2004 est évidemment le fait qu'elle ne prend pas en compte l'afflux d'adhérents ayant rejoint l'UMP entre 2004

Conservative Party Membership, *Oxford, Clarendon, 1994. Les mêmes auteurs ont d'ailleurs poursuivi leur programme de recherche en enquêtant sur les autres partis britanniques, Patrick Seyd et Paul Whiteley,* New Labour's Grassroots : The Transformation of the Labour Party Membership, *New York (N. Y.), Palgrave, 2002 ; Patrick Seyd, Paul Whiteley et Antony Billinghurst,* Third Force Politics : Liberal Democrats at the Grassroots, *Oxford, Oxford University Press, 2005. En français, Patrick Seyd et Paul Whiteley, « L'évolution récente des adhérents du Parti conservateur et du Parti travailliste en Grande-Bretagne »,* Revue française de science politique, *46 (6), 1986, p. 914-935. Une enquête réalisée en 1999 auprès des adhérent-e-s du Fine Gael fait également exception, Michael Gallagher et Michael Marsh,* Days of Blue Loyalty : The Politics of Membership of the Fine Gael Party, *Dublin, PSAI Press, 2002. Le numéro de* Party Politics *consacré aux « Party Members and Activists » (10 (4), 2004) fournit également des données de comparaison sur les partis irlandais, scandinaves et canadiens.*

9. *L'on peut citer les travaux anciens qui comparent entre eux les militants des partis français. Voir principalement Mark Kesselman, « Systèmes de pouvoir et cultures politiques au sein des partis politiques français. Le cas du Parti socialiste et de l'Union des démocrates pour la Ve République »,* Revue française de sociologie, *13, 1972, p. 485-515 ; Jacques Lagroye* et al., Les Militants politiques dans trois partis français, op. cit. *; l'ouvrage fondé sur l'enquête menée aux assises du RPR de novembre 1984 par Pierre Bréchon, Jacques Derville et Patrick Lecomte,* Les Cadres du RPR, op. cit. *; les publications exploitant l'enquête Sofres,* Les Attitudes politiques des cadres du RPR interrogés aux assises du 11 février 1990, *voir Philippe Habert, « Les cadres du RPR : l'empire éclaté », dans Sofres,* État de l'opinion, *Paris, Seuil, 1991, p. 199-219 et Gérard Grunberg, « Les cadres des partis et la crise de la représentation », dans Sofres,* État de l'opinion, *Paris, Seuil, 1992, p. 199-220. Pour les adhérent-e-s des partis de gauche, voir Daniel Boy* et al., C'était la gauche plurielle, op. cit.

10. *Daniel Boy* et al., C'était la gauche plurielle, op. cit.

et 2007[11], ni d'ailleurs le reflux consécutif à la victoire présidentielle de 2007, sans parler des mouvements intervenus en 2012.

Comme l'ont justement souligné les travaux sur le désengagement politique[12], les organisations politiques, loin d'être statiques, sont traversées par des mouvements incessants d'arrivée et de départ et les « nouveaux adhérents » ne sont jamais la parfaite réplique des anciens. L'on doit alors exploiter ces données anciennes en gardant à l'esprit qu'elles ne traduisent pas la situation de 2012 et essayer de dégager les mouvements qui étaient perceptibles dès 2004. De plus, l'on peut confronter ces enquêtes à d'autres, l'UMP ayant suscité quelques enquêtes plus récentes portant soit sur des fédérations locales[13], soit sur des groupes sectoriels[14].

Conjoncturellement marquée

L'enquête de 2004 se trouve inévitablement caractérisée par une série d'éléments contextuels. D'abord, ce congrès intervient après la démission d'Alain Juppé à la suite de sa condamnation le 16 juillet 2004 dans l'« affaire des emplois fictifs » à la mairie de Paris. C'est dire qu'il peut être assimilé à un moment clé de l'histoire de l'organisation d'autant qu'il a lieu au lendemain de l'élection « unanimiste » de Nicolas Sarkozy – pourtant peu soutenu par Jacques Chirac – à la présidence de l'UMP – le vote ayant eu lieu durant les deux semaines précédant le congrès. Autrement dit, le contexte est marqué par la persistance de tensions internes, pour l'essentiel peu publicisées, et,

11. *Lors d'une enquête par questionnaire menée en deux vagues (décembre 2006 et mars 2007) auprès des adhérent-e-s de la fédération UMP du Nord, le pourcentage de membres ayant adhéré après 2004 a pu être évalué à 58 %, Anne-Sophie Petitfils, « Mécontentements individuels et maintien de l'engagement. La loyauté à l'UMP entre contrainte, croyance et pragmatisme (2004-2008) », communication,* Congrès international des associations francophones de science politique, *ST11 « Être partisan. Loyauté, prise de parole et défection dans les partis et mouvements sociaux », avril 2011.*

12. *Olivier Fillieule (dir.),* Le Désengagement militant, *Paris, Belin, 2005.*

13. *La thèse en cours d'Anne-Sophie Petitfils se fonde sur une enquête réalisée dans la fédération UMP du Nord.*

14. *Voir Lucie Bargel,* Jeunes socialistes, Jeunes UMP. Lieux et processus de socialisation politique, *Paris, Dalloz, 2009 ainsi que Lucie Bargel et Anne-Sophie Petitfils, « Militants et populaires ! Une organisation de jeunesse sarkozyste en campagne. L'activation périodique d'une offre organisationnelle de militantisme et ses appropriations pratiques et symboliques »,* Revue française de science politique, *59 (1), février 2009, p. 51-75.*

paradoxalement, par une absence d'enjeu quant à l'issue de la compétition interne. Cette situation est d'ailleurs caractéristique de cette droite partisane toujours résistante à mettre en œuvre les principes compétitif et délibératif. Les congrès du RPR et de l'UMP s'apparentent, le plus souvent, à des entreprises soit de (re)mobilisation, soit de (re)légitimation : il s'agit ici des deux, puisque les congressistes de 2004 se réunissent pour introniser le nouveau président et ouvrir la première étape de la mobilisation présidentielle.

Dès lors, l'enquête pourrait refléter une déformation politique de l'échantillon qui se serait manifestée par la surreprésentation des supporters de Nicolas Sarkozy, plus enclins que les autres à faire le déplacement dans la région parisienne pour venir exprimer leur soutien à leur nouveau chef. Et c'est bien le cas : l'élection consacre la domination sans partage de Nicolas Sarkozy – lequel obtient 85 % des suffrages exprimés –, l'enquête ne faisant que l'amplifier – 89 % des répondants déclarent avoir voté pour lui. La comparaison des résultats de l'élection à ceux de l'enquête atteste donc d'une légère surreprésentation des électeurs sarkozystes au détriment des congressistes ayant soutenu des candidats minoritaires, Nicolas Dupont-Aignan et Christine Boutin.

Géographiquement située

Le second biais pouvait être de nature géographique. Soucieux d'éviter un échantillon géographiquement déformé, les équipes d'enquête étaient placées à l'entrée des différents halls du congrès. Les cars affrétés par les fédérations départementales déversant les adhérents par groupes, il était, en effet, indispensable de diversifier les points d'entrée tandis que la consigne était de distribuer un questionnaire environ toutes les dix personnes[15]. Mais le congrès étant organisé dans la région parisienne, au Bourget, on pouvait faire l'hypothèse que l'enquête serait, malgré tout, marquée par la surreprésentation des adhérents « parisiens ». C'est également le cas : 40 % de l'échantillon

15. Après avoir distribué nos questionnaires aux différentes entrées dès le matin, nous circulions à travers les tables soit pour en donner d'autres, soit pour en récupérer. Sur le chemin d'accès à la salle centrale, nous disposions d'un petit stand pour intercepter les adhérents se dirigeant en masse pour aller écouter le discours de Nicolas Sarkozy afin qu'ils nous restituent les questionnaires remplis.

est originaire de la région parisienne. Même si celle-ci constitue une zone historique de forte implantation des organisations s'inscrivant dans la filiation gaulliste, les adhérents parisiens restent très fortement surreprésentés : l'on peut estimer qu'ils ne représentent, en réalité, au maximum qu'un quart du nombre total des adhérents UMP.

La proximité géographique n'est pas le seul facteur pesant sur la structuration de l'échantillon puisque, sans surprise, les départements les plus mobilisés s'avèrent être les plus acquis à Nicolas Sarkozy. Outre le département des Hauts-de-Seine (6 % de l'échantillon), l'on trouve le département des Alpes-Maritimes (9,4 % de l'échantillon). Si ce dernier constitue une zone de force traditionnelle du RPR et de l'UMP, le fait que sa fédération soit dirigée par Christian Estrosi, proche de Nicolas Sarkozy, explique probablement une large part de cette importante mobilisation. En revanche, les autres « grosses » fédérations, telles que les Bouches-du-Rhône et surtout le Nord sont sous-représentées.

Une enquête de terrain localisée

L'analyse localisée des phénomènes partisans et l'attention portée aux cultures politiques locales ne sont pas absentes de la tradition d'études des partis politiques aux États-Unis et en Europe. Ainsi, dans un ouvrage publié en 1986[16], un collectif de spécialistes américains des partis se proposait de relancer un agenda de recherche reposant sur l'étude des partis au niveau local[17]. Ils revendiquaient leur inscription dans une longue tradition inaugurée par les très nombreuses monographies portant, à partir des années 1930, sur les machines partisanes en milieu urbain, et poursuivie dans les années 1960 par le travail de référence de Samuel Eldersveld sur l'implantation partisane à Détroit[18]. En effet, aux États-Unis, la plasticité des organisations et des loyautés partisanes à l'échelon local a justifié une grande tradition d'analyse des échanges partisans locaux, principalement à l'échelle urbaine,

16. *William Crotty (ed.),* Political Parties in Local Areas, *Knoxville (Tenn.), The University of Tennessee Press, 1986.*
17. *L'ouvrage est constitué de chapitres portant sur Détroit, Los Angeles, Nashville, Houston et Chicago.*
18. *Samuel J. Eldersveld,* Political Parties : A Behavioral Analysis, op. cit.

malheureusement largement absente aujourd'hui dans les publications qui dominent ce sous-champ[19]. Dans ce pays, la forte autonomie entre l'échelle locale et nationale justifiait même d'envisager que la relation entre ces deux niveaux ne soit que « sporadique, circonstancielle et accessoire » et que les partis puissent être considérés comme de simples « créatures de leur environnement local[20] ».

En Europe, l'attention portée à la dimension locale des phénomènes partisans est particulièrement présente dans la sociologie italienne[21] en raison de la force reconnue aux cultures politiques locales. Tout un ensemble de travaux portant sur les évolutions électorales et sur les implantations partisanes atteste de leur persistance et analyse le communisme local dominant dans les « régions rouges »[22] mais aussi les fédérations socialistes[23], la démocratie chrétienne[24] et plus récemment la Ligue du Nord[25]. En France, si l'implantation puis l'affaiblissement du communisme ont suscité des études localisées en milieu urbain ou rural[26], l'approche localisée a surtout été revendiquée et mise en œuvre par Frédéric Sawicki dans son étude sur le Parti socialiste[27],

19. *On pense, par exemple, à la revue* Party Politics.
20. *William Crotty, « An Agenda for Studying Local Parties Comparatively », dans William Crotty (ed.),* Political Parties in Local Areas, op. cit., *p. 6 (ma traduction).*
21. *Les publications en italien sont nombreuses, nous ne citerons que les travaux en anglais et en français.*
22. *Sidney Tarrow,* Peasant Communism in Southern Italy, *New Haven (Conn.), Yale University Press, 1967 ; Mario Caciagli, « Toscanes rouges : du PSI au PCI, du PCI au PDS », dans Daniel Cefaï (dir.),* Cultures politiques, *Paris, PUF, 2001, p. 299-316.*
23. *Samuel H. Barnes,* Party-Democracy Politics in an Italian Socialist Federation, *New Haven (Conn.), Yale University Press, 1967.*
24. *Percy Allum,* Politics and Society in Post-War Naples, *Cambridge, Cambridge University Press, 1973.*
25. *Voir Roberto Biorcio et Tommaso Vitale, « Culture, Values and the Social Basis of Northern Italian Centrifugal Regionalism. A Contextual Political Analysis of the Lega Nord », dans Michel Huysseune (ed.),* Contemporary Centrifugal Regionalism : Comparing Flanders and Northern Italy, *Bruxelles, The Royal Flemish Academy of Belgium for Science and the Arts Press, p. 171-199. Voir aussi Roberto Biorcio,* La rivincita del Nord. La Lega dalla contestazione al governo, *Rome, Laterza, 2010.*
26. *Annie Fourcaut,* Bobigny : banlieue rouge, *Paris, Éditions ouvrières et Presses de la FNSP, 1986 ; Michel Hastings,* Halluin la Rouge 1919-1939, op. cit. *; Julian Mischi,* Servir la classe ouvrière. Sociabilités militantes au PCF, op. cit.
27. *Frédéric Sawicki,* Les Réseaux du Parti socialiste, op. cit.

ouvrage qui a permis de diffuser l'approche localisée des partis dans la science politique française.

J'ai mené un travail de terrain en 1999-2000 dans deux fédérations de l'ancien RPR, celles des Yvelines et du Gard. Cette enquête incluait la réalisation d'une trentaine d'entretiens[28] menés auprès de militants, cadres locaux et élus ainsi que de nombreuses observations consignées dans un journal de terrain et recueillies soit à l'occasion de réunions publiques ou internes au parti, soit au cours d'activités festives (participation à des dîners dansants de comités de circonscription dans les Yvelines, à la bodega « los compagneros » du parti lors de la feria de Nîmes, etc.), lieux d'observation privilégiés des sociabilités partisanes.

Une fédération urbaine, l'autre rurale

Les deux départements étudiés avaient été choisis en raison des nombreuses caractéristiques qui les différencient. Du point de vue de l'environnement social et donc de la sociologie des adhérents, les Yvelines sont un département urbain alors que le Gard est rural. Dans les deux départements, l'on retrouvait parmi les adhérents RPR une surreprésentation des professions liées au monde de l'entreprise. Mais dans le cas gardois, les liens avec le milieu patronal étaient davantage pris en charge par l'UDF – l'ancien maire de Nîmes, Jean Bousquet, avait été patron de Cacharel – ; le RPR local étant plus proche du milieu des artisans. Jean-Paul Fournier qui était alors secrétaire

28. Les entretiens ont été réalisés par Christine Pütz et moi-même. Ils avaient pour objectif de saisir à la fois les pratiques partisanes et leur justification afin de cerner la culture de l'organisation. La grille d'entretien comportait les questions suivantes :
– J'aimerais que l'on parle du RPR, de la manière dont vous le percevez. Pouvez-vous me dire comment les choses se passent pour vous ? Quelle est votre place dans le mouvement ? (Quelles sont vos activités ? Avez-vous le sentiment de pouvoir agir, d'avoir une influence ? Comment voyez-vous les rapports entre le niveau local et national ?)
– D'après vous comment se prennent les décisions importantes dans le mouvement ? Pour les fonctions partisanes (circonscription, département), pour les fonctions électives ?
– Pour vous finalement qui peut être considéré comme le patron ? (niveau local, départemental, national)
– Est-ce qu'il y a des choses qui ont, d'après vous, changé au RPR ?
– Selon vous le RPR fonctionne-t-il différemment des autres partis ?
– Pouvez-vous m'expliquer comment vous vous êtes engagé-e en politique ?

départemental du RPR – et qui a gardé jusqu'à aujourd'hui cette fonction à l'UMP tout en étant élu maire de Nîmes lors des élections municipales de 2001 – est fils de gendarme et a monté une entreprise artisanale. Il était à l'époque président du conseil national du Syndicat des artisans peintres en lettres et avait développé des liens avec les chambres de métiers et de l'artisanat. En revanche, dans les Yvelines, les relations avec le milieu patronal étaient solidement établies[29]. S'agissant toujours du milieu social concerné, le RPR gardois accueillait plus de militants issus des catégories ouvrières et employées que celui des Yvelines, au recrutement plus bourgeois.

Un « fief » et une « terre de mission »

Du point de vue politique, les deux départements s'opposent également. Les Yvelines s'apparentent à un département de forte implantation RPR, quel que soit l'indicateur choisi : du point de vue de la force militante – la fédération comptait environ 3 000 adhérents en 2000 – ou de celui du nombre d'élus – à cette date, sur les douze députés du département, six appartenaient au RPR. Un peu plus de dix ans après l'enquête, l'implantation de l'UMP demeure très forte tant du point de vue des adhérents – 9 000 adhérents revendiqués en 2011 plaçant cette fédération au sixième rang national – que de celui des élus – dix députés sur douze appartiennent à l'UMP à l'issue des élections législatives de 2012.

Néanmoins, de profondes modifications sont intervenues. Les deux « hommes forts » du département – généralement désignés par les militants comme les « patrons » de la fédération – étaient, début 2000, Franck Borotra, alors président du conseil général, et Pierre Bédier qui lui avait succédé en 2005. Le premier s'est retiré de la vie politique, le second y a été contraint, condamné pour corruption. Le département a, en effet, été marqué par des « affaires » qui ont conduit Pierre Bédier mais aussi Jacques Masdeu-Arus à être déchus de leurs mandats[30]. À la tête de la fédération, Henri Cuq, qui la présidait à l'époque, est décédé et a été remplacé par Valérie Pécresse. Enfin, Jacques

29. Elle passait, en priorité, par le conseil général à la tête duquel était élu, depuis 1994, Franck Borotra, ancien chef d'entreprise et ancien ministre de l'Industrie.

30. Pierre Bédier a été condamné en mai 2009 à 18 mois de prison avec sursis, à une amende de 25 000 euros et à trois ans de privation des droits civiques, entraînant une peine d'inéligibilité de six années pour « corruption

Massacré, ancien danseur, occupait, au moment de l'enquête, le poste de secrétaire départemental tout en étant maire et vice-président du conseil général, il est retourné à des activités culturelles[31] et a été successivement remplacé par deux anciens RPR.

À l'inverse, le Gard pouvait être assimilé, en 2000, à une terre de mission, moins d'ailleurs par le nombre de militants revendiqués – 814 adhérents en 2000, soir le 30e rang – que par le faible nombre d'élus – le RPR ne disposant d'aucun parlementaire à cette époque. Nîmes est alors une ville communiste, représentée par un maire communiste de 1965 à 1983 puis de nouveau en 1995 à la faveur d'une division de la droite. À la veille des élections législatives de 2012, la situation dans le Gard se caractérise à la fois par une stabilité du personnel politique et par le renforcement de l'influence de l'UMP, principalement par la promotion d'anciens du RPR : sur les huit parlementaires du département, quatre sont inscrits à l'UMP – dont trois issus de l'ancien RPR. La situation change radicalement en juin 2012 : le succès du FN dans ce département permet à Gilbert Collard d'être élu dans la 2e circonscription et impose des triangulaires au second tour qui laminent l'UMP, laquelle ne peut faire élire aucun de ses candidats. La fédération UMP reste entre les mains de Jean-Paul Fournier même si sa présidence en a été confiée à Max Roustan (ancien DL, député-maire d'Alès). En 2006, la mobilisation militante avait plus que triplée (2 800 adhérents[32]) surpassant donc la tendance générale mais, comme ailleurs, les effectifs ont sensiblement baissé après 2007.

Par définition, l'enquête menée dans ces deux fédérations en 1999-2000 ne concerne pas l'UMP mais le défunt RPR. Dès lors, elle doit être utilisée avec précaution puisqu'elle ne permet pas de cerner toutes les facettes de la culture politique de l'UMP. Certes, la

passive » et « recel d'abus de biens sociaux ». Dans le cadre de l'attribution de marchés publics, Pierre Bédier (maire de Mantes-la-Jolie) et Jacques Masdeu-Arus (maire de Poissy) ont reçu de l'argent liquide (environ 200 000 euros) d'une société de nettoyage et de gardiennage avec laquelle ils entretenaient des liens étroits et qui bénéficiaient des marchés de nettoyage des deux villes.

31. *Il a été quelques années délégué général du festival* off *d'Avignon, il est aujourd'hui responsable de Ballet-Danse international, structure localisée à Bruxelles qui propose des stages de danse.*

32. L'Union express, Journal de la fédération gardoise de l'UMP, *6 juillet 2006.*

matrice culturelle de cette dernière a été profondément façonnée par le RPR mais elle a été aussi métissée par des éléments venus de DL et, probablement plus marginalement, de l'ancienne UDF. Elle a surtout été transformée par l'arrivée de nouveaux adhérents qui ne sont pas inclus dans ce volet qualitatif. Incomplète, cette enquête est toutefois très utile pour dégager les traits socioculturels qui, même s'ils ne peuvent être assimilés à des invariants, se caractérisent toutefois par une forte viscosité.

Par ailleurs, une probable volatilité des adhésions les plus récentes, dont on peut penser qu'elles sont plus sensibles aux revers de conjoncture que les plus anciennes, conduit à formuler l'hypothèse qu'au-delà des flux et reflux demeure un noyau de membres solidement chevillés au parti. Cette hypothèse est partiellement vérifiée par la recherche systématique de ce que sont devenus les militants rencontrés en 1999-2000. Dans les deux départements, j'ai pu retrouver par internet, en 2011, la trace de la plupart des personnes interviewées dix ans auparavant. Pour leur très grande majorité, elles sont demeurées à l'UMP, deux d'entre elles gravitent dans des formations telles que le Parti radical ou République solidaire, l'une a fait l'objet d'une procédure d'exclusion pour candidature dissidente divers droite, deux militants de 2000 n'ont pas été retrouvés[33] – il s'agissait des deux adhérents les plus âgés.

La « base » UMP

> « Il y a des esprits plus concrets, plus simples qui eux acceptent. Et dans le fond, c'est ça la vraie base. »
> Militant RPR et conseiller municipal RPR des Yvelines interviewé en 2000 (60 ans), kinésithérapeute, adjoint au maire UMP en 2011.

> « Nous on joue plus ou moins le rôle de prof et les élèves sont les électeurs. »
> Militant des Jeunes RPR des Yvelines interviewé en 2000 (25 ans), secrétaire général de l'Institut national de la jeunesse et de l'éducation populaire (Injep), conseiller municipal UMP en 2011.

33. *Je n'ai pas encore tenté de les recontacter par d'autres moyens ; l'entreprise pourrait être engagée afin d'analyser plus finement leurs trajectoires militantes.*

Le chapitre 3 a permis de montrer que l'UMP ne peut être considérée comme un « parti sans partisans[34] », toutefois les membres de cette droite partisane sont finalement assez mal connus. L'idée que l'on se fait d'un membre de parti a été forgée à partir d'exemples puisés dans les partis de gauche, et même encore plus spécifiquement s'agissant du cas français à parti de la figure du militant communiste. L'on est alors presque étonné de découvrir au fil du travail de terrain de simples adhérents et de vrais militants de droite.

De simples adhérents

La population d'un congrès comme celui de novembre 2004 fournit l'occasion de saisir tout l'éventail des types de congressistes de l'UMP. L'assouplissement du lien d'adhésion a conduit à un mouvement de massification et explique que les congressistes de l'UMP ne puissent être apparentés à un monde semi-professionnalisé[35] composé essentiellement de petits cadres et d'élus. Les congressistes de 2004, massivement sarkozystes, ne sont pas, pour l'essentiel, des petits notables ou des apparatchiks locaux. Et il existe bien de simples adhérents UMP[36] puisque la très large majorité des répondants à l'enquête (63 %) ne détient aucune responsabilité partisane, qu'elle soit locale, départementale ou nationale, et 80 % ne sont pas élus. En effet, comparés aux adhérents des autres partis, ceux de l'UMP s'avèrent moins souvent que les socialistes[37] (et que les anciens UDF[38]) détenteurs de positions locales électives – 33 % des adhérents interrogés dans l'enquête

34. *Russel J. Dalton et Martin P. Wattenberg,* Parties Without Partisans, op. cit.
35. *Rémi Lefebvre et Frédéric Sawicki,* La Société des socialistes, op. cit.
36. *Malheureusement, cette étude interdit la comparaison, terme à terme, avec les enquêtes précédentes qui portaient elles sur des cadres titulaires de positions partisanes. En particulier, la comparaison avec les données exploitées dans* Les Cadres du RPR *n'est pas véritablement pertinente dans la mesure où cette enquête, réalisée en 1984, concernait des membres dont 91 % exerçaient des responsabilités majoritairement locales ou départementales, et 39 % étaient élus (Pierre Bréchon, Jacques Derville et Patrick Lecomte,* Les Cadres du RPR, op. cit., *p. 112 et suiv.).*
37. *Françoise Subileau, Colette Ysmal et Henri Rey, « Les adhérents socialistes en 1998 »,* Les Cahiers du Cevipof, *23, mai 1999.*
38. *30 % des adhérents UDF détenaient un poste électif local, Julien Fretel, « Quand des catholiques vont au parti. De la constitution d'une* illusio *paradoxale et du passage à l'acte chez les "militants" de l'UDF »,* Actes de la recherche en sciences sociales, *55, 2004, p. 78, note 5.*

socialiste sont conseillers municipaux, ils sont 15 % à l'UMP. L'existence d'une forte proportion d'adhérents n'occupant aucune position partisane ou mandats électoraux permet de revenir sur le débat historiographique soulevé dans le premier chapitre en fournissant une nouvelle preuve de l'existence d'une mobilisation partisane de droite. Elle témoigne du fait que les congressistes ne représentent pas exclusivement le petit encadrement de l'organisation[39] mais qu'ils reflètent un vivier partisan plus large.

L'on ne retrouve cependant guère parmi les congressistes d'électrons libres, détachés de tout ancrage local et dont le seul lien avec le parti s'établirait par internet. La participation au congrès s'apparente, pour l'essentiel, à une activité collective : le déplacement se fait en groupe et la journée tout entière se passe entre soi, c'est-à-dire entre réseaux locaux[40]. Toutefois, cet entre-soi n'est pas strictement partisan puisque l'échantillon composé de 765 membres de l'UMP comporte 71 répondants[41] qui ne sont pas adhérents du parti. Cette proportion, loin d'être négligeable (8 %), est principalement constituée de connaissances, de parents ou d'amis venus accompagner des membres de l'UMP, peut-être enrôlés par eux, en tous les cas curieux d'assister au sacre de Nicolas Sarkozy. Leur présence témoigne de la faible clôture de cette communauté partisane instituée le temps du congrès. Au-delà, elle suggère que les liens partisans sont relativement labiles, cette souplesse caractérisant de plus en plus, on l'a vu, l'engagement à l'UMP. Mais la présence de ces « compagnons » de route atteste également du fait que ces réunions politiques puisent dans des liens sociaux préexistants autant qu'elles en produisent.

39. L'on peut toutefois noter qu'ils occupent plus souvent que les communistes des positions partisanes locales – 70 % des communistes n'ont aucune responsabilité dans le parti, contre 63 % pour l'UMP –, François Platone et Jean Ranger, « Les adhérent-e-s du Parti communiste français en 1997 », Les Cahiers du Cevipof, *27, juin 2000.*
40. Sur ces questions et pour comparer avec le Parti conservateur britannique, voir Florence Faucher-King, Changing Parties, op. cit.
41. Ces non-adhérent-e-s ont été éliminé-e-s.

Encadré 9
Propos de « base »

« Bon disons qu'il y a des gens qui, qui eux ne seront au courant que parce que je leur en parlerai, qui ne sauront pas plus. Les gens parfois nous téléphonent, viennent nous demander comment faut faire. »
Militant RPR des Yvelines interviewé en 2000 (55 ans), toujours à l'UMP en 2011.

« Au niveau du militant de base, et moi je me considère comme un militant de base... Moi je n'ai pas d'ambition à des élections, à des choses comme ça, parce que je n'ai pas de temps. Je ne peux pas faire. Je m'occupe aussi de l'automobile Club de l'Ouest, je suis l'administrateur. Peut-être président de Paris, je n'en sais rien. Enfin, Paris Île-de-France... Mais ceci dit, je suis quand même aussi actif que je le peux... pour soutenir les gens du RPR, les candidats du RPR... je suis aussi actif que je peux pour faire passer des messages autour de moi. Ce qui n'est pas facile, parce que même dans mon groupe professionnel, je suis président des constructeurs de machines à traire, et je suis au comité d'action du syndicat du commerce international des machines agricoles. »
Militant RPR des Yvelines, interviewé en 2000 (55 ans), chef d'entreprise, membre élu du comité de sa circonscription en 2011.

« Moi je me transforme en assistante sociale. Dans mes secteurs j'ai des lettres, des interventions pour avoir un boulot... Pour un logement. Pour un problème... Donc je ne vais pas parler à ceux-là d'idéal, cela ne sert à rien. Donc on a à plâtrer ou à remodeler des attitudes qui sont affaiblies par la situation, par notre économie. Parce qu'en fait c'est ça »
Militant RPR des Yvelines en 2000 (73 ans), secrétaire de circonscription (en 2006, encore membre d'honneur du comité de circonscription UMP), ancien syndicaliste, responsable RPF chez Renault.

Les rôles militants

À entendre les adhérents, la « base » d'un parti revêt une double caractéristique : elle s'oppose au sommet et s'enracine au sol, dans le terrain. Les militants de l'ancien RPR commencent généralement par distinguer cette dernière de « ceux qui comptent », à l'échelle nationale – ils parlent alors de « la rue de Lille » ou de « Paris » – et locale – ils désignent, avec une forme de déférence, « les parlementaires ».

Comme le suggèrent les deux citations mises en exergue au-dessus, ils situent la « vraie base » dans un entre-deux situé à mi-chemin d'ordres tombés d'en haut et d'un travail pédagogique tourné vers les électeurs. En creux, la base rassemble ceux qui ne décident pas : « J'attends... Je ne dirais pas que j'attends des ordres mais j'attends la mise en marche de la campagne politique » reconnaissait, de manière symptomatique, un militant RPR des Yvelines interviewé en 2000. Ces ordres, ils les acceptent même s'ils revendiquent de pouvoir râler. Ils endossent alors l'un des stéréotypes, selon eux, de la culture nationale, soulignant fréquemment le caractère « râleur du Français » : les adhérents du parti s'autoprésentent ainsi comme une forme d'incarnation de la culture nationale.

Plus positivement, la base c'est aussi ceux qui sont sur le terrain (principalement électoral), directement en contact avec les électeurs. Ils occupent souvent de petites positions locales – chargés d'une responsabilité territoriale ou sectorielle dans leur circonscription – et s'apparentent à des militants multipositionnés en raison de leur investissement dans des structures associatives et professionnelles. À cette place, le militant joue un rôle de leader d'opinion au sens originel du terme[42], intervenant dans la formation des opinions à l'échelle quotidienne dans le cadre de relations informelles voire intimes. Ils orientent les moins compétents de leur entourage et diffusent des mots d'ordre dans leur milieu professionnel.

Dans des cas plus rares, le militant endosse le rôle « d'assistante sociale » revendiqué par cet « ancien », formé au syndicalisme du temps du RPF, et qui assume le fait qu'un militant doit aider à trouver du boulot autant que parler d'un idéal (voir encadré 9). Dans ce cas de figure, le militant apparaît comme le premier intermédiaire dans

42. *« Le "leadership d'opinion", si nous pouvons ainsi le qualifier, est le leadership dans sa manifestation la plus simple : il s'exerce de manière fortuite, parfois involontairement et à l'insu des personnes, au sein des plus petits groupes d'amis ou de membres d'une famille. Il ne s'agit pas du leadership de haute volée d'un Churchill, ni de celui d'un politicien local ou d'un notable de l'élite du coin. Il en est pour ainsi dire l'exact opposé : une forme de leadership presque invisible, plus discrète, à l'échelle des relations ordinaires, intimes, informelles et quotidiennes, de personne à personne », Elihu Katz et Paul L. Lazarsfeld,* Influence personnelle, *Paris, Armand Colin, 2008, p. 124.*

une chaîne d'interventions qui atteste, par ailleurs, de l'existence de mécanismes de patronage dans le parti.

Les rares et anciennes enquêtes menées auprès des militants des partis politiques français ont établi que, globalement, ceux de droite étaient moins actifs (en termes d'heures consacrées au militantisme) que ceux de gauche et que leurs activités étaient plus dirigées vers la mobilisation électorale et les activités sociales que vers les tâches strictement partisanes[43]. On retrouve bien à l'UMP des éléments représentatifs d'un répertoire incluant, par ordre d'importance, les rôles d'agent électoral, de pédagogue et de travailleur social.

L'ordre social partisan

Le monde des militants se fonde sur un certain nombre d'éléments communs fort connus, renvoyant aux logiques de compétence qui marquent si structurellement les différentes formes de participation politique, du vote à l'adhésion partisane en passant par la manifestation[44]. Sans surprise, l'univers partisan de l'UMP – tout comme celui du PS – est massivement masculin, éduqué et âgé. La force opératoire de ces principes de compétence qui pèsent sur l'engagement politique rapproche donc, pour partie, les engagés de droite et de gauche en les différenciant de ceux qui ne s'engagent pas. Mais à y regarder de plus près, une fois réinscrit dans l'ordre partisan de leur formation respective, les points communs se diffractent dans des univers culturels largement différents tant du point de vue des rapports de genre que d'âge.

*43. En conclusion de leur ouvrage déjà cité, Jacques Lagroye et ses collègues soulignent le fait que les militants UDR se caractérisaient par une « activité partisane faible » et un « activisme social » soutenu (*Les Militants politiques dans trois partis français, op. cit.*, p. 152-155).*

44. L'analyse de ces inégalités en matière d'engagement politique a été menée par Daniel Gaxie, Le Cens caché, *Paris, Seuil, 1978. Voir également Sidney Verba, Kay Schlozman et Henry Brady,* Voice and Equality. Civic Voluntarism in American Politics, *Harvard (Mass.), Harvard University Press, 1995 ; Laura Morales,* Joining Political Organisations, op. cit. *; Nonna Mayer,* Sociologie des comportements politiques, *Paris, Armand Colin, 2010.*

La hiérarchie des genres

« AU RPR, à mon avis, ils sont très misogynes, beaucoup plus que ne sont les socialistes. Ils le sont plus, par esprit conservateur...
Dans quel sens ?
Pas forcément dans le bon sens. C'est-à-dire que j'ai fini par me faire accepter, finalement. J'arrive toujours un peu maquillée, mais pas beaucoup, pas plus que maintenant si vous voulez, mais je suis toujours souriante. Je dis toujours bonjour à tout le monde. Je vais... comment dirai-je... Je suis toujours d'accord pour aider. Parce que c'est vrai que ça, je me le suis imposé comme ça. Mais j'aurais été plus réticente ; j'aurais subi des revers. Ah oui ! Ça alors, c'est très net. »
Militante RPR des Yvelines interviewée en 2000 (60 ans), engagement partisan inconnu en 2011.

Comment ne pas traiter des relations entre hommes et femmes lorsque l'on recueille de tels propos sur le terrain ? En dépit de la féminisation en cours, persiste à l'UMP un ordre traditionnel qui conduit au partage très hiérarchisé des rôles féminins et masculins et se traduit par des formes de résistance au principe d'égalité de genre.

Une féminisation en cours

Les hommes dominent encore largement l'UMP fin 2004 (voir tableau 5), représentant 68 % des adhérents – ils sont 72 % parmi les adhérents socialistes en 1997. Si l'on compare ces résultats avec les quelques chiffres disponibles sur l'équilibre de genre dans d'autres partis de droite, l'UMP se trouve dans la moyenne de ses homologues. En 2000, les hommes représentent 67 % du Parti conservateur canadien[45], 69 % dans le Fine Gael irlandais[46], 71 % et 68 % respectivement dans les partis libéral et conservateur danois[47].

Le seul parti de droite réellement et anciennement féminisé se trouve être le Parti conservateur britannique, avec 51 % d'hommes au début des années 1990[48]. Dans ce parti, les femmes occupent historiquement une place réelle, quoique subordonnée, qui renvoie à la genèse de cette

45. *William Cross et Lisa Young, « The Contours of Political Party Membership in Canada »,* Party Politics, *10 (4), 2004, p. 431.*
46. *Michael Gallagher et Michael Marsh, « Party Membership in Ireland. The Members of Fine Gael », art. cité.*
47. *Karina Pedersen* et al., *« Sleeping or Active Partners ? », art. cité, p. 371.*
48. *Paul Whiteley, Patrick Seyd et Jeremy Richardson,* True Blues, op. cit., *p. 43.*

organisation. Dès l'origine, les associations féminines – en particulier, la Primrose League – ont joué un rôle essentiel dans la transformation de cette organisation élitiste en parti de masse instituant la sphère de l'organisation comme une affaire domestique et féminine et plaçant la défense de la famille et des mères de famille au cœur de son idéologie et d'un certain nombre de mobilisations[49]. La place des femmes dans le Parti conservateur était, en effet, clairement marquée du sceau de l'ambivalence : la défense de la famille traditionnelle[50] coexistait avec la reconnaissance de leur rôle partisan, principalement dans la collecte des adhésions et de l'argent, et elle s'accompagnait de leur maintien dans les coulisses du parti et de leur marginalisation comme candidates et encore plus comme élues[51]. Toutefois, après l'extension du droit de vote aux femmes en 1918, une attention a pu être portée à l'harmonisation des rythmes partisans aux rythmes quotidiens féminins[52].

Tableau 5 : La place des hommes parmi les adhérents de l'UMP, du RPR et du PS (%)

	Enquête UMP 2004	Adhérents RPR 1984[53]	Enquête PS 1997[54]	Population
Hommes	68	72	72	48
dont				
adhérents avant 2002	*70*			
adhérents après 2002	*65*			

49. « Le Parti conservateur moderne resta attaché à la tradition qui place les femmes au centre de son idéologie fondée sur une séparation des sphères masculine et féminine et désignant l'organisation domestique du parti tory *comme la sphère particulière des femmes », Beatrix Campbell,* The Iron Ladies. Why do Women vote Tories, op. cit., *p. 3 (ma traduction).*

50. Après la seconde guerre mondiale et l'établissement de l'État providence, des mobilisations féminines de droite (par exemple, les British Housewives Leagues) proches du Parti conservateur s'opposèrent à l'intervention de l'État dans la sphère familiale.

51. En dépit du nombre d'adhérentes, les femmes candidates tories *étaient moins nombreuses que les candidates travaillistes, Joni Lowenduski, Pippa Norris et Catriona Burness, « The Party and Women », dans Anthony Seldon et Stuart Ball (eds),* Conservative Century. The Conservative Party since 1990, *Oxford, Oxford University Press, 1994, p. 626.*

52. Joni Lowenduski, Pippa Norris et Catriona Burness, « The Party and Women », art. cité, p. 619.

53. Les chiffres portant sur les adhérent-e-s RPR de 1984 ont été indiqués par le parti aux auteurs de Les Cadres du RPR, op. cit.

54. Enquête du Cevipof, voir Daniel Boy et al., C'était la gauche plurielle, op. cit.

En termes d'évolution, la féminisation des adhérents de l'UMP apparaît en marche. Si l'on compare, l'enquête 2004 sur l'UMP avec les chiffres fournis par le RPR en 1984, la part des hommes aurait baissé de quatre points. De fait les nouveaux adhérents sont plus souvent que par le passé des adhérentes : dans l'enquête 2004, la part des hommes parmi les nouveaux adhérents – ayant rejoint l'UMP de 2002 à 2004 – est en baisse (65 %). L'enquête réalisée par l'UMP en septembre 2005 confirme ce point puisque les « nouveaux adhérents » – dans cette enquête, ceux qui ont rejoint l'UMP avant 2004 – sont pour 58 % des hommes[55]. Ce mouvement de féminisation est d'ailleurs encore plus net si l'on considère les jeunes : la part des femmes parmi les nouveaux adhérents aux Jeunes Populaires (JP) augmente fortement après novembre 2004[56], tendance que l'absence de données plus récentes ne permet pas malheureusement de confirmer.

Le couple partisan

L'on ne sait finalement pas grand-chose sur l'engagement partisan féminin et son étude doit être reliée aux travaux récents sur la socialisation politique, en particulier quand ils soulignent le rôle des femmes, en tant qu'épouses autant que mères, dans la formation des orientations partisanes[57]. Historiquement, les organisations conservatrices ont souvent transposé la division du travail conjugal dans la sphère politique (voir chapitre 1), les maris menant une carrière proprement partisane alors que les épouses mobilisaient les troupes en coulisses et s'occupaient de l'intendance, de la collecte des dons et des tâches sociales et humanitaires[58].

L'on retrouve à l'UMP une véritable matrice conjugale (et d'ailleurs plus largement familiale) d'adhésion : 42 % des adhérents ayant répondu à la question correspondante[59] ont un conjoint également

55. *Enquête Ipsos,* Les Nouveaux Adhérent-e-s de l'UMP, *réalisée les 21 et 22 septembre 2005, échantillon de 604 nouveaux adhérent-e-s, méthode des quotas, entretien par téléphone.*
56. *Lucie Bargel et Anne-Sophie Petitfils, « Militants et populaires ! », art. cité, p. 66.*
57. *Alan S. Zuckerman, Josip Dasovic et Jennifer Fitzgerald,* Partisan Families, op. cit.
58. *Magali Della Sudda, « La politique malgré elles », art. cité.*
59. *22 %, probablement car ils n'avaient pas de conjoint, n'ont pas répondu à cette question.*

membre du parti. Les travaux sur l'engagement communiste – en particulier en Italie – ont montré l'importance de cette matrice d'adhésion familiale[60]. L'observation de nombreux congrès RPR puis UMP m'a permis d'observer que ces événements se vivent souvent en couple (voir encadré 10) ; la mesure quantitative le confirme donc dans une proportion massive. D'ailleurs cet engagement conjugal est institutionnalisé : à côté de la cotisation individuelle existe une adhésion de couple, plus avantageuse.

En l'état, ce résultat désigne des pistes de recherche et invite, par exemple, à une comparaison systématique entre les différentes organisations partisanes : le couple partisan n'est pas spécifique à l'UMP mais occupe-t-il la même place dans les autres partis ? Il conduit ensuite à s'interroger sur les liens entre conjugalité et engagement partisan. S'agit-il de l'effet d'un fort taux d'endogamie partisane ? « Les organisations partisanes [devenant] ainsi l'un des facteurs principaux de structuration de l'existence leurs membres[61] », elles fonctionneraient également comme agences matrimoniales. Ou s'agit-il d'un enrôlement de l'un des partenaires (lequel ?) à la suite de l'autre ? Cette forte conjugalité partisane milite aussi pour enquêter sur la vie de couple dans le parti en termes de division des tâches et des rôles partisans. Plus largement, la mesure de cette matrice d'adhésion conjugale confirme le fait que le couple et le mariage constituent une « phase décisive de la socialisation » et « de stabilisation de la réalité sociale[62] » et, à ce titre, pèsent directement sur les phénomènes de mobilisation politique.

60. *Anne Marijnen, « Investissement identitaire et culture partisane : des usages différenciés du communisme dans l'Italie de l'après-guerre », communication, colloque* Les Tendances récentes de l'étude des partis politiques dans la science politique française : organisations, réseaux, acteurs, *Association française de science politique, 31 janvier et 1er février 2002.*

61. *Daniel Gaxie, « Économie des partis et rétributions du militantisme », art. cité, p. 138.*

62. *Peter Berger et Hansfried Kellner, « Le mariage et la construction de la réalité », dans Peter L. Berger (dir.),* Affrontés à la modernité. Réflexions sur la société, la politique et la religion, *Paris, Les Éditions du Centurion, 1980, p. 23-44.*

Encadré 10
Le « chouchou »

Comme la plupart des anciennes « grandes messes » du RPR, le congrès UMP de désignation de Nicolas Sarkozy en novembre 2004 n'a pas d'enjeu puisque les jeux électoraux étaient déjà faits et connus. Dès lors tout (ou presque) est prévisible, codifié et soumis à une mise en scène très contrôlée. En pleine journée, la salle principale est dans l'obscurité et la musique forte. On se croit au spectacle. Face à la tribune sur laquelle se succèdent les orateurs (des plus modestes au plus prestigieux) sont disposés des gradins sur lesquels s'installent progressivement les congressistes généralement groupés par fédération – avec banderoles et affiches permettant de les identifier. Une zone devant la scène est réservée aux personnalités, principalement « les parlementaires du parti », et consacre bien l'ordre partisan.
Pour ce congrès, le traditionnel grand déjeuner où chaque fédération se regroupe autour de « son élu » est remplacé par un self-service continu. Dans les grands halls autour de la salle principale, sont installés les stands des diverses associations liées à l'UMP et des écrans permettant de suivre ce qui se passe « sur scène ». Dès le matin, des chaises accueillent les adhérents, certains âgés, épuisés par le long voyage, quelques-uns frustrés par cette absence de convivialité. Pas de vote, pas de grand banquet, il faut attendre. L'effervescence n'est suscitée que par le passage d'une « personnalité » que l'on discerne derrière la grappe de caméras, de gardes du corps et de jeunes qui l'entourent.
La remobilisation ne revient qu'à l'approche du discours de clôture du président. Assise au milieu des congressistes, je me suis placée près d'un couple, la femme me demande alors : « quel est votre préféré ? » Me délivrant de la rude tâche d'improviser une réponse et jouant sur la connivence féminine, elle me parle de son « chouchou » (en l'occurrence Alain Juppé) et précise en se retournant vers son compagnon : « de celui-ci, il n'est pas jaloux ! »

La reproduction de l'ordre traditionnel

Notre enquête de terrain a permis d'observer de nombreuses situations sociales révélatrices de cette hiérarchie des genres[63], qui n'est d'ailleurs pas l'apanage des militants les plus âgés. L'observation fournit, en effet, de fréquentes occasions permettant de constater l'ajustement des femmes de droite aux prescriptions de l'ordre social établi. Être coquette, souriante et serviable serait – à entendre la militante citée en exergue ci-dessus – la recette pour réussir quand on est une femme dans le parti[64]. La place des femmes dépend largement de la manière dont elles se conforment, dans leur apparence physique et dans le travail qu'elles sont prêtes à prendre en charge, à leur rôle traditionnel. Autre exemple, lors d'une réunion de jeunes dans les Yvelines au printemps 2000 en présence du responsable national des Jeunes RPR, le secrétaire départemental commence par se féliciter de voir autant de jeunes femmes. Dans le cours du débat, les jeunes hommes interviennent massivement si bien que le responsable national finit par glisser que « les jeunes femmes ne sont pas très bavardes... », le délégué départemental rétorque : « mais elles sont très jolies ! Nous avons de jolies militantes ! » provoquant un rire général. Plus tard dans la réunion, il lance : « je voudrais remercier les minettes, une fois n'est pas coutume pour tout ce qu'elles ont fait dans l'humanitaire[65] ». Dans le même sens, le style de la militante de l'UMP affichant les signes d'une féminité traditionnelle n'échappe pas à l'observateur qui ne peut la confondre avec la militante des partis de gauche moins systématiquement conforme à ces codes.

La division du travail militant reproduit bien un ordre traditionnel[66] qui affecte les femmes aux tâches de secrétariat et d'accueil et les destine,

63. *Comme le note Erving Goffman, ces situations, aussi triviales soient-elles, sont plus importantes « qu'un simple traçage, qu'un symbole ou qu'une affirmation rituelle de la hiérarchie sociale. Ces expressions constituent en grande partie la hiérarchie : elles en sont l'ombre* et *la substance », Erving Goffman, « Le déploiement du genre »,* Terrain, *42, 2004, disponible en ligne : http ://terrain.revues.org/*

64. *Voir les remarques faites par Lucie Bargel à l'issue de son enquête comparative,* Jeunes socialistes, Jeunes UMP, op. cit., *p. 61.*

65. *Notes d'observation à la fédération RPR des Yvelines, mars 2000.*

66. *Voir, sur ces questions, Olivier Fillieule et Patricia Roux (dir.),* Le Sexe du militantisme, *Paris, Presses de Sciences Po, 2009. Cet ouvrage n'inclut cependant qu'un cas de militantisme de droite, à travers l'analyse des femmes dans la Ligue du Nord : Martina Avanza, « Les Femmes padanes. Les militantes dans la Ligue du Nord, un parti "qui l'a dure" », p. 143-165.*

en priorité, à une attitude d'écoute et de conciliation. Au RPR, les activités sociales et humanitaires étaient présentes, variables selon les fédérations et indexées à l'emprise locale de l'acculturation religieuse. Elles apparaissaient toutefois périphériques comparées à l'importance qu'elles revêtaient à l'UDF, innervée par les réseaux du catholicisme paroissial et social[67] ou, par exemple, à la Ligue du Nord investie dans la structuration d'une « contre-société[68] ». Il resterait toutefois à évaluer l'ampleur des transformations engendrées à la fois par le renouvellement et le rajeunissement militants, deux phénomènes distincts mais tous deux marqués par une sensible féminisation. S'agissant des jeunes femmes des JP, l'on peut verser au dossier qu'elles s'autodéfinissent moins souvent que les jeunes hommes comme militantes ou cadres alors même qu'elles sont, en réalité, plus nombreuses qu'eux à vivre d'un emploi politique[69], comme si elles étaient moins disposées à endosser les rôles partisans.

La grandeur des hommes

De nombreux entretiens et observations menés auprès de femmes militantes du RPR et de l'UMP attestent du fait qu'elles parlent très souvent de leur engagement sur le registre de l'attachement personnel à un homme, qu'il soit grand – au sens d'une figure historique – ou beaucoup moins grand – un élu ou un cadre local – (voir encadré 11).

Ce mouvement de délégation, cette « remise de soi[70] » selon l'expression de Pierre Bourdieu, s'exprime sur le registre affectif et fonctionne sur la base d'un sentiment d'incompétence sociale ou politique qui conduit soit à respecter la hiérarchie, soit à préserver un entre-soi (voir encadré 12). De fait, les trajectoires des femmes faisant carrière dans le parti demeurent encore fortement infléchies par des processus de parrainage souvent même alimentés par des relations familiales qui les lient à des hommes bien implantés dans le parti ; ce constat étant encore vrai pour la jeune génération[71].

67. *Sur l'importance du militantisme social d'obédience catholique dans l'engagement à l'UDF, voir Julien Fretel, « Quand des catholiques vont au parti », art. cité.*
68. *Martina Avanza, « Les Femmes padanes », art. cité.*
69. *Lucie Bargel et Anne-Sophie Petitfils, « Militants et populaires ! », art. cité, p. 73.*
70. *Pierre Bourdieu, « La délégation et le fétichisme politique »,* Actes de la recherche en sciences sociales, *52-53, 1984, p. 50.*
71. *Voir les portraits des six conseillers régionaux UMP de moins de 30 ans dressés par Lucie Bargel,* Jeunes socialistes, Jeunes UMP, op. cit., *p. 225-227.*

Encadré 11
Être militante au temps du RPR
Acte I. Le catalogue d'images masculines

« Voilà ! Je crois que cela vient aussi de l'image du général de Gaulle... J'y réfléchissais l'autre fois. Mais pourquoi ? Et je regardais l'image des chefs de file du RPR. De Gaulle c'est l'image du père, rassurant, sécurisant, très droit. C'est l'image. Après, je pensais à Jacques Chirac. Il a exactement la même image, à mes yeux. Je ne sais pas si c'est celle que je veux lui donner, mais c'est celle qu'il me renvoie. C'est toujours cette image qui, dans ma vie politique, a été importante. Je crois qu'il me fallait une image [...]. Ce monsieur [le secrétaire départemental] est là certainement parce que quelqu'un l'a mis à l'endroit. Je le respecte. Il est aussi nommé d'en haut. Il a une fonction, une tâche à remplir. S'il doit être délogé, ce n'est pas par les gens du cru, cela viendra d'en haut, pas d'en bas. On fait des élections mais on sait très bien qu'il est coopté par le bureau national. Je l'accepte tout à fait. Si on l'a nommé, c'est parce qu'il le méritait. Il y a certainement des raisons même si je ne les comprends pas toutes. Je suis très soucieuse des règles et je les respecte. Il est là, c'est comme ça. Mon chef spirituel serait plutôt M. M [le maire de la ville] parce que je travaille avec lui, parce que je suis avec lui sur le terrain. Il a des idées que j'admire. Il a une façon de faire, une façon de penser, très philosophiques. Et cela me va très bien. Et cela va dans la lignée du parti. J'ai beaucoup plus d'admiration pour lui que pour M. F [le secrétaire départemental] que je ne connais pas. Mais je le respecte. Il est là. On le respecte. Et je respecte la voie hiérarchique. »
Militante RPR interviewée dans le Gard en 2000 (50 ans). Psychologue scolaire, ancienne institutrice, elle s'est engagée au RPR à la fin des années 1980 parce qu'on ne lui aurait pas accordé un stage pour des motifs politiques lui préférant une personne recommandée politiquement – à l'époque, elle était pourtant syndiquée au Syndicat national des instituteurs (SNI) mais ne cachait pas ses opinions politiques. En 2011, elle est adjointe au maire UMP et membre élu du comité de circonscription du parti.

Encadré 12
Être militante au temps du RPR
Acte II. La part affective de l'entre-soi

« Mes parents ont toujours été à droite. Je suis issue d'une famille de commerçants. Mon père votait MRP. Je crois que ça s'appelait ainsi. Il a voté pour de Gaulle quand celui-ci est revenu aux affaires. Quand on vit dans un milieu de commerçants, on n'est pas pour l'assistanat systématique. On est pour assister les gens qui doivent l'être. C'est tout à fait normal et logique. Mais il y a d'autres formes. Et puis Pompidou a été une personnalité qui m'a toujours touchée. Et Chirac a commencé à paraître à ce moment. Ma meilleure amie, qui ne fait pas du tout de politique et qui vit à Paris puisque je viens de la région parisienne, me demande toujours ce que je lui trouve. Je ne sais pas. Sa façon d'être me plaît. Ses idées me plaisent. C'est vrai qu'il y a une part d'affectif. »

Interrogée plus tard à propos du choix du RPR, elle poursuit :
« Non, je ne crois pas que je serais allée à l'UDF. J'aime les gens simples. J'ai horreur de la prétention parce que je trouve que c'est le comble de la bêtise. Du peu de gens que je connais dans l'UDF, je pourrais dire, comme dans le Midi, qu'ils se la jouent quand même ! [...] Mais avec des gens comme ça, je me mets toujours un peu en retrait. Quand j'ai commencé à militer, j'avais peur de ça, de devoir me retrouver avec des gens avec lesquels je me sentirais mal à l'aise. Alors que la découverte des militants actifs du RPR a été un vrai bonheur, un réel plaisir. »
Militante RPR interviewée dans le Gard en 2000 (56 ans), secrétaire de circonscription. Elle n'a travaillé que trois ans en raison de problème de santé. Elle a été candidate UMP sur la liste des régionales en 2010 puis est devenue vice-présidente de la fédération gardoise du Parti radical.

Par ailleurs, l'on doit souligner que, lors de notre enquête au RPR, les femmes qui bénéficiaient dans le parti du même traitement statutaire que les jeunes n'agissaient pas – alors que ces derniers pouvaient le faire (voir *infra*) – en tant que collectif. De ce point de vue, il apparaît que leur position de domination et de soumission à l'ordre partisan était, à l'époque, encore plus évidente.

La résistance au principe paritaire

L'UMP est l'organisation la moins paritaire du système partisan français. Elle a subi en 2007 une retenue d'environ 4 millions d'euros sur sa dotation publique annuelle au motif qu'elle n'avait pas respecté le principe paritaire, et une sanction financière de même ampleur lui est appliquée en 2012. Alors que la part des femmes socialistes a fortement progressé de 2007 à 2012, cette proportion est restée faible et stable pour l'UMP (voir tableau 6).

Tableau 6 : La place des femmes aux élections législatives de 1997, 2002, 2007 et 2012 (%)

	Élections législatives 1997		Élections législatives 2002		Élections législatives 2007		Élections législatives 2012	
	Candidates	Élues	Candidates	Élues	Candidates	Élues	Candidates	Élues
RPR	7,7	3,6						
UDF	8,9	6,4						
UMP			19,7	10,1	26,6	14,5	25,3	13,9
PS	27,8	17,6	34,6	16,3	46,5	25,6	45,3	37,5

Sources : données fournies par l'Observatoire de la parité entre les hommes et les femmes pour 1997, 2002, 2007 et 2012.

Cette position de mauvaise élève de la parité peut s'expliquer par le cumul d'au moins deux facteurs[72]. Le premier tient au fait que l'UMP, relevant de la catégorie du parti électoral professionnel, choisit de privilégier les sortants supposés être de meilleurs garants du succès électoral. L'impact des calculs électoraux a été probablement décuplé en raison des contraintes qui ont pesé sur l'UMP, en période de refondation. La volonté de respecter l'équilibre des sensibilités a pu conduire à l'application d'une forme de principe de précaution dans la distribution des investitures afin d'éviter les risques de défection et de candidatures

72. *Rainbow Murray, « How Parties Evaluate Compulsory Quotas : A Study of the Implementation of the "Parity" Law in France »,* Parliamentary Affairs, *60 (4), 2007, p. 568-584.*

dissidentes[73]. L'argument électoral est évidemment central mais insuffisant puisque le taux de féminisation n'est pas plus important parmi les nouveaux candidats de 2002 alors que les femmes sont majoritaires chez les nouveaux investis socialistes[74].

Un second facteur d'ordre idéologique vient probablement entretenir ces réserves. Même si les cadres et dirigeants de l'UMP se sont apparemment ralliés à la parité[75], la réforme née à gauche[76] suscite encore des résistances idéologiques, que l'on pouvait d'ailleurs anticiper en constatant l'enracinement de la hiérarchie des genres dans l'enquête menée au sein du RPR en 2000. Des résistances idéologiques peuvent être repérées à propos d'autres enjeux. Par exemple, elles se sont exprimées publiquement, en août 2011, lors de la polémique à propos de l'édition d'un manuel de sciences de la vie et de la terre (SVT) faisant référence à la « théorie du genre ». 80 députés UMP – dont le groupe de La Droite populaire, voir chapitre 5 – ont écrit une lettre au ministère de l'Éducation nationale pour demander le retrait du manuel, Jean-François Copé considérant que celui-ci posait « une vraie question »[77]. Cette intervention prenait le relais d'une mobilisation engagée par l'Association des familles catholiques (AFC).

Les tensions générationnelles

> « Moi je ne milite pas au RPR pour faire joli. »
> Militant des Jeunes RPR des Yvelines interviewé en 2000 (25 ans), secrétaire général de l'Injep, conseiller municipal UMP en 2011.

73. *Cet argument est mis en avant par Rainbow Murray, « How Parties Evaluate Compulsory Quotas », art. cité.*
74. *Mariette Sineau et Vincent Tiberj, « Candidats et députés français en 2002. Une approche sociale de la représentation »,* Revue française de science politique, *57 (2), 2007, p. 169.*
75. *Réjane Sénac-Slawinski, « Justifying Parity in France after the Passage of the So-Called Parity Laws and the Application of them : The "Ideological Thinkering" of Political Party Officials (UMP and PS) and Women NGOs »,* French Politics, *6, 2008, p. 234-256.*
76. *Laure Bereni, « Quand la mise à l'agenda ravive les mobilisations féministes. L'espace de la cause des femmes et la parité politique (1997-2000) »,* Revue française de science politique, *59 (2), 2009, p. 301-323 et « Lutter dans ou en dehors du parti. L'évolution des stratégies des féministes du Parti socialiste (1971-1997) »,* Politix, *19 (73), 2006, p. 187-209.*
77. *Le ministre de l'Éducation, Luc Chatel, précisait prudemment que le ministère s'occupait des programmes, dans lesquels ne figurait pas la « théorie du genre », et non des manuels, sous la responsabilité des éditeurs.*

La prégnance de l'ordre social traditionnel se retrouve quand on analyse la place des jeunes dans le parti. L'on y constate, en effet, à la fois un effort de rajeunissement et le maintien d'une hiérarchie des âges alimentant des formes mêlées et codifiées de déférence et de contestation qui entretiennent des tensions générationnelles.

Un mouvement de rajeunissement

Dans l'enquête de 2004, la structure par âge de l'UMP apparaît beaucoup moins marquée par le vieillissement que celle du PS de la fin des années 1990 (voir tableau 7), en particulier parce que l'organisation de droite semble avoir réussi alors à attirer plus de jeunes de moins de 30 ans. Ce contraste, pour partie contre-intuitif, tient en fait probablement, pour beaucoup, aux conditions d'enquête. S'agissant de l'UMP, elle a été réalisée lors d'un congrès où les jeunes étaient très présents alors que le questionnaire de l'enquête menée au PS en 1997 avait été diffusé par l'intermédiaire de *L'Hebdomadaire socialiste* probablement moins lu par les jeunes socialistes. Il n'en demeure pas moins que l'effort de recrutement de l'UMP auprès de jeunes a été très significatif. Les JP, organisation regroupant les adhérents UMP de 16 à 30 ans, revendiquaient ainsi 25 000 adhérents en septembre 2006 contre 9 000 en décembre 2004[78].

Tableau 7 : La structure par âge des adhérents de l'UMP et du PS (%)

	Enquête UMP 2004	Enquête PS 1997[79]
Moins de 30 ans	20	5
30-39 ans	10	9
40-49 ans	12	19
50-59 ans	25	27
60-69 ans	21	23
Plus de 70 ans	12	17

78. *Lucie Bargel et Anne-Sophie Petitfils, « Militants et populaires ! », art. cité, p. 54.*
79. *Enquête du Cevipof, voir Daniel Boy* et al., C'était la gauche plurielle, op. cit.

Cette mobilisation est particulièrement visible dans le milieu des étudiants et singulièrement celui des écoles de commerce et d'ingénieurs. Les enquêtes réalisées par Lucie Bargel, respectivement en décembre 2003 et juin 2006, lors des congrès du Mouvement de la jeunesse socialiste (MJS) et des JP attestent de la surreprésentativité des étudiants dans les deux formations. Alors qu'au niveau national, 54 % des 20-24 ans sont encore étudiants, plus des trois quarts des jeunes UMP et socialistes, de la même tranche d'âge, poursuivent des études[80]. Une comparaison plus fine permet d'établir que les JP recrutent davantage dans les écoles de commerce et d'ingénieurs, dans les universités privées et les sections de techniciens supérieurs (STS) ainsi que dans les instituts universitaires de technologie (IUT)[81]. Cette implantation dans le milieu étudiant et tout particulièrement dans celui des grandes écoles s'est accompagnée de la mise en place de structures spécifiquement dédiées à cette tâche : l'UMP-grandes écoles a été créée en 2006, l'UMP-Fac et l'UMP-filière pro en 2008. Ce lien qu'entretient la droite partisane avec les écoles de commerce – leurs élèves mais également leurs enseignants –, incluant d'ailleurs les classes préparatoires privées, nécessiterait d'ailleurs d'être documenté plus avant.

La jeune droite partisane

La place des jeunes dans les partis n'est pas exempte de tensions d'ordre à la fois organisationnel et culturel. La naissance d'organisations de jeunesse au sein de la droite partisane date de la fin du XIXe siècle[82] et s'est amplifiée dans l'entre-deux-guerres[83]. Elle a suscité plus de tiraillements entre l'organisation mère et les formations auxiliaires de jeunesse dans le cas des partis gaullistes que dans celui de la droite dite libérale ou modérée. Par exemple, indépendante statutairement de l'UDR, l'Union des jeunes pour le progrès (UJP) revendiquait une forte autonomie – visible notamment

80. *Lucie Bargel,* Jeunes socialistes, Jeunes UMP, op. cit., *p. 288.*
81. *À noter que les jeunes socialistes sont légèrement plus nombreux à étudier dans les instituts d'études politiques (IEP).*
82. *Gilles Le Béguec, « Jeunes et sages »,* Recherches contemporaines, 6, *2000-2001, p. 189-197.*
83. *Jean Vavasseur-Desperriers, « Jeunesse et mouvements de droite dans l'entre-deux-guerres »,* Histoire@Politique, *4, janvier-avril 2008.*

lors de la présidentielle de 1974 par son franc soutien à Jacques Chaban-Delmas[84] alors que leurs aînés étaient plus divisés – mais a pu aussi être directement instrumentalisée par Georges Pompidou[85]. Les rapports entre les Républicains indépendants et les Jeunes Giscardiens étaient statutairement plus étroits et politiquement bien moins conflictuels[86].

Créés en 2003, les JP mettent en place une organisation plus autonome que celle qui caractérisait les Jeunes RPR. Désormais, leur président est élu tous les deux ans[87] par suffrage indirect – il est désigné par les conseillers nationaux de la jeunesse eux-mêmes élus dans les fédérations. Cette relative[88] démocratisation s'apparente à une mise aux normes européennes puisque les Jeunes RPR ne pouvaient adhérer à l'organisation de jeunesse du Parti populaire européen, le Youth of the European People's Party, en raison de l'absence d'élection de leur responsable. Quoi qu'il en soit, l'autonomie n'est que relative. Non seulement les JP demeurent une fédération de l'UMP, dépendante financièrement et privée de personnalité morale, mais la volonté de contrôle du responsable du parti sur le président des JP reste forte ; elle suscite d'ailleurs de fortes tensions à l'intérieur et en marge du parti particulièrement repérables sur le web[89].

De manière surprenante, compte tenu du rapport de forces initial en termes d'adhérents, l'équipe dirigeante fondatrice des JP est massivement constituée de jeunes libéraux, mobilisés lors de la campagne présidentielle de 2002 en faveur d'Alain Madelin et associés à la

84. *François Audigier, « La présidentielle de 1974. Les jeunes gaullistes de l'UJP victimes de la realpolitik »,* Parlements, *8 (2), 2008, p. 69-84.*
85. *Sur ces questions, voir les travaux de François Audigier, parmi lesquels* Génération gaulliste. L'Union des jeunes pour le progrès, une école de formation politique (1965-1975), *Nancy, Presses universitaires de Nancy, 2005 et « L'étude des mouvements politiques de jeunes : cadre historiographique et enjeux épistémologiques. Le cas des cadets gaullistes »,* Histoire@Politique, *4, janvier-avril 2008.*
86. *François Audigier, « Les jeunes giscardiens »,* Recherches contemporaines, *6, 2000-2001.*
87. *Les mandats sont à l'UMP de trois ans sauf pour la fédération des JP.*
88. *Les responsables départementaux jeunes demeurent, pour leur part, nommés.*
89. *Lucie Bargel et Anne-Sophie Petitfils, « Appropriations d'internet et trajectoires militantes "dans" et en dehors de l'UMP », dans Fabienne Greffet (dir.),* Continuerlalutte.com. Les partis politiques sur le web, *Paris, Presses de Sciences Po, 2011, p. 187-199.*

formation étudiante de l'Union nationale inter-universitaire (UNI) – certains y avaient d'ailleurs été formés –, et non de Jeunes RPR[90]. Fin 2005, Marie Guevenoux, ancienne responsable des Jeunes pour Madelin, devenue première présidente des JP et « juppéiste », est contrainte de démissionner et un président « sarkozyste », Fabien de Sans Nicolas, est élu, remplacé par Benjamin Lancar en 2008. Suite à la nomination de Jean-François Copé comme secrétaire général de l'UMP, la presse a rendu compte de la volonté de ce dernier de promouvoir des jeunes issus de son club Génération France et de ses réserves à l'égard du président en poste[91], lequel est finalement resté à la tête de l'organisation de jeunesse.

En définitive, les jeunes partisans de droite sont fréquemment utilisés soit pour donner un air de jouvence et de modernité à des organisations mères souvent vieillissantes, soit pour faire la campagne électorale comme « petites mains » ou « gros bras ». De fait, ces jeunes entretiennent un rapport particulier aux activités militantes et à leurs aînés. Dans les entretiens menés en 2000 avec des Jeunes RPR, la culture militante faite de convivialité et d'actions de terrain – surtout électorales mais aussi humanitaires et associatives – se trouve valorisée mais, à l'instar des militants de la droite italienne, rares sont ceux qui revendiquent un engagement totalement désintéressé[92] (voir encadré 13).

90. *Sur toutes ces questions portant sur la configuration complexe entre Jeunes RPR, divisés en « séguinistes » et « juppéistes », Jeunes pour Madelin et UNI, et sur les conditions de genèse des JP, voir Lucie Bargel,* Jeunes socialistes, Jeunes UMP, op. cit., *chapitre 2.*
91. *« UMP : Copé veut-il mettre Benjamin Lancar sur la touche ? », rue89.com, 15 décembre 2010. La virulence de la compétition sur internet et dans les urnes lors de la dernière élection de l'été 2010 a débouché sur des accusations de fraudes qui ont conduit à l'intervention du président de la commission de contrôle aux élections internes de l'UMP et finalement à une annulation en Seine-Saint-Denis.*
92. *Stéphanie Dechezelles, « Des vocations intéressées ? Le récit d'engagement des jeunes de Forza Italia à l'aune du modèle rétributif du militantisme »,* Revue française de science politique, *59 (1), 2009, p. 29-50.*

Encadré 13
Les motifs pour rester dans le parti

« Les jeunes sont très motivés parce que nous faisons aussi des actions-terrain. Les actions-terrain motivent les militants. Quand on ne fait rien, qu'on reste chez soi, qu'on se fait une petite galette des rois avec un coup de beaujolais, c'est bien gentil mais les militants ne sont pas impliqués. Moi j'essaie de les impliquer une fois par mois. Une fois par mois sur le terrain dans chaque circonscription, les jeunes seront motivés pour bien travailler. Ils seront contents. Entre deux on fait des soirées, des restaus, etc. »
Responsable départemental RPR des Yvelines en 2000 (26 ans), agent immobilier, conseiller municipal sur une liste soutenue par l'UMP en 2011 dans une commune communiste.

« Et si un jour on me propose, pourquoi pas, un mandat électif, moi je suis tout à fait d'accord pour pourquoi pas, pour adhérer. Ça il n'y a aucun problème... Mais être militant à vie [rires]... Non. Se lever à 2 h du mat' pour aller faire des collages et tout dans le froid, la nuit... Non. Militer pour militer... C'est un peu glauque... Quand on entre dans une entreprise, on espère progresser dans l'échelle sociale, on espère ne pas rester tout le temps au même niveau... Je pense qu'au niveau politique c'est exactement la même chose. »
Militant des Jeunes RPR des Yvelines interviewé en 2000 (25 ans), secrétaire général de l'Injep, conseiller municipal UMP en 2011.

Carrières et action collective des jeunes dans le parti

Sur les sept Jeunes RPR interviewés dans les Yvelines et dans le Gard en 2000 – dont une seule jeune femme –, tous affichaient leur désir, et pour certains leur forte détermination, de faire carrière à l'échelon local, voire même national. Ne pas « militer pour faire joli », selon la formule du militant cité plus haut, signifie « militer pour obtenir des postes ». Dix ans après, j'ai retrouvé la trace de six d'entre eux, et le bilan de leur carrière politique est mitigé. Professionnellement, quatre travaillent dans une entreprise (deux dans l'immobilier, deux dans le secteur de la communication et de l'événementiel), l'un est avocat, le sixième cadre A administratif dans le secteur de l'éducation (université, Injep). En 2008, l'on pouvait retrouver la trace politique de cinq d'entre eux – les cinq jeunes hommes – en consultant les élections internes à l'UMP au sein de laquelle ils étaient donc encore engagés. En 2011, deux sont élus municipaux, un troisième est responsable de l'organisation villepiniste République solidaire dans le Gard. Pour les deux derniers, les formes prises par leur engagement politique exigeraient d'être précisées. Tous deux ont en effet un blog : le premier est consacré à « l'épanouissement personnel », l'ancien militant y indique qu'il a tourné la page de la politique après une période difficile de remise en cause ; le second blog est d'ordre professionnel, tourné vers l'animation du débat public sur des enjeux principalement liés au métier d'avocat.

En 2000, les jeunes ne se comportent pas de la même façon, en termes stratégiques, dans les deux fédérations étudiées. Dans les Yvelines, les jeunes militants sont ainsi plus nombreux et ceux que j'ai rencontrés, même les plus ignorants des règles du jeu interne à l'organisation, expriment généralement leurs ambitions politiques et reconnaissent leurs prétentions à faire carrière. Leurs visées ne se cantonnent pas au registre individuel, mais ils élaborent des stratégies collectives. Ils veulent peser sur la constitution des listes municipales afin que des candidats « jeunes » soient intégrés à des places éligibles, soutiennent leurs propres candidats aux élections du comité départemental, élaborent des plans de carrière pour les mieux placés d'entre eux : conquêtes des fonctions de secrétaire de circonscription, voire même du poste de secrétaire départemental.

La visibilité de ce clivage générationnel s'avère beaucoup moins forte dans le Gard en raison probablement de différences portant sur la masse critique des groupes de jeunes militants considérés, de l'inégalité de leurs ressources organisationnelles – l'appartenance à une « grosse fédération » de la région parisienne permet d'entretenir des rapports plus étroits avec la direction du parti[93] –, mais aussi parce que les deux groupes ne partagent pas les mêmes caractéristiques sociales. Dans leur grande majorité, les jeunes militants des Yvelines

93. Des stratégies collectives sont à l'œuvre chez les Jeunes RPR gardois mais elles prennent davantage la forme de tentatives de coopération régionale visant à coordonner une action collective des « jeunes du sud » vis-à-vis de « Paris ». De fait, cette forme de coopération à l'échelle régionale n'est généralement pas soutenue par la direction, voir les propos tenus par Marie Guevenoux concernant la volonté de rompre avec les pratiques du RPR en décentralisant à l'échelle régionale les JP, Lucie Bargel, Jeunes socialistes, Jeunes UMP, op. cit., *p. 223.*

sont alors étudiants et plusieurs militent à l'UNI au sein de leur faculté. Dans le Gard, les jeunes correspondant à ce profil sont moins nombreux, Nîmes n'étant pas une ville universitaire. Aujourd'hui, à l'UMP, le poids croissant des étudiants, et plus encore de ceux qui poursuivent leurs études dans des écoles de commerce et d'ingénieurs, contribue très vraisemblablement à renforcer l'expression des ambitions politiques juvéniles.

Déférence et « délinquance »

Plus globalement, l'on peut considérer que les jeunes partisans de droite s'inscrivent dans une culture de déférence qui impose à la fois l'acception de l'ordre générationnel – incluant des formes de parrainage par les aînés – et sa contestation ponctuelle, selon des formes bien codifiées. Des travaux anthropologiques[94] ont montré que dans les sociétés traditionnelles et hiérarchiques, la remise en cause de l'autorité prenait souvent la forme ritualisée du conflit des générations. La contestation ne peut s'inscrire que dans le mouvement, présenté comme naturel, du renouvellement des générations.

Les comportements des Jeunes RPR, tels que j'ai pu les observer en réunions publiques et internes, lors de meetings ou dans des rencontres plus amicales, dénotent bien un code commun mêlant un certain conformisme et une distance critique et ironique, allant à de rares occasions jusqu'au chahut. Systématiquement, en coulisses, ils traitent avec dérision leurs aînés et réaffirment leur identification en tant que groupe de jeunes. Un exemple parmi d'autres : lors de ma participation à un dîner dansant d'une circonscription RPR des Yvelines à l'automne 1999, je me suis retrouvée dans une salle pavoisée où les jeunes occupent deux tables – ils sont moins d'une vingtaine. Après les discours, le bal s'ouvre avec des valses de Vienne, un madison, la macarena et un peu de rock. Les jeunes restent entre eux puis viennent me débaucher : « venez, il n'y a que des vieux ! », ils se moquent alors de leurs aînés et chahutent de plus en plus bruyamment. Leurs comportements renvoient ici, pour partie, à la figure de « la communauté délinquante[95] ».

94. *Jesse R. Pitts, « La communauté délinquante »,* Esprit, *janvier 1970, p. 69-81.*
95. Ibid.

L'ambiguïté de la position des jeunes dans le parti se révèle aussi par le choix de la tenue vestimentaire mêlant conformisme, mimétisme et volonté de se distinguer comme jeune. Il faut à la fois avoir une apparence professionnelle mais garder son « look » jeune comme en témoignent les propos tenus par le responsable nouvellement nommé des Jeunes RPR des Yvelines en 2000 :

> « Cela se voit dans les réunions, physiquement. Même étant jeune on se dit qu'il faut mettre le costard-cravate pour ne pas faire désordre. C'est à un point que – nous en rigolions entre nous – je suis parfois obligé de dire, pour le 9 mai par exemple, qu'on se met tous en jeans[96]. »

De même, en prêtant attention aux apparences physiques lors des congrès de l'UMP, j'ai été amenée à constater des phénomènes de mimétisme comportemental (manière de parler, de s'habiller, etc.) propres à l'univers partisan de droite. Ainsi, j'ai vu éclore dans les coulisses de l'UMP des jeunes, militants ou cadres, clones des « Sarko boys », entre Jean Sarkozy et Frédéric Lefebvre, cheveux un peu longs, costume sombre, sans cravate, chaussures pointues.

Un parti « populaire » ?

Apparaître comme le plus « populaire » constitue un enjeu sur le front des luttes partisanes que se livrent les deux partis dominants du système français. Compte tenu du poids des inégalités sociales qui pèsent sur l'engagement partisan à l'UMP comme au PS, ces deux formations devraient être, de prime abord, toutes les deux disqualifiées. Mais si l'on cherche à nuancer ce verdict, on doit alors souligner l'existence à l'UMP d'une fibre populaire qui se manifeste objectivement par la présence de plus d'employés qu'au PS et subjectivement par l'expression d'un complexe intellectuel qui ne renvoie d'ailleurs pas à une différence mesurable en termes de niveau d'études.

96. *Responsable départemental RPR des Yvelines en 2000 (26 ans), agent immobilier, conseiller municipal sur une liste soutenue par l'UMP dans une commune communiste en 2011.*

À la recherche des mondes populaires

Si l'on considère la sociographie des adhérents des deux principaux partis politiques français, apparaissent nettement la prépondérance des professions dites supérieures, cadres et professions libérales (43 % à l'UMP, 38 % au PS en 1998) et, à l'inverse, la quasi-absence des ouvriers (2 % à l'UMP, 6 % au PS). À cet égard, la prise en compte de la profession du conjoint ne conduit aucunement à brouiller les lignes tant l'endogamie sociale apparaît forte. Toutefois, si l'on détourne le regard des deux extrémités de la hiérarchie sociale pour examiner plus finement les positions intermédiaires, des différences attestent de la fibre plus populaire de la droite partisane.

Ces employés engagés à l'UMP

Ce constat tient d'abord, et sans surprise, à la place des indépendants – ils sont plus du double qu'au PS – et, de manière significative, des artisans et commerçants qui choisissent la droite partisane selon les logiques caractéristiques de la « boutique contre la gauche[97] ». Les différences portent aussi sur la place des employés dans chacun des deux partis et arriment l'UMP, plus que les socialistes, à une partie de ce que l'on appelle les « catégories populaires » : 26 % des adhérents UMP sont des employés – 13 % chez les socialistes en 1998. Quant aux professions intermédiaires, l'écart creusé dans l'autre sens entre les deux organisations renvoie principalement à la place des instituteurs au PS (voir tableau 8).

Quel est le profil de ces employés engagés à l'UMP ? Comparée à la sociologie générale de cette catégorie sociale[98], leur spécificité apparaît nettement. Alors que les milieux employés se caractérisent par une féminisation massive – 77 % sont des femmes selon l'Insee en 2005 –, la part des femmes employées n'est que de 44 % à l'UMP. Alors que 28,6 % des employés sont titulaires d'un diplôme égal ou supérieur au baccalauréat[99], c'est le cas de 49 % des employés membres de l'UMP.

97. *Nonna Mayer,* La Boutique contre la gauche, *Paris, Presses de Sciences Po, 1986.*
98. *Enquête du Cevipof, voir Daniel Boy* et al., C'était la gauche plurielle, op. cit.
99. *Alain Chenu,* Sociologie des employés, *Paris, La Découverte, 2005.*

Tableau 8 : La profession des adhérents de l'UMP et du PS (%)

	Enquête UMP 2004 Individu	Enquête UMP 2004 Conjoint	Enquête UMP 2004 Père	Enquête PS 1997[100]	Insee 2005 (actifs occupés)
Exploitants agricoles, artisans commerçants, chefs d'entreprise	12	8	27	5	9
dont artisans, commerçants, chefs d'entreprise	*10*				6
Professions libérales, cadres supérieurs	43	28	24	38	14,7
dont					
Cadres, ingénieurs	*29*			*14*	
Professeurs et professions scientifiques	*5*				
Professions intermédiaires	18	15	17	38	23,2
dont instituteurs	*2,5*			*9*	*3,3*
Employés	26	27	25	13	29,1
dont policiers, militaires	*4*		*6*		2
Ouvriers	2	1	8	6	23,9
Sans profession		22			

Note : il s'agit de la profession actuelle de la personne interrogée et de son conjoint ainsi que celle de son père. Les retraités sont répartis en fonction de leur dernier emploi occupé sauf dans les données de l'Insee.

Partant de ce constat, des pistes de recherche se dessinent concernant l'agencement entre monde professionnel et monde partisan, et par exemple sur les éventuels mécanismes de compensation et de rattrapage qui se joueraient dans l'engagement partisan de ces hommes évoluant dans un monde professionnel non seulement féminisé mais moins diplômé qu'eux et s'investissant dans un univers partisan masculin et surdiplômé. De manière complémentaire, ces interrogations invitent à reconsidérer la question, décisive en sociologie politique, des relations entre trajectoire sociale et engagement politique.

100. Ibid., *p. 86.*

Qu'en est-il de l'hypothèse, déjà formulée en 1984[101], de la présence à droite de trajectoires sociales descendantes – alors qu'au PS domineraient les trajectoires sociales ascendantes – ? On constate, en effet, un décalage entre les employés membres de l'UMP et ce que l'on sait de l'origine sociale de cette catégorie : 43 % des employés ont un père ouvrier, 5 % un père cadre supérieur ou profession libérale ; à l'UMP, la proportion s'inverse : seuls 10 % des employés ont un père ouvrier et 17 % ont un père issu des catégories supérieures. Ce constat est d'autant plus significatif que des résultats congruents ont été récemment mis au jour dans l'électorat de droite[102]. Il permet de formuler l'hypothèse d'un rôle spécifique de l'engagement à droite pour des personnes en situation de trajectoires sociales descendantes par rapport à leur univers familial.

L'exemple des milieux populaires du Sud-Est

L'enquête de terrain menée dans la fédération du Gard en 2000 a justement été l'occasion de cerner les formes d'implantation de cette droite partisane dans les milieux populaires du Sud-Est où la concurrence du FN s'avère particulièrement forte mais où l'on trouve aussi certaines zones de force de l'UMP, en termes d'adhésion, comme les Alpes-Maritimes ou le Var.

Les propos retranscrits dans l'encadré 14 ont été recueillis juste avant l'élection de Jean-Paul Fournier à la maire de Nîmes en 2001 ; depuis, les anciens du RPR ont établi leur domination dans la ville avant de perdre des nombreuses positions locales dans le département aux élections législatives de 2012. Avant 2001, la droite gardoise était fortement divisée entre le RPR représenté par Jean-Paul Fournier, protestant mais dont l'appartenance populaire le tenait fort éloigné de la haute société protestante, et l'UDF incarné par Yvan Lachaud, façonné par le catholicisme social, d'origine modeste mais devenu directeur du grand établissement catholique de la région à partir duquel il recrutait son entourage et déployait des activités sociales et

101. *Pierre Bréchon, Jacques Lerville et Patrick Lecomte,* Les Cadres du RPR, op. cit.
102. *Camille Peugny, « La mobilité sociale descendante et ses conséquences politiques : recomposition de l'univers de valeurs et préférence partisane »,* Revue française de sociologie, *47 (3), 2004, p. 443-478.*

Encadré 14
La structuration de la droite nîmoise
Acte I. La division sociale

« Nous avons des militants qui viennent d'horizons divers, mais plutôt populaires. Il y a des gens qui ne viendront pas au comptoir du bar prendre un pastis le vendredi soir, parce que ce n'est pas leur truc ou qu'ils finissent tard. Ils sont médecins, ils n'ont pas envie d'y venir. Il est vrai que le vendredi soir, on retrouve plutôt des gens employés au P&T, à France Télécom ou chez Peugeot. Mais il arrive, le vendredi soir, de voir un avocat ou un médecin, ou un chef d'entreprise. Mais dans l'ensemble de nos adhérents, il y a beaucoup d'artisans-commerçants, d'employés. Et puis des médicaux et paramédicaux. Quelques professions libérales, quelques notaires. Mais dans le Gard, entre les notaires et les avocats, il y en a dix à quinze. »

Jean-Paul Fournier, interviewé en 2000 (55 ans) alors qu'il était secrétaire départemental du RPR ; secrétaire départemental de l'UMP, sénateur-maire de Nîmes en 2011.
« Jean-Paul Fournier n'est ni un énarque, ni un professeur, ni rien. C'est un artisan comme je suis un simple photographe. Nous sommes des gens très populaires qui côtoyons des gens très populaires. Et nous avons beaucoup de mal à introduire le milieu intellectuel comme les avocats. Nous avons, sur le Gard, des adhésions très populaires. Quand on arrive à avoir des gens un peu bien, on les perd très rapidement parce qu'ils ne se retrouvent pas dans les propos de Fournier, ou les miens. Nous faisons de la politique, mais nous aimons aussi faire la fête. Les soirées mondaines... [...] C'est un gros problème. On le voit dans les ferias où l'on va de bodega en bodega, quand on va serrer des mains, dans celles très populaires et même classées à gauche : on ne se fait pas jeter. Ils sont bien contents qu'on vienne les voir, mais ils ne voteront jamais pour nous. Par contre quand on va à l'Imperator, un haut lieu bourgeois de Nîmes, on va nous serrer les mains mais on sait qu'ils voteront UDF si c'est un candidat UDF. Dès qu'on va tourner le dos ils vont dire : "C'est le petit peintre en lettres." C'est très péjoratif. »
Richard Tiberino, interviewé en 2000 (46 ans) alors qu'il était secrétaire départemental adjoint du RPR ; secrétaire départemental adjoint de la fédération UMP du Gard, adjoint au maire de Nîmes en 2011.

humanitaires[103]. Le travail de terrain réalisé dans ce département a permis d'évaluer la force de ces divisions sociales régulièrement réactivées dans les entretiens : les cadres et militants revendiquent leur appartenance aux milieux populaires et à une culture fortement irriguée par la sociabilité méridionale (l'apéritif, la feria, etc.). Plus encore, cette fibre populaire apparaît indissociable de l'expression d'un complexe fondé sur le sentiment qu'il manque au parti un réel soutien de la part de « ceux qui comptent » dans la ville, des « gens un peu bien » (voir encadré 14).

Au-delà de cette illustration locale, on retrouve également dans l'enquête concernant les Yvelines de nombreuses traces de ce complexe intellectuel et culturel de la droite partisane.

Une droite décomplexée ?

Nicolas Sarkozy, dans un ouvrage publié avant son entrée dans la campagne présidentielle de 2007, s'attribuait la mission de décomplexer la droite :

> « Je me suis beaucoup mobilisé pour décomplexer la droite française. Longtemps, elle a paru comme tétanisée par la gauche qui n'aimait rien tant que se poser en donneuse de leçon. Et c'est ainsi que la droite, condamnée au silence complice, finit par perdre une large partie de son identité [...][104]. »

Au-delà de la formule devenue fameuse, l'on peut s'interroger : la droite était-elle véritablement complexée ? Par qui ? Depuis quand ?

Le complexe intellectuel

À bien lire Nicolas Sarkozy, ce complexe serait à la fois idéologico-politique et socioculturel. Pour l'en débarrasser, il faudrait, dans un même mouvement, pousser la droite à assumer son ancrage idéologique et à ne plus « décliner son identité à l'aide de catégories dont elle n'était jamais l'auteur[105] », et la désinhiber sur le terrain culturel et intellectuel.

103. *Voir pour une analyse de sa trajectoire, Julien Fretel, « Le parti comme fabrique de notables. Réflexions sur les pratiques notabiliaires des élus UDF »,* Politix, *65 (17), 2004, p. 45-72.*

104. *Nicolas Sarkozy,* Témoignage, *Paris, XO Éditions, 2006, p. 17.*

105. *Jean-Marie Donegani et Marc Sadoun, « Les droites au miroir des gauches », dans Jean-François Sirinelli (dir.),* Histoire des droites en France, op. cit., *p. 759.*

L'enjeu ne peut être réduit à une tactique électorale et renvoie bien plutôt aux soubassements sociopolitiques du peuple de droite. Il ne se résume d'ailleurs pas à de simples mécanismes de traduction de différences sociales objectives mais il relève également de ressorts subjectifs.

En effet, objectivement, le complexe intellectuel ne trouve guère d'éléments de validation puisque les adhérents UMP de 2004 se révèlent légèrement plus diplômés que les socialistes de 1997 – la comparaison mériterait évidemment d'être actualisée. 55 % des premiers avaient fait des études égales ou supérieures au baccalauréat, contre 47 % des seconds[106]. Si l'on compare[107] l'enquête sur les membres de l'UMP aux données disponibles pour d'autres partis de la droite européenne, on constate que la certification par le diplôme génère, en France, des inégalités d'engagement partisan de plus grande envergure que dans les autres pays. À titre d'exemple, le Parti conservateur danois accueillait, en 2000, 54 % d'adhérents ayant suivi un cursus égal ou supérieur au lycée[108] quand 70 % des membres de l'UMP se rangent dans cette catégorie. En Grande-Bretagne, seuls 19 % des *tories*, en 1992, avaient poursuivi leurs études au-delà de 19 ans – mais il est vrai que la formation permanente permet à beaucoup d'Anglais de reprendre des études et que les membres du Parti conservateur, étant particulièrement âgés, n'ont pas profité de l'essor récent du niveau d'éducation[109].

Objectivement, la droite partisane française s'avère donc plus sélective en matière de niveau d'éducation. Et pourtant, l'enquête de terrain menée en 1999-2000 au sein du RPR[110] révèle que de nombreux militants et cadres locaux interviewés expriment un sentiment d'infériorité culturelle à l'égard des socialistes désignés comme des « intellectuels »[111]. L'envers de ce complexe est un certain sentiment

106. *Daniel Boy* et al., C'était la gauche plurielle, op. cit.
107. *La variété des systèmes scolaires rend néanmoins les mesures comparatives périlleuses.*
108. *Karina Pedersen* et al., *« Sleeping or Active Partners ? », art. cité, p. 374.*
109. *Paul Whiteley, Patrick Seyd et Jeremy Richardson,* True Blues, op. cit., *p. 43.*
110. *Florence Haegel, « À la recherche de la "densité" des phénomènes organisationnels », art. cité.*
111. *Évoquant les socialistes dans son conseil municipal d'une ville des Yvelines très bourgeoise, un élu local RPR puis UMP, kinésithérapeute,*

de fierté d'être plus près du « peuple ». Comment expliquer cet écart entre les données objectives et les représentations subjectives ? Une hypothèse est que l'on ne peut comprendre l'expression de ce complexe sans revenir sur les effets de l'alternance et sur les caractéristiques de la génération 1981.

La génération 1981

Dans notre enquête de 1999-2000, le complexe d'infériorité intellectuelle et culturelle apparaît de manière très vive parmi les personnes – particulièrement nombreuses – qui ont adhéré en 1981, au moment et contre l'arrivée de la gauche au pouvoir. L'alternance a ainsi été contemporaine d'un changement d'adversaires. L'« ancienne génération » s'était structurée autour de son anticommunisme ou son antimarxisme et elle est encore présente à travers certains militants, parmi les plus âgés, comme cet ancien du RPF[112] qui déclare :

> « Si j'étais face au marxisme ou au communisme je n'aurais pas capitulé. Je sais que j'aurais eu l'adhésion. Ils ne seraient pas au pouvoir. Nulle part ! Vous comprenez ? Nulle part. Ils ne seraient nulle part au pouvoir... D'ailleurs partout où je vais, c'est dingue... Et dans mon entourage je sais que je convaincs, je réussis à persuader. »

Cette citation illustre bien les positions d'une figure militante essentiellement tournée vers le combat contre les communistes.

L'adversaire n'est plus le même après 1981 et l'antisocialisme succède à l'anticommunisme. Le changement d'adversaire apparaît logique compte tenu de l'évolution du rapport de forces à gauche et du déclin communiste. Il va de pair avec une transformation des manières de se distinguer puisque progressivement se met en place une logique de différenciation fondée sur la dimension culturelle et intellectuelle. Désormais la « figure du bourgeois[113] » qui permettait à

précise ainsi : « Ce sont des intellectuels de gauche, pour la plupart ce sont des intellectuels. Avec de fortes responsabilités au sein de différentes boîtes françaises bien connues ou dans l'enseignement, bien entendu. Et qui sont des gens fortement intellectualisés. »

112. Militant RPR des Yvelines en 2000 (73 ans), secrétaire de circonscription – en 2006, encore membre d'honneur du comité de circonscription UMP –, ancien responsable RPF chez Renault.

113. Jean-Marie Donegani et Marc Sadoun, « Les droites au miroir des gauches », art. cité, p. 764.

la gauche de disqualifier la droite est retournée à l'envoyeur comme le symbolise le succès de l'usage du terme « gauche caviar » dans ces milieux. Dans cette « génération 1981 », les chefs d'entreprise sont nombreux. Ils critiquent avec virulence la technocratie et l'énarchie, si bien représentées, selon eux, par les socialistes ; ils la condamnent au motif qu'elles ignorent le monde de l'entreprise mais aussi au nom d'une forme d'intellectualisme.

C'est clairement le cas de ce militant des Yvelines qui a adhéré au RPR en 1981 (encadré 15). Issu d'une famille paysanne bretonne, formé au lycée professionnel, il est parti de la base et se trouve, à la date de l'entretien, à la tête d'une entreprise d'agro-alimentaire. Cette ascension sociale s'est déroulée par le suivi de plusieurs formations continues (Centre de perfectionnement aux affaires d'HEC, Institut des hautes études en défense nationale – IHEDN –) et par l'accumulation de positions dans le monde associatif (dans les associations professionnelles de son secteur d'activité mais aussi dans l'automobile-club régional, etc.). Il critique la « bourgeoise de gauche » considérée comme corrompue financièrement et moralement et coupée des réalités à la fois économiques (le monde de l'entreprise) et sociales (le monde populaire) ; il revendique l'usage du « bon sens » contre la prétention de la gauche à tout intellectualiser. Parmi ceux qui présentent ce type de trajectoires d'ascension sociale, ce double mouvement d'expression d'une forme de complexe culturel et de renversement du stigmate social par la valorisation de l'ancrage populaire est particulièrement saillant.

La reconquête du pouvoir en 2002 et en 2007 et une forme de restauration intellectuelle ont probablement réduit l'acuité de ce complexe culturel. Mais surtout, la volonté de Nicolas Sarkozy de « décomplexer » la droite le conduit à livrer une bataille d'idées et de communication afin de renouer des liens avec le monde intellectuel pour montrer que « la droite est devenue intelligente[114] ». Pourtant, l'expression des écarts demeure et l'investigation des formes de distinction culturelle entre la droite et la gauche exigerait d'être poursuivie tant la question apparaît à la fois complexe et déterminante dans la manière dont chacune d'elles construit ses formes d'identification aux mondes populaires.

114. Joseph Cofavreux et Jade Lindgaard, « L'hémisphère droite. Comment la droite est devenue intelligente », art. cité.

Encadré 15
L'antisocialisme de la « génération 1981 »

« Si vous allez chez les socialistes aujourd'hui, et bien, c'est la gauche caviar. L'autre jour, j'ai mon ami Serge Vinçon, qui est numéro 2 du RPR au Sénat, il me dit : "Moi j'ai été invité quand Vaclav Vavel est venu à l'Élysée..." Lui c'est pareil c'est un instit ou un prof de base et qui est maintenant numéro 2 du RPR au Sénat, qui est vice-président de la commission des Affaires étrangères, etc. Mais il est parti de la base. Et il me disait : "Je me retrouvais avec Jacques Lang à dîner, avec Anne Sinclair, Strauss-Kahn..." Il me disait : "Mon Dieu, mais ça plane à... c'est vraiment la grande bourgeoisie..." C'est vraiment la grande bourgeoisie qui sent l'argent, à 100 lieues du peuple... Donc ce socialisme-là moi cela ne m'intéresse pas. Je ne dis pas qu'au RPR il n'y a pas des gens qui ont profité un peu aussi de l'argent de l'État, etc. Je persiste à croire qu'il y en a moins... [...] Ce qui me gêne le plus là-dedans c'est cette espèce de... gangrène des esprits... qui s'instaure avec cette bourgeoisie de gauche... Moi, je ne suis pas un puritain, ni qui que ce soit, mais... Je suis né à la campagne, mon père est mort j'étais jeune, donc on m'a appris que si je voulais réussir dans la vie il fallait travailler, économiser... Les bonnes valeurs de base ! Il fallait dire bonjour aux voisins. Il fallait être poli, etc. Alors qu'on a l'impression que de la gauche il n'y a plus tellement de limite. On peut puiser dans la caisse. On peut se marier entre pédés. Les homosexuels peuvent adopter des enfants... Alors les valeurs, moi j'ai l'impression que par rapport... il n'y a plus de garde-fou. Et ça cela me gêne quelque part [...] Alors moi je ne prétends pas avoir le monopole du savoir, etc. Mais bon, les gens du monde économique, les gens qui doivent se battre tous les jours pour essayer de réussir... Quel que soit le niveau d'ailleurs, parce que moi j'ai démarré au plus bas. Et même aujourd'hui ici en étant gérant, je suis révocable par les actionnaires du jour au lendemain... Et il n'y a rien d'assuré. Donc, quand on est dans cette situation-là, je dirais on ne passe pas son temps à intellectualiser... Je ne dis pas ça pour vous. Parce qu'il y a des enseignants qui sont de droite. Il y a des chercheurs qui sont de droite.
Oui, c'est sûr...
Mais je ne passe pas mon temps à intellectualiser. J'essaie de regarder les faits. Comment cela se passe dans la réalité. Le bon sens... En plus je travaille avec des paysans qui ont les pieds sur terre. »
Militant RPR des Yvelines, interviewé en 2000 (55 ans), chef d'entreprise, membre élu du comité de sa circonscription en 2011.

L'UMP comme creuset culturel

De nombreux spécialistes français des partis politiques revendiquent une approche culturelle des organisations partisanes : ils assimilent les partis à des « entreprises[115] » ou des « institutions culturelles[116] » en charge de « l'administration du sens[117] ». Ils se démarquent ainsi de la littérature en langue anglaise qui néglige clairement ce type de perspective considérant que les partis sont d'abord des instruments de conquête des postes et que pour les comprendre il suffit de porter l'attention sur leurs activités stratégistes. L'approche culturelle est essentielle car un parti constitue une relation sociale non pas nouée au hasard mais inscrite dans des milieux sociaux spécifiques, porteurs de systèmes de significations pesant à la fois sur les pratiques et sur les interactions. Affirmer cela suppose de se situer dans la lignée de Clifford Geertz qui non seulement militait pour une théorie interprétative de la culture au sein de laquelle « de petits faits parlent de grandes questions[118] » mais qui insistait sur la « multiplicité de structures conceptuelles complexes, dont nombre sont superposées les unes sur les autres et nouées entre elles[119] » et invite donc à un travail d'interprétation ayant pour objectif de déplier ces structures. Dans le cas de l'UMP, la superposition des systèmes de significations investis dans le parti apparaît évidente d'autant que la force unifiante et homogénéisante de la structure partisane est somme toute assez faible.

Dans certaines variantes de l'institutionnalisme sociologique, les notions d'institution et de culture tendent à se confondre[120] : le repérage d'éléments culturels conduit souvent automatiquement à inférer

115. *Frédéric Sawicki, « Les partis politiques comme entreprises culturelles », dans Daniel Cefaï (dir.),* Culture politique, op. cit., *p. 191-211.*
116. *Julien Fretel, « Habiter l'institution. Habitus, apprentissages et langages dans les institutions partisanes », dans Jacques Lagroye et Michel Offerlé,* Sociologie de l'institution, *Paris, Belin, 2010, p. 195-217.*
117. *Michel Hasting, « Partis politiques et administration de sens », dans Dominique Andolfatto, Fabienne, Greffet et Laurent Olivier (dir.),* Les Partis politiques. Quelles perspectives ?, op. cit., *p. 21-36.*
118. *Clifford Geertz, « La description dense. Vers une théorie interprétative de la culture », dans Daniel Cefaï (dir.),* L'Enquête de terrain, *Paris, La Découverte, 2003, p. 226.*
119. *Clifford Geertz, « La description dense », art. cité, p. 214.*
120. *Voir Ronald L. Jepperson, « Institution, Institutional Effects, and Institutionalism », dans Walter W. Powell et Paul J. DiMaggio,* The New

l'existence d'un fait institutionnel. Autrement dit, si l'on arrive à repérer des cultures, des systèmes de significations qui se reproduisent, dans le parti, c'est bien que le parti est une institution partisane. Dans le cas de l'UMP, ce type d'inférence est bien trop rapide : le parti n'apparaît pas comme l'instance autoproductrice des codes et des systèmes de significations qui le régissent. En effet, on a vu précédemment que cette organisation dénote une faible institutionnalisation, au sens de la sociologie des organisations, du fait même qu'elle se caractérise par l'existence de règles et normes, formelles et informelles, peu stables et contraignantes. Elle ne se trouve donc guère en position de contraindre et de cadrer la manière d'agir et de penser de ses membres.

En revanche, l'UMP se trouve bien investie par un certain nombre de mondes sociaux spécifiques dont certains, parce qu'ils s'adossent à des institutions sociales reconnues (l'administration, l'armée, l'Église, etc.), importent dans le parti des cultures constituées à l'extérieur de lui. Dès lors, les éléments culturels que j'ai recueillis au cours de l'enquête de terrain, sous la forme de pratiques codifiées, de grilles de compréhension du monde ou de formes discursives – ce que Frédéric Bon a pu appeler une « langue partisane[121] » –, ne sont pas spécifiquement produits au sein de ce monde partisan mais importés de l'extérieur, forgés dans des mondes sociaux qui sont eux alimentés et entretenus par des institutions sociales préexistantes au parti. À la suite de Clifford Geertz, l'on est donc conduit à décrire et interpréter ces systèmes de significations superposés les uns sur les autres et noués ensemble, mais sans postuler le fait qu'ils sont sécrétés par une instance de production unique, en l'occurrence le parti.

Cultures entrepreneuriale, militaire et administrative

Si l'on tente de sélectionner ces cultures affleurant au cours de l'enquête en se fiant d'abord à la manière dont les membres de l'UMP

Institutionalism in Organizational Analysis, *Chicago (Ill.), University of Chicago Press, 1991, p. 143-163 ; voir également Peter Hall et Richard Taylor, « La science politique et les trois néo-institutionnalismes »,* Revue française de science politique, *47 (3-4), juin 1997, p. 481-483.*

121. Frédéric Bon, Les Discours du politique, op. cit.

parlent du fonctionnement du parti[122], deux d'entre elles émergent particulièrement. La première emprunte au modèle entrepreneurial et à celui du marché (voir chapitre 3) : elle fournit une grille de lecture construite autour de la valorisation de l'efficacité, du résultat et puise aux racines d'une culture du contrôle managériale qui tente d'orienter les conduites individuelles par leur mise en concurrence. À ses côtés, la culture militaire, héritage d'une ancienne filiation, n'a pas, dans les années 2000, complètement disparu. Les principes hiérarchique et disciplinaire en sont les principales composantes et impliquent une valorisation du respect de l'ordre. Par exemple, les militants, une fois posé le constat de leur faible influence, ne poursuivent que rarement par un discours de défense de la participation démocratique, les impératifs d'efficacité (« il faut que cela marche ») et d'autorité (« il faut un chef ») concurrençant fortement toute revendication démocratique. La valorisation de la discipline au détriment du débat apparaît alors bien comme un trait propre à cette culture militante de droite. En dépit du modèle génétique dont est en partie issue l'UMP (voir chapitre 1), la culture administrative, entendue comme la grille de lecture fonctionnant sur une analogie entre le fonctionnement du parti et celui de l'État, n'est plus guère revendiquée en tant que telle et apparaît, aujourd'hui, clairement résiduelle.

Derrière ces grilles de lecture mobilisées de manière variable par les membres de l'UMP se profilent bien des matrices culturelles et même idéologiques qui s'entremêlent, la diffusion de la culture entrepreneuriale allant de pair avec une forme d'affaiblissement de la culture administrative et s'étant greffée sur une base originelle valorisant les références militaires. Ces cultures sont directement indexées à des mondes sociaux spécifiques trouvant leur force par le fait qu'ils s'adossent à des institutions sociales bien plus intégratives que celle du parti.

122. Ce que Carole Bachelot désigne comme la « culture d'organisation », « La culture d'organisation au PS : de l'explicitation à l'appropriation des normes », dans Florence Haegel (dir.), Partis politiques et système partisan en France, op. cit., *p. 143-181.*

L'affaiblissement de la culture administrative

> « Je pense qu'au RPR... la famille marchande va virer la famille administrative. »
> Jean-Michel Fourgous, député RPR, interviewé en septembre 1999 (46 ans), député UMP des Yvelines en 2011.

Jean-Michel Fourgous s'est spécialisé dans une critique radicale de la « culture administrative » en politique et dans la promotion de ce qu'il appelle ici la « famille marchande » et la culture de l'entreprise[123]. La question qu'il soulève mérite que l'on s'y attarde. Cette prédiction lancée alors que le RPR était en plein déclin s'est-elle réalisée avec la naissance de l'UMP ? Celle-ci entérine-t-elle le passage d'une formation enracinée dans une culture de l'administration à un parti promouvant la culture de l'entreprise ? Les analyses développées plus haut dans cet ouvrage lui donnent, pour partie, raison : le modèle de l'entreprise est bien central dans l'organisation de l'UMP (chapitre 3) alors que la matrice gaulliste était historiquement marquée par un modèle génétique qui avait établi sa dépendance à l'égard de l'État (chapitre 1). Pourtant, le mouvement général de la droite partisane va dans le sens d'un affaiblissement variable des mondes de l'administration, selon les strates partisanes que l'on considère.

À l'échelle des dirigeants nationaux, la part des fonctionnaires, et singulièrement des énarques, parmi les dirigeants du RPR depuis 1976 est massive. Sur les quatre présidents[124], seule Michèle Alliot-Marie, juriste, n'a pas fait l'École nationale d'administration (ENA) mais sa carrière professionnelle s'est déroulée dans l'administration (à l'université et dans les ministères). Sur les neuf secrétaires généraux[125], on trouve quatre énarques, deux professeurs (un universitaire et un professeur devenu inspecteur d'académie), les trois derniers étant médecin, cadre commercial et avocat – profession qui, s'agissant de Nicolas

123. Il est l'instigateur à l'Assemblée nationale de Génération entreprise (voir supra*).*
124. Jacques Chirac, Alain Juppé, Philippe Séguin et Michèle Alliot-Marie.
125. Jérôme Monod, Alain Devaquet, Bernard Pons, Jacques Toubon, Alain Juppé, Jean-François Mancel, Nicolas Sarkozy, Alain Gouteyron et Serge Lepeltier.

Sarkozy, conseiller municipal de Neuilly-sur-Seine à 22 ans, maire à 28 ans et ministre à 38 ans, n'a guère de signification. Au total, sur les douze dirigeants ayant occupé les postes de président et secrétaire général du RPR, neuf sont, à l'origine, fonctionnaires. Ce constat d'un parti dirigé par des produits de l'État autorise Jean-Michel Fourgous à commenter, en 2000, les profils de Philippe Séguin et Alain Juppé en ces termes :

> « Séguin qui n'a jamais tenu une entreprise de sa vie, vous lui parlez du secteur marchand, il vous en parle comme de quelque chose dont il fallait se méfier. C'est un garçon qui a été alimenté par l'argent public depuis son plus jeune âge parce qu'il était boursier. Ces parents sont décédés, il a été pupille de la nation, etc. Bon. Bref, une espèce de mythe de l'État. On en revient à la RDA. Un garçon sympathique, adorable, charmant mais alors dangereux, l'économie marchande il n'y comprend rien du tout [...] Alain Juppé prouve que la meilleure machine politique actuelle sur le marché est un garçon qui n'a rien compris à l'entreprise et qui veut quand même diriger la quatrième puissance de l'économie de marché[126]. »

Sa vision néglige le fait, déjà rappelé, que le secteur public se trouve lui-même transformé par la culture entrepreneuriale et que l'origine professionnelle des dirigeants et la présence des hauts fonctionnaires ne constituent pas un fidèle indicateur du maintien de la culture administrative. Mais il faut constater que sa prédiction s'est partiellement réalisée puisque la domination des hauts fonctionnaires au sommet du parti a diminué. Ainsi, le même calcul appliqué à l'UMP de 2002 à 2012 permet de souligner la plus faible représentation des énarques : ils ne sont que deux (Alain Juppé et Jean-François Copé). Plus globalement les fonctionnaires[127] ne représentent que quatre personnes[128] sur les dix-sept ayant occupé des positions dirigeantes à l'UMP depuis

126. Entretien avec Jean-Michel Fourgous, député RPR puis UMP des Yvelines, septembre 1999.
127. Jean-Claude Gaudin a commencé comme professeur mais dans un établissement privé.
128. Brice Hortefeux a été administrateur territorial puis préfet, Nathalie Kosciusko-Morizet a débuté dans un ministère, Dominique Paillé a été cadre hospitalier et Pierre Méhaignerie était ingénieur agronome.

sa création (présidents, secrétaires généraux, présidents et vice-présidents du conseil national, secrétaires généraux adjoints).

Le même constat peut être fait à l'échelle locale. Comparant les droites italienne et française, Sidney Tarrow a souligné l'importance, dans les années 1970, de la « sous-culture administrative » des maires français du centre et de centre droit[129]. Si l'on mesure celle-ci à partir de leur origine professionnelle[130], la situation a sensiblement changé à la faveur du renforcement de l'implantation locale du RPR qui rattrape, à partir des années 1980, son retard sur l'UDF[131]. Cette conquête du pouvoir local par la droite s'est largement fondée sur la promotion d'une génération – surtout au sein de l'ancien RPR – formée dans l'entreprise. C'est ce que mettait en lumière déjà une enquête réalisée au début des années 1980 sur ces « cadets de la droite[132] » : 61 jeunes RPR et UDF, nés avant 1940, n'ayant jamais été ministres mais tous ou presque élus, beaucoup d'entre eux étant devenus maires lors des élections municipales de 1983. Elle soulignait également, l'écart, au RPR, entre des hauts fonctionnaires faisant carrière à Paris, dans les ministères ou à la mairie[133], puis éventuellement parachutés, et des élus locaux, issus du privé et développant des réseaux locaux. De fait, cet écart, en provoquant des tensions politiques, pouvait expliquer pour partie le « mouvement des rénovateurs » à la suite de la défaite présidentielle de 1988[134].

Quant aux députés, si la « fonctionnarisation du Parlement[135] » peut apparaître comme une tendance de long terme depuis les années 1980,

129. *Sidney Tarrow,* Between Center and Periphery : Grassroots Politicians in Italy and France, *New Haven (Conn.), Yale University Press, 1977.*
130. *Sidney Tarrow mesurait cette inscription dans une sous-culture administrative à la fois par les liens familiaux et les contacts que les maires de son échantillon avaient avec l'administration et par la satisfaction qu'ils en tiraient.*
131. *Andrew Knapp et Patrick Le Galès, « Le RPR et ses élus locaux », dans Joseph Fontaine et Christian Le Bart (dir.),* Le Métier d'élu local, *Paris, L'Harmattan, 1994, p. 113-153.*
132. *Jacques Frémontier,* Les Cadets de la droite, *Paris, Seuil, 1984.*
133. *Florence Haegel,* Un maire à Paris. Genèse et mise en scène d'un rôle politique, *Paris, Presses de la FNSP, 1993.*
134. *Andrew Knapp,* Le Gaullisme après de Gaulle, op. cit., *chapitre 5.*
135. *Mattei Dogan, « Les professions propices à la carrière politique. Osmoses, filières, viviers », dans Michel Offerlé (dir.),* La Profession politique, XIXe siècle, *Paris, Belin, 1999, p. 171-199.*

époque à laquelle plus de la moitié des députés était issue de la fonction publique, « le glissement de l'Assemblée vers le privé[136] » est visible – 28,5 % des députés en 2002 étaient issus du secteur public – et significativement porté par la droite. S'agissant des candidats, 21 % des candidats UMP présentés aux élections législatives de 2002 étaient fonctionnaires (dont 9 % d'enseignants) contre 42 % pour le PS (avec 22 % d'enseignants)[137].

Adhérents du public, adhérents du privé

La sociologie électorale a établi les effets persistants sur l'orientation politique et le vote du secteur d'activité[138]. Schématiquement, électeurs de gauche et électeurs de droite s'opposent comme des « gens du public et des gens du privé[139] ». L'adhésion partisane rejoue ce clivage structurant de l'orientation politique. S'agissant du secteur d'activité (voir tableau 9), l'UMP organisée autour d'un groupe majoritaire issu du secteur privé (62 %) s'oppose au PS construit autour d'un groupe majoritaire inscrit, lui, dans le secteur public (59 %). Ces résultats confirment donc le fait que les mondes de l'entreprise (des indépendants et des salariés du privé) sont au cœur de la sociologie de l'UMP, et qu'ils ont pris encore davantage d'importance ces dernières années. L'enquête réalisée lors du congrès de l'UMP fin 2004 atteste en effet de l'écart qui se creuse entre les salariés du privé et les indépendants qui représentent 67 % des adhérents post-2002 et les salariés du public, de moins en moins représentés dans les nouvelles cohortes d'adhérents (34 %). Encore faut-il préciser que cette proportion surreprésente encore, fin 2004, les salariés du public qui ne dépassent pas les 30 % de la population active globale.

136. *Olivier Costa et Éric Kerrouche,* Qui sont les députés français ? Enquête sur des élites inconnues, *Paris, Presses de Sciences Po, 2007, p. 49.*
137. *Mariette Sineau et Vincent Tiberj, « Candidats et députés français en 2002. Une approche sociale de la représentation », art. cité, p. 175.*
138. *Daniel Boy et Nonna Mayer, « Secteur public contre secteur privé : un nouveau conflit de classe ? », dans Nonna Mayer,* Les Modèles explicatifs du vote, *Paris, L'Harmattan, 1997, p. 11-131 ; Nonna Mayer, « Indépendance, salariat et culture politique (1978-1997) », dans Pierre Bréchon, Annie Laurent et Pascal Perrineau (dir.),* Les Cultures politiques des Français, op. cit., *p. 357-375.*
139. *François de Singly et Claude Thélot,* Gens du public, gens du privé. La grande différence, *Paris, Dunod, 1988.*

Tableau 9 : Les secteurs d'activité des adhérents de l'UMP et du PS (% des salariés actifs)

	Enquête UMP 2004	Enquête PS 1997[140]
Secteur public	37	59
dont		
adhérents avant 2002	*40*	
adhérents après 2002	*34*	
Secteur privé	62	41
dont		
adhérents avant 2002	*59*	
adhérents après 2002	*67*	

L'examen, à partir des résultats du questionnaire de l'enquête de 2004, de l'appartenance à des associations professionnelles confirme par ailleurs l'implantation des adhérents UMP dans toute une série d'organisations professionnelles regroupant des professions libérales et indépendantes (ordre des avocats, des médecins, des experts comptables, des pharmaciens, chambre de métiers, etc.). Toutefois, il signale également leur présence dans le secteur public, et singulièrement le monde de l'enseignement[141], en particulier par l'intermédiaire du Syndicat national des lycées et collèges (Snalc).

Le maintien d'une culture militaire

« Nous sommes tous en ordre de bataille », entend-on à chaque congrès de mobilisation. « Ils me désignent parce que je suis le plus ancien dans le grade le plus élevé. C'est militaire ! », répond Franck Borotra pour expliquer que les militants le considèrent comme le patron de la fédération. « De toute façon, quand on le fait c'est un choix. Comme à l'Armée, quand on s'engage on sait pourquoi », précise un jeune RPR venant d'accepter le poste de responsable départemental des jeunes. « On est de bons petits soldats » revendique encore un cadre local du mouvement. La liste des expressions relevant du

140. *Enquête du Cevipof, voir Daniel Boy* et al., C'était la gauche plurielle, op. cit.

141. *Les enseignants sont, début 2000, proportionnellement mieux représentés à l'UDF où ils constituent 13 % des adhérents qu'à l'UMP (7,5 %), voir Julien Fretel, « Quand des catholiques vont au parti », art. cité, p. 79.*

champ sémantique militaire serait longue à établir, à tel point que l'on peut considérer ces métaphores comme l'un des marqueurs des codes langagiers de l'ancien RPR. L'on pourrait d'ailleurs s'en servir assez efficacement pour repérer les anciennes appartenances partisanes des membres de l'UMP alors qu'inversement l'usage du vocabulaire du management d'entreprise serait moins discriminant pour repérer les anciens de DL. Le maintien de ces références au monde militaire doit évidemment être rapporté à la filiation de cette droite historiquement fondée par un général mais il doit être aussi relié à un trait spécifique de sa sociologie, la part qu'y occupe le milieu professionnel du maintien de l'ordre.

Au fil des enquêtes, on apprend par exemple que le père de l'un était gendarme – c'est le cas de Jean-Paul Fournier, secrétaire départemental gardois de l'UMP cité plus haut – ou militaire – celui de Christian Vanneste[142] –, que d'autres se sont engagés un temps dans l'armée – comme le responsable national des JP de 2005 à 2008, Fabien de Sans Nicolas. Parmi les militants implantés localement, l'on découvre en entretien que l'un est inspecteur des Renseignements généraux (RG) (voir encadré 16), que la femme de l'autre est engagée dans l'armée, que celui qui est chef d'entreprise travaille dans l'électronique d'armement, qu'un autre a suivi une formation à l'IHEDN, que parmi les cinq délégués cantonaux de la circonscription au comité duquel on assiste, l'un travaille pour l'armée, l'autre est pourvoyeur de fond, etc.

De fait, 4 % des adhérents interrogés lors de l'enquête de 2004 sont policiers et militaires, soit plus du double de leur proportion dans la population globale. Cette audience de la droite auprès des professionnels de la sécurité, à la retraite ou en activité, fournit au parti un réseau de spécialistes qui constituent des ressources utilisées pour assurer l'ordre de ses meetings (voir encadré 17). Elle constitue aussi le noyau d'un milieu social et culturel qui diffuse bien au-delà de son strict périmètre. En effet, si l'on construit un attribut militaire ou policier, indicateur permettant de saisir la proximité avec ce monde en

142. *Anne-Sophie Petitfils, « Mobilisation et luttes internes autour des questions homosexuelles à l'UMP : l'"affaire Vanneste" »,* Politix, *92 (4), 2010, p. 99-124.*

intégrant des informations sur le père et le conjoint, ce sous-univers prend encore plus de consistance puisque 10 % des adhérents ont au moins un attribut militaire ou policier, autrement dit un lien familial avec ce monde.

Encadré 16
Un militant « vieille génération »

M. D. est un militant gardois. Son père, originaire de Brest, était officier de la marine marchande et a rejoint de Gaulle à l'Île d'Yeu ; son oncle était aussi résistant. Par sa famille, M. D. se trouve en contact avec les réseaux gaullistes : Joseph Comiti est un ami de la famille et il est recommandé pour entrer dans la police par Roger Frey. Il évoque aussi les liens qu'il a noués avec Yves Fromion, « ancien de la police », et me montre son carnet d'adresses où figurent ce qu'il appelle « ses contacts ». Sa famille lui transmet également un « anticommunisme viscéral ». Il fait sa carrière dans les Renseignement généraux dans le secteur des écoutes : il surveille les mouvements autonomistes bretons, basques, corses. Dans ce cadre, il part en Nouvelle-Calédonie où il est proche du Rassemblement pour la Calédonie dans la République (RPCR) et de Jacques Lafleur « tout en gardant son droit de réserve ». À ce stade du récit de son parcours, il me demande d'arrêter le magnétophone et me signifie qu'il est franc-maçon. De retour en métropole, il s'installe dans la région dont sa femme est originaire. En 2000, il déclare « n'être plus combattant » mais revendique « l'éthique du militant faite de solidarité, d'entraide, de bénévolat ». Pour l'heure, il est sous l'effet du coup de foudre qu'il a eu pour Michèle Alliot-Marie dont il a été le mandataire dans le Gard et qu'il compare à Margaret Thatcher. De fait, celle-ci est arrivée en tête dans le département, mais les capacités de mobilisation de M. D., largement reconnues par la direction de la fédération, ne seront pas récompensées par une promotion.
Militant RPR interviewé en 2000 (63 ans), pas de traces de son engagement partisan en 2011.

Encadré 17
Une policière chargée de la sécurité de l'UMP

Dans les coulisses du conseil national de l'UMP qui se déroule dans les docks d'Aubervilliers le 28 novembre 2008, j'entame une discussion avec une femme, policière, chargée de la sécurité. Elle me parle d'abord du « groupe de prévention » qui assure la sécurité de ce meeting : une centaine de personnes est mobilisée à cette fin, essentiellement des policiers et des douaniers. Ce sont des bénévoles contactés *via* SMS par un ancien collègue. L'ensemble du recrutement est géré comme celui d'« agents secrets » me précise-t-elle. Il n'y a pas de réunion de groupe et elle ne connaît que le prénom de la personne qui l'a contactée. D'ailleurs son responsable, voyant que nous bavardons depuis un moment, intervient pendant notre discussion pour lui demander de ne pas trop me parler – ne l'empêchant d'ailleurs pas de poursuivre l'échange. Elle insiste à plusieurs reprises sur son « droit de réserve » : elle n'est « ni de droite, ni de gauche » mais voue une profonde reconnaissance à Xavier Bertrand, responsable de l'UMP à cette date – « moins agité que Sarkozy, très ouvert et accessible ». Celui-ci est en effet intervenu en sa faveur et lui a obtenu une mutation après un problème dans son commissariat. Aujourd'hui ses collègues la savent « protégée ». Sa vraie référence demeure Charles Pasqua, un « vrai patron », seul à s'être réveillé dans la nuit parce qu'un policier était mort. Quand je lui demande si son collègue qui l'a mis en contact avec l'UMP est membre du mouvement, elle me répond qu'il est franc-maçon. En matière de sécurité, elle critique le « couvre-feu » qu'elle juge inutile, estime que l'important est d'intervenir sur l'argent et est donc favorable à la suppression des allocations pour les familles de mineurs délinquants. Elle m'explique qu'elle s'ennuie le week-end, lit Arlequin pour s'évader et que la participation à ces grands meetings est « sympathique », qu'elle lui permet de rencontrer du monde et de voir des gens connus.

Mattei Dogan avait déjà souligné la place qu'occupaient les officiers parmi les parlementaires de droite sous les Troisième et Quatrième Républiques[143], Jean Charlot notait, à propos du RPF, que près de 5 % des adhérents de 1947 venaient de la police et de l'armée[144], enfin l'enquête réalisée en 1972 dans le seul département girondin confirmait cette

143. *Mattei Dogan, « Les officiers dans la carrière politique (du maréchal Mac Mahon au général de Gaulle) »,* Revue française de sociologie, *2 (2), 1961, p. 88-99.*
144. *Jean Charlot,* Le Gaullisme d'opposition, op. cit., *p. 89.*

surreprésentation[145] qui n'est d'ailleurs pas un phénomène spécifiquement français. Ainsi le Parti conservateur britannique a historiquement puisé dans le vivier des militaires à la retraite pour recruter ses agents électoraux – lesquels sont des salariés payés à l'échelle locale pour entretenir la mobilisation et le financement du parti[146].

Près de soixante ans après la fondation du RPF, le maintien de cet ancrage peut toutefois surprendre. Il est renforcé par le fait qu'une partie non négligeable des adhérents – environ 10 % de l'échantillon – déclare faire partie d'une association liée au monde militaire ou policier. Pour l'essentiel, il s'agit d'associations d'anciens combattants (Union nationale des combattants, Souvenir français, associations de médaillés, etc.). Autrement dit, la persistance même sous une forme résiduelle de ce que l'on peut appeler une culture militaire entendue comme la prégnance d'une grille de représentations du parti fondée sur les notions d'autorité et de discipline doit être reliée à la surreprésentation au sein de l'organisation partisane de membres entretenant des liens plus ou moins directs avec l'institution militaire ou les milieux professionnels du maintien de l'ordre.

La polarisation des cultures religieuses et irréligieuses

Autre variable classique de la sociologie électorale[147], la religion est également déterminante en sociologie partisane. Elle permet en effet de distinguer, avec une certaine netteté, les adhérents UMP et socialistes : les premiers sont, globalement, porteurs d'une culture catholique, les seconds en sont largement détachés. Il n'en demeure pas moins vrai que la place du catholicisme à l'UMP apparaît moins évidente que dans d'autres partis de droite. Cette ambivalence résulte de la structuration historique de la droite française dont on a déjà souligné qu'elle ne s'était pas directement construite par une mobilisation d'obédience catholique

145. *Jacques Lagroye* et al., Les Militants politiques dans trois partis français, op. cit., *p. 25.*
146. *Stuart Ball, « Local Conservatism and the Evolution of the Party Organization », dans Anthony Seldon et Stuart Ball (eds),* Conservative Century. The Conservative Party since 1900, *Oxford, Oxford University Press, 1994, p. 279-280.*
147. *Guy Michelat, « Intégration au catholicisme, attitudes éthico-politiques et comportement électoral », dans Pierre Bréchon, Annie Laurent et Pascal*

(voir chapitre 1). De fait, alors que le pôle des catholiques engagés et celui des francs-maçons sont visibles, le groupe central que constituent les catholiques non pratiquants est plus difficile à cerner.

Catholiques, pratiquants, irréligieux

Si l'on compare l'inscription religieuse des adhérents UMP et socialistes (tableau 10), les différences portent, en 2004, moins sur le groupe des catholiques non pratiquants (écart de 13 points entre les deux partis) que des pratiquants (23 points d'écart) et des irréligieux (37 points d'écart). Cette inscription dans l'univers religieux rapproche d'ailleurs la droite partisane de ses homologues européens conservateurs : selon l'enquête sur les *tories*, 11 % des adhérents étaient détachés de la religion (*non believers*) au début des années 1990[148], un niveau comparable à celui à l'UMP fin 2004 (10 %). D'après l'enquête de 2004, le mouvement de détachement religieux est porté par le renouvellement des adhérents. Il prend la forme d'une baisse notable des catholiques pratiquants parmi eux (8 points d'écart entre les adhérents pré- et post-2002) au profit des irréligieux, phénomène largement lié au processus de rajeunissement, le groupe des catholiques non pratiquants restant stable.

Ce groupe central est moins visible dans les enquêtes de terrain qui agissent comme un révélateur – au sens photographique – de pôles catholique et franc-maçon. Ces derniers, tout en étant minoritaires à l'UMP, sortent assez facilement d'une forme d'invisibilité au cours de l'enquête de terrain, suscitant des réactions contrastées. Certes, cette observation exigerait d'être validée par de futures recherches portant sur les cultures et réseaux religieux et irréligieux dans le parti. Ces deux cultures[149] s'adossent bien aux deux pôles correspondants, d'un côté les « catholiques pratiquants » (35 % des adhérents UMP, 12 % des adhérents socialistes et 14 % de l'électorat), de l'autre les irréligieux (10 % des adhérents UMP, 47 % des socialistes et 25 % de l'électorat).

Perrineau (dir.), Les Cultures politiques des Français, op. cit., *p. 209-239 ; Claude Dargent, « La religion encore et toujours », dans Bruno Cautrès et Nonna Mayer (dir.),* Le Nouveau Désordre électoral, *Paris, Presses de Sciences Po, 2004, p. 161-183.*

148. Paul Whiteley, Patrick Seyd et Jeremy Richardson, True Blues, op. cit., *p. 48.*

149. Guy Michelat et Michel Simon, Classe, religion et comportement politique, *Paris, Presses de la FNSP et Éditions sociales, 1978.*

Tableau 10 : Les pratiques religieuses des adhérents de l'UMP, du PS et de l'UDF (%)

	Enquête UMP 2004	Enquête PS 1997[150]	Enquête UDF[151] 2002	Enquête *PEF* 2002[152] (population électorale)
Catholiques pratiquants	35	12	60	14
dont				
adhérents avant 2002	*38*			
adhérents après 2002	*30*			
Catholiques non pratiquants	49	36	35	44
dont	*50*			
adhérents avant 2002	*50*			
adhérents après 2002				
Autre religion	6	4	–	6
Dont				
adhérents avant 2002	*5*			
adhérents après 2002	*7*			
Sans religion	10	47	5	25
dont				
adhérents avant 2002	*7*			
adhérents après 2002	*14*			

La mobilisation des catholiques dans le parti

La place de la culture catholique au sein de la droite partisane a subi des transformations avec la fondation de l'UMP. Elle n'est, certes, pas en expansion d'un point de vue sociologique (voir *supra*) mais elle a acquis une certaine visibilité. Celle-ci résulte d'abord de l'intégration à l'UMP de membres originaires de l'UDF[153] dont la solide socialisation catholique, familiale et associative a façonné leurs manières de faire de la politique[154]. Ils ont renforcé un pôle catholique existant déjà au RPR, y compris dans la génération des cadets de la

150. *Enquête du Cevipof, voir Daniel Boy* et al., C'était la gauche plurielle, op. cit.
151. *Julien Fretel,* Militants catholiques en politique. La nouvelle UDF, *thèse, Université Paris-1-Panthéon-Sorbonne, 2004, p. 66.*
152. *Le* Panel électoral français (PEF) *2002 est une enquête réalisée par le Centre de recherches politiques de Sciences Po.*
153. *Le « pôle catholique » a ponctuellement été aussi renforcé par l'arrivée de certains ex-UDF tels que des « millonistes » ou des anciens MPF.*
154. *Julien Fretel, « Quand des catholiques vont au parti », art. cité.*

droite promus par l'alternance de 1981 qui avait déjà révélé une forme de « retour du religieux[155] ».

Les transformations tiennent aussi au fait que Nicolas Sarkozy a tenté de réactualiser et de renforcer la place du catholicisme en politique, et singulièrement à l'UMP. En 2007, il avait affiché non seulement son identification personnelle à « la communauté catholique », mais également sa conviction selon laquelle la religion a une « importance spécifique pour l'équilibre de la société[156] ». De fait, le bon score recueilli par Nicolas Sarkozy en 2007 dans l'électorat catholique – son meilleur résultat est atteint chez les catholiques les plus pratiquants parmi lesquels il surpasse largement François Bayrou – témoigne d'une mobilisation des milieux catholiques en sa faveur. Cette mobilisation s'adosse sur un milieu associatif catholique présent à l'UMP – même s'il y est largement moins dynamique qu'au sein de l'ex-UDF – : 8 % des congressistes interrogés en 2004 déclarent faire partie d'une association liée au catholicisme (associations paroissiales, diocésaines, caritatives ou familiales). D'ailleurs, la référence au catholicisme est également remise au goût du jour après l'élection, par exemple lors de la visite au Vatican le 20 décembre 2007 et le fameux discours de Latran appelant à l'instauration d'une « laïcité positive », entendue comme une laïcité plus compréhensive à l'égard des religions.

En cours de mandat, cette audience parmi les catholiques s'est apparemment effritée, la frange plus conservatrice et traditionnelle se posant en groupe de pression pour contrer l'éventualité de prises de positions trop libérales culturellement, en particulier sur la question homosexuelle, et la frange la plus humaniste et sociale, à l'instar d'une partie de la hiérarchie catholique, lui tenant rigueur de ses analyses biologisantes à propos de la pédophilie ou du suicide[157] et probablement de la

155. *C'est, en tous les cas, le constat que tire Jacques Frémontier de son enquête auprès des jeunes élus de droite de l'alternance,* Les Cadets de la droite, op. cit., *p. 149.*
156. *Nicolas Sarkozy,* La République, les religions, l'espérance, *Paris, Éditions du Cerf, 2004, p. 7.*
157. *Lors d'un entretien avec Michel Onfray dans* Philosophie magazine *d'avril 2007, Nicolas Sarkozy avait insisté sur l'importance de l'inné et de l'explication génétique d'un ensemble de comportements « déviants ».*

trop forte exposition des relations avec le « monde de l'argent[158] ». Cette sensible baisse d'audience du candidat Sarkozy auprès des catholiques pratiquants est visible quand on compare les sondages présidentiels de 2007 et 2012[159]. Même si la religion demeure une variable déterminante[160] pour comprendre la sociologie des électorats de gauche et de droite, la désaffection des catholiques pratiquants à l'égard de Nicolas Sarkozy est nettement supérieure à la moyenne : alors qu'il a perdu cinq points entre 2007 et 2012 (lors du deuxième tour) dans l'ensemble de l'électorat, la chute est de sept points pour les catholiques et de neuf points pour les catholiques pratiquants.

Les deux versants du catholicisme, la sensibilité de défense de l'ordre moral et celle d'un catholicisme plus social, coexistent à l'UMP et s'imbriquent parfois. Lors de la campagne de 2007 un site, Les Catholiques de l'UMP, avait été créé, lié à d'autres associations en charge de promouvoir la vision des catholiques dans le débat public (Hermas) et universitaire (Catholicae Disputationaes). Le site n'étant plus en activité, le réseau catholique sur le web a vu éclore une floraison de sites, pour la plupart représentant les courants les plus traditionnels et radicaux.

Toutefois la tentative de structuration des mondes catholiques a, dans un premier temps, été portée en priorité par le courant traditionnel incarné par Christine Boutin. Celle-ci a recueilli 5,82 % des suffrages aux élections internes qui ont porté Nicolas Sarkozy à la tête du parti en novembre 2004 ; puis elle a menacé de se présenter à l'élection présidentielle de 2007 avant de se rallier à la candidature Sarkozy, le même scénario se reproduisant en 2012. Parallèlement, elle mettait en œuvre une stratégie d'autonomie relative à l'égard de l'UMP avec la création du Parti chrétien démocrate (PCD) qui prend la suite en 2009 du Forum des républicains sociaux (FRS), et reste associé à l'UMP. L'armature de

158. *Michel Pinçon et Monique Pinçon-Charlot,* Le Président des riches. Enquête sur l'oligarchie dans la France de Nicolas Sarkozy, *Paris, La Découverte, 2010.*

159. Le Vote des catholiques au second tour de l'élection présidentielle, *sondage Ifop pour le* Pèlerin *sur un échantillon de 3 449 électeurs dont 2 007 catholiques, réalisé le 6 mai 2012.*

160. *Vincent Tiberj, « Classes, religions et cohortes : les logiques sociologiques du vote de gauche (1988-2012) »,* note TriElec, *2012, disponible en ligne : http://www.cee.sciences-po.fr/fr/elections-2012/trielec.html*

l'association repose sur des anciens élus de Rhône-Alpes, anciens proches de Charles Millon – parmi lesquels on pourrait comptabiliser, en tant que compagnon de route, Hervé Mariton[161], un temps fer de lance du villepinisme – et des élus des Yvelines, précisément de Rambouillet[162], zone d'implantation de Christine Boutin, ainsi que le maire de Montfermeil, Xavier Lemoine (ancien MPF), et celui de Neuilly-sur-Seine, Jean-Christophe Fromantin[163].

Face à la visibilité de ces milieux catholiques traditionnels, la mouvance « centriste » et les héritiers d'une sensibilité démocrate-chrétienne ont rechigné à se structurer, probablement en raison de leur forte ambivalence à l'égard de l'action partisane avec laquelle il préfère généralement garder une distance respectable, alternant des phases d'investissement et des séquences de repli sur l'action locale[164]. Une forme de structuration a émergé avec la naissance du courant de La Droite sociale organisé autour de Laurent Wauquiez. Issu d'une famille d'industriels du Nord, ce dernier revendique son intégration au catholicisme[165] et s'inscrit dans la filiation de Jacques Barrot dont il a été le suppléant. De fait l'on retrouve dans ce groupe beaucoup d'anciens UDF et de nombreux catholiques engagés. Toutefois, ce collectif qui revendique son intérêt pour les questions sociales a pris position clairement à droite sur ce type d'enjeux en promouvant le thème de la lutte contre l'assistanat social.

161. *La mère d'Hervé Mariton est juive mais sa femme est catholique pratiquante et leurs enfants sont élevés dans le catholicisme. Voir « Villepin béni »,* Libération, *3 juin 2006. Dans l'entretien qu'il m'a accordé, le 4 février 2010, il définit le clivage entre « matérialiste » et « non matérialiste » et insiste sur sa volonté d'être en contact avec les différents représentants des communautés religieuses.*

162. *Gérard Larcher, ancien maire de Rambouillet et président du Sénat de 2008 à 2011, revendique également sa foi chrétienne ; catholique à l'origine il s'est converti au protestantisme.*

163. *Proche de ce réseau, François Billot de Lochner, ancien responsable de la fédération UMP banque, finance et assurance, a démissionné de ce poste. Il est l'auteur de* L'Affaire Vanneste : la mise à mort de la liberté d'expression, *Paris, F.-X. de Guibert, 2008.*

164. *Julien Fretel, « Le parti comme fabrique de notables », art. cité.*

165. *Laurent Wauquiez est, par exemple, intervenu en novembre 2010 auprès de la Commission européenne, en tant que ministre des Affaires européennes, pour défendre l'identité chrétienne de l'Europe en réagissant contre la diffusion d'un agenda qui ne signalait pas les fêtes chrétiennes alors qu'il le faisait pour les autres fêtes religieuses.*

La visibilité des francs-maçons

Les enquêtes de terrain menées en 1999-2000 au RPR n'ont pas véritablement permis de révéler au niveau local ce milieu catholique. Certes, dans les Yvelines, la socialisation catholique des membres du RPR affleure, surtout dans des villes comme Versailles, Rambouillet, Le Vésinet, mais il est évident qu'un travail mené dans le Nord, en Bretagne ou en Alsace aurait mieux permis de cerner des configurations liant engagements religieux et partisan. En revanche, dans le Gard, c'est la culture franc-maçonne qui apparaît très forte (voir encadré 18).

Encadré 18
La structuration de la droite nîmoise
Acte II. Les clivages religieux

S'agissant du clivage religieux, il m'est apparu rapidement que l'opposition très schématique que je pouvais avoir entre milieux catholiques et milieux protestants nîmois devait être complexifiée puisqu'existe, en réalité, une configuration triangulaire catholique - protestant - franc-maçon. D'ailleurs, aux élections municipales de 1995, c'est un troisième homme, Camille Lapierre – en 2001, membre de l'équipe dirigeante du Parti radical gardois, chirurgien, franc-maçon (Grande Loge nationale de France) – qui perturbait le jeu politique. En prévision des élections municipales de 2001, Jean-Paul Fournier a fait alliance avec Franck Proust (DL), lui aussi franc-maçon (Grande Loge de France). Laurent Burgoa, secrétaire de circonscription, m'invitant dans une brasserie – où il glisse à propos du patron « c'est un de nôtres », voulant par ces mots me suggérer qu'il est proche du RPR –, me confirme que « Nîmes était une ville franc-maçonne », marquée par une vive lutte entre loges et que de nombreux « vénérables » sont aussi membres du RPR – j'en ai la confirmation dès le lendemain lors d'un entretien (voir encadré 16 *supra*).

La culture franc-maçonne ne s'exprime pas que localement, elle est aussi fortement présente parmi les dirigeants de l'UMP. L'identification franc-maçonne sert souvent de facteur explicatif des positionnements individuels et des arrangements internes. Une expérience de terrain permet d'illustrer ce phénomène. Lors de la préparation de l'enquête de 2004, le projet de questionnaire est présenté au directeur général de l'UMP de l'époque. À sa lecture, celui-ci ne réagit qu'à propos de la question portant sur l'appartenance religieuse. La question lui pose problème car les gens pourraient se sentir gênés de divulguer qu'ils sont « sans religion », me précise-t-il. Afin de comprendre cette réaction, j'ai donc demandé à un autre dirigeant du parti d'interpréter pour moi cette anecdote. Pour ce dernier, cette réaction ne peut se comprendre sans prendre en compte l'appartenance à la franc-maçonnerie de mon interlocuteur. Ce nouvel informateur se déclare lui-même « détaché de ces questions religieuses » mais, au détour d'une phrase, il me précise toutefois qu'il a été enfant de chœur dans son enfance ! Lors d'un nouvel entretien quelques mois plus tard, le même dirigeant déplore d'ailleurs l'entrisme de la franc-maçonnerie au motif que « lors des réunions, on se rend compte que des personnes se sont réunies avant et ont tout verrouillé ». C'est bien la multiplication sur le terrain de telles notations qui permet d'établir la prégnance de la culture franc-maçonne au sein de l'UMP.

Les pesanteurs socioculturelles ne s'évaporent pas par la simple magie des technologies marketing. Ces outils abondamment utilisés pour façonner l'offre d'adhésion à l'UMP n'ont pas fait disparaître les contours sociologiques spécifiques du peuple de la droite et les cultures qui le caractérisent. Ainsi, plus féminisée au niveau des adhérents mais non des députés, rajeunie, l'UMP demeure marquée par un ordre social partisan qui distribue à chacun une position dans la hiérarchie des genres et des âges. De même, aussi éduqués que les adhérents socialistes, ceux de droite affichent le plus souvent une relation complexe et pour partie complexée à l'égard d'un monde intellectuel qu'incarnerait, dans leur esprit, la gauche socialiste. Enfin, se différenciant objectivement de cette dernière par la part qu'elle accorde aux « gens du privé » et aux catholiques, l'UMP est, en réalité, caractérisée par une forme d'hybridation des cultures. Son creuset culturel se traduit alors par un mélange composite marqué par la diffusion du modèle entrepreneurial, l'affaiblissement du modèle administratif et la persistance d'un modèle militaire.

Reconnaître au phénomène partisan sa densité socioculturelle est indispensable si l'on ne veut pas le couper de la réalité sociale qui le constitue. Le parti est une association d'acteurs sociaux façonnés par les milieux auxquels ils appartiennent et par les liens plus ou moins distants, pratiques ou symboliques, qu'ils entretiennent avec d'autres institutions sociales : l'institution scolaire et universitaire pour une part dominante des adhérents socialistes, l'Église, voire l'armée, pour une part non négligeable des adhérents UMP sur fond d'expansion de la logique du marché. Certes, ces institutions sont aujourd'hui affaiblies mais elles ont été la source de cultures politiques qui en tant que telles sont dotées d'une forme de résilience et dont on saisit très nettement les contours au sein de la droite partisane. La culture de l'UMP ne forme pas un bloc homogène, et surtout elle n'apparaît pas comme le produit même du parti, organisation trop faiblement institutionnalisée, trop poreuse pour être désignée, à proprement parler, comme une institution culturelle. Pour autant ce processus d'importation et d'hybridation fournit à l'UMP une densité sociopolitique propre et informe de la manière dont le parti fabrique de l'idéologie.

Chapitre 5 / LES LOGIQUES DE LA RADICALISATION IDÉOLOGIQUE

La littérature internationale sur l'évolution des partis politiques associe transformations organisationnelles et mutations idéologiques. Depuis les années 1960, le lien est systématiquement établi entre l'émergence de nouvelles formes partisanes et un processus de « désidéologisation », voire de « déconflictualisation » par la diffusion d'une politique plus consensuelle. Cette association est au cœur de la notion de « parti attrape-tout » forgée il y a plus quarante ans par Otto Kirchheimer – d'ailleurs en se référant largement au cas de l'UNR[1] –, et on la retrouve dans la plupart des modèles synthétiques portant sur les transformations partisanes : elle est présente, par exemple, dans les analyses de Richard Katz et Peter Mair[2] qui soulignent comment le « parti-cartel », en réduisant les enjeux de la compétition, conduit à un rapprochement programmatique et idéologique entre les partis dominants, essentiellement liés par leurs intérêts communs et leur volonté de durer. L'ensemble de la littérature postule ainsi l'idée d'une connexion forte entre la disparition des « partis bureaucratiques de masse » – comme les désigne Angelo Panebianco – et l'effacement des clivages idéologiques, le maillon intermédiaire étant l'affaiblissement des cultures politiques. Schématiquement, l'organisation partisane étant devenue exclusivement une machine à gagner des voix, les « bureaucrates » sont de moins en moins tournés vers l'entretien des clientèles acquises et des cultures qui leur sont associées, celles-ci s'émoussent, et avec elles les différences idéologiques.

Le cas de la droite partisane française impose de revenir sur ce lieu commun. Le chapitre 4 a permis d'abord d'établir que des cultures politiques, même si elles ne sont pas directement produites par le parti, sont encore vivaces en son sein et qu'elles résistent aux

1. *Otto Kirchheimer, « The Transformation of the Western European Party System », dans Joseph La Palombara et Myron Weiner (eds),* Political Parties and Political Development, op. cit.
2. *Richard Katz et Peter Mair, « Changing Models of Party Organization and Party Democracy », art. cité.*

transformations organisationnelles, et en particulier aux effets des technologies marketing. L'argument défendu maintenant est que, loin de constater un effacement de l'idéologie ou une déconflictualisation, l'on observe au contraire des logiques de radicalisation au sein de la droite partisane. À la suite des élections présidentielle et législatives de 2012, la question de « la droitisation de la droite » sous Nicolas Sarkozy, celle des valeurs de l'UMP et de sa stratégie vis-à-vis du FN sont propulsées au cœur du débat interne à la suite de l'appel (le 18 juin 2012 !) d'Alain Juppé « à clarifier [les] positions par un travail commun sur la charte des valeurs de l'UMP qui date de 2002 et nécessite d'être actualisée[3] ». Pour comprendre l'émergence de ce débat, il faut revenir sur l'ensemble des évolutions idéologiques intervenues depuis 2002 et sur le mouvement de polarisation idéologique qu'a constitué le sarkozysme. Cette mise en perspective s'organise autour de trois séquences : la situation avant la naissance de l'UMP, le tournant de 2007 et les logiques de polarisation du quinquennat de Nicolas Sarkozy.

2002 est le point de départ de l'histoire, en tant que date de naissance de l'UMP. Comment, d'un point de vue idéologique, la droite française se situe-t-elle en Europe ? Elle se trouve alors moins à droite que beaucoup de ses homologues européennes, si l'on veut bien admettre qu'être plus à droite c'est adopter des positions moins favorables à l'intervention de l'État, plus rigoristes en matière morale et davantage fondées sur un ancrage religieux. Une telle évaluation concerne à la fois la demande électorale et l'offre programmatique mais rencontre toutefois une exception : les électeurs de la droite française – il n'a pas été possible malheureusement de le mesurer pour les programmes – se situent à un niveau élevé de xénophobie.

2007 : l'élection présidentielle est un premier tournant. Elle soulève directement la question décisive pour l'ensemble des partis de la droite européenne de la stratégie qu'il faut adopter à l'égard de la droite radicale. Comme l'a souligné Giovanni Sartori[4], l'existence de « partis

3. Le Monde, *18 juin 2012.*
4. *Giovanni Sartori, « European Political Parties : The Case of Polarized Pluralism », dans Joseph La Palombara et Myron Weiner (eds),* Political Parties and Political Development, op. cit., *p. 137-176.*

antisystème », autrement dit d'organisations qui remettent en cause le système tout en y participant et qui se caractérisent par une forte distance idéologique avec les autres composantes de celui-ci, introduit des dynamiques centripètes et des mouvements de polarisation. Ainsi, la stratégie de reconquête des électeurs du FN par l'UMP a contribué à faire de la droite partisane un pôle à la fois plus attractif pour certains et plus répulsif pour d'autres.

2007-2012 : cette séquence permet de saisir la mesure de cette polarisation, laquelle est visible dans l'émergence de ce que l'on a appelé l'« antisarkozysme ». Le choix a été fait ici de l'appréhender en mobilisant plus particulièrement une analyse de l'antisarkozysme sur le web.

L'UMP à sa naissance : des électeurs de droite plus ou moins à droite ?

Les systèmes politiques des pays européens s'organisent autour de la division gauche-droite tant du point de vue électoral que partisan. Certes, l'enracinement et la banalisation de cette division varient en fonction de l'ancienneté du processus de démocratisation : ils se révèlent ainsi moins forts dans les pays européens les plus récemment démocratisés que dans ceux qui le sont depuis longtemps[5]. Pour autant, le solide arrimage de la division gauche-droite dans la plupart des systèmes partisans européens ne conduit pas nécessairement à postuler leur stabilité à travers le temps. En effet, la division demeure mais les pôles partisans qui structurent la droite et la gauche se modifient en même temps que se transforme la signification de cette opposition. Cette remarque est d'autant plus pertinente que les droites qualifiées « d'extrêmes » ou de « populistes[6] », et les enjeux qu'elles portent, ont récemment reconfiguré l'espace idéologique. « Alors que les nouveaux mouvements sociaux des années 1960 et 1970 ont

5. *Cet écart généré par les trajectoires de démocratisation se constate d'ailleurs quel que soit l'instrument de mesure choisi ; il apparaît quand on interroge les citoyens et les experts, André Freire, « Party Polarization and Citizens' Left-Righ Orientations »,* Party Politics, *14 (2), 2008, p. 189-209 ; John Huber et Ronald Inglehart, « Expert Interpretations of Party Space and Party Locations in 42 Societies »,* Party Politics, *1995, 1 (1), p. 82.*
6. *Pour une discussion de ces taxinomies, voir Alexandre Dézé, « Le Front national comme "entreprise doctrinale" » dans Florence Haegel (dir.),* Partis politiques et système partisan en France, op. cit., *p. 255-284.*

transformé avant tout la gauche, la mobilisation de la droite populiste met fortement à l'épreuve les partis de droite autant que ceux de gauche[7]. » L'émergence de ce nouveau pôle « à la droite de la droite » a profondément remodelé les systèmes d'opposition.

Ceux-ci ont longtemps été enracinés dans des conflits d'ordre socio-économique. Publiant en 1987 un ouvrage fondé sur la comparaison des programmes partisans, de 1945 au début des années 1980, Ian Budge et David Robertson notaient que l'opposition gauche-droite était centrale dans les trois quarts des pays concernés[8] et qu'elle renvoyait, en priorité, à des conflits relevant du domaine économique. Ils opposaient les adeptes d'une régulation impliquant l'intervention et le contrôle des pouvoirs publics sur l'économie et les partisans de la libre entreprise, hostiles à toute ingérence susceptible d'entraver la logique du marché[9]. Or, progressivement, les analyses ont attesté de la montée en puissance des conflits d'ordre culturel et ont mis au jour la plasticité et la capacité d'absorption de ces clivages culturels au cœur desquels sont venus se nicher de nouveaux conflits[10]. Ainsi, la vieille opposition religieuse s'est d'abord transformée, dans les années 1970, en une division portant sur le libéralisme culturel, puis elle a été investie par la question de l'immigration, clé de voûte du « nouveau conflit culturel[11] » que n'ont pas manqué de cristalliser les phénomènes de globalisation. En bref, l'on doit considérer que les clivages se superposent mais se transforment également puisque leur contenu se redéfinit.

7. *Hans-Peter Kriesi* et al., *« Globalization and its Impact on National Spaces of Competition », dans Hans-Peter Kriesi* et al., West European Politics in the Age of Globalization, *Cambridge, Cambridge University Press, 2008, p. 19-20 (ma traduction).*

8. *S'agissant de l'Europe, seule l'Irlande constituait selon eux un cas d'exception, Ian Budge et David Robertson,* Ideology, Strategy and Party Change : Spatial Analyses of Post-War Electoral Programmes in Nineteen Democracies, *Cambridge, Cambridge University Press, 1987, p. 391.*

9. *Ian Budge et David Robertson,* Ideology, Strategy and Party Change, op. cit., *p. 394-395.*

10. *Dans les termes de Hans-Peter Kriesi et de son équipe, ce mouvement d'absorption valide « the embedding hypothesis », Hans-Peter Kriesi* et al., West European Politics in the Age of Globalization, op. cit., *p. 324-325.*

11. *Simon Bornschier,* Cleavages and the Populist Right. The New Cultural Conflict in Western Europe, *Philadelphie (Penn.), Temple University Press, 2010.*

Partant de ce constat, je comparerai les positions idéologiques de la demande électorale et de l'offre programmatique des droites en France et en Europe en prenant en compte les deux dimensions dont on sait qu'elles structurent l'univers idéologique des Européens. La première renvoie à la question de l'intervention de l'État et de la régulation de l'économie ; la seconde intègre des conflits culturels portant sur l'ordre moral et sur la question de l'immigration.

Pour mesurer les positions idéologiques partisanes, l'on peut schématiquement adopter deux principales perspectives[12]. La première porte l'attention sur ce que l'on appelle la demande électorale incarnée – si l'on file la métaphore du marché – dans ces consommateurs auxquels pourraient être assimilés les électeurs de droite. La seconde s'intéresse à l'offre, c'est-à-dire aux produits idéologiques tels qu'ils sont forgés au sein des partis politiques. Afin de positionner idéologiquement l'électorat de la droite française par rapport à celui d'autres pays européens, j'utiliserai comme point de référence la vague réalisée en 2003 de l'enquête *European Social Survey* (*ESS*) au sein de laquelle dix pays ont été sélectionnés[13]. Pour chaque pays, je comparerai donc les positions idéologiques des électeurs des droites européennes définis comme l'ensemble des électeurs ayant voté pour un candidat conservateur, démocrate-chrétien ou libéral lors des dernières élections législatives (voir encadré 19).

Économiquement un peu plus interventionnistes

Dans le domaine socio-économique, la comparaison par pays des réponses à la question de l'*ESS* portant sur l'intervention de l'État dans le domaine de l'égalité des revenus (voir encadré 19) permet de saisir la grande diversité des positions des électorats de la droite européenne. Sur cet enjeu, l'on est bien loin de constater une convergence idéologique européenne : pour preuve, 53 points séparent les électeurs

12. Cette double entrée ne signifie évidemment pas que l'on ignore l'interdépendance des logiques de l'offre et de la demande d'autant que la science politique a insisté, depuis longtemps, sur le fait que les partis ne traduisaient pas des préférences préétablies, voire même des identifications sociopolitiques, mais qu'ils contribuaient à les forger et à les fabriquer.
13. La France, la Belgique, l'Allemagne, le Royaume-Uni, les Pays-Bas, le Danemark, la Suède, l'Espagne, l'Italie et la Pologne.

Encadré 19
L'évaluation des positions idéologiques des électeurs des droites européennes

La vague 2003 de l'enquête *European Social Survey* (*ESS*) fournit les moyens de comparer les électeurs de la droite française à ceux d'autres pays européens. Compte tenu des effectifs, elle ne permet cependant pas de distinguer dans le cas français entre les composantes démocrate-chrétienne (N = 50), libérale (N = 4) et gaulliste (N = 207). Pour chaque pays concerné, l'électorat de droite est constitué par l'addition des électeurs ayant voté aux dernières élections législatives pour un candidat conservateur, libéral ou chrétien-démocrate. Les différentes dimensions dont on sait qu'elles structurent le système idéologique européen ont été appréhendées à partir des questions disponibles dans l'enquête.

La dimension économique est saisie par la question : « Dans quelle mesure êtes-vous d'accord ou pas d'accord avec l'idée selon laquelle "le gouvernement devrait prendre des mesures pour réduire les différences de niveau de revenu" ? » (B44)

L'adhésion à un ordre moral est mesurée à partir d'une question sur l'homosexualité formulée en ces termes : « Dans quelle mesure êtes-vous d'accord ou pas d'accord avec l'idée selon laquelle "les homosexuels et lesbiennes devraient être libres de vivre comme ils/elles le souhaitent" ? » (B46)

L'acceptation du pluralisme religieux est mesurée par la question suivante : « Dans quelle mesure êtes-vous d'accord ou pas d'accord avec l'idée selon laquelle "il est mieux pour un pays d'avoir une variété de différentes religions" ? » (D41).

L'enjeu de l'immigration est mesuré à l'aide d'un indicateur portant sur les « coûts et avantages de l'immigration » intégrant les questions suivantes :

« Direz-vous que les personnes originaires d'autres pays qui viennent vivre ici prennent le travail des (Français, Allemands, etc.) ou qu'elles contribuent à créer de nouveaux emplois ? » (D25)

« La plupart des personnes qui sont venues vivre ici, y travaillent et payent des impôts. Elles utilisent aussi les services sociaux et de santé. Au total, pensez-vous que ces personnes tirent profit plus qu'elles n'apportent ou qu'elles apportent plus qu'elles n'en tirent profit ? » (D26)

Pour chacune de ces questions, une échelle de 1 à 10 était proposée. Sont considérées comme des réponses « xénophobes » les trois réponses les plus négatives.

Je remercie chaleureusement Vivian Le Hay avec qui j'ai travaillé pour l'exploitation des données.

de la droite danoise, les plus hostiles à l'intervention de l'État pour l'égalité des revenus, et ceux de la droite espagnole, les plus interventionnistes (voir graphique 3). De manière claire, les pays où les électeurs de droite sont les moins interventionnistes sont issus du nord de l'Europe (à l'exception de la Suède et de la Belgique).

La position très libérale occupée par les électeurs de la droite danoise ou britannique reflète celle des formations qui les représentent et qui se retrouvent d'ailleurs au niveau européen pour défendre des positions économiquement libérales. Elle renvoie à la saillance du clivage socio-économique et à l'acuité des conflits de classe dans leur trajectoire historique, phénomènes liés à l'effacement du conflit religieux dans ces deux pays où l'Église réformée a été étroitement associée à la construction nationale. Rappelons également qu'au Danemark la vivacité des positions hostiles à l'intervention de l'État s'exprime régulièrement par des mouvements anti-impôt. Les électeurs de la droite française, quant à eux, émargent au groupe des plus favorables à l'intervention de l'État mais ils se situent à un niveau intermédiaire, bien moins interventionnistes que les Espagnols et les Italiens. Sur cette dimension, l'on peut donc considérer qu'ils occupent une position médiane mais comparativement bien plus acquise à l'intervention de l'État que leurs voisins du nord.

Moralement moins rigoristes

La libéralisation des mœurs s'apparente à une transformation massive des sociétés européennes contemporaines. Elle comporte deux versants renvoyant, d'une part à la diffusion de ce que l'on a appelé le libéralisme culturel, et d'autre part à son envers qui prend la forme d'une résistance, d'une contre-mobilisation face à cette évolution par un attachement aux valeurs morales traditionnelles. Pour mesurer l'attitude à l'égard des multiples enjeux que soulève le mouvement général de desserrement de l'ordre sexuel, moral et culturel, on utilise couramment comme indicateurs des questions à l'égard de l'avortement et des homosexuels. Dans l'*ESS*, une question à propos de l'homosexualité est disponible (voir encadré 19) qui s'apparente, d'ailleurs, plus à un indicateur de tolérance – laisser à chacun la

Graphique 3 : Le libéralisme économique et le libéralisme culturel des électeurs des droites européennes (%)

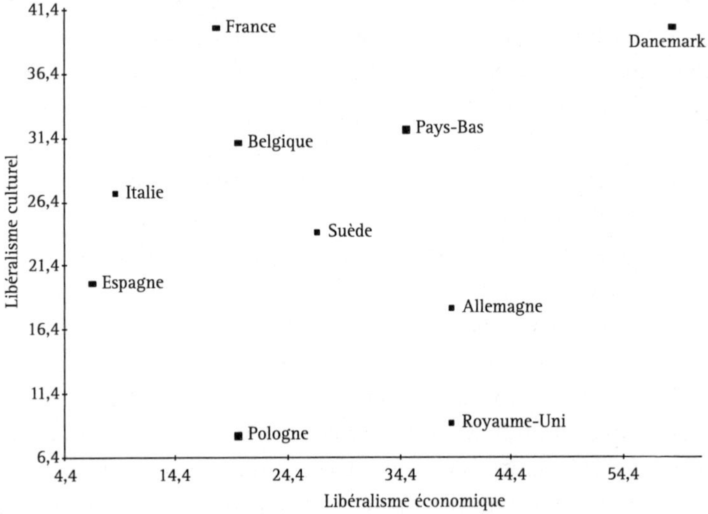

	Désaccord avec l'idée que le gouvernement devrait réduire les différences de revenus	Accord avec l'idée selon laquelle les gays et lesbiennes sont libres de vivre comme ils le souhaitent
Belgique	20	31
Allemagne	39	18
Danemark	60	40
Espagne	7	20
France	18	40
Grande-Bretagne	39	9
Italie	9	27
Pays-Bas	35	32
Pologne	20	8
Suède	27	24

Sources : enquête *European Social Survey* (*ESS*), 2003.

liberté dans la sphère privée – qu'à une mesure de l'enjeu plus actuel que constitue la reconnaissance des droits des homosexuels dans la sphère publique[14].

Mesuré à l'aide de cet indicateur, cet enjeu portant sur l'évolution des mœurs divise moins l'électorat de la droite européenne que la question concernant l'intervention de l'État. L'écart entre, d'un côté les électeurs de droite les plus tolérants, les Français et les Danois, de l'autre les plus intolérants, les Polonais, est de 31 points – rappelons qu'il était de 53 points sur la question socio-économique – (voir graphique 3).

Le Danemark et la France sont ainsi les pays où la droite apparaît la moins attachée à un ordre sexuel traditionnel. Ce résultat est surprenant compte tenu du retard français sur la question des droits homosexuels – mais la question posée ne portait justement pas sur un tel enjeu. Pour le comprendre, il faut rappeler que les deux pays présentent un point fort de divergence puisque le premier est un pays de tradition protestante luthérienne et que le second s'inscrit dans la culture catholique mais qu'ils partagent un point commun qui peut expliquer cette commune tolérance des électeurs de droite à l'égard de la question homosexuelle : ils sont tous les deux marqués par une forte sécularisation et une dissolution progressive du clivage religieux[15]. Par ailleurs, aucun des deux systèmes partisans n'est dominé par un parti d'origine confessionnelle. En effet, en matière d'ordre moral et sexuel, une distinction persiste entre partis confessionnels et non confessionnels, et au sein de la première catégorie, entre les partis multiconfessionnels, comme la CDU allemande ou l'Appel chrétien-démocrate (CDA) néerlandais, et les partis scandinaves exclusivement protestants et encore plus conservateurs moralement – ils soulèvent par exemple des enjeux tels que l'éducation chrétienne à l'école, la question de l'avortement ou la pornographie.

L'ampleur de la sécularisation des sociétés française et danoise apparaît bien comme l'explication la plus pertinente de la forte tolérance

14. Une question portant sur les droits des homosexuels aurait probablement suscité plus de réticences à droite.

15. Sur ces questions, voir Oddjørn Knutsen, Social Structure and Party Choice in Western Europe, *Basingstoke, Palgrave Macmillan, 2004.*

des électeurs de droite de ces pays à l'égard de l'homosexualité. Mais comme souvent, l'explication générale se heurte à une exception dont l'interprétation n'est guère évidente à trouver : la Grande-Bretagne, société elle aussi largement sécularisée, abrite des électeurs de droite particulièrement intolérants à l'égard de l'homosexualité, leur intolérance étant quasiment du même niveau que celle des Polonais nourris de culture catholique traditionnelle. De fait, les enjeux moraux et culturels travaillent le groupe parlementaire du Parti conservateur opposant les *mods*, modernisateurs sur les questions de mœurs, et les *rockers*, campant sur des positions de défense morale[16]. Si le Premier ministre David Cameron peut être affilié au premier groupe – il a voté en faveur de Michael Portillo qui, après son *coming out* et une campagne interne de défense des minorités, n'a pas été élu à la tête du parti en 2001 –, il se trouve sous la pression de traditionalistes probablement plus en phase avec un électorat conservateur vieillissant.

Religieusement moins ancrés

Rigorisme moral et appartenance religieuse vont *a priori* de pair. Mais dans l'enquête *ESS*, la question utilisée ne mesure pas l'appartenance religieuse mais porte sur l'enjeu que représente le rejet ou la valorisation de la diversité religieuse (voir encadré 19). On peut alors faire l'hypothèse que le rejet du pluralisme religieux sera plus fort dans les pays où domine une seule religion par rapport aux pays multiconfessionnels qui ont institutionnalisé et fait l'apprentissage de la diversité religieuse.

À cet égard, les configurations nationales de l'échantillon de pays apparaissent très diverses. La Grande-Bretagne, le Danemark et la Suède sont des pays à dominante protestante, fortement déchristianisés ; l'Allemagne et les Pays-Bas se caractérisent comme des sociétés multiconfessionnelles où le pluralisme religieux a été diversement institutionnalisé ; la Belgique, l'Italie, l'Espagne et la Pologne partagent une dominante catholique. Quant à la France, elle relève *a priori* du dernier groupe mais sa spécificité est d'être le pays européen le plus

16. *Agnès Alexandre-Collier,* Les Habits neufs de David Cameron (1990-2010), *Presses de Sciences Po, 2010, p. 45 et suiv.*

anciennement et le plus profondément sécularisé : une proportion importante de personnes ne déclare pas d'appartenance religieuse[17] et leur augmentation est particulièrement forte durant les vingt dernières années[18]. Elle se distingue également par la promotion d'un modèle de laïcité largement diffusé à gauche mais aussi à droite.

Si l'on met de côté les deux extrêmes que sont la Pologne, où les électeurs de droite sont profondément hostiles à la diversité religieuse, et la France, où – à l'inverse – ils y sont acquis, les écarts entre les autres pays sont moins nets que sur les questions socio-économiques et même morales (voir graphique 4). L'hypothèse d'une différence entre pays mono- et pluriconfessionnels est partiellement validée : les électorats de droite les plus hostiles au pluralisme religieux se retrouvent au Danemark et en Pologne, pays où dominent respectivement le protestantisme luthérien et le catholicisme. Symétriquement, les électorats de droite les plus ouverts au pluralisme religieux sont les Français et les Hollandais. S'agissant des Pays-Bas, il s'agit non seulement d'un pays multiconfessionnel mais aussi d'une configuration dans laquelle les communautés protestante et catholique sont de poids égal[19] – en Allemagne, les catholiques sont minoritaires. Quant à la France, le mouvement laïc s'est bien construit contre une religion dominante et, même si l'appartenance au catholicisme demeure encore une ligne de fracture permettant de distinguer la gauche de la droite, tant du point de vue du comportement électoral que de l'engagement partisan (voir chapitre 4), la droite française, prise dans sa globalité, se singularise par son attachement à la laïcité.

Ce constat éclaire la controverse qu'a suscitée la tentative d'inscrire dans le Traité constitutionnel européen (TCE) la référence aux valeurs chrétiennes. Il permet d'abord de comprendre l'intérêt qu'a constitué

17. *Oddjørn Knutsen,* Social Structure and Party Choice in Western Europe, op. cit., *p. 105 ; Claude Dargent, « La fille aînée de l'Église dans l'isoloir. Religion et politique en France et en Europe », dans Daniel Boy, Bruno Cautrès et Nicolas Sauger (dir.),* Les Français, des Européens comme les autres ?, *Paris, Presses de Sciences Po, 2010, p. 186.*

18. *Oddjørn Knutsen,* Social Structure and Party Choice in Western Europe, op. cit., *p. 105.*

19. *Oddjørn Knutsen, « Religious Denomination and Party Choice in Western Europe : A Comparative Study from Eight Countries, 1970-1997 »,* International Political Science Review, *25 (1), 2004, p. 104.*

pour la CDU-CSU, parti dominant par le nombre de ses députés au PPE, la promotion de cette inscription et de la reconnaissance de garanties juridiques aux Églises. Sans retracer l'ensemble de la dynamique de ce débat, rappelons qu'un clivage est apparu au sein du PPE entre les partisans d'une absence de toute référence à la religion et ceux qui militaient pour la reconnaissance explicite de l'héritage chrétien. Ce débat a révélé la volonté du Vatican d'exercer son influence sur la construction européenne ; il a également rendu manifeste la mobilisation des droites allemande, espagnole, italienne, danoise et polonaise[20]. Plus encore, le clivage s'est incarné[21] dans l'opposition des chefs d'État et de gouvernement français et espagnol – Jacques Chirac parlant au nom du principe constitutionnel français de laïcité ; José María Aznar revendiquant la référence chrétienne au nom de son rôle dans la structuration de l'identité nationale espagnole.

Mais solidement xénophobes

Comment les électeurs des droites européennes jugent-ils l'immigration au début des années 2000 ? L'analyse du degré de xénophobie des électorats de droite mesuré par un indice construit à partir de questions portant sur les « coûts » et « avantages » de l'immigration (voir encadré 19) permet de souligner qu'à cette date, c'est-à-dire au moment de la fondation de l'UMP, les électeurs de la droite française se placent dans le groupe des pays les plus xénophobes qui accueille, par ordre décroissant, la Grande-Bretagne – qui détient largement le record d'hostilité aux immigrés – l'Allemagne, le Danemark, la France et la Belgique. Dans les deux premiers pays, la droite n'est pas concurrencée par une organisation portant spécifiquement un discours anti-immigrés et l'électorat de droite inclut par conséquent des électeurs qui, dans les autres pays, auraient voté pour des partis de la droite extrême ou populiste. Dans les trois autres pays, le fait que cette droite extrême et

20. Les parlementaires européens des droites allemande, danoise et italienne ont même proposé que l'inscription reprenne directement les termes du préambule de la Constitution polonaise.
21. Il serait sans doute schématique de prétendre que la position chiraquienne ait traduit fidèlement celle des droites françaises, un certain nombre de parlementaires français de droite apparaissant moins hostiles que leur chef de file à l'inscription d'une référence à la religion chrétienne.

Graphique 4 : Le rejet du pluralisme religieux et la xénophobie des électeurs des droites européennes (%)

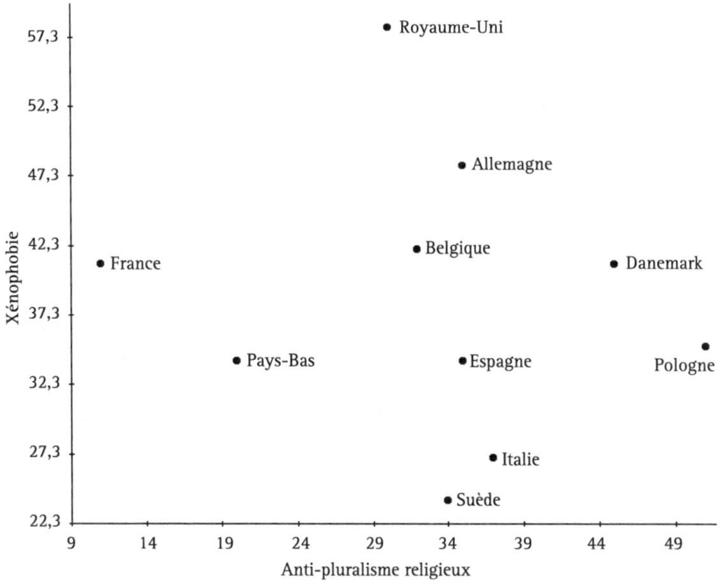

	Désaccord avec l'idée « il est mieux pour un pays d'avoir une variété de différentes religions »	Xénophobie
Belgique	32	42
Allemagne	35	48
Danemark	45	41
Espagne	35	34
France	11	41
Grande-Bretagne	30	58
Italie	37	27
Pays-Bas	20	34
Pologne	51	35
Suède	34	24

Sources : enquête *European Social Survey* (*ESS*), 2003.

populiste se soit enracinée par la captation des électeurs les plus xénophobes aurait pu entraîner une diminution de leur part dans la droite classique, mais ce mouvement apparaît contrecarré par la diffusion des thématiques « anti-immigrés » au sein de cette dernière.

En résumé, les électeurs français de droite sont, en 2003, au moment où se met en place l'UMP, moins à droite que la plupart de leurs homologues européens : moins favorables au libéralisme économique que les autres électeurs de droite, en particulier ceux du nord de l'Europe, mais aussi nettement moins rigoristes en matière morale et plus tolérants en matière religieuse. Seule leur perception très négative de l'immigration leur confère une position plus droitière, indiquant l'existence d'un potentiel de radicalisation sur ce thème.

La droite française en Europe : un désalignement programmatique partiel

Pour compléter cette analyse de la demande électorale, on va maintenant prendre en compte l'offre en examinant les positions idéologiques telles qu'elles sont fabriquées et diffusées par les partis de droite. Trois types de données sont alors à la disposition des chercheurs : certains travaillent à partir de la presse en codifiant les déclarations et positions partisanes rapportées dans les médias[22] ; d'autres s'appuient sur les évaluations d'experts nationaux[23] à qui l'on demande de noter les partis en fonction de différentes dimensions idéologiques et sur toute une série d'enjeux ; enfin, un troisième groupe se reporte aux programmes élaborés par les partis à l'occasion des campagnes électorales nationales.

22. C'est le choix opéré par l'équipe de Hans-Peter Kriesi qui fonde son évaluation de l'offre partisane sur une analyse de contenu de la presse (des articles portant sur la campagne électorale dans les deux mois précédents l'élection). S'agissant du cas français, par exemple, l'analyse porte sur deux journaux, Le Monde *et* Le Parisien. *Pour une présentation de la méthode, voir Martin Dolezal, chapitre 3 « The Design of the Study : The Distinguishing Characteristics of our Approach », dans Hans-Peter Kriesi* et al., West European Politics in the Age of Globalization, op. cit.

23. Kenneth Benoit et Michael Laver, Party Policy in Modern Democracies, *Londres, Routledge, 2006.*

J'ai ici opté pour la troisième solution au motif qu'elle permet de saisir l'offre partisane directement produite et non médiatisée par la presse nationale ou le jugement d'experts même si les choix de codage peuvent constituer le point faible de ce type de données. Certes les programmes ne se traduisent pas automatiquement dans les politiques publiques menées mais ils demeurent un indicateur pertinent de l'offre idéologique partisane. De plus, l'utilisation du *Comparative Manifesto Project* (*CMP*) (voir encadré 20) autorise une comparaison à grande échelle : une base de données existe incluant les programmes électoraux que les partis ont élaborés lors des élections législatives dans plus d'une cinquantaine de pays depuis 1945. Malheureusement les élections législatives françaises de 2007, encore moins celles de 2012, n'étaient pas encore intégrées au moment du traitement. Toujours au titre des regrets, de manière particulièrement dommageable, la question de l'immigration n'a pas été constituée, dès l'origine, comme catégorie à part entière. Cette absence est, à l'évidence, très significative si l'on s'intéresse à l'analyse de la construction des problèmes publics et scientifiques ; pour l'heure, elle interdit de suivre l'évolution du traitement de cet enjeu pourtant essentiel pour évaluer les transformations idéologiques des partis de droite.

Alors que l'analyse portait sur dix pays dans le cas précédent, ont été sélectionnés cette fois cinq pays sur les dix[24] dans un souci de lisibilité des graphiques et de réduction de la complexité des interprétations. Pour chacun d'entre eux, j'ai choisi de suivre l'évolution idéologique du parti dominant le camp de la droite. S'agissant de la France, j'ai pris en compte les partis se réclamant du gaullisme depuis 1958 – c'est pourquoi la courbe de la France dans les graphiques présentés ne débute qu'à cette date. La base de données inclut également deux partis représentatifs du courant démocrate-chrétien et multiconfessionnels (le CDA néerlandais et la CDU-CSU allemande) et deux partis de la « famille conservatrice » (le Parti conservateur britannique et le Parti populaire espagnol).

Le CDA est issu d'une fusion, mise en place entre 1975 et 1980, de trois partis confessionnels, deux protestants – l'un lié à l'Église calviniste, l'autre à l'Église hollandaise réformée – et un catholique[25]. Il s'apparente

24. La France, la Grande-Bretagne, l'Allemagne, les Pays-Bas et l'Espagne.

25. Dans les graphiques présentés ici, les données avant 1975 concernent le Parti catholique (KVP).

à une organisation « pivot » aux Pays-Bas, gouvernant tantôt avec les libéraux tantôt avec les sociaux-démocrates[26]. Sa position d'arbitre est toutefois remise en cause par son déclin électoral : il recueille aux élections législatives de septembre 2012 8,5 % des suffrages.

La CDU-CSU est également, à l'origine, un parti multiconfessionnel mais elle a, dès sa fondation en 1950, voulu marquer son détachement à l'égard de l'Église catholique à laquelle était plus lié son prédécesseur, le Zentrum. Elle se trouve caractérisée par une forte hétérogénéité dans la logique d'un *Volkspartei*, parti de rassemblement. De fait, elle a conquis, et gardé après la réunification, une position hégémonique au sein du système partisan allemand – elle recueille encore en moyenne 40 % des suffrages.

Le Parti conservateur britannique est le parti de la droite européenne le plus ancien, historiquement assimilé à un parti de classe issu du clivage possédant-travailleur[27]. Toutefois son succès, qui tient au fait qu'il a su rallier bien au-delà des « possédants », peut être rapporté au poids de la culture de déférence dans la société britannique[28], y compris dans une partie de la classe ouvrière.

Le Parti populaire espagnol (PP) a une histoire radicalement différente puisqu'il a été fondé en 1975 – c'est pourquoi la courbe de l'Espagne dans les graphiques ne débute qu'à cette date –, d'abord sous le nom d'Allianza Popular par d'anciens franquistes. Son principal effort a été de se débarrasser progressivement de ses caractéristiques les plus conservatrices afin de se détacher de cette filiation embarrassante. Il a donc mis en œuvre une stratégie de modération[29] qui s'est appuyée sur un mouvement de renouvellement générationnel[30] le conduisant au pouvoir en 1996.

26. *Paul Lucardie, « Conscience chrétienne ou conservatisme social : le dilemme de la démocratie chrétienne hollandaise », dans Pascal Delwit (dir.),* Démocraties chrétiennes et conservatismes en Europe, op. cit., *p. 259-270.*
27. *Voir, par exemple, Daniel-Louis Seiler,* Les Partis politiques en Occident, op. cit.
28. *Bob Jessop,* Traditionalism Conservatism and British Political Culture, op. cit.
29. *Luis Ramiro-Fernàndez, « Programmatic Adaptation and Organizational Centralization in the AP-PP »,* South European Society and Politics, *10 (2), juillet 2005, p. 207-223.*
30. *Frédérique Chadel,* Étude comparative du leadership au sein des partis politiques : le Rassemblement pour la République et le Partido Popular, op. cit.

Encadré 20
L'évaluation des positions programmatiques des partis de la droite européenne

L'analyse se fonde sur les données établies par Will Lowe et ses collègues[31] à partir de l'enquête *Comparative Manifesto Project* (*CMP*). Je remercie chaleureusement Simon Persico qui a produit les graphiques ci-dessous.

L'enquête *CMP* recueille des données portant sur les programmes des partis politiques depuis 1945. La procédure de codage prend comme unité de base des quasi-phrases, autrement dit des phrases ou bouts de phrase correspondant à un argument. Ces quasi-phrases sont codées à partir d'une liste de 56 catégories regroupées dans sept grands domaines de politique publique. Certaines de ces catégories recouvrent des positions bipolaires, sous la forme de positions pour ou contre (*positional* ou *confrontational issues*), d'autres sont unipolaires (*valence issues*).

Will Lowe et ses collègues ont mis au point une méthode statistique permettant de dégager systématiquement des oppositions relatives correspondant à des positions de droite et de gauche sur les différents domaines de politique publique, ils ont donc élaboré des échelles (*logit scale*) que nous avons utilisées pour cette analyse. La justification de leur méthode est présentée dans l'article précité.

Afin de rendre compte à la fois des dimensions socio-économique et culturelle, nous avons sélectionné les échelles suivantes :

- L'échelle « tradition et moralité », positions à l'égard des valeurs morales (divorce, avortement, famille, religion, censure, etc.).
- L'échelle « intervention de l'État dans l'économie », regroupant un ensemble d'enjeux portant sur la régulation du marché, la planification économique, le protectionnisme, le contrôle de l'économie, les nationalisations, l'expansion de l'État providence et du secteur éducatif.
- L'échelle « gauche-droite » qui prend en compte tout un ensemble de dimensions relevant du domaine de l'économie (régulation du marché, planification économique, protectionnisme, nationalisation, expansion de l'État providence, etc.) et d'autres domaines portant sur les relations internationales (anti-impérialisme et anticolonialisme, paix, militarisme, internationalisme), la rubrique des libertés et de la démocratie (démocratie, constitutionnalisme), les questions culturelles, d'ordre et d'autorité.

Les échelles vont de plus à droite (- 5) à plus à gauche (+ 5).

31. *Will Lowe* et al., *« Scaling Policy Preferences from Coded Political Texts »*, Legislative Studies Quarterly, *36, février 2011, p. 123-155.*

Convergence, synchronisation et effets de la compétition nationale

Le graphique 5 présente l'évolution du positionnement gauche-droite des programmes des cinq partis sélectionnés, calculée à partir d'un large éventail de questions incluant à la fois des dimensions économique, sociale et culturelle. Il met en lumière à la fois des mouvements globaux et des évolutions proprement nationales, liées aux effets de la compétition politique.

Globalement, l'écart entre les positions programmatiques des droites européennes s'est réduit : la divergence était plus forte en 1958 qu'en 2002 – les courbes se rapprochent en fin de période. Un mouvement de convergence est donc repérable qui va de pair avec une relative synchronisation des grandes inflexions programmatiques. Par exemple, le très net mouvement vers la droite dans les années 1980 est visible pour l'ensemble des partis considérés – à l'exception du CDA –, même s'il intervient avec des petits décalages temporels, les conservateurs britanniques faisant ici office de précurseurs. Ensuite une nouvelle tendance à la droitisation se fait jour globalement à partir du début des années 1990, sauf pour les cas britannique et français. Si l'on examine plus attentivement les cas nationaux, les évolutions programmatiques apparaissent fortement indexées aux alliances et aux spécificités de la compétition nationale comme le suggèrent différents exemples.

Sur l'ensemble de la période, le CDA néerlandais était clairement l'organisation la moins à droite. Il a d'ailleurs, à deux reprises, adopté des positions très centristes, en 1981 et 1989, ces deux moments renvoyant à des épisodes d'alliance gouvernementale avec les sociaux-démocrates. Toutefois, depuis le début des années 1990, le CDA s'est fortement affaibli et a engagé un mouvement de droitisation, entériné par son alliance en 2002 avec le Parti libéral (VVD) et la liste Pim Fortuyn (LPF), puis plus récemment par sa participation à un gouvernement de droite soutenu par le parti du leader populiste Geert Wilders, le Parti pour la liberté (PVV).

Les évolutions programmatiques de la CDU reflètent, elles aussi, et de manière particulièrement nette, l'alternance de phases de gouvernement et d'opposition tout comme elle traduit les types d'alliances dans lesquelles elle est engagée. Une première période correspond à la consolidation du système partisan allemand jusque dans le début des années 1960 marquée successivement par un gouvernement monocolore CDU en 1957-1961 sous l'autorité de Konrad Adenauer (droitisation du programme en 1957) puis par un gouvernement de grande coalition en 1966-1969 (adoption de positions plus centristes). De 1969 à 1982, le mouvement programmatique à droite est continu, correspondant à une longue séquence d'opposition. On observe ensuite en 1990 un recentrage ponctuel lié à la tenue des premières élections générales de l'Allemagne unifiée.

S'agissant du PP espagnol, la stratégie de « modération » et de sortie du franquisme se lit bien dans le mouvement programmatique vers le centre engagé entre 1986 et 1993 – en 1989, José María Aznar devient le leader du parti. Le fait d'avoir échoué de justesse en 1993 face aux socialistes a toutefois inversé le processus et le parti arrive au pouvoir en 1996 sur des positions programmatiques plus droitières.

Graphique 5 : La position gauche-droite des partis de la droite européenne

Note : La baisse des courbes indique un mouvement programmatique vers la droite.
Sources : enquête *Comparative Manifesto Project (CMP)*.

Enfin, les droites britannique et française présentent des profils particuliers. D'abord, entre 1958 et 2000, elles inversent leurs places. Les *tories* occupaient les positions programmatiques les plus centristes dans les années 1950 et au début des années 1960 avant d'engager une entreprise de droitisation de très grande amplitude dans les années 1970 et le début des années 1980 – c'est l'âge d'or du thatchérisme. Ils se trouvent, en 2000, plus à droite que bien de leurs homologues européens même s'ils amorcent un mouvement de recentrage avec la sortie progressive et inachevée du thatchérisme.

Une évolution inverse singularise la droite gaulliste et néogaulliste. Elle se situait, jusqu'à la fin des années 1980, au rang des droites européennes porteuses des programmes les plus à droite ; elle se retrouve en 2002 parmi celles qui défendent les positions les plus centristes. Il est vrai cependant que le recentrage particulièrement brutal de 2002 constitue plus une exception qu'une inversion de tendance, la poursuite de ces analyses une fois les données de 2007 et 2012 disponibles en montrerait sûrement la particularité. Une fois encore, l'impact de la conjoncture électorale apparaît essentiel et les élections législatives de 2002 sont intervenues en France dans le contexte particulier crée par une présidentielle atypique qui a ponctuellement conféré à la droite « républicaine » le rôle de rempart contre l'extrême droite. En tous les cas, ce recentrage ponctuel de 2002 fournit des conditions favorables à la fusion de la droite avec ce que l'on a coutume d'appeler le centre droit.

Après le « tournant » libéral

Pour comprendre plus précisément les logiques de ces mouvements programmatiques, il faut les décomposer en distinguant les enjeux socio-économiques, en particulier ceux qui portent sur le désengagement de l'État, et les enjeux culturels.

L'homologie d'ensemble des courbes présentées dans les graphiques 5 et 6 suggère que la droitisation programmatique globale relève largement de l'adoption par la droite de positions moins favorables à l'intervention de l'État. L'on repère très nettement le

« tournant néo-libéral[32] » des années 1980 initié par le thatchérisme. Ce point est d'ailleurs confirmé par les études mobilisant d'autres techniques de mesure des évolutions idéologiques partisanes. Ainsi, à la fin des années 1980, une enquête menée auprès d'experts de différents pays leur demandait de classer les positions officielles des partis[33] sur une échelle de libéralisme économique allant de 1 (positions favorables à la propriété publique des entreprises) à 20 (positions les plus libérales). À cette époque, les différentes organisations de la droite partisane apparaissent très proches les unes des autres dans le domaine économique : les partis libéraux obtiennent la note moyenne de 15,3, les partis conservateurs de 15,8 et les partis démocrates-chrétiens de 13,9. Les différences historiques entre droites libérale et conservatrice ont bien disparu, et l'écart entre ces deux courants politiques et un certain nombre de grands partis d'origine démocrate-chrétienne (comme l'ÖVP autrichien ou le CDA néerlandais), voire gaulliste (comme l'ex-RPR français), ont également très significativement diminué.

Dès 2000, on peut considérer que les programmes des droites européennes se situent déjà dans une séquence de dépassement du moment libéral. Il est probable que ce mouvement s'est poursuivi avec la crise économique mais cette hypothèse ne pourra être validée que lorsque seront intégrés les programmes des élections législatives postérieures à 2002 dans la base de données du *CMP*. Quoi qu'il en soit, à l'examen du graphique 6, le ciment idéologique commun de la droite semble s'effriter au profit de variations moins synchronisées. Début 2000, si les droites allemande et espagnole campent sur des positions non interventionnistes, un mouvement inverse est repérable pour les droites britannique, néerlandaise – représentée dans cet échantillon par la composante démocrate-chrétienne et non libérale – et française. S'agissant de cette dernière, un mouvement continu de libéralisation économique des programmes législatifs est repérable de la sortie du gaullisme (fin des années 1960) au milieu des années 1980 – les

32. *Jean Baudouin, « Gaullisme et chiraquisme »,* Pouvoirs, *28, 1983, p. 53-66 et « Le "moment néo-libéral" du RPR : essai d'interprétation »,* Revue française de science politique, *40 (6), décembre 1990, p. 830-843.*

33. *Michael Laver et William B. Hunt,* Policy and Party Competition, *New York (N. Y.), Routledge, 1992.*

élections législatives de 1986, première consultation après l'alternance de 1981, en constituent le point d'orgue. Depuis, la tendance s'est clairement inversée, la droite française entretenant un rapport bien plus ambigu que beaucoup d'autres formations s'agissant de la place de l'État dans l'économie.

Graphique 6 : Les positions programmatiques des partis de la droite européenne sur le rôle de l'État

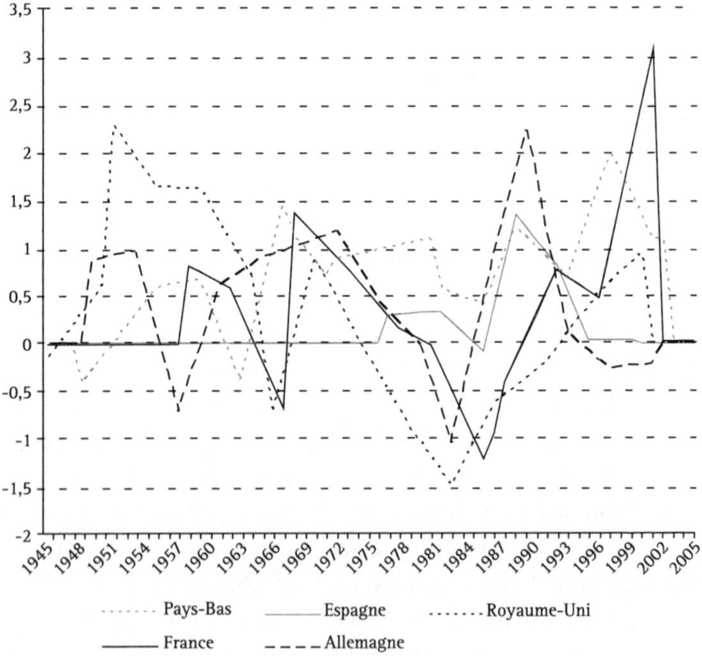

Note : La baisse des courbes indique un mouvement programmatique vers la droite.
Sources : enquête *Comparative Manifesto Project (CMP)*.

La droite française désalignée sur les questions morales

Les questions culturelles et morales peuvent être saisies dans la base de données *CMP* à partir de l'indicateur « tradition et moralité » qui prend en compte des enjeux portant sur l'ordre moral et familial – divorce, avortement, religion, censure... (voir encadré 20). Premier constat, la courbe du graphique 7 ne reproduit pas celle du graphique 6 portant sur le thème de l'intervention de l'État. Les différences sont flagrantes : ni la hiérarchie des positions, ni les évolutions dans le temps ne correspondent, preuve que les variations programmatiques en matière socio-économique et celles repérables dans le domaine moral et culturel ne vont pas nécessairement dans le même sens. Les premières se sont infléchies dans les années 1980, les secondes sont comparativement plus stables. Toutefois, une tendance générale de durcissement de la ligne de défense morale et familiale se dégage du graphique 7 illustrant la résurgence, dans les programmes de la droite, d'une forme de résistance au libéralisme des mœurs.

Contrevenant à ce mouvement général, on peut désigner deux désalignés, les droites espagnole et française. Dans la logique de la mise aux normes démocratiques qui caractérise la trajectoire de sortie du franquisme de la droite espagnole, le PP a modéré fortement son conservatisme moral d'origine. Il n'en demeure pas moins vrai que les bases de ce recentrage demeurent fragiles et réversibles – comme l'illustre la remontée de la courbe qui se profile en fin de période. Quant aux programmes des partis issus du gaullisme, ils apparaissent moins droitiers en matière morale et sont donc en phase avec leur électorat (voir *supra*). Seuls les programmes des élections législatives de 1968 et ceux de 1978 signalent l'existence de moments où la défense des valeurs et de la tradition peut être mise en avant. Les premiers interviennent lors d'élections de retour à l'ordre, les seconds reflètent probablement l'existence d'une forte rivalité entre le RPR et l'UDF, celle-ci incitant le parti gaulliste à se distinguer des centristes, associés aux réformes de libéralisation culturelle du giscardisme. Néanmoins on constate depuis 1981 un mouvement continu, quoique de faible amplitude, de glissement de la droite française vers des positions plus conservatrices en matière morale – ce qui milite également pour valider l'hypothèse de sa progressive banalisation européenne.

Symétriquement, le CDA, d'origine démocrate-chrétienne, se retrouve parmi les formations les plus en pointe sur les questions de défense morale et familiale (voir *supra*). Il l'est, d'ailleurs, encore plus que la CDU qui a pourtant, elle aussi, adopté des positions plus traditionnelles après la réunification. À la fin des années 1980, l'enquête déjà citée menée auprès d'experts sur les positions idéologiques des partis européens attestait de ces différences. Sur les questions de société (l'avortement et l'homosexualité, en particulier), les partis libéraux y obtiennent une note moyenne de rigorisme moral de 7,9, les partis conservateurs de 12,2, les partis démocrates-chrétiens de 15,5 tandis que les partis protestants de l'Europe scandinave sont encore moins permissifs avec une note moyenne de 18,4[34].

Graphique 7 : Les positions programmatiques des partis de la droite européenne sur les questions de tradition et de moralité

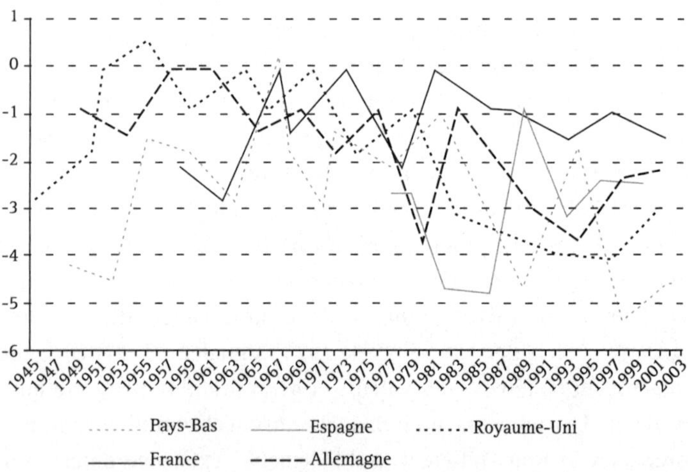

Note : La baisse des courbes indique un mouvement programmatique vers la droite.
Sources : enquête *Comparative Manifesto Project (CMP).*

À l'échelle européenne, l'affirmation des valeurs morales et familiales constitue bien un point commun à l'ensemble des droites. Le PPE dans sa déclaration de principe, « Une Union des valeurs », adoptée en janvier 2001, avait d'ailleurs réaffirmé ses réserves à l'égard de l'avortement. Dans le manifeste du groupe parlementaire du PPE en 2009[35], l'importance de la défense des valeurs est placée

34. Ibid.
35. *PPE-DE,* Les Dix Priorités du groupe PPE pour 2009-2014. Les citoyens au cœur de l'Europe, *Bruxelles, 2009.*

au premier plan des priorités[36], la préservation de la famille en en constituant la pierre angulaire. Par ailleurs, la question homosexuelle a provoqué, à plusieurs reprises, de fortes tensions au sein du groupe principal de la droite européenne. Par exemple, lors de la mise en place de la commission Barroso, l'audition du commissaire à la Justice, la liberté et la sécurité, Rocco Buttiglione, en octobre 2004, a suscité une forte controverse. Membre du mouvement catholique Communion et libération, l'ancien ministre des Affaires européennes de Silvio Berlusconi avait exprimé ses opinions très traditionalistes en matière de mariage et d'homosexualité. À cette occasion, les divergences entre la droite allemande, acquise à l'ordre moral, et la droite française étaient clairement apparues.

Quels enseignements se dégagent de l'évolution programmatique de la droite gaulliste et néogaulliste par rapport à ses homologues européennes ? Considérée sur une longue période, son offre idéologique atteste plutôt d'une forme de recentrage dans le cadre d'un mouvement global des droites européennes vers la droite. Marquée comme les autres par le tournant libéral des années 1980, elle ne s'est pas convertie totalement et elle a, jusqu'à présent – et malgré une légère inflexion depuis 1981 –, gardé une forme de distance à l'égard de la ligne de défense morale suivie ailleurs. Si l'on se place maintenant en 2002-2003, date à laquelle a été réalisée l'enquête *ESS* auprès des électeurs européens (voir *supra*), l'on peut confronter la demande et l'offre idéologiques de l'UMP au moment de sa naissance. Cette comparaison doit malheureusement mettre de côté les enjeux relatifs à l'immigration dont on a vu qu'ils constituaient la composante la plus droitière de l'électorat mais qui ne sont pas pris en compte dans la catégorisation des données *CMP*. À cette réserve près, l'on peut alors affirmer qu'au moment de la fondation de l'UMP, la droite électorale et partisane française se trouve moins à droite que l'ensemble des autres droites européennes.

36. Le président du groupe, Joseph Daul (UMP), considérant dans son éditorial que « cette crise n'est pas comme les autres, elle n'est pas simplement une crise économique et financière. C'est une crise de valeurs », ibid.

2007 : radicaliser la droite modérée pour affaiblir la droite radicale ?

Selon le sens commun, se radicaliser veut dire adopter des positions plus extrêmes que précédemment. C'est bien la stratégie sélectionnée pour l'élection présidentielle de 2007 et reconduite en 2012, même si entre-temps cette ligne de conduite a été quelque peu brouillée par d'autres considérations tactiques, et en particulier par « l'ouverture » et l'inclusion de personnalités réputées de gauche dans le gouvernement durant le quinquennat de Nicolas Sarkozy. Ces logiques de radicalisation ne se comprennent qu'en référence à l'évolution de la compétition électorale et à l'émergence, à l'échelle européenne, d'une droite extrême ou radicale vis-à-vis de laquelle la droite dite modérée ou classique est sommée de prendre position. Toutefois, la radicalisation ne se réduit pas à un effet de l'environnement extérieur, ici de la concurrence électorale et idéologique, sur la stratégie du parti. Pour comprendre le processus, il faut également observer ce qui se passe à l'intérieur du parti. En effet, des forces et des agents de radicalisation y agissent, s'inscrivant dans des cultures qu'ils partagent pour partie avec la droite radicale.

Ce qui différencie Nicolas Sarkozy de Jacques Chirac

Selon son étymologie, le terme « radical » renvoie à la notion de racine : se radicaliser, devenir radical suppose un retour à ses racines. C'est bien ce mouvement qu'a accompli Nicolas Sarkozy et qu'il a explicitement revendiqué en affichant son objectif de faire retrouver à la droite française son identité et ses racines[37]. À la différence des candidats gaullistes, et bien évidemment centristes, qui étaient le plus souvent réticents à l'idée d'être considérés de droite, Nicolas Sarkozy assume cette étiquette. De ce point de vue, il incarne parfaitement cette génération entrée en politique en 1981 et qui a contribué à revaloriser une identification à droite jusqu'alors refoulée. Pour évaluer plus précisément les

37. *« Au lieu de se définir par ce qu'elle [la droite] était, elle se définissait à la longue par ce qu'elle n'était pas ou plus. Ni de droite, ni de gauche, ni du centre.* In fine, *cela donnait un mélange complexe qui cumulait tous les inconvénients : trop à droite pour la gauche, pas assez pour la droite. Trop souple sur ses valeurs traditionnelles, trop rigide à propos des idées modernes. Cette stratégie suicidaire explique en partie la persistance du phénomène Front national », Nicolas Sarkozy,* Témoignage, op. cit., *p. 17.*

changements introduits par Nicolas Sarkozy dans le corpus idéologique de la droite française, il apparaît utile de disposer d'un point de comparaison, je le trouverai en confrontant les discours de campagne présidentielle de Nicolas Sarkozy avec ceux de Jacques Chirac qui a personnifié la droite française depuis le milieu des années 1970 jusqu'en 2007.

Si Nicolas Sarkozy a eu pour objectif de reconquérir les électeurs du FN et de refonder la droite française en lui permettant de retrouver ses bases (électorales) et ses racines (idéologiques), il lui incombait de délivrer un discours sensiblement différent de celui de Jacques Chirac. Pour le tester, j'utilise une analyse des discours de Jacques Chirac et Nicolas Sarkozy lors des campagnes présidentielles de 1988, 1995, 2002 et 2007 à l'aide du logiciel Alceste (voir encadré 21)[38]. Cette méthode permet de préciser, de manière comparative, la forme prise par cet ancrage à droite.

La comparaison des discours présidentiels

L'analyse automatisée a permis de dégager six univers de signification, six classes dans le vocabulaire d'Alceste, qui structurent les discours de campagne présidentielle de Jacques Chirac et Nicolas Sarkozy (voir graphique 8). L'interprétation de ces classes suppose d'abord de les décrire à travers leur vocabulaire spécifique puis de les labelliser. L'analyse permet également de constater la spécificité du discours de chacun des candidats : si certains univers de signification sont communs aux deux candidats, d'autres ne sont propres qu'à l'un d'entre eux.

La classe 1 représente 20 % du corpus analysé et peut être décrite comme l'univers de l'identité nationale. Elle rassemble en effet les mots de la nation (nation, République, identité, patrie, terre, fierté, immigration, langue, culture, sang, aimer, accueillir, incarner, etc.). C'est dans cette classe que l'on retrouve les termes liés à l'immigration (immigrés, race/racisme, tolérance). Elle inclut également le vocabulaire désignant le rapport au passé (origine, héritage, destinée, histoire,

38. Voir Mathieu Brugidou, « Argumentation and Values : An Analysis of Ordinary Political Competence via an Open-ended Question », International Journal of Public Opinion Research, *15 (4), 2003, p. 413-430 ; Albert Weale, Aude Bicquelet et Judith Bara, « Analyzing Debate with Computer Assistance »,* Swisss Political Sciences Review, *13 (4), 2007, p. 577-605.*

Encadré 21
L'analyse automatisée des discours de campagne présidentielle de Jacques Chirac et Nicolas Sarkozy

Le corpus est constitué de 42 discours prononcés par Jacques Chirac dont 10 tenus lors de la campagne présidentielle de 1988, 6 en 1995, 26 en 2002 et de 49 discours prononcés par Nicolas Sarkozy lors de la campagne présidentielle de 2007 ; ils représentent globalement environ 500 000 mots[39].
Le logiciel Alceste (Analyse lexicale par contexte et segment de texte) mis au point par Max Reinart repose sur l'hypothèse que le vocabulaire est signifiant et que les associations de mots permettent de mieux connaître ou de mieux comprendre le sens du discours. Il procède de manière automatique puisque le chercheur n'intervient pas dans l'analyse en élaborant un dictionnaire des mots, par exemple. Le logiciel cherche à reconstituer les principaux univers sémantiques qui caractérisent un corpus donné. Il le fait en comparant les co-occurrences à l'intérieur d'unités de textes, des quasi-phrases. Le logiciel part d'un découpage *a priori* du texte en ce qu'il appelle des unités de texte élémentaire (UCE). Il utilise une classification descendante hiérarchique, méthode qui part du texte et le partitionne en différentes classes, laissant au passage en dehors de l'analyse les UCE qui ne sont pas associées – l'association statistique est mesurée par le coefficient de corrélation (Chi2) – aux autres. Il décrit les classes à travers leur vocabulaire et fournit une analyse en composantes principales (ACP).

siècle, souvenir), y compris dans sa version noire (mort, guerre, sang, malheur, misère, haine, juif). Elle se trouve, enfin, marquée par une dimension à la fois affective (amour, haïr), spirituelle (idéal, spirituel, esprit) et religieuse (foi, croyance, religion). Ce vocabulaire qui renvoie au thème de l'identité nationale est plus porté par Nicolas Sarkozy que Jacques Chirac. La présence en 2007 de références religieuses est significative d'une volonté d'établir un lien entre morale et religion qui ne doit rien au hasard puisque Nicolas Sarkozy a bien tenté de replacer la religion au cœur de sa conception de l'identification sociale et politique (voir chapitre 4).

39. *Cette analyse a été faite dans le cadre d'un mémoire de master sous ma direction, Romain Costes,* Quand la droite change de visage. Une analyse des discours de Jacques Chirac et Nicolas Sarkozy aux élections présidentielles de 1988 à 2007, *Institut d'études politiques de Paris, master Sociétés et politique en Europe, 2008.*

La classe 2 représente 19 % du corpus et porte sur les questions économiques incluant le travail (chômage, emploi, retraite, allocations, entreprise, embaucher, etc.), la formation (scolaire, étude, étudiant), les finances (achat, argent, salaire, augmenter, emprunter, financer, investir) et la fiscalité (impôt, fiscal, taxe/taxer). De manière significative, les discours chiraquien et sarkozyste ne se distinguent pas s'agissant de ce domaine économique : pour les deux candidats, l'enjeu porte sur la libération de l'économie par la baisse des charges et des impôts (alléger, créer, encourager, contrainte, charge).

Graphique 8 : La comparaison des discours de campagne présidentielle de Jacques Chirac et Nicolas Sarkozy

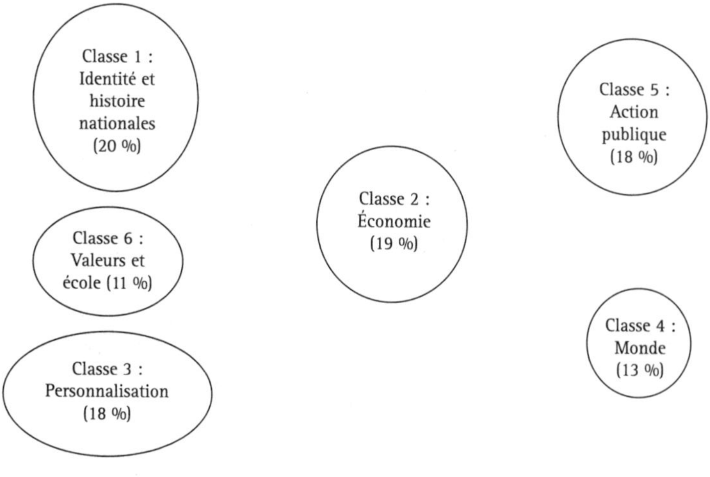

Sources : analyse Alceste.

Une classe spécifique renvoie à la relation qu'entretient le candidat à ses électeurs (classe 3) et représente 18 % du corpus analysé. Elle constitue une sorte de métadiscours du candidat sur la campagne électorale qui commente l'élection et la campagne en train de se dérouler (campagne, candidat, rencontre, rendez-vous, réunion), exprime ses émotions (émotion/émotif, enthousiasme, passion, doute, renoncement, volonté, cœur) et s'adresse aux publics (amis, compatriotes, écouter, exprimer). Cette mise en scène du candidat en tant que personne engagée dans une relation spécifique avec les électeurs et sujette à des émotions apparaît spécifique au discours sarkozyste par rapport à ceux de Jacques Chirac mais cette spécificité ne résisterait probablement pas à la comparaison avec les autres candidats de 2007 qui, pour la plupart, mobilisent également le registre de la personnalisation et de l'intime[40].

La classe 4 est constituée par le vocabulaire de la place de la France dans le monde (13 % du corpus analysé) et inclut la géopolitique (continent, européen, méditerranéen, États-Unis, Afrique, Sud, partenaire, pays, puissance, position, diplomatie, stratégie, défense, etc.) et les thèmes du commerce (commercial, compétitif, concurrent, commerce, échange, marché), du développement (coopération, Afrique, Sud, agriculture, alimentation) et de l'écologie (climatique, environnement, écologique, nucléaire). Cette rhétorique de la France dans le monde caractérise le discours chiraquien.

La classe 5 (18 % du corpus analysé) renvoie au discours des institutions et de l'action publique (État, loi, mission, réforme, cadre, contrôle, action, administration, constitution, gouvernement, décision, disposition, concerter) et inclut une forte dimension territoriale (national, rural, territorial/territoire, cohésion, local, proximité, département). Ce vocabulaire de l'action publique territorialisée est également fortement associé à Jacques Chirac et précisément à sa candidature de 2002, porteuse d'un discours sur l'aménagement du territoire et promoteur du thème de la proximité.

Enfin la classe 6 apparaît plus résiduelle (11 % du corpus) et tout à fait spécifique du discours sarkozyste de 2007. Discours d'ordre qui relie l'ordre scolaire à l'ordre social et moral, elle rassemble le vocabulaire de l'école (école, maître, instituteur, professeur, élève, leçon, apprendre, Ferry, etc.) et des valeurs morales et civiques (civique/civisme, citoyen/citoyenneté, moral, égalitaire, récompense, mérite/mériter, punir, etc.). De manière significative, on y retrouve le domaine de la sécurité, de la délinquance et de la justice (mineur, délinquant, récidiviste, police/policier, impunité, frauder, voyou, punir, violent, etc.) mais également le vocabulaire désignant des ordres

40. *Denis Bertand, Alexandre Dézé et Jean-Louis Missika,* Parler pour gagner. Sémiotique des discours de la campagne présidentielle de 2007, *Paris, Presses de Sciences Po, 2007.*

socioprofessionnels (paysan, ouvrier, patron, usine, ingénieur). On y trouve également la critique de Mai 1968 qui a bien constitué un point nodal de l'entreprise de reconquête idéologique du sarkozysme.

Le thème de l'identité nationale

Si un changement a été introduit par Nicolas Sarkozy dans le corpus idéologique de la droite française, ces analyses confortent l'idée qu'il ne doit pas être cherché du côté de la vision économique et sociale. En particulier, l'idée selon laquelle ce dernier serait plus favorable au marché que Jacques Chirac ne trouve aucun élément de validation. Comme il a déjà été établi, le tournant libéral de la droite française date bien des années 1980 (voir *supra*) et non de la prise de pouvoir de Nicolas Sarkozy. Ce tournant libéral est d'ailleurs marqué par de fortes ambivalences idéologiques et de visibles incohérences entre discours et pratiques. Ces contradictions caractérisent le chiraquisme autant que le sarkozysme et ne permettent pas, en tout état de cause, de les opposer.

La principale différence[41] entre les deux leaders de la droite tient au fait que le discours sarkozyste apparaît largement structuré autour des thèmes de l'identité nationale et de la promotion d'un ordre scolaire, social, moral et sécuritaire. Jacques Chirac associait déjà le thème de la sécurité à la question de la formation scolaire mais il insistait sur l'action de l'État et la traitait généralement de manière assez abstraite. Nicolas Sarkozy introduit une inflexion non seulement parce qu'il en parle en termes concrets mais aussi parce qu'il insiste encore plus sur le registre moral et délivre un discours beaucoup plus centré sur le principe d'ordre. Parallèlement, les changements idéologiques introduits par Nicolas Sarkozy se mesurent aussi à l'importance des thèmes concernant l'identité nationale, incluant la question de l'immigration. Ensemble, ces deux inflexions signalent une première forme de radicalisation au sens où elles donnent corps à un discours

41. D'autres différences tiennent davantage aux registres choisis. Jacques Chirac s'inscrit dans un cadre géopolitique et territorial qui fait largement défaut à Nicolas Sarkozy ; symétriquement ce dernier se développe sur un plan nettement plus historique. Par ailleurs, les discours chiraquiens relèvent d'un registre très institutionnel alors que les discours sarkozystes jouent largement sur la personnalisation de la relation que le candidat entretient avec les électeurs.

fondamentalement marqué à droite alliant célébration de la nation et promotion de l'ordre. Toutefois, les questions d'immigration – présentes dans l'univers sémantique de l'identité nationale – et celles relevant de la sécurité – présentes dans l'univers sémantique de l'ordre scolaire et moral – sont traitées séparément en 2007.

La création dès 2007 d'un ministère de l'Immigration, de l'intégration, de l'identité nationale et du développement solidaire matérialise le tournant sarkozyste. Au cours du quinquennat, une deuxième inflexion est perceptible avec le lancement du débat sur l'identité nationale de novembre 2009 à janvier 2010. Il prend la forme de réunions publiques lancées par les pouvoirs publics et se conclut finalement devant les risques de dérapage par la mise en place d'une commission de sages. La nouvelle séquence de radicalisation est accentuée après l'échec des élections régionales de mars 2010 où la droite réalise l'un de ses plus mauvais scores de la Cinquième République (27 % des suffrages soit trois points de moins que le PS). Durant l'été 2010, cette radicalisation s'illustre par le débat portant sur le port du voile intégral dans les lieux publics, enjeu porté par Jean-François Copé, alors chef du groupe UMP à l'Assemblée nationale, puis par l'intervention présidentielle à la suite de faits de violence commis en août à Grenoble. Ce fait divers est l'occasion d'un discours dans lequel le président de la République établit explicitement un lien entre les questions d'insécurité et d'immigration[42], annonce des mesures répressives de contrôle de la famille (suppression des allocations aux familles de mineurs délinquants ou d'absentéistes scolaires) et de l'immigration (modification des règles de déchéance de la nationalité française) et justifie la mise en œuvre de décisions de démantèlement des camps de Roms au motif que deux d'entre eux étaient impliqués dans les violences de Grenoble. Le projet d'engager en avril 2011 un « débat sur l'exercice des cultes en France – notamment l'islam – et sa compatibilité avec les lois laïques de la République », initiative contestée au

42. *« Enfin, il faut le reconnaître, je me dois de le dire, nous subissons les conséquences de cinquante années d'immigration insuffisamment régulée qui ont abouti à un échec de l'intégration », discours prononcé à Grenoble à l'occasion de la prise de fonction du nouveau préfet, le 30 juillet 2010 (disponible sur le site officiel de la présidence de la République, www.archives.elysee.fr).*

sein même de l'UMP – au premier titre par Alain Juppé revenu au centre du jeu après plusieurs années de marginalité – prolonge cette promotion dans le débat public de la question de l'identité nationale.

La campagne présidentielle de 2012, dont il faudrait analyser systématiquement les discours pour clore et préciser l'argument, poursuit le mouvement de récupération des thèmes du FN, justifiant après l'échec présidentiel la focalisation du débat sur la question des valeurs.

Les partis de droite face à l'extrême droite

L'analyse de l'extrême droite a constitué un grand chantier de recherche pour la science politique. L'essor en Europe des mouvements taxés selon les auteurs d'extrême droite, de droite radicale ou populiste – pour ne retenir que les étiquettes les plus courantes[43] – a généré de nombreux travaux que l'on ne peut citer ici tant la liste est longue. Par la suite, l'attention s'est portée vers la réaction des partis dominants et installés vis-à-vis de l'émergence de ces nouveaux concurrents. Ces études partent de l'idée que les stratégies adoptées par les partis de droite, mais aussi de gauche, stratégies d'indifférence, d'opposition ou d'accommodation, sont déterminantes pour expliquer l'essor ou le reflux des partis d'extrême droite[44]. Elles s'avèrent également utiles pour saisir les évolutions idéologiques et programmatiques à la fois de ces partis d'extrême droite (tendance à la modération ou à la radicalisation[45]) et des autres partis, en particulier dans la manière dont ils traitent le thème de l'immigration[46]. Il est

43. *Alexandre Dézé, « Le Front national comme "entreprise doctrinale" », dans Florence Haegel (dir.),* Partis politiques et système partisan en France, op. cit., *p. 255-284.*
44. *C'est le cadre d'analyse adopté dans Bonnie Meguid,* Party Competition between Unequals. Strategies and Electoral Fortunes in Western Europe, *Cambridge, Cambridge Universtity Press, 2008. Voir également sur le même thème, Michelle Hale Williams,* The Impact of Radical Right-Wing Parties in West European Democracies, *New York (N. Y.), Palgrave, 2006.*
45. *Joost Van Spanje et Wouter Van Der Brug, « The Party as Pariah : The Exclusion of Anti-Immigration Parties and its Effect on their Ideological Positions »,* West European Politics, *30 (5), 2007, p. 1022-1040.*
46. *Martin A. Schain, « The Extreme-Right and Immigration Policy-making : Measuring Direct and Indirect Effects »,* West European Politics, *29 (2), 2006, p. 270-289, Joost Van Spanje, « Contagious Parties : Anti-Immigration Parties and Their Impact on Other Parties. Immigration Stances in Contemporary Western Europe »,* Party Politics, *16 (5), 2010, p. 563-586.*

vrai que les exemples historiques de l'entre-deux-guerres conduisent à considérer que les stratégies adoptées par les partis en place expliquent une part de l'inflexion des trajectoires historiques nationales[47].

L'éventail des stratégies possibles

Ces récentes études ont donc porté sur les stratégies adoptées par les partis en général, et ceux de la droite dite modérée en particulier, vis-à-vis des partis de la droite radicale et sur leurs effets sur la dynamique globale du système partisan. Les partis dominants et installés peuvent, en théorie, répondre à l'émergence puis à l'installation de l'extrême droite par toute une panoplie de stratégies incluant l'indifférence et l'ignorance, l'isolation et l'ostracisme ou la collaboration et la récupération[48].

L'indifférence consiste à ne pas en parler et à éviter de se positionner sur les thèmes que promeuvent ces mouvements, l'objectif étant de réduire leur place, leur saillance dans la compétition politique. L'isolation ou l'ostracisme peuvent prendre des formes variées allant de la restriction légale à l'exclusion des coalitions et incluant des réactions moins définitives comme la stigmatisation publique ou la mise en œuvre de contre-attaque idéologique. Le cas allemand et son arsenal d'instruments de protection démocratique parmi lesquels l'interdiction pure et simple du parti d'extrême droite[49] se situe, par exemple, à un bout du *continuum*[50]. Le cas belge, connu sous le terme de stratégie du « cordon sanitaire », passe par le refus formalisé[51] d'intégrer la droite radicale dans des coalitions ou de lui faire une

47. *Giovanni Capoccia,* Defending Democracy : Reactions to Extremism in Interwar Europe, *Baltimore (Md.), Johns Hopkins University Press, 2005.*
48. *William D. Downs, « Pariahs in their Midst : Belgian and Norwegian Parties React to Extremist Threats »,* West Europeans Politics, *24 (3), 2001, p. 23-42.*
49. *Rappelons que la dernière tentative d'interdiction du Parti national-démocrate (NPD) en 2002 a échoué pour des raisons de procédure, les informations sur le caractère antidémocratique de cette organisation procédant d'informateurs s'étant infiltrés en son sein. Voir Michael Minkenberg, « Repression and Reaction : Militant Democracy and the Radical Right in Germany and France »,* Patterns of Prejudice, *40 (1), 2006, p. 25-44.*
50. *George Michael et Michael Minkenberg, « A Continuum for Responding to the Extreme Right : A Comparison between the United States and Germany »,* Studies in Conflict and Terrorism, *30 (12), 2007, p. 1109-1123.*
51. *Un accord est signé en 1989 par les partis flamands pour s'engager à ne pas faire alliance avec le Vlams Block.*

place dans les médias. Bien entendu, la stratégie d'isolation peut varier selon les échelles, le cas français étant représentatif des distorsions possibles entre une isolation à l'échelle nationale et des collaborations municipales et régionales. Symétriquement, les stratégies dites d'accommodation se déclinent en plusieurs variantes : construction de coalitions électorales, participation gouvernementale (cas autrichien et italien), soutien parlementaire (cas danois) ou récupération idéologique et programmatique, appelée également stratégie de cooptation des positions des politiques publiques (*cooptation of policies positions*)[52], consistant à concurrencer le parti d'extrême droite sur ses thèmes de prédilection, principalement les questions d'immigration et de sécurité.

La stratégie française : récupération thématique et refus de collaboration

D'un point de vue idéologique, une étude quantitative réalisée à l'échelle européenne[53] valide l'hypothèse d'un mouvement de contagion indexée au succès électoral de la droite radicale : plus les partis « anti-immigration » recueillent de succès électoraux, plus ils influenceraient la position des autres partis sur cet enjeu. Par ailleurs, cette étude invalide l'hypothèse selon laquelle les partis de droite seraient plus perméables que ceux de gauche à ce phénomène de contagion.

Dans le cas français, la contagion de droite est particulièrement visible mais la ligne apparaît sinueuse alternant des moments de rapprochement et de distance idéologiques identifiables à la place accordée aux enjeux de l'extrême droite dans les programmes successifs. En pratique, la droite française, confrontée à l'émergence puis à l'installation du FN, a en effet joué sur plusieurs registres, variant de stratégies et combinant des lignes de conduites contradictoires générant une forte confusion[54]. Une stratégie d'isolation au niveau

52. *William D. Downs, « Pariahs in their Midst », art. cité, p. 27.*
53. *Joost Van Spanje, « Contagious Parties », art. cité.*
54. *Bonnie Meguid, dans le chapitre 6 qu'elle consacre aux cas des partis* mainstream *français face au FN, dresse un tableau de la ligne de conduite de la droite française en distinguant une séquence d'indifférence de 1981 à 1986 puis une séquence d'accommodation. En réalité, le tableau est encore plus confus qu'elle ne le dresse. Bonnie Meguid,* Party Competition between Unequals. Strategies and Electoral Fortunes in Western Europe, op. cit.

national a été affichée, et transgressée localement par des cas notables de collaboration qui ont d'ailleurs été plus le fait d'élus issus de l'UDF[55] que du RPR[56]. Ainsi, il serait trop schématique d'opposer une droite chiraquienne totalement hermétique aux thèses du FN et une droite sarkozyste perméable à celles-ci. Par exemple, on a tendance à oublier que lors des élections législatives de 1993, le RPR, sous le leadership de Jacques Chirac, affichait son nationalisme et empruntait directement à certains thèmes lepénistes. Dans son programme, il se posait non seulement comme le porte-drapeau de l'« exception nationale », mais dans le domaine de l'immigration, il affirmait que « le seuil de tolérance [était] depuis longtemps franchi », prônait « une expulsion sans mansuétude » des immigrés en situation irrégulière, stigmatisait la « polygamie » et annonçait qu'il faudrait « reconsidérer certains aspects de notre système de solidarité sociale » et réformer le code de la nationalité.

Toutefois, à la différence de Jacques Chirac dont l'emprunt aux thèses lepénistes était à la fois plus honteux et plus flottant, Nicolas Sarkozy a explicitement revendiqué une volonté de radicaliser la droite française en promouvant plus systématiquement les questions d'identité nationale et de sécurité. Et il a choisi le cadre d'une élection présidentielle pour le faire alors que les moments chiraquiens de radicalisation intervenaient lors des élections législatives. L'opération est, dans un premier temps, réussie puisqu'une proportion significative des anciens électeurs du FN a voté pour Nicolas Sarkozy : environ un électeur sur deux ayant voté Jean-Marie Le Pen au premier tour de l'élection présidentielle de 2002 aurait voté directement Nicolas Sarkozy en 2007[57]. De fait, cette opération a été possible dans la mesure où elle ne heurtait pas les positions idéologiques de l'électorat

55. Les cas de collaboration en Rhône-Alpes, Languedoc-Roussillon, Picardie et Bourgogne lors des élections régionales de 1998 sont à mettre sur le compte d'élus UDF.

56. En 1998, sous la présidence de Philippe Séguin, Jean-François Mancel, ancien secrétaire général du RPR et président du conseil général de l'Oise, est exclu pour s'être prononcé en faveur d'une alliance avec le FN aux élections cantonales et régionales.

57. Voir Nonna Mayer, « Comment Nicolas Sarkozy a rétréci l'électorat Le Pen », Revue française de science politique, *57 (3-4), juin-août 2007, p. 429-445.*

de droite puisque justement celui-ci, avant l'ère sarkozyste, se trouvait moins à droite que ses homologues européens, à une seule exception près : l'attitude à l'égard des immigrés.

À long terme, quels sont les bénéfices et les risques d'une stratégie alliant récupération thématique et refus de collaboration ? Les quelques travaux disponibles sur cette question conduisent à préciser les dangers d'une telle ligne de conduite. Deux chercheurs hollandais[58] ont comparé sept cas européens[59] et catégorisé l'évolution de la manière dont les partis dominants de la droite de chacun de ces pays avaient traité les « partis anti-immigration[60] » de 1989 à 2004 en distinguant les séquences d'ostracisme et d'inclusion. Leur objectif est d'évaluer l'impact des stratégies des partis dominants sur les positions idéologiques des partis anti-immigration[61], et en particulier de tester l'hypothèse selon laquelle l'ostracisme de ces derniers conduirait à leur radicalisation idéologique[62]. Ils établissent ainsi que le maintien de l'ostracisme des partis d'extrême droite tend à les maintenir dans des positions radicales – mais pas à les radicaliser – et qu'en revanche l'inclusion dans des alliances conduit bien à les banaliser idéologiquement puis à les affaiblir.

D'autres travaux ont établi des résultats complémentaires en posant une question de départ sensiblement différente. Kay Arzheimer[63] a

58. *Joost Van Spanje et Wouter Van Der Brug, « The Party as Pariah », art. cité.*
59. *Ils prennent en compte les cas danois, belge, français, allemand, hollandais, italien et autrichien.*
60. *Ces auteurs dans la lignée des travaux de Meindert Fennema préfèrent parler de « partis anti-immigration » au motif que le dénominateur commun de ces organisations réside dans leur hostilité à l'égard des immigrés, Meindert Fennema, « Some Conceptual Issues and Problems in the Comparison of Anti-immigrants Parties in Western Europe »,* Party Politics, *3 (4), 1997, p. 473-492.*
61. *Ces positions idéologiques sont mesurées à partir de la perception que les électeurs en ont d'après les données des* European Election Surveys. *Ils soulignent que ces perceptions sont congruentes avec d'autres mesures, Joost Van Spanje et Wouter Van Der Brug, « The Party as Pariah », art. cité, p. 1032.*
62. *Ils ont également vérifié que la relation ne joue pas dans l'autre sens : les partis au départ les plus extrêmes ayant plus de probabilité d'être ostracisés.*
63. *Kay Arzheimer, « Contextual Factors and the Extreme Right Vote in Western Europe, 1980-2002 »,* American Journal of Political Research, *48, 2009, p. 335-358.*

tenté d'élaborer un modèle d'explication globale et à grande échelle du vote d'extrême droite en comparant l'audience de ces partis[64] dans l'ensemble des pays membres de l'Union européenne avant l'élargissement – en y ajoutant la Norvège – et sur une durée de plus de vingt ans (de 1980 à 2002). Parmi les multiples facteurs dont il teste l'impact, il inclut celui de la compétition partisane. Les partis d'extrême droite se développent-ils parce que les partis dominants de droite ne prennent pas de positions assez fortes[65] sur la question de l'immigration – hypothèse qu'il qualifie de « conspiration du silence[66] » – ou, au contraire, la récupération par la droite classique des thèmes de l'extrême droite conduit-elle à renforcer la saillance et la légitimité de la thématique de cette dernière et, dès lors, son audience électorale ? Ses résultats valident la deuxième hypothèse : la prise en compte par les partis de droite modérée des enjeux associés à la droite radicale conduit à légitimer les positions de celle-ci et à entretenir son audience.

La confrontation de ces deux types de résultats d'enquêtes éclaire les impasses de la stratégie sarkozyste et les effets pervers de la position adoptée par l'UMP consistant jusqu'à présent à ne pas faire alliance avec le FN, à se maintenir en cas de triangulaire, à ne soutenir aucun des candidats en cas de duel gauche-FN – stratégie dite du « ni-ni », ni Front républicain, ni Front national –, mais à récupérer les thèmes de prédilection de ce dernier. Or, si l'on en croit les études sur cette question, l'ostracisme associé à la récupération thématique maintiendrait l'extrême droite sur des positions radicales tout en contribuant à légitimer les thèmes du FN sans parvenir à le supplanter dans sa chasse gardée.

64. *Il la mesure à partir des intentions de vote dans les enquêtes* Eurobaromètres.
65. *Il mesure ces positions en prenant en compte les positions programmatiques de ces partis telles que l'on peut les saisir à partir de la base de données du* Comparative Manifesto Project *(*CMP*). Signalons toutefois que cette base de données ne fournit pas de codification* per se *de l'enjeu de l'immigration, les thèmes pris en compte sont donc l'internationalisme, le multiculturalisme, le style de vie national, l'ordre et la sécurité.*
66. *Tim Bale, « Cinderella and her Ugly Sisters : The Mainstream and Extreme Right in Europe Bipolarising Party System »,* West European Politics *26 (3), 2003, p. 67-90.*

Le travail de radicalisation à l'intérieur du parti

Même si l'UMP n'a pas institutionnalisé des courants, comme elle l'avait initialement prévu, il ne faudrait pas en conclure que les sous-groupes[67] qui constituent le parti ne pèsent pas et qu'ils sont étrangers à la production idéologique. Parmi eux, un nouveau sous-groupe parlementaire a émergé à l'été 2010 sous le nom de La Droite populaire. Le 14 juillet 2010, date symbolique de la fête nationale, une « charte du collectif de la droite populaire » est publiée avec l'objectif de « contribuer au programme d'action de la majorité présidentielle » : « contre les tabous du politiquement correct », ce collectif met en avant d'abord son attachement au patriotisme, à la famille, à l'ordre moral et public, puis son adhésion au libéralisme économique.

Ce groupe mené par Thierry Mariani et Lionnel Luca conquiert rapidement une notoriété médiatique et une reconnaissance organisationnelle au point que sa position dans le parti n'est plus du tout marginale avant les élections de 2012. Reçus par Nicolas Sarkozy quelques mois après la création de leur collectif, ses membres marquent de leur sceau le travail parlementaire par les propositions qu'ils déposent et les amendements qu'ils font passer tandis que l'un de leur chef de file, Thierry Mariani, est rapporteur du projet sur la sécurité à l'été 2010 (Loi d'orientation et de programmation pour la performance de la sécurité intérieure, dite Loppsi 2) puis est nommé au gouvernement comme secrétaire d'État aux Transports en novembre 2010. Parallèlement, avec l'arrivée de Jean-François Copé à la tête de l'UMP, un remaniement de l'équipe dirigeante du parti intervient : sur les 35 députés de La Droite populaire, 23 obtiennent un poste dans la nouvelle direction – en septembre 2011, leur groupe dépasse alors une quarantaine de députés. Ces fonctions sont certes plus symboliques qu'exécutives, mais cette promotion de la frange la plus radicale de l'UMP témoigne bien de la direction idéologique prise par le parti présidentiel.

67. Pour une cartographie de ces sous-groupes et l'analyse des courants libéraux, sociaux et souverainistes, voir Florence Haegel, « Le pluralisme à l'UMP », dans Florence Haegel (dir.), Partis politiques et système partisan en France, op. cit., *p. 219-254.*

L'influence de La Droite populaire

L'examen de l'action idéologique menée par ce sous-groupe et des trajectoires de ses membres fournit la preuve que les logiques de radicalisation ne peuvent se réduire à une simple stratégie de communication déconnectée de ce qui constitue les dynamiques intrapartisanes. Très active sur le plan parlementaire, La Droite populaire promeut les thèmes de prédilection du FN. Le tableau qui se dessine de l'ensemble des propositions de loi, des amendements déposés (voir encadré 22) et des prises de parole des députés de ce groupe fait bien apparaître un univers idéologique commun avec l'extrême droite.

Celui-ci est marqué par la restriction des droits des immigrés – le critère de nationalité devenant le fondement d'un traitement différentiel en matière sociale et de justice – et des binationaux[68] et par les thèmes sécuritaires : contrôle de la justice – intervention des victimes et de jurés populaires dans les procédures judiciaires –, défense de la police et de l'armée et d'un ordre moral, familial, scolaire et sexuel – opposition aux droits des homosexuels en matière de mariage, à la lutte contre l'homophonie[69] et à la « théorie du genre[70] ». Par ailleurs, le travail idéologique qu'ils poursuivent inclut une attention soutenue à la dimension symbolique et mémorielle. Il s'appuie sur la réaffirmation de la symbolique nationale (respect du drapeau) et religieuse (pénalisation des blasphèmes) et se distingue également par l'importance qu'ils accordent au contrôle mémoriel principalement sur les questions relatives au communisme et à la colonisation.

68. *Lionnel Luca, secrétaire national de l'UMP chargé de l'immigration, fait ainsi, en juillet 2011, un chantage à la démission sur cette question à propos de laquelle il se trouve d'ailleurs en désaccord avec Thierry Mariani.*

69. *Sur ce point, ils se mobilisent pour demander la démission de Roselyne Bachelot lors du débat parlementaire sur le mariage homosexuel en juin 2011 au cours duquel la députée UMP du Tarn-et-Garonne, Birigitte Barrèges, membre de La Droite populaire, lance : « Et pourquoi pas des unions avec des animaux ? Ou la polygamie ? », lexpress.fr, 16 septembre 2011.*

70. *En août 2011, ils diffusent une pétition pour interdire les manuels scolaires évoquant la construction sociale des genres (voir chapitre 4).*

Encadré 22
L'action parlementaire des députés de La Droite populaire[71]

Création d'une commission d'enquête sur les dispositifs d'insertion et l'attribution des minima sociaux (n° 106, juillet 2007). Propositions de loi visant à la réforme de l'aide médicale d'État (n° 2870, octobre 2010) ou tendant à réserver le versement de l'allocation de solidarité aux personnes âgées, de nationalité française ou ayant travaillé en France (n° 3363, avril 2011).
Proposition visant à la déchéance de la nationalité pour les criminels (n° 454, décembre 2007). Dépôt d'un amendement à la loi Loppsi 2 mettant en place des jurés populaires pouvant interdire le territoire à des étrangers ayant commis un crime.
Propositions sur la sécurité des établissements scolaires (n° 2404, avril 2010), avec présence de deux adultes pendant la récréation en primaire (n° 3100).
Propositions de loi visant à consacrer l'obligation de respect des élèves envers le personnel d'enseignement (n° 2794, septembre 2010), à lutter contre l'absentéisme scolaire (n° 2487, avril 2010).
Propositions de loi créant la Médaille d'honneur de la police municipale (n° 3267, mars 2011), visant à attribuer la carte du combattant à tous les militaires ayant servi en opération extérieure (n° 260, octobre 2007), créant une médaille d'ancien combattant (n° 3571, juin 2011).
Plusieurs propositions de loi pour lutter contre la pornographie (n° 1051, juillet 2007 et n° 3687, juillet 2011).
Propositions de loi visant à renforcer la procédure de lutte contre les mariages simulés (n° 2258, janvier 2010), à mettre en place un statut de la mère (n° 1898, novembre 2004), amendement pour mener un « bilan » de l'IVG.
Propositions de loi visant à instituer une journée nationale d'hommage aux victimes du communisme (n° 422, novembre 2007), reconnaissant le génocide vendéen (n° 387, janvier 2008), instituant l'égalité de droit des orphelins de guerre (n° 834, avril 2008), visant à préserver la mémoire des victimes de la guerre d'Algérie (n° 1943, septembre 2009), en faveur de la reconnaissance par la France des souffrances subies par les citoyens français d'Algérie (n° 2477, avril 2010), visant à rapatrier sur le sol national les restes des marins inhumés au cimetière militaire de Mers El-Kébir (n° 2902, octobre 2010), visant à attribuer le titre de reconnaissance de la Nation aux militaires français ayant servi en Algérie (n° 3566, juin 2011).

71. Les propositions des députés membres de La Droite populaire ont été sélectionnées même si elles avaient été déposées avant leur affiliation à ce groupe.

Propositions de loi visant à faire respecter les symboles républicains lors de la célébration des mariages (n° 2106, novembre 2009), et le drapeau français en dehors des manifestations organisées par les autorités publiques (n° 2607, juin 2010), pénalisant les atteintes aux emblèmes de la nation (n° 3004, décembre 2010), relative à la pénalisation de l'outrage aux signes distinctifs de la Nation française (n° 2870, octobre 2010).
Proposition de loi visant à interdire les propos et les actes injurieux contre toutes les religions (n° 2895, février 2006).

Des trajectoires individuelles souvent marquées par la guerre d'Algérie

La mise au jour de la forte spécificité du travail idéologique mené par ce groupe de députés milite pour regarder de plus près leurs trajectoires individuelles[72]. En effet, l'analyse des itinéraires des 47 parlementaires (dont sept femmes) qui gravitent autour de La Droite populaire avant les élections législatives de 2012 – lesquelles entraînent le rétrécissement de ce groupe, une vingtaine d'entre eux ne se retrouvant pas à l'Assemblée nationale pour la mandature 2012-2017 – révèle des points d'ancrage communs qui ont façonné le processus d'idéologisation partisane.

D'un point de vue géographique d'abord, ils sont majoritairement originaires des départements du Sud-Est (environ 40 %) et des grandes agglomérations urbaines (régions parisienne et lyonnaise principalement), zones d'implantation de l'extrême droite ; le Nord y est représenté, mais pas à la hauteur des succès du FN dans cette région. D'un point de vue professionnel ensuite, environ 40 % viennent du monde de l'entreprise et du commerce[73].

S'agissant de leurs trajectoires politiques, quelles que soient leurs histoires partisanes particulières précédant leur élection comme députés, ils appartiennent à ce que l'on pourrait appeler la « génération UMP » : pour les trois quarts, ils ont été élus soit en 2002 (45 %), soit en 2007 (32 %). Le caractère récent de leur mandat contredit l'idée

72. Ces analyses se sont fondées sur les informations disponibles sur internet, elles ne s'appuient pas sur une enquête spécifique permettant de restituer de manière plus systématique les trajectoires biographiques.
73. On trouve également huit médecins ou dentistes, six avocats et six professeurs.

selon laquelle ces députés incarneraient une vieille garde, vestige de temps révolus. Il permet aussi de formuler l'hypothèse d'une éventuelle fragilité de leur implantation expliquant leurs stratégies pour se maintenir dans des circonscriptions où l'audience du FN est particulièrement forte. Enfin, beaucoup d'entre eux peuvent être assimilés à des héritiers politiques, que cet héritage prenne la forme d'une filiation politico-professionnelle ou familiale. Dans le premier cas, l'on comptabilise 25 % d'anciens suppléants ou anciens assistants parlementaires ayant pris le relais de leur député ; dans le second cas, l'on trouve 20 % de députés ayant pris la succession d'un membre de leur famille, généralement leur père.

En rassemblant les données biographiques publiquement disponibles, on constate par ailleurs qu'une forte proportion d'entre eux – on peut l'évaluer à plus du quart[74] – a été fortement marquée par l'impact de la guerre d'Algérie[75], soit qu'ils viennent d'une famille de pieds-noirs, voire « Algérie française[76] », soit qu'ils aient combattu en Algérie, soit que leur implication politique se soit forgée contre la décolonisation. D'autres, moins nombreux, ont débuté leur itinéraire politique par un engagement de jeunesse[77] ou de leur famille à

74. Une enquête plus systématique sur la socialisation politique des membres de ce groupe permettrait de valider de manière plus fine cette hypothèse d'un impact de la guerre d'Algérie.

75. La biographie de Maryse Joissains-Masini, députée-maire UMP d'Aix-en-Provence est, à cet égard, exceptionnelle. Fille de militants communistes – son père était garde du corps de Maurice Thorez et sa mère secrétaire à la propagande dans le Var –, elle débute comme guichetière à la Sécurité sociale, syndiquée à la CGT. Elle rencontre Alain Joissains, fils de policier, mousse à 15 ans, engagé en Algérie à 17 et docker à Toulon. Ils s'engagent ensemble dans une ascension sociale et politique par des études en droit et l'engagement au Parti radical – et non aux côtés des gaullistes en raison de la question algérienne. Après la conquête de la mairie d'Aix, Alain Joissains est condamné pour abus de biens sociaux et sa femme lui succède. En 2008, la députée-maire avait donné son accord pour baptiser une rue de sa ville du nom de Bastien-Thiry qui tenta d'assassiner le général de Gaulle au Petit-Clamart en 1962 pour protester contre sa politique en Algérie.

76. Le père de Philippe Vitel, député UMP du Var et membre de La Droite populaire et du Mouvement initiative et liberté (MIL) – qui a pris le relais du Service d'action civique (SAC) –, était député UNR « Algérie française » et a démissionné de l'UNR en 1961.

77. Bernard Carayon, député UMP du Tarn, membre de La Droite populaire, s'est engagé au sein du mouvement d'étudiants d'extrême droite, le Groupe union défense (GUD), durant ses études à l'Université d'Assas.

l'extrême droite[78]. L'ancrage local de nombre de ces députés les plus radicaux dans des territoires d'implantation du FN fortement marqués par des populations liées à l'histoire de la décolonisation renforce encore cette caractéristique. De fait, la guerre d'Algérie a constitué une fracture particulièrement forte à droite, la rupture historique et parfois biographique infléchissant de nombreux itinéraires politiques. Amorcé par Georges Pompidou, le rapprochement entre des personnalités hostiles au gaullisme en raison de sa politique algérienne et les partis néogaullistes s'est amplifié avec Jacques Chirac qui n'a jamais caché le fait qu'il avait été partisan du maintien de l'Algérie française[79].

Dans les départements du Sud-Est, la concurrence à laquelle se livrent la droite et l'extrême droite pour rallier les soutiens des communautés pieds-noirs est particulièrement visible et sensible. Lors de l'enquête menée dans le Gard au début 2000, cet enjeu est souligné par de nombreux interlocuteurs, à l'époque appartenant au RPR et aujourd'hui membres de l'UMP.

Parmi eux, citons Richard Tiberino, interviewé en 2000 et devenu en 2011 secrétaire départemental adjoint de la fédération UMP du Gard, adjoint au maire de Nîmes, chargé de la sécurité. Son itinéraire (voir encadré 23) illustre d'abord le bénéfice que l'on gagne à penser l'imbrication entre sphères professionnelle et politique – ici la politique aurait à la fois précipité la faillite de son commerce et lui aurait permis de se « recaser ». Il met aussi en lumière le rôle décisif que jouent certains passeurs qui relient le monde politique et des milieux sociaux spécifiques. Issu d'une communauté pied-noir populaire, photographe dans la ZUP[80] de Nîmes, Richard Tiberino devient, après la

78. *Dans son édition du 7 septembre 2011,* Le Canard enchaîné *publie que le père de Lionnel Luca a appartenu à une organisation d'extrême droite paramilitaire roumaine. Lionnel Luca répond ainsi sur son blog : « D'origine roumaine, mon père a servi la France en Indochine de 1946 à 1952, comme sergent chef de la Légion étrangère. C'est dire s'il est particulièrement malhonnête de vouloir m'attribuer un père "Légionnaire" du mouvement fasciste roumain de la Garde de fer durant la seconde guerre mondiale lorsqu'il était encore mineur et suspect de sympathies communistes. Cette mise au point faite, quiconque désormais salira l'action de mon père pour mieux me dénigrer en rendra compte devant les tribunaux. »*

79. *Florence Haegel, « Mémoire, héritage, filiation », art. cité, p. 875-876.*

80. *ZUP : zone à urbaniser en priorité.*

faillite de son commerce, un professionnel de la politique, recruté par ses réseaux politiques dans l'administration municipale d'une mairie RPR. Appartenant à l'aile droite de la droite partisane, il sert d'intermédiaire auprès de réseaux pieds-noirs dont il signale qu'ils sont sous influence du FN.

Encadré 23
Itinéraire d'un pied-noir au « RPR mais à droite »

« J'étais donc photographe. J'avais deux boutiques sur Nîmes. Je me suis tellement investi au RPR que je me suis de plus en plus absenté de mes affaires. C'est le personnel qui gérait les boutiques. Cela marche un certain temps mais au bout d'un moment... J'ai frisé la correctionnelle, comme on dit, et j'ai vendu mes affaires à temps. La vente de mes affaires a payé les dettes que j'avais. Je me suis retrouvé à 42 ans sans un rond, sans métier à part celui de photographe. J'étais vraiment dans la merde. Et André Savonne[81] avait besoin d'un secrétaire général à sa mairie. Je ne suis pas du tout secrétaire général. Il a essayé de voir comment biaiser pour m'embaucher. Il faut être fonctionnaire pour être secrétaire général. Le seul truc qu'il ait trouvé, c'est directeur de cabinet, mais en fait je fais office de secrétaire général. Nous n'avons pas de secrétaire général, c'est moi qui le fais. Il m'a sorti de la merde parce que Fournier[82] lui en a parlé. [...]
Moi c'est par rapport à Pasqua. En 93, il était ministre de l'Intérieur. J'ai grandi, je vis et j'ai été commerçant pendant vingt ans dans la ZUP de Nîmes qui connaît des problèmes d'immigration énormes et d'insécurité. Et la politique de Pasqua m'a énormément plu. C'est là que je me suis engagé au RPR. Il n'est plus chez nous, je le regrette. Il crache sur Chirac et je ne lui pardonne pas. Je suis donc toujours là. Je regrette un peu que le RPR... Je le retrouvais dans les propos de Sarkozy. Pour moi, le RPR n'est pas assez à droite ou a honte de dire qu'il est à droite. Pasqua le disait. Sarkozy le disait. Alliot-Marie ne le dit pas. D'autres ne le disent pas. Je ne me retrouve pas trop. Mais je fais avec. De toute façon j'agis aussi par élimination. La politique est devenue un virus. [...] Je suis catalogué à droite, RPR mais à droite. Et aussi parce que je fais partie d'un de ces paradoxes : étant pied-noir et fier de l'être, je suis au RPR mais pas gaulliste. [...]
Le RPR est implanté dans le milieu pied-noir ?

81. André Savonne est un ancien joueur de rugby devenu maire RPR de Rochefort-sur-Gard de 1981 à 2000, date de son décès.
82. Jean-Paul Fournier est alors secrétaire départemental du RPR (voir supra*).*

Pas du tout. Avant-hier, pour les municipales, j'ai réuni plein de pieds-noirs... Mon père est actif. Il a créé une amicale de pieds-noirs sur Nîmes. Je n'ai donc pas eu de mal. J'ai réuni pas mal de ses copains qui m'ont tourné le dos quand ils ont su que j'étais au RPR. Pour les municipales, c'est un peu différent. Ils sont venus. Ils voulaient que Fournier touche du doigt le problème que je dénonce depuis tant d'années. Il ne voulait pas me croire. Là il a compris. Il avait une cinquantaine de pieds-noirs devant lui, cinquante qui lui disaient qu'ils votaient Front national aux deux tours. Il a quand même compris le problème ! [...] Comme je le leur ai raconté, et évidemment cela choque ici, quand de Gaulle est mort en 70, chez moi nous étions une trentaine de pieds-noirs et nous avons sablé le champagne. C'était la fête ! J'avais seize ans et j'étais heureux comme tout parce que cela faisait seize ans que j'entendais parler de lui. Jamais je n'aurais pensé qu'un jour j'adhérerais au RPR. Je reproche par contre, qu'au bout de trente ans, ils ne tournent pas la page. C'était toujours mieux chez eux. [...] Nos parents ont dû se démerder. J'ai vu arriver mon père sans un rond. Je lui tire mon chapeau. Il a réussi, mais grâce à lui. Personne ne l'a aidé. Quand il voit toutes les aides qui existent maintenant pour d'autres communautés – et là ils sont fous de douleur –, les immigrés par exemple. Eux, ils n'avaient rien. Cela reste en travers. Dans la salle, il y avait quatre ou cinq personnes qui non seulement n'ont pas été indemnisées... C'étaient des chefs d'entreprise qui ont connu de grosses difficultés. Ce sont des exemples que l'on cite. Et ils ont raison. Quand on voit que la France efface des milliards de dettes pour le Mexique ou pour des pays d'Afrique et qu'on n'efface pas les dettes de 12 000 pieds-noirs en France, des chefs d'entreprise qui ont eu de grosses difficultés alors qu'ils se sont battus pour l'Algérie française, cela reste en travers. »

Richard Tiberino, interviewé en 2000 (46 ans) alors qu'il était secrétaire départemental adjoint du RPR ; secrétaire départemental adjoint de la fédération UMP du Gard, adjoint au maire de Nîmes en 2011.

« Au RPR (ou aujourd'hui à l'UMP) *mais* à droite », cette formule désigne la position de passerelle entre deux mondes partisans, ceux de l'UMP et ceux du FN qu'occupe un certain nombre de ces entrepreneurs de radicalisation. S'ils peuvent assumer ce rôle c'est qu'ils partagent, pour l'essentiel, des éléments culturels communs au sein desquels la mémoire algérienne apparaît comme un élément structurant. Il n'en demeure pas moins vrai que les élections législatives de 2012, telles qu'elles se sont déroulées dans le Sud-Est, sont marquées par le succès remporté par les candidats FN et la défaite d'un large nombre de candidats UMP de La Droite populaire, témoignant de la difficulté et de l'ambiguïté de cette position de passeur.

2007-2012 : l'étiquetage du sarkozysme

Même si l'opposition entre une droite chiraquienne hermétique aux thèses du FN et une droite sarkozyste perméable à celles-ci apparaît trop schématique, la comparaison systématique des discours de campagne présidentielle de Jacques Chirac et Nicolas Sarkozy a permis de confirmer le fait qu'une radicalisation de la droite française est bien intervenue sur les questions d'immigration, d'identité nationale et de sécurité. Cette radicalisation a procédé en trois étapes : en 2007, l'importance accordée par Nicolas Sarkozy à ces thèmes portés par le FN s'accompagne d'une tentative de les déconnecter l'un de l'autre alors qu'en 2010 ceux-ci sont associés comme ils l'ont toujours été dans le discours du FN. Enfin, ces thèmes sont au cœur de la campagne de 2012 soulevant au grand jour la question de la droitisation de l'UMP. Cette évolution a un effet global sur le débat public et conduit à un mouvement de polarisation visible dans l'émergence de ce que l'on a appelé l'antisarkozysme, pôle de rejet des transformations de la droite partisane mises en œuvre par Nicolas Sarkozy. Pour prendre la pleine mesure de cet antisarkozysme et en comprendre la structuration, j'ai choisi de mobiliser une méthode originale en l'étudiant sur le web.

L'émergence d'un antisarkozysme

Qualifier un phénomène politique de radical s'apparente à une opération d'étiquetage (*labeling*) généralement associée à la désignation d'une forme de déviance qui peut être mesurée par rapport à des normes. Par exemple, les interventions disqualifiant le sarkozysme au moment de la controverse sur les Roms durant l'été 2010[83] illustrent le fait que

83. Cette controverse est déclenchée par un fait divers auquel a répondu un discours de Nicolas Sarkozy annonçant des mesures de démantelement des camps où résident une partie de cette population et associant immigration et insécurité (voir supra*).*

la déviance pouvait ici se mesurer en termes idéologiques et politiques[84] mais également en termes moraux[85]. Nicolas Sarkozy est alors accusé de radicalisation, à la fois par la gauche qui dénonce une « dérive anti-républicaine[86] » et par une partie de la droite : deux anciens Premiers ministres de Jacques Chirac, Dominique de Villepin et Jean-Pierre Raffarin, parlent ainsi respectivement « d'indignité nationale[87] » et de « dérive droitière[88] », Rachida Dati, ancienne garde des Sceaux de Nicolas Sarkozy, dénonce quant à elle une « faute morale[89] ».

La sociologie de l'étiquetage[90] est particulièrement utile pour interpréter ces phénomènes. Selon Howard Becker : « La déviance n'est pas une qualité de l'acte commis par une personne, mais plutôt une conséquence de l'application, par les autres, de normes et sanctions à un transgresseur. Le déviant est celui auquel cette étiquette a été appliquée avec succès et le comportement déviant est celui auquel la collectivité a attaché cette étiquette[91]. » Le qualificatif « radical » peut être pris au sens étymologique comme un retour aux racines, il est aussi une étiquette politique qui implique la désignation d'une forme de déviance politique : qualifier une personne, une organisation, une action de « radicale » est généralement une manière de les dévaloriser. De ce point de vue, il est utile de suivre les conseils d'Howard Becker qui nous alerte sur le fait qu'il est indispensable d'analyser comment et par qui les étiquettes qualifiant des formes variées de déviance sont produites, utilisées, réappropriées ou rejetées.

84. *Le sarkozysme dans sa version la plus répressive de l'été 2010 transgresserait ainsi les normes « républicaine » et « nationale » et fragiliserait la communauté politique.*
85. *La stigmatisation de groupes nationaux ou étrangers tels que les gens de voyages ou les Roms s'apparenterait à un anti-humanisme.*
86. *Communiqué du PS, 2 août 2010.*
87. Le Monde, *23 août 2010. Rappelons que le crime d'indignité nationale défini durant la période d'épuration par une ordonnance du 26 décembre 1944 punit les personnes ayant soit « sciemment apporté en France ou à l'étranger une aide directe ou indirecte à l'Allemagne ou à ses alliés, soit porté atteinte à l'unité de la nation ou à la liberté des Français, ou à l'égalité entre ceux-ci ».*
88. Le Monde, *28 août 2010.*
89. Le Monde, *24 août 2010.*
90. *Voir également sur cette question, Brigitte Gaïti et Annie Collovald (dir.),* La Démocratie aux extrêmes. Sur la radicalisation en politique, *Paris, La Dispute, 2006.*
91. *Howard Becker,* Outsider. Étude de sociologie de la déviance, *Paris, Métaillé, 1985, p. 33.*

La polarisation sur le web

L'antisarkozysme s'installe véritablement au cœur du débat médiatique lors de la campagne des élections européennes du printemps 2009. Marquée par la publication de l'ouvrage de François Bayrou, *Abus de pouvoir*[92], cette campagne a privilégié l'opposition frontale à Nicolas Sarkozy au détriment des enjeux européens. Les scores modestes finalement obtenus par le PS mais surtout par le MoDem ouvrent alors un débat médiatique sur l'efficacité électorale de l'antisarkozysme pour les partis politiques d'opposition[93]. Parallèlement à ce débat journalistique, le web s'était déjà constitué en espace de mobilisation de l'antisarkozysme où s'échangent des informations, des opinions, des images – souvent sous la forme de photos détournées ou de caricatures – et des vidéos mais également où se diffusent des mots d'ordre ; ces échanges se déployant sur le mode à la fois militant et humoristique.

La cartographie de l'antisarkozysme

De manière simple, un rapide sondage sur le web, fin 2010, m'a permis de prendre la mesure de la profusion des sites et blogs dédiés à la critique du sarkozysme. Derrière leurs noms évocateurs – antisarkomania, sarkophobie, tout sauf sarkozy, sarko non merci, j'ai pas voté sarko, résister au sarkozysme, torapamavoa, pire racaille, etc. –, ils contribuent à former un espace où émergent des rumeurs, où s'échangent des informations, où se confortent des opinions mais aussi où peuvent prendre forme des engagements politiques et plus largement se lancer des mobilisations.

Derrière les profils apparemment très proches de ces sites se cachent, en réalité, des identités très différentes. L'objectif de cette analyse est de mettre au jour la structuration des acteurs individuels ou collectifs qui constituent alors ces réseaux antisarkozystes. Pour ce faire, j'ai utilisé un outil d'exploration (voir encadré 24) permettant d'établir une représentation graphique de l'antisarkozysme qui cartographie la morphologie des réseaux antisarkozystes à partir des liens

92. *François Bayrou,* Abus de pouvoir, *Paris, Plon, 2009.*
93. *Voir par exemple, « L'antisarkozysme primaire », marianne2.fr, 25 mars 2009, « L'effet boomerang de l'antisarkozysme », lemonde.fr, 8 juin 2009.*

qu'ils ont entre eux (voir graphique 9) – la taille des sites ou blogs dépend du nombre de leurs liens avec d'autres sites, l'analyse ne dit rien sur leur fréquentation.

L'on peut commencer à décrire ce réseau en repérant d'abord la centralité du blog Sarkostique. Celui-ci se présente comme le « site satirique officiel de Nicolas Sarkozy », y sont rassemblés dessins, caricatures, photos détournées, citations, vidéos, etc. adressés par les internautes, et il se trouve associé à un forum de discussion. Fortement indexé à l'actualité, généraliste puisque tout ce qui concerne Nicolas Sarkozy et plus largement son entourage privé et politique peut y avoir sa place, il joue le rôle de vitrine pour un ensemble de blogs moins centraux qui lui envoient leurs trouvailles – la provenance des documents est d'ailleurs précisée et l'internaute-fournisseur remercié. Il est aussi un centre de ressources mettant à disposition tout un matériau iconographique. Des sites de moindre importance jouent le même rôle en se positionnant sur le registre de l'humour et de la caricature.

Encadré 24
Les techniques de cartographie du web

Le Navicrawler est un outil d'exploration du web développé par Mathieu Jacomy qui accompagne les utilisateurs dans leur navigation en conservant les adresses des pages visitées ainsi que les liens hypertextes présents sur ces pages. Le Navicrawler peut également être paramétré pour collecter les liens hypertextes et enregistrer automatiquement les adresses des sites liés. Ces données ainsi collectées peuvent être utilisées pour générer des cartes détaillées de certaines régions du cyberespace.

Le graphique 9 est le résultat d'une exploration de l'antisarkozysme sur le web menée à la fin du mois d'octobre 2010. Le point d'entrée en est le blog Antisarkomania créé en janvier 2008 qui apparaissait très rapidement dès que l'on tapait sur Yahoo le terme « antisarkozysme ». À partir de là, la collecte a été menée le plus largement possible en se fixant comme limite (l'investigation peut être infinie...) le moment où le réseau antisarkozyste débouche sur des sites d'organisations partisanes. L'objectif est en effet ici d'analyser la structuration politique de cette région spécifique du web.

Cette exploration a été faite au MediaLab de Sciences Po et à la suite d'une formation suivie dans ce cadre. Je remercie Paul Girard, Mathieu Jacomy et Tommaso Venturini pour leur aide.

Graphique 9 : L'antisarkozysme sur le web

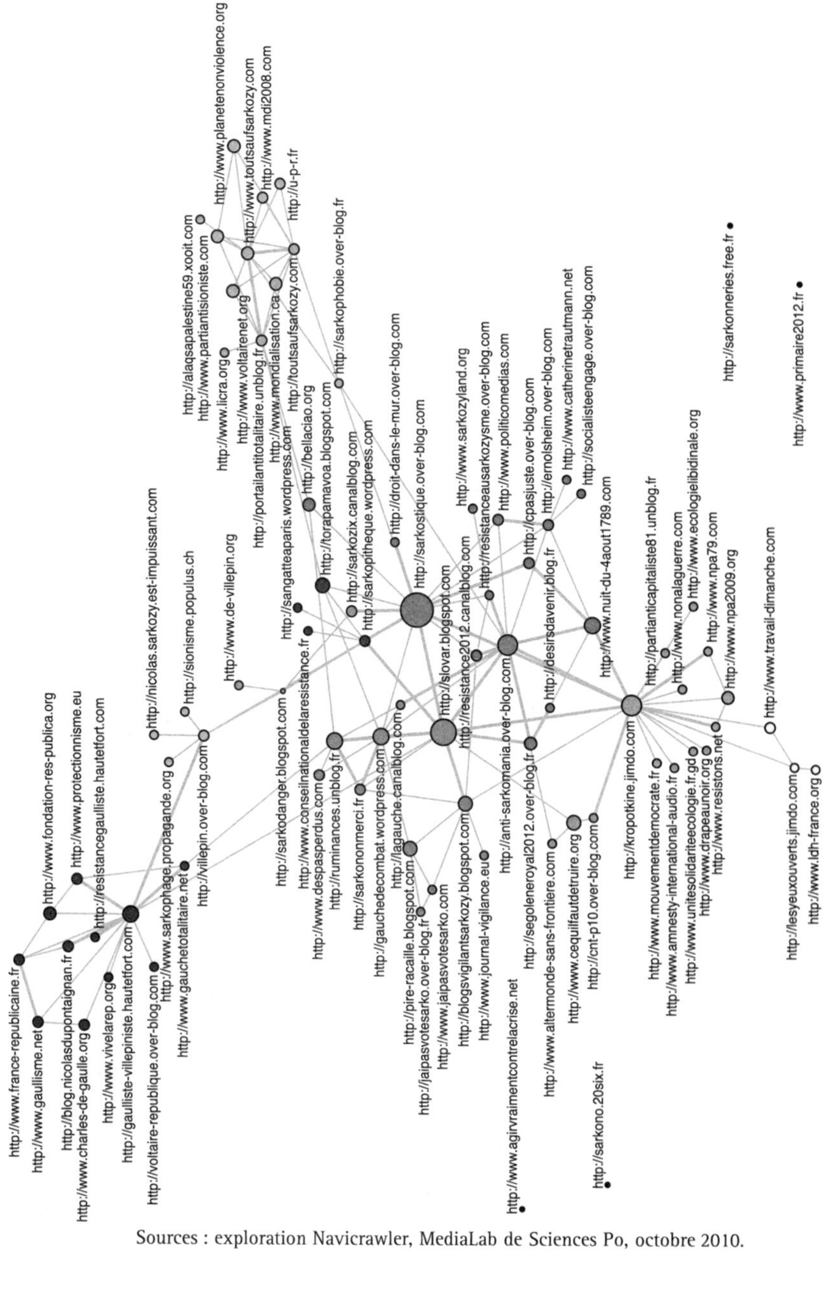

Sources : exploration Navicrawler, MediaLab de Sciences Po, octobre 2010.

Si l'on élargit le champ de vision, trois principaux ensembles de sites peuvent être distingués. Au centre du graphique, le cœur de la mouvance antisarkozyste est constitué par des acteurs de gauche qui se revendiquent comme tels. À côté, se détachent très nettement deux ensembles clairement isolables, dont l'un représente l'antisarkozysme de droite et l'autre une mouvance fédérée par l'antisionisme et l'anti-américanisme.

L'antisarkozysme de droite

En haut et à gauche du graphique 9, l'on repère un ensemble de sites rassemblant la critique interne de droite du sarkozysme. À l'automne 2010, cet antisarkozysme de droite est principalement organisé autour du villepinisme qui avait déjà, avant le lancement officiel de sa structure partisane, investit le web[94]. Autour des sites villepinistes (nationaux ou locaux) se structure une opposition au sarkozysme composée d'un ensemble de groupes se revendiquant pour beaucoup d'entre eux du gaullisme – parfois qualifié de social – et souvent composés d'anciens cadres du RPR, dont certains sont anciennement liés au courant séguiniste. Cette filiation visible sur le web est également repérable dans les discours de Dominique de Villepin qui non seulement s'inscrit sous le parrainage de Charles de Gaulle mais se fait également régulièrement l'écho de ce que l'on pourrait appeler la « langue gaulliste ». En septembre 2010, par exemple, il reprend le terme de « chienlit » utilisé par le général à propos des manifestations de Mai 1968 dans une attaque directe contre le président de la République : « En tant que gaullistes, on ne peut accepter que la chienlit s'installe au sommet de l'État[95]. »

Dans cet ensemble qui se qualifie de « républicain », l'on trouve également la fondation Res Republica[96] fondée par l'ancien ministre

94. Le pluralisme interne n'étant pas institutionnalisé au sein de l'UMP (voir Florence Haegel, « Le pluralisme à l'UMP », dans Florence Haegel (dir.), Partis politiques et système partisan en France, op. cit.*), les stratégies de contournement du parti sont fréquentes. Pourtant, au même moment où il fonde son parti, Dominique de Villepin renouvelle son adhésion à l'UMP, preuve de la souplesse des règles partisanes mais également de l'importance de garder un pied dans l'organisation en vue d'éventuelles primaires internes.*

95. Le Télégramme, *16 septembre 2010.*

96. Cet ensemble républicain se trouve lié par l'intermédiaire du blog de Dominique de Villepin à des blogs hétéroclites – celui d'un groupe de musique punk (sarkophage-propagande), d'un site antisionniste (sionnisme-populus)... – sans que l'on puisse véritablement interpréter ce résultat.

socialiste, Jean-Pierre Chevènement. L'existence de ce pôle républicain préexistait à l'opposition au sarkozysme puisque les liens se sont véritablement constitués lors de la mobilisation contre l'intégration européenne[97]. Selon les groupes, la critique se concentre sur différentes dimensions mais, schématiquement, le sarkozysme constitue bien pour ce type d'opposants une déviance au regard des normes d'une République indivisible, centralisatrice, laïque et même sociale. Sont ainsi, à des degrés divers, mis en cause ses positions pro-européennes, son penchant pour le communautarisme, sa valorisation de la religion et parfois son absence de fibre sociale symbolisée par le renforcement du bouclier fiscal.

De ce point de vue, l'absence de liens visibles sur le web entre ces réseaux républicains et la mouvance de François Bayrou et du MoDem mérite d'être soulignée. Alors qu'un an plus tard, des tentatives de rapprochement entre députés « villepinistes » et « bayrouistes » ont été évoquées en vue de l'éventuelle constitution d'un groupe parlementaire commun, à l'automne 2010, on ne trouve aucune préfiguration de ce rapprochement sur le web. Il est vrai que cette mouvance antisarkozyste républicaine et de droite fédère alors des groupes qui prennent des positions idéologiques différentes de celles des centristes qui eux sont clairement pro-européens, historiquement « girondins » et nourris de socialisation catholique[98].

L'antisarkozysme d'extrême droite

En haut et à droite du graphique 9, apparaît un ensemble nettement détaché du cœur du réseau antisarkozyste et constitué de sites spécialisés dans l'antisionisme : portail antitotalitaire, portail antiviolence, réseau voltaire.net, parti antisioniste, Mouvement des damnés de l'impérialisme (MDI). Derrière les thèmes de l'anti-impérialisme, de l'antimondialisation, de l'antiguerre, de la défense de la Palestine, du

97. Certains souverainistes de droite en rupture avec le RPR avaient appelé à voter Jean-Pierre Chevènement au premier tour de l'élection présidentielle de 2002.

98. Il est vrai que François Bayrou a toujours eu le souci de ne pas mettre publiquement en avant la religion alors que Dominique de Villepin tente d'occuper ce terrain en affichant sa volonté de fédérer les « valeurs centristes et démocrates-chrétiennes », déclaration lors de son déplacement à Saumur, 10 septembre 2010.

panafricanisme, etc. cette mouvance se trouve fédérée par des positions antisionistes et anti-américaines[99]. En son sein, le site toutsaufsarkozy.com occupe alors une position centrale et revendique lui aussi l'opposition au sarkozysme en raison des liens que celui-ci entretiendrait avec les États-Unis et Israël. Il se spécialise, par conséquent, dans la dénonciation de ces rapports de proximité entre l'entourage présidentiel et les intérêts américains ou israéliens[100] :

> « Comme cela apparaît clairement dans le titre de notre site, nous sommes des Français radicalement opposés à Nicolas Sarkozy pour la raison fondamentale qu'il s'agit d'un homme soucieux avant tout de représenter et de défendre au plus haut poste de l'État français les intérêts à la fois de l'empire américain et de son appendice israélien[101]. »

Dénonciation politique qui peut également s'accompagner de stigmatisation personnelle lorsque Nicolas Sarkozy est qualifié de « Premier Rom de France » en raison de ses origines hongroises. Maniant la rhétorique et mobilisant le vocabulaire de l'extrême droite, le site entre dans les débats internes à celle-ci en s'opposant à Jean-Marie Le Pen et plus directement encore à Marine Le Pen accusée de vouloir faire alliance avec une partie de la communauté juive.

L'antisarkozysme de gauche

À côté de ces deux formes atypiques d'antisarkozysme, l'une principalement alimentée par l'opposition interne à la droite et par la mouvance villepiniste, l'autre soudée par l'antisionisme et l'antiaméricanisme et qui fait souvent écho à la rhétorique de l'extrême droite, le cœur de l'antisarkozysme se revendique sans surprise de la gauche. Il cultive les appels à la vigilance, à la résistance ou à la révolution (blogs vigilants, gauche de combat, résistance 2012, ce qu'il faut détruire).

99. Le site de la Ligue internationale contre le racisme et l'antisémitisme (Licra) relève la relation d'opposition et non de proximité.
100. La présence de ce site dans la mouvance de l'antisarkozysme est d'ailleurs, dès l'origine, dénoncée sur le web, voir « L'antisarkozysme... jusqu'où ? Coup de gueule d'un blogueur », sarkofrance.wordpress.com, 13 novembre 2007.
101. Extrait du texte de présentation « Tout sauf sarkozy ».

Les vigilants mettent en réseau les « blogs qui observaient Sarkozy, commentaient ses décisions et leurs effets, et notent les sources[102] » ; ils distribuent un label et un logo distinctifs représentant un œil surveillant le sarkozysme. D'autres sites sont plus tournés vers la mobilisation que vers la simple surveillance : appel à manifester ou à la grève générale[103], mise en place d'un « anti-Sarkozy Day » imité de l'« anti-Berlusconi Day[104] », diffusion d'une liste des pétitions à signer. D'autres encore sont des sites plus personnels et militants, même s'ils sont souvent tenus par des professionnels ou d'anciens professionnels, journalistes ou spécialistes du web. Comme le signalent leurs noms, les références empruntent à la fois à la Révolution française (nuit du 4 août 1789), à la Résistance (Conseil national de la résistance) et à l'anarchisme – le site kropotkine, central dans cette mouvance, emprunte son nom à un anarchiste russe. Cette symbolique préfigure d'ailleurs celle que le Front de gauche et Jean-Luc Mélenchon mobiliseront abondamment lors de la campagne présidentielle de 2012.

Du point de la structuration politique, les liens avec l'extrême gauche sont nombreux, qu'il s'agisse principalement d'organisations issues du trotskysme au premier rang desquels le Nouveau Parti anticapitaliste (NPA), héritier de la Ligue communiste révolutionnaire (LCR), ou d'organisations se réclamant de l'anarchisme, en particulier la Confédération nationale du travail (CNT), syndicat s'inscrivant dans la filiation anarcho-syndicaliste (voir également le site drapeaunoir.org), et plus marginalement d'organisations écologistes alternatives.

Le PS est loin d'être absent de cette mouvance de gauche par l'intermédiaire de ses sites locaux ou des réseaux Désirs d'avenir, mis en place par Ségolène Royal au moment de la campagne présidentielle de 2007 et pionniers alors dans l'investissement du web. En revanche, l'absence du parti communiste, en tant que tel, doit être notée et

102. Blogsvigilantssarkozy.

103. L'appel à la grève générale est, par exemple, le thème mis en avant par le site conseilnationaldelarésistance.fr

104. L'organisation d'un anti-Sarkozy Day en mars 2010 a été controversée sur le web, certains y voyant une simple opération marketing, d'autres soulignant les effets contre-productifs ou antidémocratiques d'une telle initiative, journaldudimanche.fr, 6 janvier 2010.

devrait être probablement confirmée par des investigations plus approfondies. Si cette marginalité des communistes dans l'antisarkozysme sur le web se trouvait validée, l'hypothèse d'un effet de génération serait plausible, les militants communistes étant plus âgés et probablement moins familiers du web que ceux d'extrême gauche, voire même ceux du PS.

La variété et le dynamisme de cet antisarkozysme ainsi que la virulence et la dramatisation du ton employé témoignent du fait que le sarkozysme a bien entraîné une forte polarisation dont l'étude du web permet de prendre la pleine mesure. Ce dernier constitue un espace de circulation où sont diffusées des informations et des vidéos dont certaines sont reprises par la presse pour créer l'événement. Il est d'ailleurs significatif que l'UMP, à travers son organisation de jeunesse, les JP, ait jugé urgent de lancer une contre-offensive. En effet, en septembre 2010, le président des JP affiche sa volonté de mettre en place une « e-riposte » pour contrer la « gaucho-sphère » selon les termes qu'il emploie[105]. Cette e-riposte part du constat de l'échec du réseau social de l'UMP, Les Créateurs de possibles (voir *supra*), et plus globalement du faible dynamisme des militants et sympathisants de droite sur le web[106]. Elle vise à assumer à la fois une fonction de formation des jeunes militants UMP – élaboration d'un « kit blog » afin d'apprendre comment faire un blog – et d'alerte afin de prévenir les militants quand une attaque est lancée sur le web et de leur fournir des contre-argumentations.

Le cas de l'UMP illustre d'abord le fait qu'un parti électoral professionnel ne peut être assimilé à une organisation désidéologisée. Le souci électoral et l'usage de techniques issues du marketing politique ne signifient pas automatiquement l'émergence d'une politique

105. Interview de Benjamin Lancar, France Info, 8 septembre 2010.
106. Durant la campagne présidentielle de 2007, l'UMP a mis en place une stratégie de propagande particulièrement offensive sur le web en achetant des termes tels que « banlieue », « racaille » : l'internaute tapant ce terme se trouve alors orienté vers la page de l'UMP. En revanche, les dirigeants du parti reconnaissent le faible dynamisme des blogueurs UMP ; ils l'attribuent parfois au fait que le web fonctionne plus sur le registre de la contestation que de l'adhésion et du soutien.

« médiane » ou « consensuelle ». Le « nouveau conflit culturel[107] », force structurante à l'échelle européenne, a clairement entraîné une forme de réidéologisation de la droite française, en particulier autour du thème de l'identité nationale. Ce mouvement idéologique ne permet pas d'opposer, terme à terme, le sarkozysme et le chiraquisme mais de repérer une sensible inflexion. Ce mouvement est d'ailleurs partie prenante d'une stratégie assumée par Nicolas Sarkozy de redonner à la droite ses bases (électorales) et ses racines (idéologiques), positionnement dont on doit interroger l'efficacité à la lumière des travaux portant sur les effets des stratégies déployées par les partis installés à l'égard des mouvements de la droite radicale et populiste. En effet, les risques d'une telle stratégie de récupération des thèmes du FN sans alliance entraînant une forme de cercle vicieux de radicalisation ont été visibles lors des élections de 2012.

L'examen de ce processus de radicalisation a, ensuite, permis de montrer que l'idéologisation partisane ne se construit pas seulement sous l'influence de l'environnement extérieur ; elle procède également de l'intérieur puisqu'interviennent dans ce processus des entrepreneurs de radicalisation dont les positions idéologiques traduisent l'enracinement d'une partie – minoritaire mais agissante – de l'UMP dans des cultures partiellement communes avec celle de l'extrême droite, en particulier par l'importance accordée à la mémoire de la décolonisation.

Enfin, ce chapitre a également analysé le mouvement de radicalisation en mobilisant la sociologie de l'étiquetage. L'analyse du web est apparue particulièrement utile pour saisir le travail de *labeling* du sarkozysme. La structuration de l'antisarkozysme sur le web conduit, en effet, à saisir la droite sarkozyste vue par ses adversaires et à mesurer l'ampleur de la polarisation qu'elle suscite. Celle-ci est un processus qui repose sur l'accroissement de la distance idéologique et la constitution de pôles à la fois attractifs et mobilisateurs pour l'un des deux camps et répulsifs pour l'autre. L'on en saisit bien les traces au niveau électoral dans la mesure où la proportion d'électeurs déclarant ne vouloir en aucun cas voter pour Nicolas Sarkozy apparaît,

107. *Simon Bornschier,* Cleavages and the Populist Right. The New Cultural Conflict in Western Europe, op. cit.

neuf mois avant l'élection présidentielle de 2012, particulièrement élevé[108]. Face à lui, la capacité du sarkozysme à mobiliser son camp montre également sa force puisque la défaite électorale ne signe aucunement un effondrement.

108. Nonna Mayer, Bernard Denni et Vincent Tiberj, « Présidentielles : les préférences », Le Monde, *23 août 2011.*

Conclusion / COMMENT L'UMP A TRANSFORMÉ LA DROITE PARTISANE

Dix ans après sa création, l'on peut à juste titre considérer que l'UMP a modifié la droite partisane française. Quatre principales transformations, que cet ouvrage a permis de révéler, en témoignent.

Un mouvement d'européanisation

Ce que l'on peut appeler l'européanisation de la droite partisane française renvoie à des processus sensiblement différents. Elle peut être d'abord entendue comme l'adoption par les dirigeants de ces partis de positions plus favorables à l'intégration européenne. Le terme peut également désigner des mouvements comme le transfert de modèles organisationnels ou la diffusion de la référence symbolique à l'Europe dans les processus de légitimation, voire une forme de convergence programmatique sur le long terme qui a conduit la droite gaulliste à se rapprocher des positions programmatiques des partis conservateurs européens et dont on peut faire l'hypothèse qu'elle a été amplifiée par l'intégration européenne.

L'adoption par la droite partisane issue du gaullisme, ambiguë voire hostile à cette intégration européenne, de positions plus favorables à l'Europe s'apparente à un processus incrémental, engagé bien avant 2002 et qui se déroule entre le référendum de Maastricht (1992) et la ratification du traité d'Amsterdam (1999) en provoquant tensions et scissions. Le ralliement particulièrement tardif, en 1999, du RPR au groupe parlementaire européen du PPE constitue de ce point de vue une étape décisive : il établit – selon les principaux acteurs de l'opération – les conditions d'une fusion. Il comble en effet une partie du fossé qui existait entre un segment non gaulliste déjà substantiellement acquis à l'européanisation – à l'exception d'un courant incarné par Philippe de Villiers – et un autre jusqu'alors distant voire rétif à l'égard d'un processus de dénationalisation.

La refondation de 2002 traduit donc cette progressive et douloureuse européanisation du RPR ; elle lui fournit également une plus forte visibilité et même la renforce. Cette visibilité est construite par un travail de légitimation reposant sur l'affichage des références européennes et la mobilisation des modèles partisans d'un certain nombre d'organisations de la droite européenne. Ces références ne se fondent néanmoins que sur des transferts effectifs extrêmement limités : les contacts entre partis européens de droite ne sont ni très forts ni très concrets. Au-delà du moment fondateur, le mouvement d'européanisation a été renforcé par l'intégration d'acteurs partisans pro-européens, par la sélection à la tête de l'UMP de deux leaders, Alain Juppé puis Nicolas Sarkozy, eux aussi clairement européens, et enfin par la défection, après quelques tentatives de peser dans la compétition interne du parti, des courants porteurs de la critique européenne. Ces logiques d'européanisation partisane pourraient être fragilisées par la crise économique laquelle semble renforcer des mouvements de renationalisation et de concurrence entre voisins. Toutefois, la stratégie de défection des souverainistes qui ont quitté l'UMP et la légitimité gouvernementale qu'entretient ce parti ne conduisent pas à faire l'hypothèse d'un renversement de ce mouvement d'européanisation au sein de la droite.

La diffusion d'un modèle entrepreneurial

La diffusion du modèle entrepreneurial au sein de la droite partisane, seconde transformation mise au jour dans cet ouvrage, est également un processus progressif. Elle renvoie à la place croissante qu'occupent les discours et surtout les pratiques empruntés au monde de l'entreprise, et singulièrement aux domaines du management et du marketing. Ces emprunts ne datent pas de 2002. Les années 1970 ont largement amorcé ce mouvement, visible à la fois dans le giscardisme et au moment de la création du RPR. Avec l'UMP, l'amplification est toutefois considérable.

Les techniques de management se diffusent à l'ensemble du parti et président à l'organisation de son siège tout comme à la gestion des fédérations. Les outils du marketing sont présents dans tous les secteurs. Dans celui de la mobilisation politique, le parti offre alors toute une gamme de produits dans un esprit d'assouplissement du lien d'adhésion, chacun d'eux étant associés à un coût – le prix de l'adhésion – et des rétributions spécifiques. Internet est utilisé, avec plus ou moins de succès, à la fois pour tenter d'élargir la sphère militante et pour animer la vie interne du parti, en particulier pour les plus jeunes. Dans le domaine financier, la recherche de donateurs importe, avec une certaine efficacité, les pratiques du *fundraising*. Celles-ci introduisent la même logique de segmentation de l'offre : la notoriété du dirigeant rencontré est, par exemple, proportionnelle à l'ampleur du don accordé au parti. Dans le secteur de la communication, l'investissement budgétaire est particulièrement décisif et tout un éventail de professionnels, publicitaires, sondeurs, spécialistes de l'événementiel, travaillent pour le parti, soit en tant que prestataires à qui l'on soustraite certaines activités, soit au sein même de l'organisation alimentant un phénomène de professionnalisation de l'administration partisane. À cet égard, le modèle de l'intermédiaire ou du courtier, généralement utilisé pour qualifier la relation qui se noue entre ces professionnels de la communication et le parti, apparaît pour partie dépassé tant l'imbrication des deux mondes apparaît forte. En effet, les trajectoires professionnelles se croisent, les positions s'intervertissent et les frontières se font poreuses.

Dès lors, il apparaît particulièrement pertinent d'examiner plus avant les liens que les partis, ici l'UMP, entretiennent non seulement avec ces secteurs économiques spécialisés dans des activités de publicité et de communication mais plus largement avec le secteur privé dont on sait qu'il intervient toujours dans leur financement. Les spécialistes des partis ont souligné le double mouvement de resserrement des liens des organisations partisanes avec l'État et le desserrement de ceux qu'ils avaient noués avec la société. Ils en tiennent pour preuve ce qu'ils désignent comme un déplacement des partis de la société vers l'État au motif que ce dernier les finance dans des proportions de plus en plus grandes et qu'il leur fournit parallèlement un certain nombre d'autres ressources, en particulier des postes par le biais du patronage. Ils suggèrent alors d'assimiler les partis à des agences publiques à qui, en quelque sorte, l'État déléguerait des activités de formation et de mobilisation des citoyens et de recrutement des élites. Si l'analyse du cas de l'UMP atteste bien d'un certain nombre de ces phénomènes, il conduit à complexifier le schéma : d'une part en réintroduisant au cœur de la forme partisane les logiques marchandes, d'autre part en atténuant le schématisme et l'évolutionnisme de cette vision en préférant donc les termes d'interpénétration et de brouillage à la métaphore du déplacement.

La radicalisation idéologique

La troisième transformation ne relève pas – à la différence des deux précédentes – d'un processus long et incrémental, elle s'apparente à une inflexion que l'on peut dater. La radicalisation est ici entendue comme une droitisation, autrement dit, au sens étymologique du terme, comme le retour de la droite à ses racines. Elle est revendiquée en tant que telle par Nicolas Sarkozy et mise en œuvre après sa conquête du parti fin 2004, lors de la campagne présidentielle de 2007 ; puis elle réapparaît durant l'été 2010, après l'échec des régionales ; elle est replacée de nouveau au cœur de la campagne de 2012 et, après la défaite, se trouve propulsée au cœur du débat interne de l'UMP.

Si l'on tente de saisir l'évolution des positions idéologiques de la droite française, en tenant compte à la fois de celles de ses électeurs et de celles que l'on peut saisir à travers les programmes législatifs, et si l'on compare ses évolutions avec celles des autres électorats et partis de la droite européenne, il apparaît, de manière très schématique, que les électeurs des droites françaises ont longtemps été moins à droite que ceux de leurs partis frères européens, sauf s'agissant de leur perception de l'immigration. Et de fait, c'est bien ce potentiel qui a été utilisé puisque c'est sur la question de l'identité nationale que la radicalisation s'est opérée. Pour preuve, ce qui différencie le candidat Nicolas Sarkozy de 2007 de son prédécesseur Jacques Chirac, tant en 1988 qu'en 1995 ou 2002, n'est pas le discours économique mais celui délivré sur l'identité nationale.

Les discours et programmes portés par les partis politiques et leurs candidats sont fortement indexés à la structure de la compétition politique ; ils ne doivent pas, sans prudence, être pris comme la traduction de transformations idéologiques structurelles. Dans le cas présent, la radicalisation se comprend d'abord comme une inflexion motivée par la volonté de contrer la concurrence du Front national. Confrontée à la montée de l'extrême droite, la droite européenne a expérimenté un certain nombre de stratégies. Globalement, si l'on n'entre pas dans les détails des fluctuations du chiraquisme, ni dans son application au niveau local, la droite française a choisi de ne pas faire alliance avec le FN mais de récupérer ses thèmes de prédilection. Succès en 2007, échec en 2012. Il est vrai qu'entre-temps la crise économique s'est développée et que l'échec ne peut être analysé comme un effondrement.

Quoi qu'il en soit, cette ligne de conduite n'a finalement pas contribué à réduire l'audience du FN qui, dans le même temps, s'est lui-même partiellement transformé. L'impasse pourrait alors se transformer en spirale infernale, renvoyant aux effets conjoints et pervers des deux faces de la stratégie adoptée : le refus d'alliance entretiendrait l'extrême droite dans des positions radicales, la récupération de ses thèmes contribuerait à les légitimer auprès des électeurs. Cette stratégie, qui risque donc de ne pas atteindre son objectif, a contribué clairement à polariser le débat public français en alimentant un antisarkozysme. L'UMP sous Nicolas Sarkozy a bien conduit à remettre la conflictualisation et la polarisation au cœur de la politique.

Au-delà de ces considérations, le mouvement de radicalisation idéologique de l'UMP est significatif du point de vue de l'analyse des partis politiques. En effet, les modèles englobants dont sont férus les spécialistes des partis postulent généralement un effacement des différences idéologiques entre les partis, ce qu'ils appellent une désidéologisation. Ils associent généralement ce mouvement à des transformations telles que la professionnalisation ou la montée en puissance des objectifs électoraux. L'étude du cas de l'UMP contredit cette association. Elle valide l'impact de ces transformations organisationnelles mais invalide l'hypothèse que celles-ci seraient connectées à un effacement des idéologies. Par ailleurs, elle conduit à reconnecter ce que beaucoup d'analyses de ce type séparent : les pressions externes et internes, les dimensions stratégique et culturelle.

En effet, non seulement l'analyse permet de saisir les mécanismes de réidéologisation en les mettant en relation avec les transformations de la compétition politique mais elle les relie également aux mécanismes à l'œuvre à l'intérieur même du parti. Elle met ainsi en relief la manière dont ces transformations idéologiques puisent dans des histoires personnelles tout autant que nationale et des cultures locales. Ce faisant elle fournit une consistance socioculturelle (et non pas seulement stratégique) à cette production idéologique.

La faible institutionnalisation

Il s'agit ici plus d'une non-transformation – comme on parle de non-décision – que d'une transformation dans la mesure où les formations constitutives de l'UMP pouvaient déjà être qualifiées d'organisations faiblement institutionnalisées. Reste que la refondation partisane aurait pu être l'occasion d'un renforcement de l'institutionnalisation de la droite partisane par la mise en place de règles stables et contraignantes ; l'opération a d'ailleurs bien été tentée. Mais au bout du compte, on constate que l'UMP est une organisation faiblement institutionnalisée au sens où elle est marquée par une très forte fluctuation des règles, lesquelles varient selon les conjonctures, sont instrumentalisées par les leaders et possèdent une force contraignante très limitée. Au contournement des règles écrites s'ajoute une modification selon les contextes des règles et des pratiques, visibles, par exemple, dans la définition du périmètre et du mode de désignation de l'équipe dirigeante, du lien d'adhésion ou des modes de financement. Ainsi, l'on peut considérer que l'UMP, plus que tout autre parti, présente des façades partisanes qui varient selon qu'elle se trouve en campagne ou non, au gouvernement ou dans l'opposition.

Dans la littérature française récente, la revendication d'une approche culturelle va souvent de pair avec le choix d'analyser les partis comme des institutions sociales. Cultures et institutions sont associées, les partis étant supposés produire des cadres institutionnels contraignant les interactions qui se déroulent en leur sein et la socialisation des acteurs qui y évoluent. Notre enquête de terrain confirme la pertinence d'une analyse des cultures politiques pour comprendre les modes à la fois de fonctionnement interne et de production partisane. Les acteurs qui constituent un parti politique ont été socialisés dans des milieux spécifiques et marqués par des histoires personnelles qui influencent et donnent sens à leur vision du monde et à leurs pratiques. Toutefois, la forme faiblement institutionnalisée de ce type d'organisation partisane – la situation diffère selon les cas – milite plutôt pour considérer que le parti ne constitue pas l'instance de production de ces cultures. Celles-ci apparaissent davantage importées et leur consistance et probablement leur maintien dépendent d'autres instances parmi lesquelles on retrouve le plus souvent des institutions sociales plus solides, telles que l'Église, l'armée, l'administration, la franc-maçonnerie, voire des institutions marchandes.

Parti faiblement institutionnalisé, l'UMP est-elle pour autant fragile ? Ce n'est pas si sûr et l'on peut, au contraire, considérer que la souplesse des frontières, l'existence d'une structuration à géométrie variable constituent des atouts, lui conférant une adaptabilité qui échappe aux structures plus rigides. En tous les cas, elle entre en 2012 dans un nouveau cycle, si ce n'est une nouvelle phase. Nouveau cycle car elle est confrontée à l'expérience de l'opposition (et à la concurrence centriste comme le montre la création de l'UDI en octobre 2012), elle qui est née d'une victoire présidentielle et a vécu jusqu'à présent en lien direct avec le pouvoir gouvernemental. Nouveau cycle car elle est de nouveau confrontée aux questions non résolues lors de sa refondation : la question de la présidentialisation et du mode de sélection du candidat présidentiel, la question de la transformation de son modèle génétique charismatique, la question de l'organisation de son pluralisme et de la promotion d'un modèle plus délibératif. Nouveau cycle, car elle doit faire face à de fortes tensions idéologiques du fait de l'écartèlement entre son attachement à l'intégration européenne indissociable de sa position de parti de gouvernement et le mouvement de radicalisation qui la traverse sur les questions d'immigration et d'identité nationale, porté par les effets de la mondialisation et par la concurrence de l'extrême droite.

Bibliographie

De Gaulle et le Rassemblement du peuple français (1947-1955), actes du colloque de Bordeaux co-organisé par la Fondation Charles-de-Gaulle et l'Université Bordeaux-III du 12 au 14 novembre 1997, Paris, Armand Colin, 1998.

AGULHON (Maurice), *De Gaulle. Histoire, symbole, mythe*, Paris, Hachette, 2000.

AÏT-AOUADIA (Myriam) *et al.*, « Franchir le seuil des partis ? Accès au terrain et dynamiques d'enquêtes », *Revue internationale de politique comparée*, « Enquêter dans un parti. Perspectives comparées », 17 (4), 2010, p. 15-30.

ALDRIN (Philippe), « Si près, si loin du politique. L'univers professionnel des permanents socialistes à l'épreuve de la managérialisation », *Politix*, 79 (3), 2007, p. 25-52.

ALEXANDRE-COLLIER (Agnès) et JARDIN (Xavier), *Anatomie des droites européennes*, Paris, Armand Colin, 2004.

ALEXANDRE-COLLIER (Agnès) et JARDIN (Xavier), « La nouvelle carte électorale du conservatisme européen », *Revue internationale de politique comparée*, 16 (4), 2009, p. 583-594.

ALEXANDRE-COLLIER (Agnès), *Les Habits neufs de David Cameron (1990-2010)*, Presses de Sciences Po, 2010, p. 45 et suiv.

ANDERSON (Malcom), *Conservative Politics in France*, Londres, Allen and Unwin, 1974.

ANDOLFATTO (Dominique), « Les adhérents : une ressource réévaluée », dans Dominique Andolfatto, Fabienne Greffet et Laurent Olivier (dir.), *Partis politiques. Quelles perspectives ?*, Paris, L'Harmattan, 2001, p. 83-98.

ANDRIEU (Claire), « La concurrence des légitimités partisane et associative », dans Claire Andrieu, Gilles Le Béguec et Danielle Tartakowsky (dir.), *Associations et champ politique. La loi de 1901 à l'épreuve du siècle*, Paris, Presses de la Sorbonne, 2001.

APPLETON (Andrew M.) et WARD (Daniel S.), « Party Response to Environmental Change. A Model Of Organizational Innovation », *Party Politics*, 3 (3), 1997, p. 341-361.

ARZHEIMER (Kay), « Contextual Factors and the Extreme Right Vote in Western Europe, 1980-2002 », *American Journal of Political Research*, 48, 2009, p. 335-358.

AUDIGIER (François), *L'Union des jeunes pour le progrès, 1965-1972, une école de formation politique*, thèse, Université de Paris-X-Nanterre, 1999.

AUDIGIER (François), « Les jeunes giscardiens », *Recherches contemporaines*, 6, 2000-2001.

AUDIGIER (François), « L'Union des jeunes pour le progrès. Une école de formation politique », *Revue historique*, 618 (2), 2001, p. 451-487.

AUDIGIER (François), *Génération gaulliste. L'Union des jeunes pour le progrès, une école de formation politique (1965-1975)*, Nancy, Presses universitaires de Nancy, 2005.

AUDIGIER (François), « Enjeu. Le renouvellement de l'histoire des partis politiques », *Vingtième Siècle. Revue d'histoire*, 96, 2007, p. 123-136.

AUDIGIER (François), « L'étude des mouvements politiques de jeunes : cadre historiographique et enjeux épistémologiques. Le cas des cadets gaullistes », *Histoire@Politique*, 4, janvier-avril 2008.

AUDIGIER (François), « La présidentielle de 1974. Les jeunes gaullistes de l'UJP victimes de la realpolitik », *Parlements*, 8 (2), 2008, p. 69-84.

AUDIGIER (François) et SCHWINDT (Frédéric) (dir.), *Gaullisme et gaullistes dans la France de l'Est sous la Quatrième République*, Rennes, Presses universitaires de Rennes, 2009.

AVANZA (Martina), « Les Femmes padanes. Les militantes dans la Ligue du Nord ; un parti "qui l'a dure" », dans Olivier Fillieule et Patricia Roux (dir.), *Le Sexe du militantisme*, Paris, Presses de Sciences Po, 2009, p. 143-165.

BACHELOT (Carole), « La culture d'organisation au PS : de l'explicitation à l'appropriation des normes », dans Florence Haegel (dir.), *Partis politiques et système partisan en France*, Paris, Presses de Sciences Po, 2007, p. 143-181.

BACHELOT (Carole), « Un gouvernement des pairs ? De la collégialité au Parti socialiste », *Revue française de science politique*, 62 (3), juin 2011, p. 383-408.

BACHELOT (Carole) *et al.*, « Les partis s'intéressent-ils à nos enquêtes ? Éléments comparatifs sur la réception des recherches sur les partis », *Revue internationale de politique comparée*, « Enquêter dans un parti. Perspectives comparées », 17 (4), 2010, p. 31-46.

BACKMAN (François) et BIRENBAUM (Guy), « Heurs et malheurs de la sélection des candidats RPR et UDF », dans *Le Vote sanction. Les élections législatives des 21 et 28 mars 1993*, Paris, Département d'études politiques du *Figaro* et Presses de la FNSP, 1993, p. 23-41.

Bailey (Frederick-George), *Les Règles du jeu politique. Étude anthropologique*, Paris, PUF, 1971.

Bale (Tim), « Cinderella and Her Ugly Sisters : the Mainstream and Extreme Right in Europe Bipolarising Party System », *West European Politics*, 26 (3), 2003, p. 67-90.

Bale (Tim), *The Conservative Party. From Thatcher to Cameron*, Cambridge, Polity Press, 2010.

Ball (Stuart), « Local Conservatism and the Evolution of the Party Organization », dans Anthony Seldon et Stuart Ball (eds), *Conservative Century. The Conservative Party since 1900*, Oxford, Oxford University Press, 1994, p. 279-280.

Bargel (Lucie), *Jeunes socialistes, Jeunes UMP. Lieux et processus de socialisation politique*, Paris, Dalloz, 2009.

Bargel (Lucie) et Petitfils (Anne-Sophie), « Militants et populaires ! Une organisation de jeunesse sarkozyste en campagne. L'activation périodique d'une offre organisationnelle de militantisme et ses appropriations pratiques et symboliques », *Revue française de science politique*, 59 (1), février 2009, p. 51-75.

Bargel (Lucie) et Petitfils (Anne-Sophie), « Appropriations d'internet et trajectoires militantes "dans" et en dehors de l'UMP », dans Fabienne Greffet (dir.), *Continuerlalutte.com. Les partis politiques sur le web*, Paris, Presses de Sciences Po, 2011, p. 187-199.

Barnes (Samuel H.), *Party-Democracy Politics in an Italian Socialist Federation*, New Haven (Conn.), Yale University Press, 1967.

Bartolini (Stefano), *The Political Mobilization of the European Left, 1860-1890 : The Class Cleavage*, Cambridge, Cambridge University Press, 2000.

Baudouin (Jean), « Gaullisme et chiraquisme », *Pouvoirs*, 28, 1983, p. 53-66.

Baudouin (Jean), « Le "moment néo-libéral" du RPR : essai d'interprétation », *Revue française de science politique*, 40 (6), décembre 1990, p. 830-843.

Bayrou (François), *Abus de pouvoir*, Paris, Plon, 2009.

Becker (Howard), « Whose Side Are You On », *Social Problems*, 14 (3), hiver 1967, p. 239-247.

Becker (Howard), *Outsider. Étude de sociologie de la déviance*, Paris, Métailié, 1985.

Becker (Howard), *Les Ficelles du métier*, Paris, La Découverte, 2002.

Benoit (Kenneth) et Laver (Michael), *Party Policy in Modern Democracies*, Londres, Routledge, 2006.

Bensoussan (David), *Combats pour une Bretagne catholique et rurale. Les droites bretonnes dans l'entre-deux-guerres*, Paris, Fayard, 2006.

Bereni (Laure), « Lutter dans ou en dehors du parti. L'évolution des stratégies des féministes du Parti socialiste (1971-1997) », *Politix*, 19 (73), 2006, p. 187-209.

Bereni (Laure), « Quand la mise à l'agenda ravive les mobilisations féministes. L'espace de la cause des femmes et la parité politique (1997-2000) », *Revue française de science politique*, 59 (2), 2009, p. 301-323.

Berger (Peter L.) et Kellner (Hansfried), « Le mariage et la construction de la réalité », dans Peter L. Berger, *Affrontés à la modernité. Réflexions sur la société, la politique et la religion*, Paris, Les Éditions du Centurion, 1980, p. 23-44.

Bergounioux (Alain) et Grunberg (Gérard), *Le Long Remords du pouvoir. Le Parti socialiste français 1905-1992*, Paris, Fayard, 1992.

Bernard (Mathias), *La Dérive des modérés. La Fédération républicaine du Rhône sous la Troisième République*, Paris, L'Harmattan, 1998.

Berstein (Serge), « La ligue », dans Jean-François Sirinelli (dir.), *Histoire des droites en France*, 3 vol., Paris, Gallimard, 1992, p. 61-111.

Berstein (Serge) (dir.), *Les Cultures politiques*, Paris, Seuil, 2003.

Berstein (Serge), « De la démocratie plébiscitaire au gaullisme : naissance d'une nouvelle culture politique ? », dans Serge Berstein (dir.), *Les Cultures politiques*, Paris, Seuil, 2003, p. 153-187.

Bertand (Denis), Dézé (Alexandre) et Missika (Jean-Louis), *Parler pour gagner. Sémiotique des discours de la campagne présidentielle de 2007*, Paris, Presses de Sciences Po, 2007.

Betz (Hans-Georg), *La Droite populiste en Europe*, Paris, Autrement, 2004.

Biorcio (Roberto), *La rivincita del Nord. La Lega dalla contestazione al governo*, Rome, Laterza, 2010.

Biorcio (Roberto) et Vitale (Tommaso), « Culture, Values and the Social Basis of Northern Italian Centrifugal Regionalism. A Contextual Political Analysis of the Lega Nord », dans Michel Huysseune (ed.), *Contemporary Centrifugal Regionalism : Comparing Flanders and Northern Italy*, Bruxelles, The Royal Flemish Academy of Belgium for Science and the Arts Press, 2011, p. 171-99.

Blake (Robert), *The Conservative Party from Peel to Churchill*, Londres, Eyre and Spottiswoode, 1970.

Blyth (Mark) et Katz (Richard), « From Catch-all Politics to Cartelisation : The Political Economy of the Cartel Party », *West European Politics*, 28 (1), 2005, p. 33-60.

Bon (Frédéric), *Les Discours de la politique*, Paris, Economica, 1991.

Bonafoux-Verrax (Corinne), *À la droite de Dieu. La Fédération nationale catholique 1924-1944*, Paris, Fayard, 2004.

Bonoli (Giuliano) et Powell (Martin) (eds), *Social Democratic Party Policies in Europe*, New York (N. Y.), Routledge, 2003.

Bornschier (Simon), *Cleavages and the Populist Right. The New Cultural Conflict in Western Europe*, Philadelphie (Penn.), Temple University Press, 2010.

Boucek (Françoise), « Rethinking Factionalism. Typologies, Intra-party Dynamics and the Three Faces of Factionalism », *Party Politics*, 15, 2009, p. 445-485.

Bourdieu (Pierre), « La délégation et le fétichisme politique », *Actes de la recherche en sciences sociales*, 52-53, 1984, p. 49-55.

Boy (Daniel) et Mayer (Nonna), « Secteur public contre secteur privé : un nouveau conflit de classe ? », dans Nonna Mayer, *Les Modèles explicatifs du vote*, Paris, L'Harmattan, 1997, p. 11-131.

Boy (Daniel) *et al.*, *C'était la gauche plurielle*, Paris, Presses de Sciences Po, 2003.

Braconnier (Céline), *Une autre sociologie du vote. Les électeurs dans leurs contextes : bilan critique et perspective*, Université de Cergy-Pontoise, coll. « LEJEP », 2010.

Brady (David W.) et Bullock (Charles S.), « Party and Factional Organization in Legislatures », *Legislative Studies Quarterly*, 8 (4), 1983, p. 599-654.

Bréchon (Pierre), Derville (Jacques) et Lecomte (Patrick), *Les Cadres du RPR*, Paris, Economica, 1987.

Brugidou (Mathieu), « Argumentation and Values : An Analysis of Ordinary Political Competence via an Open-Ended Question », *International Journal of Public Opinion Research*, 15 (4), 2003, p. 413-430.

Bruneteau (Bernard), *Les Paysans dans l'État. Le gaullisme et le syndicalisme agricole*, Paris, L'Harmattan, 1994.

Budge (Ian) et Robertson (David), *Ideology, Strategy and Party Change : Spatial Analyses of Post-War Electoral Programmes in Nineteen Democracies*, Cambridge, Cambridge University Press, 1987, p. 391.

Caciagli (Mario), « Toscanes rouges : du PSI au PCI, du PCI au PDS », dans Daniel Cefaï (dir.), *Cultures politiques*, Paris, PUF, 2001, p. 299-316.

Campbell (Beatrix), *The Iron Ladies. Why do Women vote Tories*, Londres, Virago, 1987.

Capoccia (Giovanni), *Defending Democracy : Reactions to Extremism in Interwar Europe*, Baltimore (Md.), Johns Hopkins University Press, 2005.

Chadel (Frédérique), *Étude comparative du leadership au sein des partis politiques : le Rassemblement pour la République et le Partido Popular*, thèse, Université d'Aix-Marseille et Université autonome de Barcelone, 2000.

Chapsal (Jacques), « Note de lecture sur Jean Charlot, *L'Union pour la nouvelle République. Étude du pouvoir au sein d'un parti politique* », *Revue française de science politique*, 17 (6), 1967, p. 1176.

Charlot (Jean), *L'Union pour la nouvelle République. Étude du pouvoir au sein d'un parti politique*, Paris, Armand Colin, 1967.

Charlot (Jean), « L'après-gaullisme », *Revue française de science politique*, 18 (1), février 1969, p. 69-76.

Charlot (Jean), *Le Phénomène gaulliste*, Paris, Fayard, 1970.

Charlot (Jean), *Le Gaullisme d'opposition*, Paris, Fayard, 1983.

Chenu (Alain), *Sociologie des employés*, Paris, La Découverte, 2005.

Collovald (Annie), *Jacques Chirac et le gaullisme*, Paris, Belin, 1999.

Confavreux (Joseph) et Lindgaard (Jade), « L'hémisphère droite. Comment la droite est devenue intelligente », *Mouvements*, 52 (4), 2007, p. 13-34.

Costa (Olivier) et Kerrouche (Éric), *Qui sont les députés français ? Enquête sur des élites inconnues*, Paris, Presses de Sciences Po, 2007.

Crisol (Pierre) et Lhomeau (Jean-Yves), *La Machine RPR*, Paris, Fayolle, coll. « Intervalle », 1977.

Crotty (William) (ed.), *Political Parties in Local Areas*, Knoxville (Tenn.), The University of Tennessee Press, 1986.

Crotty (William), « An Agenda for Studying Local Parties Comparatively », dans William Crotty (ed.), *Political Parties in Local Areas*, Knoxville (Tenn.), The University of Tennessee Press, 1986.

Daadler (Hans), « The Rise of Parties in Western Democracies », dans Larry Diamond et Richard Gunther (eds), *Political Parties and Democracy*, Baltimore (Md.), Johns Hopkins University Press, 2001, p. 40-51.

Dahl (Robert), *Polyarchy : Participation and Opposition*, New Haven (Conn.), Yale University Press, 1976.

Dalton (Russel J.) et Wattenberg (Martin P.) (eds), *Parties Without Partisans. Political Change in Advanced Industrial Democracies*, Oxford, Oxford University Press, 2000.

DARGENT (Claude), « La religion encore et toujours », dans Bruno Cautrès et Nonna Mayer (dir.), *Le Nouveau Désordre électoral*, Paris, Presses de Sciences Po, 2004, p. 161-183.

DARGENT (Claude), « La fille aînée de l'Église dans l'isoloir. Religion et politique en France et en Europe », dans Daniel Boy, Bruno Cautrès et Nicolas Sauger (dir.), *Les Français, des Européens comme les autres ?*, Paris, Presses de Sciences Po, 2010, p. 181-213.

DECHEZELLES (Stéphanie), « Des vocations intéressées ? Le récit d'engagement des jeunes de Forza Italia à l'aune du modèle rétributif du militantisme », *Revue française de science politique*, 59 (1), 2009, p. 29-50.

DELBREIL (Jean-Claude), *Centrisme et démocratie chrétienne en France. Le PDP : des origines au MRP (1919-1944)*, Paris, Publications de la Sorbonne, 1990.

DELLA SUDDA (Magali), « La politique malgré elles. Mobilisations féminines catholiques en France et en Italie (1900-1914) », *Revue française de science Politique*, 60 (1), 2010, p. 37-60.

DÉLOYE (Yves), *Les Voix de Dieu. Pour une autre histoire du suffrage électoral. Le clergé catholique et le vote, XIXe-XXe siècle*, Paris, Fayard, 2006.

DELWIT (Pascal) (dir.), *Libéralisme et partis libéraux en Europe*, Bruxelles, Éditions de l'Université de Bruxelles, 2002.

DELWIT (Pascal) (dir.), *Démocraties chrétiennes et conservatismes en Europe. Une nouvelle convergence ?*, Bruxelles, Éditions de l'Université de Bruxelles, 2003.

DELWIT (Pascal), « Démocraties chrétiennes et conservatismes : convergences subies ou volontaires », dans Pascal Delwit (dir.), *Démocraties chrétiennes et conservatismes en Europe. Une nouvelle convergence ?*, Bruxelles, Éditions de l'Université de Bruxelles, 2003, p. 7-24.

DELWIT (Pascal), « Still in Decline ? Party Membership in Europe », dans Emilie Van Haute (ed.), *Party Membership in Europe : Exploration into the Antihills of Party Politics*, Bruxelles, Éditions de Bruxelles, 2011, p. 25-42.

DENNI (Bernard), « Du référendum du 20 septembre 1992 sur l'Union européenne aux élections législatives de mars 1993 », dans *Le Vote sanction. Les élections législatives des 21 et 28 mars 1993*, Paris, Département d'études du *Figaro* et Presses de la FNSP, 1993, p. 91-109.

DÉZÉ (Alexandre), « Le Front national comme "entreprise doctrinale" », dans Florence Haegel (dir.), *Partis politiques et système partisan en France*, Paris, Presses de Sciences Po, 2007, p. 255-284.

Dézé (Alexandre) et Aït-Aoudia (Myriam), « Contribution à une approche sociologique de la genèse partisane. Une analyse du Front national, du Movimenti Sociale Italiano et du Front islamique du salut », *Revue française de science politique*, 61 (4), août 2011, p. 631-657.

Dobry (Michel), *Sociologie des crises politiques*, Paris, Presses de la FNSP, 1986.

Dogan (Mattei), « Les officiers dans la carrière politique (du Maréchal Mac Mahon au Général de Gaulle) », *Revue française de sociologie*, 2 (2), 1961, p. 88-99.

Dogan (Mattei), « Les professions propices à la carrière politique. Osmoses, filières, viviers », dans Michel Offerlé (dir.), *La Profession politique, XIXe siècle*, Paris, Belin, 1999, p. 171-199.

Dolez (Bernard) et Laurent (Annie), « Quand les militants du RPR élisent leur président. 20 novembre-4 décembre 1999 », *Revue frnaçaise de science politique*, 50 (1), 2000, p. 125-146.

Dolezal (Martin), « The Design of the Study : The Distinguishing Characteristics of our Approach », dans Ans-Peter Kriesi *et al.*, *West European Politics in the Age of Globalization*, Cambridge, Cambridge University Press, 2008.

Donegani (Jean-Marie) et Sadoun (Marc), *La Démocratie imparfaite. Essai sur le parti* politique, Paris, Gallimard, 1994.

Donegani (Jean-Marie) et Sadoun (Marc), « 1958-1995 : le jeu des institutions », dans Jean-François Sirinelli (dir.), *Les Droites françaises. De la Révolution à nos jours*, Paris, Gallimard, 1995, p. 663-882.

Dormagen (Jean-Yves), « Au nom du nom. La fin du parti communiste italien et la naissance du parti de la Refondation communiste », *Vingtième Siècle. Revue d'histoire*, 48, octobre-décembre 1995, p. 75-90.

Downs (Antony), *An Economic Theory of Democracy*, New York (N. Y.), Harper, 1957.

Downs (William D.), « Pariahs in their Midst : Belgian and Norwegian Parties React to Extremist Threats », *West Europeans Politics*, 24 (3), 2001, p. 23-42.

Dreyfus (François-Georges), *Histoire de la démocratie chrétienne en France. De Chateaubriand à Raymond Barre*, Paris, Albin Michel, 1988.

Duhamel (Olivier), « Les premières élections législatives de la Ve République », dans Élisabeth Dupoirier et Gérard Grunberg (dir.), *La Drôle de défaite de la gauche*, Paris, PUF, 1986, p. 231-243.

Duhamel (Olivier) et Grunberg (Gérard), « Système de partis et Ve République », *Commentaires*, 24 (95), 2001 p. 533-544.

Duverger (Maurice), *Les Partis politiques*, Paris, Armand Colin, 1951.

ELDERSVELD (Samuel), *Political Parties : A Behavioral Analysis*, Chicago (Ill.), Rand McNally, 1964.

ELGIE (Robert), *Semi Presidentialism in Europe*, Oxfrod, Oxford University Press, 1999.

FARREL (David M.) et WEBB (Paul), « Political Parties as Campaign Organizations » dans Russel J. Dalton et Martin P. Wattenberg (eds), *Parties Without Partisans. Political Change in Advanced Industrial Democracies*, Oxford, Oxford University Press, 2000, p. 115-118.

FAUCHER (Florence), *Les Habits verts de la politique*, Paris, Presses de Sciences Po, 1999.

FAUCHER (Florence), *Changing Parties. An Anthropology of British Political Conferences*, New York (N. Y.), Palgrave, 2005.

FAUCHER (Florence), « La “modernisation” du Parti travailliste, 1994-2007. Succès et difficultés de l'importation du modèle entrepreneurial dans un parti politique », *Politix*, 81 (1), 2008, p. 125-140.

FENNEMA (Meindert), « Some Conceptual Issues and Problems in the Comparison of Anti-immigrants Parties in Western Europe », *Party Politics*, 3 (4), 1997, p. 473-492.

FILLIEULE (Olivier) (dir.), *Le Désengagement militant*, Paris, Belin, 2005.

FILLIEULE (Olivier) et ROUX (Patricia) (dir.), *Le Sexe du militantisme*, Paris, Presses de Sciences Po, 2009.

FOGARTY (Michael), *Christian Democracy in Western Europe 1820-1953*, Londres, Routledge, 1957.

FOURCAUT (Annie), *Bobigny : banlieue rouge*, Paris, Éditions ouvrières et Presses de la FNSP, 1986.

FRANKLAND (E. Gene), LUCARDIE (Paul) et RIHOUX (Benoît) (eds), *Green Parties in Transition : The End of Grass-roots Democracy ?*, Aldershot, Ashgate, 2008.

FREIRE (André), « Party Polarization and Citizens' Left-Righ Orientations », *Party Politics*, 14 (2), 2008, p. 189-209.

FREMONTIER (Jacques), *Les Cadets de la droite*, Paris, Seuil, 1984.

FRETEL (Julien), « Quand des catholiques vont au parti. De la constitution d'une *illusio* paradoxale et du passage à l'acte chez les “militants” de l'UDF », *Actes de la recherche en sciences sociales*, 55, 2004, p. 76-89.

FRETEL (Julien), « Le parti comme fabrique de notables. Réflexions sur les pratiques notabiliaires des élus UDF », *Politix*, 65 (17), 2004, p. 45-72.

FRETEL (Julien), *Militants catholiques en politique. La nouvelle UDF*, thèse, Université de Paris-1-Panthéon-Sorbonne, 2004.

Fretel (Julien), « L'UDF au prisme du jeu d'échelle », dans Florence Haegel (dir.), *Partis politiques et système partisan en France,* Paris, Presses de Sciences Po, 2007, p. 183-218.

Fretel (Julien), « Habiter l'institution. Habitus, apprentissages et langages dans les institutions partisanes », dans Jacques Lagroye et Michel Offerlé (dir.), *Sociologie de l'institution*, Paris, Belin, 2010, p. 195-217.

Fretel (Julien) et Lefebvre (Rémi), « Retour sur un lieu commun historiographique : la faiblesse des partis politiques en France », communication, Journées de l'Association française de science politique *Science politique/Histoire*, 4-6 mars 2004.

Gallagher (Michael) et Marsh (Michael), *Days of Blue Loyalty : The Politics of Membership of the Fine Gael Party,* Dublin, PSAI Press, 2002.

Gamble (Andrew), *The Conservative Nation*, Londres, Routledge, 1974.

Garnett (Mark) et Lynch (Philip) (eds), *The Conservatives in Crisis, The Tories after 1997,* Manchester, Manchester University Press, 2003.

Garrigou (Alain), *Histoire sociale du suffrage universel en France*, Paris, Seuil, 2002.

Gaxie (Daniel), « Économie des partis et rétributions du militantisme », *Revue française de science politique,* 27 (1), février 1977, p. 123-154.

Gaxie (Daniel), *Le Cens caché*, Paris, Seuil, 1978.

Geertz (Clifford), « La description dense. Vers une théorie interprétative de la culture », dans Daniel Cefaï (dir.), *L'Enquête de terrain*, Paris, La Découverte, 2003, p. 208-233.

Goffman (Erving), « Le déploiement du genre », *Terrain*, 42, 2004, disponible en ligne : http://terrain.revues.org/

Groupe du Parti populaire européen et des Démocrates européens (PPE-DE), *Les Dix Priorités du groupe PPE pour 2009-2014. Les citoyens au cœur de l'Europe*, Bruxelles, 2009.

Grunberg (Gérard), « Les cadres des partis et la crise de la représentation », dans Sofres, *État de l'opinion*, Paris, Seuil, 1992, p. 199-220.

Grunberg (Gérard), *Vers un socialisme européen ?*, Paris, Hachette, 1997.

Grunberg (Gérard) et Haegel (Florence), *La France vers le bipartisme ? La présidentialisation du PS et de l'UMP*, Paris, Presses de Sciences Po, 2007.

Grunberg (Gérard) et Haegel (Florence), « Le bipartisme imparfait en France et en Europe », *Revue internationale de politique comparée*, 14 (2), 2007, p. 325-339.

Guiol (Patrick), *L'Impasse sociale du gaullisme : le RPF et l'Action ouvrière*, Paris, Presses de la FNSP, 1985.

Habert (Philippe), « Les cadres du RPR : l'empire éclaté », dans Sofres, *État de l'opinion*, Paris, Seuil, 1991, p. 199-219.

Haegel (Florence), « Mémoire, héritage, filiation. Dire le gaullisme et se dire gaulliste au RPR », *Revue française de science politique*, 40 (6), décembre 1990, p. 864-878.

Haegel (Florence), *Un maire à Paris. Genèse et mise en scène d'un rôle politique*, Paris, Presses de la FNSP, 1993.

Haegel (Florence), « Jacques Chirac, candidat naturel (et métamorphosé) du RPR ? », dans *Le Vote de crise. L'élection présidentielle de 1995*, Paris, Département d'études politiques du *Figaro* et Presses de la FNSP, 1995, p. 95-111.

Haegel (Florence), « À la recherche de la "densité" des phénomènes organisationnels : l'exemple du RPR » dans Dominique Andolfatto, Fabienne Greffet, et Laurent Olivier (dir.), *Les Partis politiques. Quelles perspectives ?*, Paris, L'Harmattan, 2001, p. 83-98.

Haegel (Florence), « Faire l'Union : la refondation de la droite après les élections de 2002 », *Revue française de science politique*, 52 (5-6), octobre-décembre 2002, p. 561-576.

Haegel (Florence), « Un parti a-t-il besoin d'adhérents ? », *La Revue socialiste*, 13, juillet-août 2003, p. 22-27.

Haegel (Florence), « Le pluralisme à l'UMP », dans Florence Haegel (dir.), *Partis politiques et système partisan en France*, Paris, Presses de Sciences Po, 2007, p. 219-254.

Haegel (Florence), « Le "parti-cartel" : de la logique interne à la validité empirique », dans Yohann Aucante et Alexandre Dézé (dir.), *Les Systèmes de partis dans les démocraties occidentales. Le modèle du parti-cartel en question*, Paris, Presses de Sciences Po, 2008, p. 113-126.

Haegel (Florence), Pütz (Christine) et Sauger (Nicolas), « Les transformations de la démocratie dans et par les partis. L'exemple de l'UDF et du RPR », dans Pascal Perrineau (dir.), *La Démocratie en mouvement*, La Tour d'Aigues, Éditions de l'Aube, 2003, p. 175-198.

Hale Williams (Michelle), *The Impact of Radical Right-Wing Parties in West European Democracies*, New York (N. Y), Palgrave, 2006.

Hall (Peter) et Taylor (Richard), « La science politique et les trois néo-institutionnalismes », *Revue française de science politique*, 47 (3-4), juin 1997, p. 481-483.

Hanley (David), *Christian Democracy in Europe : A Comparative Perspective*, Londres, Pinter, 1994.

HANLEY (David), « Compromise, Party Management and Fare Shares : The Case of the French UDF », *Party Politics*, 5 (2), 1995, p. 171-189.

HARMEL (Robert) et JANDA (Kenneth), « An Integrated Theory of Party Goals and Party Change », *Journal of Theoretical Politics*, 6, 1994, p. 275.

HARMEL (Robert) et ROBERTSON (John. D.), « Formation and Success of New Parties. A Cross National Analysis », *International Political Science Review*, 6 (4), octobre 1985, p. 501-523.

HASSENTEUFEL (Patrick), « Deux ou trois choses que je sais d'elle. Remarques à propos d'expériences de comparaisons européennes », dans Myriam Bachir (dir.), *Les Méthodes au concret*, Paris, PUF, 2000, p. 105-124.

HASTINGS (Michel), *Halluin la Rouge 1919-1939. Aspects d'un communisme identitaire*, Lille, Presses universitaires de Lille, 1991.

HASTINGS (Michel), « Partis politiques et administration de sens », dans Dominique Andolfatto, Fabienne Greffet, et Laurent Olivier (dir.), *Les partis politiques. Quelles perspectives ?*, Paris, L'Harmattan, 2001, p. 21-36.

HERMEL (Abel), « Étude d'un parti politique français : l'UMP », *Pouvoirs*, 111, 2004, p. 147-158.

HIRSCHMAN (Albert), *Défection et prise de parole. Théorie et application*, Paris, Fayard, 1995.

HOPKIN (Jonathan) et PAOLUCCI (Caterina), « The Business Firm Model of Party Organization : Cases from Spain and Italy », *European Journal of Political Research*, 35, 1999, p. 307-339.

HUARD (Raymond), *La Naissance du parti politique en France*, Paris, Presses de Sciences Po, 1996.

HUBER (John) et INGLEHART (Ronald), « Expert Interpretations of Party Space and Party Locations in 42 Societies », *Party Politics*, 1 (1), 1995, p. 82.

HUCKFELD (Robert) et SPRAGUE (John), « Political Parties and Electoral Mobilization : Political Structure, Social Structure and the Party Canvass », *American Political Science Review*, 86, 1992, p. 70-86.

IGNAZI (Piero), *Extreme Right Parties in Western Europe*, Oxford, Oxford University Press, 2003.

JAUME (Lucien), *L'individu effacé ou le paradoxe du libéralisme français*, Paris, Fayard, 1997.

JEPPERSON (Ronald L.), « Institution, Institutional Effects, and Institutionalism », dans Walter W. Powell et Paul J. Di Maggio (eds), *The New Institutionalism in Organizational Analysis*, Chicago (Ill.), University of Chicago Press, 1991, p. 143-163.

JESSOP (Bob), *Traditionalism, Conservatism and British Political Culture*, Londres, Allen and Unwin, 1974.

JUPPÉ (Alain), *Je ne mangerai plus de cerises en hiver*, Paris, Plon, 2009.

KACI (Rachid), *La République des lâches. La faillite des politiques d'intégration*, Paris, Les Syrtes, 2003.

KATZ (Elihu) et LAZARSFELD (Paul L.), *Influence personnelle*, Paris, Armand Colin, 2008.

KATZ (Richard) et MAIR (Peter), « Changing Models of Party Organization and Party Democracy. The Emergence of the Cartel Party », *Party Politics*, 1 (1), 1995, p. 5-27.

KECHICHIAN (Albert), *Les Croix de Feu à l'âge des fascismes : Travail, Famille, Patrie*, Seyssel, Champ Vallon, 2006.

KENNEDY (Sean), *Reconciling France against Democracy : The Croix de Feu and the PSF*, Montréal, McGill Queen University Press, 2007.

KERTZER (David), *Politics and Symbols. The Italian Communist Party and the Fall of Communism*, New Haven (Conn.), Yale University Press, 1996.

KESSELMAN (Mark), « Systèmes de pouvoir et cultures politiques au sein des partis politique français. Le cas du Parti socialiste et de l'Union des démocrates pour la Ve République », *Revue française de sociologie*, 13, 1972, p. 485-515.

KIRCHHEIMER (Otto), « The Transformation of Western European Party System », dans Joseph La Palombara et Werner Myron (eds), *Political Party and Political Development*, Princeton (N. J.), Princeton University Press, 1966, p. 177-200.

KITSCHELT (Herbert), *The Logics of Party Formation : Ecological Politics in Belgium and Germany*, Ithaca (N. Y.), Cornell University Press, 1989.

KITSCHELT (Herbert), *The Transformation of European Social Democracy*, Cambridge, Cambridge University Press, 1994.

KITSCHELT (Herbert), *The Radical Right in Western Europe. A Comparative Analysis*, Ann Arbor (Mich.), University of Michigan Press, 1997

KNAPP (Andrew), *Le Gaullisme après de Gaulle*, Paris, Seuil, 1996.

KNAPP (Andrew) et LE GALÈS (Patrick), « Le RPR et ses élus locaux », dans Joseph Fontaine et Christian Le Bart (dir.), *Le Métier d'élu local*, Paris, L'Harmattan, 1994, p. 113-153.

KNUTSEN (Oddjørn), « Religious Denomination and Party Choice in Western Europe : A Comparative Study from Eight Countries, 1970-1997 », *International Political Science Review*, 25 (1), 2004, p. 104.

KNUTSEN (Oddbjørn), *Social Structure and Party Choice in Western Europe*, New York (N. Y.), Palgrave, 2004.

Kolodny (Robin), « Electoral Partnership : Political Consultants and Political Parties », dans James A. Thurber et Candice J. Nelson (eds), *Campaign Warriors. Political Consultants in Elections*, Brooking Institutions Press, Washington (D. C.), 2000, p. 110-132.

Koole (Rud), « Cadre, Catch-All or Cartel Party ? A Comment on the Notion », *Party Politics*, 2 (4), 1996, p. 507-523.

Kriegel (Annie), *Les Communistes français. Essai d'ethnographie politique*, Paris, Seuil, 1970.

Kriesi (Hans-Peter) *et al.*, « Globalization and its impact on national spaces of competition », dans Hans-Peter Kriesi *et al.*, *West European Politics in the Age of Globalization*, Cambridge, Cambridge University Press, 2008.

Lachaise (Bernard), *Le Gaullisme dans le Sud-Ouest au temps du RPF*, Bordeaux, Fédération historique du Sud-Ouest, 1997.

Lagroye (Jacques) *et al.*, *Les militants politiques dans trois partis français*, Paris, Pedone, 1976.

Laurent (Annie) et Wallon-Leducq (Christian-Marie), « Les candidats aux élections législatives de 1997 : sélection et dissidence », dans Pascal Perrineau et Colette Ysmal (dir.), *Le Vote surprise. Les élections législatives du 25 mai et du 1er juin 1997*, Paris, Presses de Sciences Po, 1998, p. 119-138.

Lavabre (Marie-Claire), *Le Fil rouge. Sociologie de la mémoire communiste*, Paris, Presses de la FNSP, 1994.

Lavabre (Marie-Claire) et Platone (François), *Que reste-t-il du PS ?*, Paris, Autrement, 2003.

Lavau (Georges), *À quoi sert le Parti communiste français ?*, Paris, Fayard, 1981.

Lavau (Georges), « Choisir les événements fondateurs », *Projet*, 213, septembre-octobre 1988, p. 150-159.

Laver (Michael) et Hunt (William B.), *Policy and Party Competition*, New York (N. Y.), Routledge, 1992.

Lawson (Kay), « The Impact of Party Reform on Party System », *Comparative Politics*, 14, juillet 1981, p. 401-419.

Lazar (Marc), *Maisons rouges : les partis communistes français et italien de la Libération à nos jours*, Paris, Aubier, 1992.

Lazar (Marc), *Le Communisme : une passion française*, Paris, Perrin, 2002.

Le Beguec (Gilles), « Le parti », dans Jean-François Sirinelli (dir.), *Histoire des droites en France*, tome 3, Paris, Gallimard, 1992, p. 13-59.

Le Beguec (Gilles), « Jeunes et sages », *Recherches contemporaines*, 6, 2000-2001, p. 189-197.

LEFEBVRE (Rémi), *Les Primaires socialistes, la fin du parti militant*, Paris, Raisons d'agir, 2011.

LEFEBVRE (Rémi) et SAWICKI (Frédéric), *La Société des socialistes. Le PS aujourd'hui*, Bellecombe-en-Bauges, Éditions du Croquant, 2006.

LEGAVRE (Jean-Baptiste), « La "bataille des comités de soutien" ou la droite en campagne », *Revue française de science politique*, 40 (6), 1990, p. 793-809.

LETAMENDIA (Pierre), *Le Mouvement républicain populaire. Le MRP. Histoire d'un grand parti français*, Paris, Beauchesne, 1995.

LIPSET (Seymour) et ROKKAN (Stein), « Cleavage Structures, Party System an Voter Alignment : An Introduction », dans Seymour Lipset et Stein Rokkan (eds), *Party System and Voter Alignement. Cross National Perspectives*, New York (N. Y.), The Free Press, 1967.

LORWIN (Val R.), « Segmented Pluralism. Ideological Cleavages and Political Cohesion in the Smaller European Democracies », *Comparative Politics*, 3 (2), janvier 1971, p. 141-175.

LOWE (Will) *et al.*, « Scaling Policy Preferences from Coded Political Texts », *Legislative Studies Quarterly*, 36, février 2011, p. 123-155.

LOWENDUSKI (Joni), NORRIS (Pippa) et BURNESS (Catriona), « The Party and Women », dans Anthony Seldon et Stuart Ball (eds), *Conservative Century. The Conservative Party since 1990*, Oxford, Oxford University Press, 1994, p. 611-635.

LUCARDIE (Paul), « Conscience chrétienne ou conservatisme social : le dilemme de la démocratie chrétienne hollandaise », dans Pascal Delwit (dir.), *Démocraties chrétiennes et conservatismes en Europe. Une nouvelle convergence ?*, Bruxelles, Éditions de l'Université de Bruxelles, 2003, p. 259-270.

MAIR (Peter), « Party Organizations : From Civil Society to the Sate », dans Peter Mair et Richard Katz (dir.), *How Party Organize : Change and Adaptation in Party Organization in Western Democracies*, Londres, Sage, 1994, p. 1-22.

MAIR (Peter), *Party System Change. Approaches and Interpretations*, Oxford, Oxford Universtity Press, 1997.

MAIR (Peter), « The Limited Impact of Europe on National Party System », *West European Politics*, 23 (4), 2000, p. 27-51.

MAIR (Peter) et VAN BIEZEN (Ingrid), « Party Membership in Twenty European Democracies, 1980-2000 », *Party Politics*, 7 (1), 2001, p. 5-21.

MANHEIM (Karl), *Le Problème des générations*, Paris, Armand Colin, 2005.

MARIJNEN (Anne), « Investissement identitaire et culture partisane : des usages différenciés du communisme dans l'Italie de l'après-guerre », communication, colloque *Les Tendances récentes de l'étude des partis politiques dans la science politique française : organisations, réseaux, acteurs*, Association française de science politique, 31 janvier et 1er février 2002.

MARTIN (Benjamin F.), « The Creation of the Action Libérale Populaire. An Example of Party Formation in Third Republic », *French Historical Studies*, 9 (4), automne 1976, p. 660-689.

MAYER (Nonna), *La Boutique contre la gauche*, Paris, Presses de Sciences Po, 1986.

MAYER (Nonna), « Indépendance, salariat et culture politique (1978-1997) », dans Pierre Bréchon, Annie Laurent et Pascal Perrineau (dir.), *Les Cultures politiques des Français*, Paris, Presses de Sciences Po, 2000, p. 357-375.

MAYER (Nonna), « Comment Nicolas Sarkozy a rétréci l'électorat Le Pen », *Revue française de science politique*, 57 (3-4), juin-août 2007, p. 429-445.

MAYER (Nonna), *Sociologie des comportements politiques*, Paris, Armand Colin, 2010.

MAYEUR (Jean-Marie), « Catholicisme intransigeant, catholicisme social, démocratie chrétienne », *Annales. Économies. Sociétés. Civilisations*, 27 (2), 1972, p. 483-499.

MAYEUR (Jean-Marie), *Des partis catholiques à la démocratie chrétienne (XIXe-XXe siècles)*, Paris, Armand Colin, 1980.

MEGUID (Bonnie), *Party Competition between Unequals. Strategies and Electoral Fortunes in Western Europe*, Cambridge, Cambridge University Press, 2008.

MICHAEL (George) et MINKENBERG (Michael), « A Continuum for Responding to the Extreme Right : A Comparison between the United States and Germany », *Studies in Conflict and Terrorism*, 30 (12), 2007, p. 1109-1123.

MICHELAT (Guy), « Intégration au catholicisme, attitudes éthico-politiques et comportement électoral », dans Pierre Bréchon, Annie Laurent et Pascal Perrineau (dir.), *Les Cultures politiques des Français*, Paris, Presses de Sciences Po, 2000, p. 209-239.

MICHELAT (Guy) et SIMON (Michel), *Classe, religion et comportement politique*, Paris, Presses de la FNSP et Éditions sociales, 1978.

MICHELS (Roberto), *Les Partis politiques. Essai sur les tendances oligarchiques des démocraties*, Paris, Flammarion, 1971 (1re éd. 1911).

MINKENBERG (Michael), « Repression and Reaction : Militant Democracy and the Radical Right in Germany and France », *Patterns of Prejudice*, 40 (1), 2006, p. 25-44.

MISCHI (Julian), *Servir la classe ouvrière. Sociabilités militantes au PCF*, Rennes, Presses universitaires de Rennes, 2010.

MONOD (Jérôme), *Les Vagues du temps. Mémoires*, Paris, Fayard, 2009.

MORALES (Laura), *Joining Political Organizations. Institutions, Mobilisations and Participation in Western Democracies*, Colchester, ECPR Press, coll. « Monographs Series », 2009.

MUDDE (Cas), *Populist Radical Right Parties in Europe*, Cambridge, Cambridge University Press, 2006.

MURRAY (Rainbow), « How Parties Evaluate Compulsory Quotas : A Study of the Implementation of the "Parity" Law in France », *Parliamentary Affairs*, 60 (4), 2007, p. 568-584.

NEUMAYER (Laure), « Mobiliser la science en investissant l'arène européenne : les ressources paradoxales de l'euroscepticisme du Parti civique démocratique tchèque (ODS) », *Sociétés contemporaines*, 80 (4), 2010, p. 113-132.

NORRIS (Pippa), *Democratic Phoenix : Reinventing Political Activism*, Cambridge, Cambridge University Press, 2002.

NORRIS (Pippa), *Radical Right : Voters and Parties in the Regulated Market*, Cambridge, Cambridge University Press, 2005.

NORTON (Philip) (ed.), *The Conservative Party*, Londres, Prentice Hall, 1996.

OFFERLÉ (Michel), « La transformaton d'une entreprise politique », *Pouvoirs*, 28, 1984, p. 5-26.

OFFERLÉ (Michel), *Les Partis politiques*, Paris, PUF, coll. « Que sais-je ? », 2010.

OLIVIER (Laurent), « Ambiguïté de la démocratisation partisane en France (PS, RPR, UMP) », *Revue française de science politique*, 53 (6), octobre 2003, p. 761-790.

OSTROGORSKI (Moisei), *La Démocratie et les Partis*, Paris, Fayard, 1971 (1re éd. 1902).

PANEBIANCO (Angelo), *Political Parties : Organization and Power*, Cambridge, Cambridge University Press, 1988.

PEAN (Pierre), *La République des mallettes*, Paris, Fayard, 2011.

PEDERSEN (Karina), *Party Membership Linkage : The Danish Case*, Copenhague, Insitute of Political Science, 2003.

PEDERSEN (Karina) *et al.*, « Sleeping or Active Partners ? Danish Party Members at the Turn of the Millennium », *Party Politics*, 10 (4), 2004, p. 367-383.

PELLETIER (Denis), « La République des catholiques », dans Vincent Duclert et Christophe Prochasson (dir.), *Dictionnaire critique de la République*, Paris, Flammarion, 2002.

PERCY (Allum), *Politics and Society in Post-War Naples*, Cambridge, Cambridge University Press, 1973.

PERRINEAU (Pascal) (dir.), *Les Croisés de la société fermée*, La Tour d'Aigues, Éditions de l'Aube, 2003.

PETITFILS (Anne-Sophie), « L'institution partisane à l'épreuve du management. Rhétorique et pratiques managériales dans le recrutement des "nouveaux adhérents" au sein de l'Union pour un mouvement populaire (UMP) », *Politix*, 79 (3), 2007, p. 53-76.

PETITFILS (Anne-Sophie), « La seconde fondation de l'UMP : techniques de recrutement et sociologie des nouveaux adhérents », *Mouvements*, 52 (4), 2007, p. 57-63.

PETITFILS (Anne-Sophie), « Mobilisation et luttes internes autour des questions homosexuelles à l'UMP : l'"affaire Vanneste" », *Politix*, 92 (4), 2010, p. 99-124.

PETITFILS (Anne-Sophie), « Mécontentements individuels et maintien de l'engagement. La loyauté à l'UMP entre contrainte, croyance et pragmatisme (2004-2008) », communication, *Congrès international des associations francophones de science politique*, ST11 « Être partisan. Loyauté, prise de parole et défection dans les partis et mouvements sociaux », avril 2011.

PETITFILS (Jean-Christian), *La Droite en France de 1789 à nos jours*, Paris, PUF, coll. « Que sais-je ? », 1973.

PEUGNY (Camille), « La mobilité sociale descendante et ses conséquences politiques : recomposition de l'univers de valeurs et préférence partisane », *Revue française de sociologie*, 47 (3), 2004, p. 443-478.

PHELIPPEAU (Éric), *L'Invention de l'homme politique moderne : Mackau, l'Orne et la République, Paris*, Belin, 2002.

PHELIPPEAU (Éric) et RAGOUET (Pascal), « Argent et politique. Une relecture sociologique des comptes financiers des législatives de mars 1993 », *Revue française de sociologie*, 3 (48), 2007, p. 520.

PINÇON (Michel) et PINÇON-CHARLOT (Monique), *Le Président des riches. Enquête sur l'oligarchie dans la France de Nicolas Sarkozy*, Paris, La Découverte, 2010.

PITTS (Jesse R.), « La communauté délinquante », *Esprit*, janvier 1970, p. 69-81.

PLATONE (François) et RANGER (Jean), « Les adhérent-e-s du Parti communiste français en 1997 », *Les Cahiers du Cevipof*, 27, juin 2000.

POGUNTKE (Thomas) et SCARROW (Susan E.) (eds), « The Politics of Anti-Party sentiment », numéro spécial, *European Journal of Political Research*, 29 (3), avril 1996.

POGUNTKE (Thomas) et WEBB (Paul) (eds), *The Presidentialization of Politics : A Comparative Study of Modern Democracies*, Oxford, Oxford University Press, 2005.

POIRMEUR (Yves) et ROSENBERG (Dominique), *Droit des partis politiques*, Paris, Ellipses, 2008.

POMBENI (Paolo), *Introduction à l'histoire des partis politiques*, Paris, PUF, 1992.

PORTELLI (Hugues), *Le Socialisme français tel qu'il est*, Paris, PUF, 1980.

POUTHIER (Jean-Luc), « La culture politique démocrate-chrétienne », dans Serge Bernstein (dir.), *Les Cultures politiques en France*, Paris, Seuil, 2003, p. 303-334.

POWELL (Walter W.) et DIMAGGIO (Paul J.), *The New Institutionalism in Organizational Analysis*, Chicago (Ill.), Chicago University Press, 1991.

PRZEWORSKI (Adam) et SPRAGUE (John), *Paper Stones. A History of Electoral Socialism*, Chicago (Ill.), Chicago University Press, 1986.

PUDAL (Bernard), *Prendre parti. Pour une sociologie historique du PCF*, Paris, Presses de la FNSP, 1989.

PUDAL (Bernard), « Les partis », dans Vincent Duclert et Christophe Prochasson, *Dictionnaire critique de la République*, Paris, Flammarion, 2002.

PURTSCHET (Christian), *Le Rassemblement du peuple français, 1947-1953*, Paris, Éditions Cujas, 1965.

QUAGLIARIELLO (Gaetano), « L'Action libérale populaire et l'illusion du parti politique (1901-1906) », dans Claire Andrieu, Gilles Le Béguec et Danielle Tartakowsky (dir.), *Associations et champ politique. La loi de 1901 à l'épreuve du siècle*, Paris, Publications de la Sorbonne, 2001, p. 245-264.

QUAGLIARIELLO (Gaetano), *Gaullisme : une classification impossible. Essai d'analyse comparée des droites française et italienne*, Paris, L'Harmattan, 2009.

RAMIRO-FERNÀNDEZ (Luis), « Programmatic Adaptation and Organizational Centralization in the AP-PP », *South European Society and Politics*, 10 (2), juillet 2005, p. 207-223.

RÉMOND (René), *Les Droites aujourd'hui*, Paris, Audibert, 2005.

REVEL (Jacques) (dir.), *Jeux d'échelles. La micro-analyse à l'expérience*, Paris, Seuil et Galllimard, 1996.

REY (Henri) et SUBILEAU (Françoise), *Les Militants socialistes à l'épreuve du pouvoir*, Paris, Presses de la FNSP, 1991.

REYNIÉ (Dominique), « L'évolution des forces électorales : 1996-2008 », dans Dominique Reynié (dir.), *L'Opinion européenne en 2009*, Paris, Ligne de repères, 2009, p. 215-226.

RICHARD (Gilles), *Le Centre national des indépendants et paysans de 1948 à 1962 ou l'échec de l'union des droites française dans le parti des modérés*, thèse, Institut d'études politiques de Paris, 1998.

RICHARD (Gilles), « La renaissance de la droite modérée à la Libération. La fondation du CNIP », *Vingtième Siècle. Revue d'histoire*, 65, janvier-mars 2000, p. 59-70.

RIHOUX (Benoît), *Les partis politiques : organisations et changements. Le test des écologistes*, Paris, L'Harmattan, 2001.

RIOUX (Jean-Pierre), *La Ligue de la Patrie française, 1899-1904*, Paris, Beauchesne, 1987.

ROGGER (Hans) et WEBER (Eugen) (eds), *The European Right : A Historical Profile*, Berkeley (Calif.), University of California Press, 1965.

ROTH (François) (dir.), *Les Modérés dans la vie politique française (1870-1965)*, Nancy, Presses universitaires de Nancy, 2000.

ROUSELLIER (Nicolas), « La culture politique libérale », dans Serge Bernstein (dir.), *Les Cultures politiques en France*, Paris, Seuil, 2003, p. 73-118.

RUTKOFF (Peter M.), *Revanche and Revision. The Ligue of Patriotes and the Origins of the Radical Right in France, 1882-1900*, Athens (Ohio), Ohio University Press, 1980.

SADOUN (Marc), *De la démocratie française, Essai sur le socialisme*, Paris, Gallimard, 1993.

SAINT-MARTIN (Denis), « How the Reinventing Government Movement in Public Administration was Exported from US to Other Countries », *International Journal of Public Administration*, 24 (6), 2001, p. 573-604.

SANGUINETTI (Alexandre), *J'ai mal à ma peau de gaulliste*, Paris, Grasset, 1978.

SANSON (Rosemonde), « Centre et Gauche (1901-1914) : l'Alliance républicaine démocratique et le Parti radical socialiste », *Revue d'histoire moderne et contemporaine*, 39 (3), 1992, p. 495.

SANSON (Rosemonde), *L'Alliance républicaine démocratique. Une formation de centre (1901 à 1920)*, Rennes, Presses universitaires de Rennes, 2003.

SARKOZY (Nicolas), *La République, les religions, l'espérance*, Paris, Les Éditions du Cerf, 2004.

SARKOZY (Nicolas), *Témoignage*, Paris, XO Éditions, 2006.

SARTORI (Giovanni), « European Political Parties : The Case of Polarized Pluralism », dans Jospeh La Palombara et Myron Weiner (eds), *Political Parties and Political Development*, Princeton (N. J.), Princeton University Press, 1966, p. 137-176.

SARTORI (Giovanni), *Parties and Party System. A Framework for Analysis*, Colchester, ECPR Press, coll. « Classics », 2005 (1re éd. 1976).

SAUGER (Nicolas), « L'UDF et la création de l'UMP : une logique de décartellisation ? », dans Yohann Aucante et Alexandre Dézé (dir.), *Les Systèmes de partis dans les démocraties occidentales. Le modèle du parti-cartel en question*, Paris, Presses de Sciences Po, 2008, p. 347-367.

SAUGER (Nicolas), *Les scissions de l'UDF (1994-1999). Unité et dissociation des partis, mécanismes de transformation de l'offre partisane*, thèse, Institut d'études politiques de Paris, 2003.

SAWICKI (Frédéric), *Les Réseaux du Parti socialiste. Sociologie d'un milieu partisan*, Paris, Belin, 1997.

SAWICKI (Frédéric), « Les partis politiques comme entreprises culturelles », dans Daniel Cefaï (dir.), *Cultures politiques*, PUF, 2001, p. 191-211.

SCARROW (Susan E.), *Parties and their Members. Organizing for Victory in Britain* and *Germany*, Oxford, Oxford University Press, 1996.

SCHAIN (Martin A.), « The Extreme-Right and Immigration Policy-making : Measuring Direct and Indirect Effects », *West European Politics*, 29 (2), 2006, p. 270-289.

SCHLESINGER (Joseph A.), *Political Parties and the Winning of Office*, An Arbor (Mich.), University of Michigan Press, 1991.

SCHLOZMAN (Kay L.), « Citizen Participation in America : What do We know ? Why do We Care ? », dans Ira Katznelson et Helen V. Milner (eds), *Political Science. State of the Discipline*, Londres, W. W. Norton, 2002, p. 433-461.

SCHONFELD (William R.), « La stabilité des dirigeants des partis politiques. Le personnel des directions du Parti socialiste et du mouvement gaulliste », *Revue française de science politique*, 30 (3), juin 1980, p. 477-505.

SCHONFELD (William R.), « La stabilité des dirigeants des partis politiques : la théorie de l'oligarchie de Robert Michels », *Revue française de science politique*, 30 (4), août 1980, p. 846-866.

SCHONFELD (William R.), *Ethnographie du PS et du RPR. Les éléphants et l'aveugle*, Paris, Economica, 1985.

SCHONFELD (William R.), « De Gaulle et le paradoxe entre ses idées sur le rôle des partis et l'évolution de la pratique constitutionnelle française », *De Gaulle en son siècle*, tome 2 : *La République*, actes des Journées internationales organisées par l'Institut Charles-de-Gaulle à Paris du 19 au 24 novembre 1990, Paris, Plon et La Documentation française, 1992.

Schumpeter (Joseph), *Capitalisme, socialisme et démocratie*, Paris, Payot, 1990 (1re éd. 1946).

Seiler (Daniel-Louis), *Les Partis politiques en Occident. Sociologie historique du phénomène partisan*, Paris, Ellipses, 2003.

Seldon (Anthony) et Ball (Stuart) (eds), *Conservative Century. The Conservative Party since 1990*, Oxford, Oxford University Press, 1994.

Sénac-Slawinski (Réjane), « Justifying Parity in France after the Passage of the So-called Parity Laws and the Application of them : The "Ideological Thinkering" of Political Party Officials (UMP and PS) and Women NGOs », *French Politics*, 6, 2008, p. 234-256.

Seyd (Patrick) et Whiteley (Paul), « L'évolution récente des adhérents du Parti conservateur et du Parti travailliste en Grande-Bretagne », *Revue française de science politique*, 46 (6), 1986, p. 914-935.

Seyd (Patrick) et Whiteley (Paul), *New Labour's Grassroots : The Transformation of the Labour Party Membership*, New York (N. Y.), Palgrave, 2002.

Seyd (Patrick) et Whiteley (Paul), Billinghurst (Antony), *Third Force Politics : Liberal Democrats at the Grassroots*, Oxford, Oxford University Press, 2005.

Sigoda (Pascal), « Les cercles extérieurs du RPR », *Pouvoirs*, 28, 1984, p. 143-158.

Simeant (Johanna) et Sawicki (Frédéric), « Décloisonner la sociologie de l'engagement militant. Note critique sur quelques tendances récentes des travaux français », *Sociologie du travail*, 51 (1), 2009, p. 97-125.

Sineau (Mariette) et Tiberj (Vincent), « Candidats et députés français en 2002. Une approche sociale de la représentation », *Revue française de science politique*, 57 (2), 2007, p. 163-185.

Singly (François de) et Thélot (Claude), *Gens du public, gens du privé. La grande différence*, Paris, Dunod, 1988.

Sirinelli (Jean-François) (dir.), *Histoire des droites en France*, 3 vol., Paris, Gallimard, 1992.

Stathis (Kalyras), *The Rise of Christian Democracy in Europe*, Ithaca (N. Y.), Cornell University Press, 1996.

Sternhell (Zeev), *Les Droites révolutionnaires, 1885-1914*, Paris, Seuil, 1978.

Strudel (Sylvie), « L'électorat de Nicolas Sarkozy : "rupture tranquille" ou syncrétisme tourmenté », *Revue française de science politique*, 57 (3-4), juin-août 2007, p. 459-474.

Subileau (Françoise), Ysmal (Colette) et Rey (Henri), « Les adhérents socialistes en 1998 », *Les Cahiers du Cevipof*, 23, mai 1999.

TARROW (Sidney), *Peasant Communism in Southern Italy*, New Haven (Conn.), Yale University Press, 1967.

TARROW (Sidney), *Between Center and Periphery : Grassroots Politicians in Italy and France*, New Haven (Conn.), Yale University Press, 1977.

THOMAS (Jean-Paul), *Droite et rassemblement du PSF au RPF, 1936-153. Hommes, réseaux, cultures. Ruptures et continuités d'une histoire politique*, thèse, Institut d'études politiques de Paris, 2002.

TURNER (John), *The Tories and Europe*, Manchester, Manchester University Press 2000.

VALLE (Rachid), *Le Totalitarisme islamique. À l'assaut de la démocratie*, Paris, Les Syrtes, 2002.

VAN BIEZEN (Ingrid), « Political Parties as Public Utilities », *Party Politics*, 10 (6), 2004, p. 701-722.

VAN BIEZEN (Ingrid) et KOPECKY (Petr), « The State and the Parties : Public Funding, Public Regulation and Rent-Seeking in Contemporary Democracies », *Party Politics*, 13 (2), 2007, p. 235-254.

VAN HECKE (Steven), « Démocrates chrétiens et conservateurs au Parlement européen : mariage d'amour ou de raison ? », dans Pascal Delwit (dir.), *Démocraties chrétiennes et conservatismes en Europe. Une nouvelle convergence ?*, Bruxelles, Éditions de l'Université de Bruxelles, 2003, p. 323-343.

VAN SPANJE (Joost), « Contagious Parties : Anti-Immigration Parties and Their Impact on Other Parties' Immigration Stances in Contemporary Western Europe », *Party Politics*, 16 (5), 2010, p. 563-586.

VAN SPANJE (Joost) et VAN DER BRUG (Wouter), « The Party as Pariah : The Exclusion of Anti-Immigration Parties and its Effect on their Ideological Positions », *West European Politics*, 30 (5), 2007, p. 1022-1040.

VAVASSEUR-DESPERRIERS (Jean), *Culture, structures, stratégie parlementaire entre les deux guerres. La Fédération républicaine 1919-1940*, thèse, Université Lille-III, 1999.

VAVASSEURS-DESPERRIERS (Jean), « Les tentatives de regroupement des droites dans les années 1930 », *Annales de Bretagne et des Pays de l'Ouest*, 109 (3), 2002, p. 61-77.

VAVASSEUR-DESPERRIERS (Jean), *Les Droites en France*, Paris, PUF, coll. « Que sais-je ? », 2006.

VAVASSEUR-DESPERRIERS (Jean), « Jeunesse et mouvements de droite dans l'entre-deux-guerres », *Histoire@Politique*, 4, janvier-avril 2008.

VERBA (Sidney), SCHLOZMAN (Kay) et BRADY (Henry), *Voice and Equality. Civic Voluntarism in American Politics*, Harvard (Mass.), Harvard University Press, 1995.

VERVAECKE (Philippe), « La politique sans le parti. La Primrose League et la culture politique britannique, 1883-1919 », *Politix*, 81 (1), 2008, p. 81-104.

VON BEYME (Klaus), *Political Parties in Western Democracies*, Aldershot, Gower, 1985.

WARE (Alan), *Political Parties and Party Systems*, Oxford, Oxford University Press, 1996.

WEALE (Albert), BICQUELET (Aude) et BARA (Judith), « Analyzing Debate with Computer Assistance », *Swisss Political Sciences Review*, 13 (4), 2007, p. 577-605.

WEBB (Paul) et FISHER (Justin), « Profesionalism and the Milkbank Tendency : The Political Sociology of New Labour's Employee », *Politics*, 23 (1), 2003, p. 10-20.

WEBB (Paul) et KOLODNY (Robin), « Professional Staff in Political Parties », dans Richard S. Katz, William Crotty (eds), *Handbook of Party Politics*, Londres, Sage, 2006, p. 337-347.

WEBER (Eugen), *L'Action française*, Paris, Hachette, 1990 (éd. originale 1962).

WEBER (Max), *Économie et Société*, Paris, Plon, 1995 (1re éd. 1921).

WEBER (Max), *Le Savant et le Politique*, Paris, 10/18, 1963.

WHITELEY (Paul), SEYD (Patrick) et RICHARDSON (Jeremy), *True Blues. The Politics of Conservative Party Membership*, Oxford, Clarendon, 1994

WIEVIORKA (Olivier), « Vichy a-til été libéral ? Le sens de l'intermède Flandin », *Vingtième Siècle. Revue d'histoire*, 11, juillet-septembre 1986, p. 55-66.

WILLIAM (Cross) et YOUNG (Lisa), « The Contours of Political Party Membership in Canada », *Party Politics*, 10 (4), 2004, p. 547-569.

WILSON (Frank. L.), *The European Center-Right at the End of the Twentieth Century*, New York (N. Y.), Saint Martin's Press, 1998.

ZUCKERMAN (Alan S.), DASOVIC (Josip) et FITZGERALD (Jennifer), *Partisan Families. The Social Logic of Bounded Partisanship in Germany and Britain*, Cambridge, Cambridge University Press, 2007.

Liste des sigles

ACJF	Action catholique de la jeunesse française
ADLE	Alliance des démocrates et des libéraux pour l'Europe
AFC	Association des familles catholiques
ALP	Action libérale populaire
ARD	Alliance républicaine démocratique
CD	Centre démocrate
CDA	Appel chrétien-démocrate (Christen Democratisch Appèl), Pays-Bas
CDP	Centre démocratie et progrès
CDS	Centre des démocrates sociaux
CDS-PP	Parti populaire (Partido do Centro Democrático e Social - Partido Popular), Portugal
CDU	Union chrétienne-démocrate (Christlich Demokratische Union Deutschlands), Allemagne
CNCCFP	Commission nationale des comptes de campagne et des financements politiques
CNIP	Centre national des indépendants et paysans
CNT	Confédération nationale du travail
CSU	Union chrétienne-sociale en Bavière (Christlich-Soziale Union in Bayern), Allemagne
DC	Démocratie chrétienne (Democrazia Cristiana), Italie
DF	Parti populaire (Dansk Folkeparti), Danemark
DL	Démocratie libérale
DLC	Droite libérale-chrétienne
FAES	Fondation d'analyses et d'études sociales (Fundacion para el Analisis y los Estudios Sociales), Espagne
FEN	Fédération de l'Éducation nationale
FN	Front national

FNC	Fédération nationale catholique
FRS	Forum des républicains sociaux
FSU	Fédération syndicale unitaire
JP	Jeunes Populaires
KV	Parti conservateur (Konservative Volkspartei), Danemark
KVP	Parti catholique (Katholieke Volkspartij), Pays-Bas
LCR	Ligue communiste révolutionnaire
LPF	Liste Pim Fortuyn (Lijst Pim Fortuyn), Pays-Bas
MDI	Mouvement des damnés de l'impérialisme
MIL	Mouvement initiative et liberté
MJS	Mouvement de la jeunesse socialiste
MoDem	Mouvement démocrate
MPF	Mouvement pour la France
MRP	Mouvement républicain populaire
NPA	Nouveau Parti anticapitaliste
NPD	Parti national-démocrate (Nationaldemocratische Partei Deutschlands), Allemagne
ÖVP	Parti populaire (Österreichische Volkspartei), Autriche
PCD	Parti chrétien démocrate
PCF	Parti communiste français
PDP	Parti démocrate populaire
PP	Parti populaire (Partido Popular), Espagne
PPDF	Parti populaire pour la démocratie française
PPE	Parti populaire européen
PPE-DE	Groupe du Parti populaire européen et des Démocrates européens
PPF	Parti populaire français
PR	Parti républicain
PS	Parti socialiste
PSF	Parti social français
PSLE	Parti social libéral européen
PVV	Parti pour la liberté (Partij voor de Vrijheid), Pays-Bas
RI	Républicains indépendants
RPCR	Rassemblement pour la Calédonie dans la République

RPF	Rassemblement du peuple français (1947)
RPF	Rassemblement pour la France (1999)
RPR	Rassemblement pour la République
SFIO	Section française de l'Internationale ouvrière
SAC	Service d'action civique
Snalc	Syndicat national des lycées et collèges
SNES	Syndicat national des enseignants de second degré
SNI	Syndicat national des instituteurs
SPD	Parti social-démocrate (Sozialdemokratische Partei Deutschlands), Allemagne
UD Cinquième	Union des démocrates Cinquième République
UDE	Union démocratique européenne
UDF	Union pour la démocratie française
UDI	Union des démocrates et indépendants
UDR	Union de défense de la République
UJP	Union des jeunes pour le progrès
UMP	Union pour un mouvement populaire
UNI	Union nationale inter-universitaire
UNR	Union pour la nouvelle République
UNSA	Union des syndicats autonomes
UPF	Union pour la France
URAC	Union républicaine et d'actions communautaires
URC	Union du rassemblement et du centre
VVD	Parti libéral (Volkspartij voor Vrijheid en Democratie), Pays-Bas

Table des documents

TABLE DES MATIÈRES

IMPRIM'VERT®

Achevé d'imprimer par Corlet, Imprimeur, S.A.
14110 Condé-sur-Noireau
N° d'Imprimeur : 150010 - Dépôt légal : octobre 2012
Imprimé en France